모던 API
아키텍처 설계 전략

O'REILLY®

모던 API 아키텍처 설계 전략

Mastering API Architecture

실전 사례로 배우는
API 아키텍처의 설계와 전환, 구현과 운영까지

제임스 고프, 대니얼 브라이언트, 매튜 어번 지음
장현희 옮김

출간을 앞두고 안타깝게 유명을 달리한
알렉스 블레위트에게 이 책을 바칩니다.
지난 몇 년간 알렉스가 우리 저자들에게 보내준
솔직한 의견, 끊임없는 지지,
그리고 따스한 우정에 진심으로 감사드립니다.

추천의 글

클라우드 서비스나 디지털 프로덕트를 개발하다 보면 결국은 API로 이야기들이 모아진다. 그리고 디지털 트랜스포메이션을 지나서 AI 트랜스포메이션을 향해 나아가는 시대에 API는 더 이상 인터페이스가 아니라 시스템의 경계이자 상호 계약의 틀이 된다. 초기에는 간단한 한두 개의 역할을 하던 API들이 꼬리에 꼬리를 무는 형태로 설계가 확장되어 API 게이트웨이, 그리고 서비스 디스커버리 등등이 엮여 더 커지면, API는 그저 트래픽 통로가 아니라 보안·확장·운영 전략이 응축된 아키텍처, 그리고 회사의 핵심 제품이 되어 또 다른 거대한 활용의 축이 된다.

이 책은 그런 순간순간마다 단지 'API를 어떻게 구현할 것인가'보다 '어떤 판단을 언제 내려야 하는가'에 중심을 두고 있다. REST, 오픈API, 게이트웨이, 서비스 메시를 나열하는 것을 넘어, 실제 서비스가 성장하고 바뀌는 과정에서 API가 어떤 역할을 해야 하는지를 단계적으로 설명한다.

특히 API와 API 게이트웨이를 도입하거나, 이미 도입한 이후 '이게 맞는 선택이었는가'를 다시 점검해야 하는 팀이라면 이 책의 내용은 충분히 실무적인 도움과 설계의 기준점을 제시해 준다. 오늘날의 IT 시대에 API와 API 게이트웨이를 설계/운영해야 하는 개발 리더, 아키텍트라면 한 번쯤은 봐야 할 이야기가 담긴 책이다.

– 공용준 / KT Cloud 클라우드 본부장

훌륭한 아키텍처의 근간에는 효과적인 API 아키텍처가 있다.

API 아키텍처를 설계하고 구현하여 운영하면서 기술과 시장의 변화에 따라 이 아키텍처를 진화시키는 일은 조직에서 가장 높은 우선순위를 가져야 할 일이다. 최근 몇몇 개발자를 양성하는 교육 과정의 학생들을 가르치고 프로젝트를 멘토링하면서, 견고하고 좋은 서비스를 구축하는 데 필요한 API 설계와 구현에 대해 제대로 된 커리큘럼이 없다는 점을 아쉽게 생각했었다. API 개념에서 시작해 고객 중심으로 API를 설계하는 단계까지 이끌어줄 커리큘럼이 필요했다.

우연한 기회에 리뷰 요청을 받은 이 책은 나의 아쉬움을 충분히 달래고도 남을 만큼 체계적인 내용을 담고 있었다. API 설계를 어떻게 가르칠지 손에 잡히지 않는 체계를 고민하느라 꽤 많은 시간을 보냈는데, 이 책의 저자들이 추상적인 개념을 실세계에 적용할 수 있는 API 설계와 구현의 경험적인 프레임워크를 체계적으로 풀어나간 흐름에서 앞으로 나의 멘토링이나 수업 커리큘럼 설계에 중요한 힌트를 얻었다.

이 책에서 사용한 '컨퍼런스 시스템'이라는 시나리오와 간결한 C4 다이어그램은 기술적 내용에 대한 독자들의 이해도를 점진적으로 높이면서 명확한 개념을 전달하는 도구로 매우 훌륭했다. API 아키텍처가 전혀 반영되지 않은 레거시 컨퍼런스 시스템을 API 주도 아키텍처로 마이그레이션하는 과정과 함께, 각 과정에 병행해 기술적 백그라운드를 소개하는 이 책의 전개방식은 이제 막 API 설계에 관심을 갖게 되었거나 현업에서 관련 업무를 수행하고 있는 많은 독자에게 큰 도움이 될 것이다.

– 김도균 / 마이크로소프트 MVP, 공인 애저(Azure) 트레이너

이 책은 API를 어떻게 구현하는지를 기술적으로 설명하는 데 그치지 않고, 다양한 기술적 선택지를 제시하며 왜, 언제, 어떤 맥락에서 어떤 기술을 선택해야 하는지를 친절히 알려준다. 하나의 기술이 항상 정답이 될 수 없다는 점을 전제로, 구체적인 사례를 통해 상황에 맞는 기술을 어떻게 평가하고 적용할 수 있는지도 보여준다. 또한 API를 중심으로 설계, 트래픽 관리, 보안, 클라우드 이전까지 단계적으로 확장해 나가는 구성 역시 이 책의 장점이다.

거의 모든 개발 환경에서 API를 다루는 개발자와 아키텍트라면 이 책을 외면하기 어려울 것이다.

– 김명신 / 42dot 클라우드&인프라 그룹

바이브 코딩 시대가 왔다고 하지만 그건 결국 분산 컴퓨팅의 유산이며, 분산 컴퓨팅의 핵심은 API입니다. 아마 API를 찾아서 골라 쓰는 개발자는 없을 것입니다. 그러나 대규모 시스템을 구성하고 오래도록 지속되는 시스템을 내 손으로 책임지고자 한다면 API에 대해 더 많은 지식과 경험이 필요할 것입니다.

인공지능 시대가 본격적으로 전개될수록 클라우드 기반에서 작동하는 API의 위치는 더욱 견고해질 것입니다. API에 대한 방대한 지식을 빠르게 따라가고자 한다면, 이 책은 분명 훌륭한 선택이 될 것이라 믿습니다.

– 안영회 / 베터코드 대표

백엔드 API 개발자들은 농담을 섞어서 "우리는 JSON 상하차를 하지"라고 말하곤 한다. 단순 작업이라는 자조적인 비유이지만 잠시 더 생각해 보면 상하차 작업이 그저 단순해 보여도 실제로는 그렇지 않은 것처럼, API 개발도 실제로는 단순하지 않다는 점에서 괜찮은 비유라는 생각도 든다. 더욱이 상하차 작업도 숙련자가 하면 더 안전하게, 더 많이, 더 빠르게 싣고 내릴 수 있는 것처럼, API도 숙련자가 만들면 보안성이 높고, 유연하며, 확장성 있고, 복원력 있고, 성능까지 좋고, 사용하기도 좋게 만들 수 있다.

이 책은 언뜻 목차만 보면 굉장히 방대해 보이지만 다양한 사례 중심으로 압축 설명돼 있어 전혀 지겹지 않으며, 무엇보다도 숙련자의 군더더기 없는 깔끔한 번역 덕분에 읽는 데 막힘이 없다.

AI 시대, 논리적 노동을 하는 모든 사람의 미래가 불투명하지만 숙련자에게 AI는 위협이 아니라 초고성능 도구가 될 수 있다. 일단 나부터 이 책을 읽고 API 설계/개발/운영 숙련자, API꾼이 돼야겠다.

– 오명운 / 네이버제트 개발자, 『OpenAPI와 스웨거를 활용한 실전 API 설계』 역자

여는 글

10여 년 전 「파이낸셜 타임스」에서 처음 API를 개발할 때만 해도 그렇게 많은 API를 개발하지는 않던 시기였다. 우리는 모놀리식 아키텍처를 채택했고 API는 서드파티가 우리 콘텐츠에 접근하게 하기 위한 용도로만 사용했었다.

하지만 지금은 어디에나 API가 존재하며 API야말로 성공적인 시스템 구현의 핵심이 되고 있다.

그 이유는 지난 10년간 몇 가지 요인으로 인해 우리가 소프트웨어를 개발하는 방식이 바뀌었기 때문이다.

첫 번째 요인은 우리가 사용할 수 있는 기술이 많이 달라졌다는 점이다. 클라우드 컴퓨팅의 등장으로 대고객용 서비스의 제작과 수요에 따른 프로비저닝이 가능해졌다. 자동화된 빌드와 배포 파이프라인 덕분에 지속적 통합과 배포가 가능해졌으며, 컨테이너 및 오케스트레이션 같은 관련 기술로 인해 작고 독립적인 서비스로 하나의 분산 서비스를 구성할 수 있게 됐다.

그렇게 하는 이유는 뭘까? 바로 두 번째 요인 때문이다. 연구 결과에 따르면 소프트웨어를 성공적으로 개발하는 조직은 느슨하게 결합된 아키텍처를 채택하고 있으며 팀에 자율성과 권한을 부여한다. 여기서 성공적이라는 단어는 비즈니스에 긍정적인 영향, 즉 시장 점유율, 생산성, 수익성의 증가 등을 의미한다.

요즘 채택하는 아키텍처는 결합이 느슨하며 분산 환경에서 API를 활용해 구현하는 경향이 있다. 따라서 발견 가능하고 일관적이며, 설령 예상치 못하게 변경되거나 사라져도 고객에게 문제를 유발할 가능성이 낮은 API를 구현하고 싶을 것이다. 이 외의 방법들은 서로 결합되어 동작하며 팀의 속도를 저하시킨다.

이 책의 저자인 제임스, 대니얼, 매튜는 효과적인 API 아키텍처를 구현하기 위한 포괄적이면서도 실용적인 가이드를 제공한다. 개별 API를 개발하고 테스트하는 기본적인 것부터 그 API를 배포할 생태계, 이를 효과적으로 릴리스하고 운영하는 방법 그리고 더 중요한 주제, 즉 API를 이용해 아키텍처의 진화를 이끌어내는 방법에 이르기까지 수많은 주제를 다룬다.

내가 처음 「파이낸셜 타임스」에서 개발했던 API는 이제 더 이상 존재하지 않으며, 해당 시스템을 처음부터 다시 개발했다. 그 과정에는 비용이 따른다. 제임스, 대니얼, 매튜는 API를 핵심 도구로 사용해 불가피한 변화를 다루고 시스템을 진화시키는 방법에 대한 템플릿을 제공한다.

소프트웨어 아키텍처는 중요하기도 하지만 바꾸기 어려운 결정에 의해 정의되어 왔다. 이런 결정은 프로젝트의 성패 여부를 결정한다.

저자들은 추상적인 아키텍처가 아니라 여러분의 조직에 아키텍처를 적용하는 방법에 집중한다. API 게이트웨이 또는 서비스 메시를 도입하고 또 그중 어떤 것을 도입할 것인지를 결정하는 것이 바로 되돌리기 어려운 결정이므로 주의를 기울여 조심히 평가해야 할 결정이다. 제임스, 대니얼, 매튜는 적절한 경우에는 규약이 명확한 가이드를 제시하며, 옵션이 명확하지 않을 때는 여러분의 상황에 맞는 최선의 선택을 내릴 수 있는 프레임워크를 제공한다.

저자들은 실용적이면서도 실질적인 사례 연구를 통해 개념을 소개하고 실제로 동작하게 만드는 방법을 보여준다. 이 책에서 소개하는 사례 연구는 마치 실제 시스템처럼 책을 읽어가는 동안 계속해서 개선된다. 저자들은 모든 것을 미리 할 필요는 없다는 점을 보여준다. 여러분은 필요에 따라 아키텍처를 조금씩 개선하고 서비스를 추출하며 API 게이트웨이와 서비스 메시 같은 도구를 추가해 가면 된다.

나는 첫 API를 개발하면서 무수히 많은 실수를 저질렀다. 그때 이 책이 있었더라면 방향을 이해하고 더 유용한 결정을 내리는 데 큰 도움이 되었을 것이다.

API를 중점적으로 활용하는 시스템을 다루는 사람이라면 누구나 이 책을 읽어볼 것을 강력히 권한다. 이 책을 통해 조직 내에서 API를 구현하는 모든 팀을 지원하기 위한 도구와 표준을 구현해낼 수 있을 것이다.

– 사라 웰스 Sarah Wells

QCon 런던 컨퍼런스의 공동 운영자, 독립 컨설턴트이자 전 「파이낸셜 타임스」의 기술 디렉터

지은이 소개

제임스 고프James Gough

모건 스탠리Morgan Stanley 디스팅귀쉬드 엔지니어Distinguished Engineer로 API 아키텍처와 API 프로그램을 담당하고 있다. 런던 자바 커뮤니티를 대표하는 자바 커뮤니티 프로세스 임원 구성회의 일원인 자바 챔피언이며 OpenJDK에도 기여했다. 『자바 최적화』(한빛미디어, 2025)의 공저자이며 아키텍처와 저수준 자바에 대해 발표하는 것을 즐긴다.

대니얼 브라이언트Daniel Bryant

앰버서더 랩스Ambassador Labs의 데브렐DevRel 부서장이다. 자신의 역할은 포켓몬의 철학을 따라 '모두 잡는 것'으로 정의하며 전생에도 그렇게 살았을 것이라고 한다. 학자, 개발자, 아키텍트, 플랫폼 엔지니어, 컨설턴트, CTO를 거쳤으며 데브옵스 도구, 클라우드/컨테이너 플랫폼, 마이크로서비스 구현에 전문적인 지식과 경험을 갖추고 있다. 또한 자바 챔피언으로 여러 오픈 소스 프로젝트에 기여하기도 했다. 인포큐InfoQ, 오라일리, 더 뉴 스택The New Stack에 강좌를 기고하고 있으며 큐브콘KubeCon, 큐콘QCon, 데복스Devoxx 같은 국제 컨퍼런스에서 정기적으로 발표자로 나서고 있다. 개인 시간에는 달리기, 독서, 여행을 즐긴다.

매튜 어번Matthew Auburn

모건 스탠리의 여러 금융 시스템을 담당했다. 모건 스탠리에 합류하기 전에는 다양한 모바일 및 웹 애플리케이션을 개발했다. 보안 관련 석사학위를 취득했으며, 보안 분야에서 일하며 API 구현 업무를 하고 있다.

감사의 글

여타 기술 서적과 마찬가지로 이 책의 앞면에도 세 명의 저자 이름만 올라와 있을 것이다. 하지만 현실은 이 책을 집필하는 동안 직접적인 형태로든 수년간 가르쳐주고 길을 알려주는 간접적인 형태로든 피드백을 제공해 준 수많은 사람들이 이 책에 기여했다.

이 책을 집필하는 동안 도움을 준 모든 사람을 나열할 수는 없겠지만 바쁜 와중에도 시간을 내어 함께 논의해 주고 피드백을 제공하며 지원해 준 사람들에게 특별히 감사를 전하고 싶다.

기술 리뷰어: 샘 뉴먼Sam Newman, 도브 카츠Dov Katz, 사라 웰스Sarah Wells, 앙투안 카일리아우Antoine Cailliau, 스테파니아 채플린Stefania Chaplin, 맷 맥라티Matt McLarty, 니엘 포드Neal Ford

일반적인 세부 사항, 권장사항, 조언, 소개 등에 도움을 준 사람들: 찰스 험블Charles Humble, 리처드 리Richard Li, 사이먼 브라운Simon Brown, 닉 에빗Nick Ebbitt, 제이슨 모건Jason Morgan, 닉 잭슨Nic Jackson, 클리프 틸트먼Cliff Tiltman, 엘스페스 민티Elspeth Minty, 조지 볼George Ball, 벤자민 에반스Benjamin Evans, 마르틴 베르베르그Martijn Verberg

오라일리 팀: 버지니아 윌슨Virginia Wilson, 멜리사 더필드Melissa Duffield, 니콜 타슈Nicole Tache

✲✲✲

나의 가족 메건Megan, 에밀리Emily, 안나Anna에게 고마움을 전한다. 이 책을 집필하는 데 가족의 도움과 지원이 큰 도움이 됐다. 계속 새로운 것을 배울 수 있도록 격려하고 지원해 준 나의 부모님 헤더Heather와 폴Paul에게도 고마움을 전한다.

공동 저자인 대니얼과 맷에게도 감사의 말을 전한다. 이 책을 집필하는 것은 어려운 일이었고 아키텍처와 마찬가지로 절대 완벽할 수 없는 일이었다. 두 사람 덕분에 이 작업을 재미있게 마무리할 수 있었고 두 사람은 물론 훌륭한 리뷰어들에게서 많은 것을 배울 수 있었다. 마지막으로 내가 경력을 쌓는 동안 많은 도움과 기회, 격려를 아끼지 않은 존 대플린Jon Daplyn, 에드 사포Ed Safo, 데이비드 할리웰David Halliwell, 도브 카츠Dov Katz에게 고마움을 전한다.

– 제임스 고프

집필 과정은 물론 경력을 이어가는 동안 사랑과 지원을 아끼지 않은 우리 가족 모두에게 감사한다. 또한 함께 이 책을 집필한 짐과 맷에게도 고마움을 전한다. 이 책은 코로나 팬데믹이 막 시작됐던 2020년 초에 집필을 시작했다. 매주 수요일 오전에 진행했던 아침 회의는 협업에 유용했을 뿐만 아니라 빠르게 변하는 세상에서 재미와 도움을 모두 찾을 수 있었다. 마지막으로 런던 자바 커뮤니티에 소속된 모든 사람과, InfoQ/QCon 팀, 그리고 앰버서더 랩Ambassador Labs의 모든 사람에게 고마움을 전한다. 이 세 커뮤니티를 통해 멘토와 가이드는 물론 수많은 기회를 얻을 수 있었다. 언젠가 그 빚을 갚을 수 있기를.

- 대니얼 브라이언트

사랑하는 아내 한나Hannah에게 감사한다. 아내의 지원이 없었다면 이 책을 마무리하지 못했을 것 같다. 불가능은 없다는 것을 보여주고 항상 나를 믿어줬던 부모님에게도 감사를 전한다. 이 책의 집필은 놀라운 경험이었고 짐과 댄은 정말이지 훌륭한 멘토였다. 두 사람 덕분에 많은 도움을 받았고 최고의 결과물을 낼 수 있었다. 특히 발표의 기회도 제공해 주고 내 경력에 있어 그 누구보다 많은 도움을 준 짐에게 특히 더 감사한다. 마지막으로, 가장 중요한 아들 조쉬에게 고마움을 전한다. 조쉬가 있어 정말 행복하다.

- 매튜 어번

옮긴이 소개

장현희(aspnetmvp@gmail.com)

지난 10여 년간 호주와 캐나다에서 시니어 엔지니어 및 스태프 엔지니어로 경험을 쌓았으며 현재는 프린시펄 소프트웨어 엔지니어principal software engineer로서 소프트웨어 개발은 물론 성공적인 엔지니어링 팀과 문화의 구축에 힘을 쏟고 있다.

지금까지 30권이 넘는 개발 관련서를 집필/번역하면서 책이라는 매개체로 멀리서나마 국내 개발자들과 꾸준히 소통하고 있으며 대표적인 번역서로는 『일 잘하는 엔지니어의 생각 기법』(책만, 2025) 『필독! 개발자 온보딩 가이드』(책만, 2023), 『딱 한 줄로! 파이썬 제대로 코딩하기』(책만, 2024), 『스태프 엔지니어』(길벗, 2022), 『SRE를 위한 시스템 설계와 구축』(한빛미디어, 2022), 『엔터프라이즈 데이터 플랫폼 구축』(책만, 2020), 『사이트 신뢰성 엔지니어링』(제이펍, 2018), 『클라우드 네이티브 자바』(책만, 2018) 등이 있다.

옮긴이의 글

API는 더 이상 단순한 인터페이스가 아닙니다. 오늘날 API는 조직의 경계를 잇고, 팀 간 협업의 방식을 규정하며, 시스템의 확장성과 안정성을 좌우하는 핵심 아키텍처 요소가 되었습니다.

이 책은 이러한 변화 속에서 API를 어떻게 설계하고, 운영하며, 조직 전반의 아키텍처 전략으로 끌어올릴 수 있는지를 매우 현실적인 관점에서 다루는 책입니다.

이 책의 가장 큰 강점은 이론에 머무르지 않고, 실제 대규모 시스템과 분산 환경에서 API가 직면하는 문제들을 구체적인 사례와 함께 설명한다는 점입니다. 보안, 확장성, 관측 가능성, 거버넌스, 그리고 팀과 조직 구조에 이르기까지, API 아키텍처가 영향을 미치는 범위를 폭넓게 조망합니다.

번역 과정에서는 이러한 맥락과 저자들의 의도가 한국어 독자에게도 자연스럽게 전달될 수 있도록, 단순한 직역보다는 의미와 흐름을 살리는 데 중점을 두었습니다. 또한 API, 마이크로서비스, 클라우드 네이티브 환경에서 이미 통용되고 있는 용어들은 불필요하게 번역하지 않고 원어를 유지하되, 이해에 도움이 필요한 부분에는 설명을 덧붙였습니다. 이를 통해 현업에서 API를 설계·운영하는 개발자와 아키텍트 모두가 실제 업무에 바로 적용할 수 있는 번역본을 만드는 것을 목표로 했습니다.

이 책이 API를 단순한 기술 요소가 아닌, 시스템과 조직을 관통하는 아키텍처적 결정으로 바라보는 데 도움이 되기를 바라며, 여러분의 설계 판단과 기술적 선택에 신뢰할 수 있는 길잡이가 되기를 기대합니다.

늘 그렇듯이 이번에도 좋은 내용의 도서를 번역하면서 개인적으로도 많이 배울 수 있는 기회를 제공해 준 책만의 김희정 대표님 이하 출판사 식구들, 사랑하는 가족들에게 감사의 인사를 전합니다.

— 장현희

목차

1부 | API 설계부터 구현, 테스트까지

2부 | API 트래픽 관리

들어가며

짐과 매튜는 2020년 초에 뉴욕에서 열린 오라일리 소프트웨어 아키텍처 컨퍼런스에서 API에 대한 워크숍과 API 게이트웨이에 대한 발표를 진행했다. 짐과 대니얼은 런던 자바 커뮤니티를 통해 이미 서로를 알고 있는 상태였고, 다른 아키텍처 세미나에서와 마찬가지로 우리는 API 아키텍처에 대한 생각과 이해를 공유하는 대화를 주고받았다. 우리가 대화를 계속 이어가자 몇몇 컨퍼런스 대표들도 우리와 어울려 API에 대한 자신의 경험을 얘기하기 시작했다. 그리고 자신들의 API 구현에 대한 우리의 생각과 가이드를 요청했다. 그러자 컨퍼런스에서 다른 아키텍트들과 나눴던 내용을, API를 주제로 하는 책을 통해 공유하는 것도 좋겠다는 생각이 들었다.

이 책은 무엇이 다른가

이 책은 API 아키텍처의 설계, 운영, 개선에 대한 완전한 밑그림을 제공하기 위해 집필했다. 글과 함께 참석자들이 발표 세션을 보고 예약할 수 있는 실서비스 수준의 이벤트 관리 컨퍼런스 시스템의 구현 사례를 통해 우리의 경험과 조언을 공유한다. 이 사례는 추상적인 개념을 실제 애플리케이션에 반영하는 방법을 보여주기 위해 이 책 전반에 걸쳐 활용하고 있다. 이 구현 사례의 개선에 대한 전체적인 이해가 필요하다면 10장을 참고하기 바란다.

우리는 여러분이 스스로 결정을 내릴 수 있어야 한다고 믿는다. 그런 여러분을 지원하기 위해

- 강력한 권장 기법이나 가이드는 분명히 제안한다.
- 주의가 필요한 부분과 여러분이 마주할 수 있는 문제점을 짚어준다.
- 아키텍처 결정 기록Architecture Decision Record(ADR) 가이드라인[1]을 제공해 주어진 상황에 가장 적합한 결정을 내릴 수 있도록 도움을 주고 어떤 부분에 의사결정이 필요한지(왜냐하면 가끔 '경우에 따라 다를 수' 있기 때문이다)에 대한 가이드를 제공한다.
- 더 깊은 내용을 알아볼 수 있는 참고 자료와 유용한 기사를 제공한다.

---

1 0장 'API 아키텍처 설계 여정을 시작하며'를 통해 ADR과 아키텍처적 의사결정을 문서화하는 것이 중요한 이유를 알아볼 예정이다.

이 책은 그저 새로운 기술을 다루는 책이 아니다. 기존의 아키텍처를 더 적합한 API 아키텍처로 개선하는 방법을 보여주는 것이 여러분에게 가장 도움이 되는 방법이라고 생각한다. 또한 API 아키텍처라는 주제 안에서 기존 아키텍처의 개선과 새로운 기술 및 개발 사이의 균형을 맞추고자 노력했다.

이 책의 대상 독자

이 책을 집필하는 동안 염두에 둔 대상 독자가 있었지만 글을 집필하고 리뷰하는 과정에서 독자를 다음의 3가지 역할로 구분할 수 있었다. 개발자, 가끔 아키텍트 역할을 수행하는 개발자, 그리고 솔루션 또는 엔터프라이즈 아키텍트다. 이 세 독자층에 대해서는 이어지는 절에서 설명해 두었으므로 독자 여러분은 본인이 어떤 역할과 가까운지 확인하고 각 장의 내용을 해당 역할이 제공하는 각기 다른 시각으로 읽어볼 수 있다.

개발자

이 부류는 수년간 선문적으로 코딩을 해왔으며 보편적인 소프트웨어 개발의 어려움과 패턴, 권장 사례 등을 잘 이해하고 있다. 소프트웨어 업계가 서비스 지향 아키텍처service-oriented architecture(SOA)로 진화해 간다는 것과 클라우드 서비스를 도입할 때는 API를 구현하고 운영하는 것이 핵심 기술이라는 점을 점차 깨닫고 있다. 그래서 효과적인 API를 설계하고 테스트하는 방법에 대해 더 알고 싶어 한다. 여러 가지 구현 방식(예를 들면 동기식 대 비동기식 통신 등)과 기술을 살펴보기를 원하며, 올바른 질문을 하는 방법과 어떤 방식이 가장 적합한 방식인지 평가하는 방법을 배우고자 한다.

가끔 아키텍트 역할을 수행하는 개발자

수년간의 소프트웨어 개발 경력을 갖추고 있으며 (설령 공식적인 직함이 없더라도) 팀 리드나 소프트웨어 아키텍트 역할을 수행하는 경우가 자주 있다. 높은 응집도와 낮은 결합도 같은 핵심 아키텍처 개념을 이해하고 있으며 시스템의 설계, 테스트, 운영 등 소프트웨어 개발의 전반에 이런 개념을 적용한다.

이들의 역할은 고객 요구사항을 만족시키기 위해 시스템을 결합하는 데 집중하는 것임을 깨닫고 있다. 이런 시스템의 결합에는 내부에서 구현한 애플리케이션과 서드파티 SaaS 애플리케이션의 결합도 포함된다. 그러므로 API는 시스템과 외부 시스템을 성공적으로 통합하는 데 큰 역할을 차지한다. 그래서 (API 게이트웨이, 서비스 메시 등) 지원 기술에 대해 더 알고 싶어 하며 API 기반 시스템을 안전하게 운영하는 방법을 이해하고 있다.

솔루션/엔터프라이즈 아키텍트

수년간 엔터프라이즈 소프트웨어 시스템을 설계하고 구현한 경험이 있으며 보통 **아키텍트** architect라는 단어가 들어간 직함을 달고 있다. 이들은 소프트웨어의 전달에 대한 큰 그림을 그려내는 책임을 지고 있으며, 주로 대규모 조직이나 서로 상관된 여러 대규모 조직에 속해 있다.

최신 버전의 서비스 기반 아키텍처 스타일에서는 소프트웨어의 설계, 통합 및 거버넌스가 변화하고 있음을 깨닫고 있으며 조직의 소프트웨어 전략 성공에는 API가 매우 중요하다는 사실을 알고 있다. 그래서 소프트웨어가 진화하는 패턴에 대해 더 배우고 싶어 하며 API 설계와 구현이 여기에 어떤 영향을 미치는지 이해하고 있다. 또한 사용성, 유지보수성, 확장성, 가용성 등의 여러 가지 기능에 집중하고 싶어 하며 보안까지 확실히 갖춘 API 기반 시스템을 구현하는 방법을 이해하고 있다.

이 책에서 다루는 내용

이 책을 읽은 후에는 다음의 사항들을 이해할 수 있다.

- REST API의 기초와 API를 구현하고 버전을 지정하며 테스트하는 방법
- API 플랫폼 구축에 필요한 아키텍처 패턴
- 유입되는 API 트래픽과 서비스 간 통신 사이의 트래픽을 관리하는 것의 차이점과 API 게이트웨이 및 서비스 메시 같은 패턴과 기술을 도입하는 방법
- 인증, 인가, 암호화 등 API에 대한 위협 모델링과 주요 보안 고려사항
- 기존 시스템을 API로 개선하는 방법과 클라우드 등 다양한 대상으로 배포하는 방법

또한 다음과 같은 기술을 익힐 수 있다.

- API 기반 시스템의 설계, 구현, 테스트
- 아키텍처 측면에서 조직의 API 프로그램 구현 및 주도
- API 플랫폼의 배포와 릴리스, 핵심 컴포넌트의 설정
- 사용 사례에 따른 게이트웨이와 서비스 메시의 배포
- API 아키텍처 취약점의 발견 및 신중한 보안 마이그레이션의 구현
- 새로운 API 트렌드 및 관련 커뮤니티에 대한 기여

이 책에서 다루지 않는 내용

API 시장은 매우 거대하므로 이 책에서 다루지 않는 내용도 분명히 설명할 필요가 있다. 그렇다고 해서 이 책에서 다루지 않는 내용이 중요하지 않다는 뜻은 아니다. 다만 이런 주제까지 다룬다면 우리의 지식을 효과적으로 독자들과 공유할 수 없을 뿐이다.

이 책에서는 클라우드 플랫폼의 장점을 활용해 애플리케이션을 마이그레이션하고 현대화하는 패턴을 다루지만 **클라우드 기술 전체를 다루지는 않는다**. 이미 많은 독자가 하이브리드 아키텍처를 채택하고 있거나 데이터센터에서 시스템을 호스팅하고 있을 것이다. 우리는 이 책에서 두 방식을 모두 지원할 수 있는 API 아키텍처의 설계와 운영에 대해 다루고자 한다.

이 책은 특정 언어를 사용하지는 않지만, 인프라스트럭처에 따라 API를 설계하고 구현하는 방법을 보여주기 위해 가벼운 예시를 제공한다. 이 책에서는 방법을 주로 설명하며 예제 코드는 관련 깃허브 저장소(https://github.com/masteringapi)에서 확인할 수 있다.

이 책은 어느 한 아키텍처 스타일을 더 선호하거나 하진 않지만, 어떤 아키텍처가 API의 기능에 제한을 유발하는 상황에 대해서는 언급할 것이다.

편집 규약

이 책에서 사용하는 글꼴에는 다음과 같은 규칙이 반영되어 있다.

고딕체

새로운 용어나 중요한 문구를 표현한다.

고정폭 글꼴

프로그램 예제는 물론 문단 내에서 변수나 함수 이름, 데이터베이스, 데이터 타입, 환경 변수, 구문, 키워드 등 프로그램 요소를 표현할 때 사용한다.

굵은 고정폭 글꼴

사용자가 직접 입력해야 하는 명령이나 텍스트를 표현한다.

기울인 고정폭 글꼴

사용자가 값을 치환해야 하거나 컨텍스트에 따라 값을 결정해야 하는 텍스트를 표현한다.

> 팁이나 권고사항을 나타낸다.

> 일반적인 참고사항을 나타낸다.

> 주의사항이나 경고를 나타낸다.

예제 코드 활용

예제 코드 같은 보충 자료는 https://github.com/masteringapi에서 다운로드할 수 있다.

예제 코드 사용 중에 기술적인 질문이나 문제가 발생하면 support@onlybook.co.kr로 메일을 보내주기 바란다.

이 책은 여러분이 업무를 완료하는 것을 돕기 위한 책이다. 보통 책에서 예제 코드를 제공하면 독자가 자신의 프로그램과 문서에 그 코드를 사용할 수도 있다. 이 코드의 상당 부분을 복제하지 않는다면 굳이 저자에게 연락해 허락을 받을 필요는 없다. 예를 들어, 이 책이 제공하는 코드의 여러 부분을 이용해 프로그램을 작성하는 경우라면 허락이 필요하지 않다. 하지만 오라일리 도서의 예제를 팔거나 배포하는 경우에는 허락이 필요하다. 이 책을 언급하며 질문에 답하거나 예제 코드를 인용하는 것은 허락이 필요하지 않다. 이 책의 예제 코드의 상당 부분을 여러분의 제품 문서에 등재하려는 경우에는 허락이 필요하다.

그래 주면 고맙겠지만 굳이 귀속을 요구하지는 않는다. 귀속에는 보통 제목, 저자, 역자, 출판사, ISBN 등이 포함된다. 예를 들면 '모던 API 아키텍처 설계 전략, 제임스 고프, 대니얼 브라이언트, 매튜 어번 지음, 장현희 옮김, 책만, 9791189909994'를 귀속이라고 보면 된다.

지금까지 설명한 방식이나 권한 외의 목적으로 예제 코드를 사용해야 하는 경우에는 permissions@oreilly.com이나 support@onlybook.co.kr로 연락하기 바란다.

오라일리 온라인 학습

오라일리 미디어는 40년 이상 여러 기업의 성공을 돕기 위한 기술 및 비즈니스 훈련, 지식, 통찰력을 제공하고 있다.

오라일리가 보유한 전문가와 혁신가들은 책, 기사, 온라인 학습 플랫폼을 통해 자신들의 지식과 기술을 공유하고 있다. 오라일리의 온라인 학습 플랫폼은 온디맨드부터 라이브 학습 과정, 상세한 학습 경로, 대화형 코딩 환경은 물론 오라일리를 비롯한 200개 이상의 출판사가 공급하는 방대한 텍스트와 비디오를 제공한다. 더 자세한 내용은 https://oreilly.com을 참고하기 바란다.

독자 문의

이 책을 선택하고 읽어주신 독자 여러분께 감사의 인사를 전합니다. 최선을 다해 오류가 없도록 책 내용을 작성하고 검증했지만 미처 찾아내지 못한 오류가 있을지도 모르겠습니다. 이 책의 오류나 오탈자, 누락된 내용 등이 있다면 출판사 편집팀(support@onlybook.co.kr)으로 메일을 보내 알려주시면 감사하겠습니다. 책 내용과 직접 관련된 질문에 대해서는 최대한 빠른 시일 안에 회신 드리겠습니다. 이 책의 도서 정보와 정오표는 책만 출판사 홈페이지(https://www.onlybook.co.kr/entry/mastering-api)에서 보실 수 있습니다.

0장

API 아키텍처 설계 여정을 시작하며

0장에서는 앞으로 개발할 아키텍처에 필요한 API의 기본 개념과 잠재력을 느낄 수 있는 계기를 마련하려 한다. API에 대한 간략한 소개와 더불어 프로세스 내·외부에서 API를 사용하는 방식도 설명한다. API의 중요성을 입증하기 위한 방편으로 이 책을 통해 계속 개선하게 될 실질적인 예제인 컨퍼런스 시스템 구현 사례도 소개한다. 아웃 오브 프로세스out-of-porcess API는 단순한 3계층 아키텍처 이상의 것에 대해 생각해 볼 기회를 제공하며 트래픽 패턴과 그 중요성을 통해 이를 입증할 것이다. 구현 사례의 각 단계별 개요에 대해서도 설명할 것이므로 관심 있는 부분이 있다면 바로 건너뛰어도 좋다.

API 및 관련 생태계를 제시하기 위해 몇 가지 중요한 산출물을 이용할 것이다. 먼저 C4 모델 다이어그램(https://c4model.com)을 이용해 사례를 소개하고 다이어그램에서 잘 드러나지 않는 세부 사항과 논리는 나중에 다시 살펴볼 예정이다. 또한 아키텍처 의사결정 기록Architecture Decision Record(ADR)의 사용법과 소프트웨어 수명주기 전반에 걸쳐 의사결정을 명확하게 하는 것의 가치에 대해서도 학습할 것이다. 마지막에는 '경우에 따라 다른' 답을 채택해야 하는 상황에서 의사결정을 내리는 데 도움이 되는 방법인 ADR 가이드라인에 대해 간략히 소개할 예정이다.

아키텍처 여정

누군가에게 "아직도 도착 못 했어?"라는 질문을 받아볼 정도의 장거리 여행을 해본 적이 있는가? 처음 한두 번 그런 질문을 받으면 GPS나 경로 계획을 보면서 예상 도착 시간을 말해주게 된다. 그러면서 제시간에 도착하길 바랄 것이다. 마찬가지로 API 기반 아키텍처로의 여정은 개발자와 아키텍트 입장에서는 복잡한 일일 수 있다. 설령 **아키텍처 GPS**가 있다 하더라도 도대체 그 목적지는 어디일까?

아키텍처는 목적지가 없는 여정이며 기술과 아키텍처적인 접근법이 어떻게 바뀔지 예측도 할 수 없다. 예를 들어, 서비스 메시 기술이 얼마나 널리 사용될지 예측할 수는 없지만 그 가능성에 대해 알게 된 후에는 서비스 메시를 통해 기존 아키텍처를 개선할 생각을 하게 될 수도 있다. 아키텍처의 변화에 영향을 미치는 것은 기술만이 아니다. 새로운 비즈니스 요구사항과 규제도 아키텍처적 방향성의 변화를 유발한다.

새로 등장하는 기술을 결합해 점진적으로 가치를 전달하는 것의 궁극적인 효과는 진화적 아키텍처라는 개념이다. 진화적 아키텍처는 빠른 속도로 변화를 수용하고 부정적인 영향의 위험을 줄이는 것에 집중하면서 아키텍처를 점진적으로 개선하는 방식이다. 그 과정에서 API 아키텍처를 대하는 것에 관한 다음 조언을 기억하길 바란다.

> 아키텍처는 미래를 위한 전략적으로 계획할 수 있을 것 같지만 소프트웨어 개발 생태계는 지속적으로 변화하기 때문에 계획을 세우기가 어렵다. 변화를 피해갈 수는 없고 오히려 이용해야 하기 때문이다.
>
> — 『진화적 아키텍처』(닐 포드 외 지음, 한빛미디어, 2023) 중에서

많은 프로젝트의 API는 그 자체로 진화적이며 더 많은 시스템과 서비스를 통합할수록 계속 바뀌어야 한다. 대부분의 개발자는 고객 관점에서 더 폭넓은 API의 재사용에 대해 고민하기보다는 하나의 기능에만 집중해서 서비스를 구현해 왔다.

API 우선 설계는 개발자와 아키텍트가 서비스의 기능을 고려해 고객 중심으로 API를 설계하는 방법이다. API의 소비자는 모바일 앱일 수도 있고 다른 서비스일 수도 있으며 외부 고객일 수도 있다. 1장에서는 API 우선 방식을 지원하기 위한 설계 기법을 살펴보고 변화에 내성을 가지며 더 넓은 고객에게 가치를 제공할 수 있는 API를 개발하는 방법을 알아본다.

다행인 점은 API 주도 아키텍처는 언제든 시작할 수 있다는 점이다. 여러분에게 기존 기술의 도입에 대한 결정권이 있는 경우라면 우리는 여러분의 플랫폼에서 API 사용을 촉진하기 위해 아키텍처를 진화시키는 기법을 보여줄 것이다. 한편 여러분이 운이 좋아서 이제 막 새로 시작하는 경우라면 우리는 다년간의 경험을 바탕으로 API 아키텍처를 채택할 때의 장점을 공유하고 의사결정에 필요한 핵심 요소를 제공해 줄 것이다.

API에 대한 간략한 소개

소프트웨어 아키텍트 분야에는 정의하기가 너무나 어려운 용어들이 몇 가지 있다. 80년대에 처음 그 개념이 등장했던 애플리케이션 프로그래밍 인터페이스application programming interface의 줄임말인 API도 이런 용어 중 하나다. 용어가 상당히 오래 존재하다 보면 남용하게 되고 여러 문제 영역에서 다양한 의미를 갖게 된다. 우리는 API의 의미를 다음과 같이 정의한다.

- API는 기반 구현에 대한 추상화를 표현한다.
- API는 타입을 정의하는 명세로 표현한다. 개발자는 명세를 이해할 수 있고 도구를 이용해 API 소비자(API를 사용하는 소프트웨어)를 여러 언어로 구현한다.
- API는 정보의 교환을 효과적으로 모델링하기 위한 의미 또는 행위로 정의한다.
- 효율적으로 설계된 API는 비즈니스 통합을 위해 고객이나 서드파티로의 확장이 가능하다.

대체로 API는 API 호출이 **인 프로세스**in-process인지 **아웃 오브 프로세스**out-of-process인지에 따라 두 가지로 구분할 수 있다. 여기서 **프로세스**란 운영체제operating system(OS) 프로세스다. 예를 들어, 자바의 한 클래스에서 다른 클래스의 메서드를 호출하는 것은 해당 호출이 호출을 유발한 프로세스와 같은 프로세스 안에서 실행되므로 **인 프로세스** API 호출이다. 반면 닷넷NFT

애플리케이션이 HTTP 라이브러리를 이용해 REST 형식의 외부 API를 호출한다면 이 호출은 호출을 유발한 프로세스가 아닌 외부의 프로세스에 의해 처리되므로 **아웃 오브 프로세스** API 호출이다. 보통 아웃 오브 프로세스 API 호출은 로컬 네트워크, 가상 비공개 클라우드virtual private cloud(VPC) 네트워크 또는 인터넷 등 네트워크를 통해 데이터를 전달한다. 우리는 아웃 오브 프로세스 API에 집중한다. 하지만 아키텍트는 인 프로세스 API를 아웃 오브 프로세스 API로 재구성해야 하는 요구사항을 자주 접한다. 이 개념을 설명하기 위해 이 책 전반에 걸쳐 진화하는 실질적인 사례 연구를 만들어볼 것이다.

실전 예제: 컨퍼런스 시스템 사례 연구

우리가 사례 연구로 컨퍼런스 시스템을 선택한 이유는 도메인이 이해하기 쉬울 뿐만 아니라 진화적 아키텍처를 모델링하기에 충분한 복잡도를 지니고 있기 때문이다. 그림 0-1은 컨퍼런스 시스템을 가장 간단하게 표현한 것으로, 앞으로 논의할 아키텍처에 대한 컨텍스트를 갖추기에 충분하다. 이 시스템은 외부 고객이 참석자 계정을 만들고 컨퍼런스 세션을 리뷰하며 참석 예약을 진행하기 위한 시스템이다.

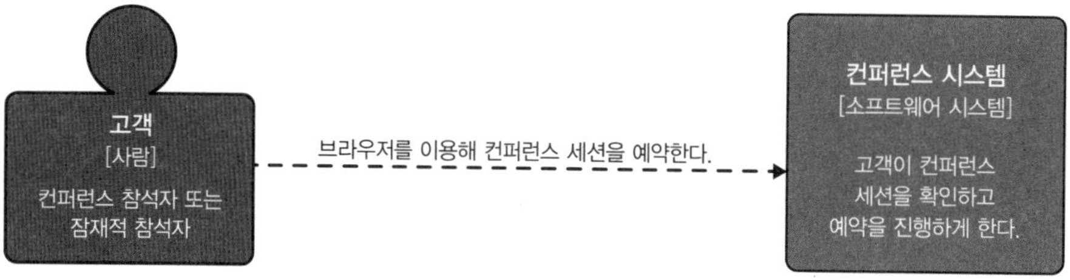

그림 0-1 C4 컨퍼런스 시스템 컨텍스트 다이어그램

그림 0-2는 컨퍼런스 시스템을 조금 더 확대한 것이다. 컨퍼런스 시스템을 확대해 보면 기술적인 주요 빌딩 블록을 좀 더 자세히 볼 수 있다. 고객은 컨퍼런스 애플리케이션의 API를 호출하는 웹 애플리케이션을 사용한다. 컨퍼런스 애플리케이션은 SQL을 이용해 기반 데이터 스토어를 쿼리한다.

그림 0-2를 보면 API 관점에서 가장 흥미로운 기능은 컨퍼런스 애플리케이션 컨테이너가 제공한다는 점을 알 수 있다. 그림 0-3은 이 컨테이너를 더 확대한 것으로, 그 구조와 상호작용을 확인해 볼 수 있다.

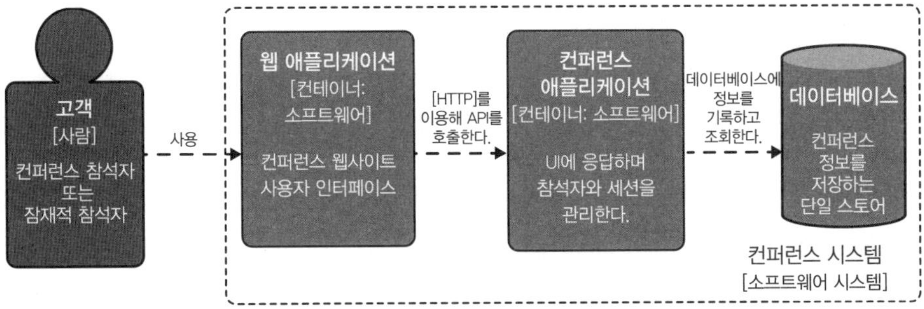

그림 0-2 C4 컨퍼런스 시스템 컨테이너 다이어그램

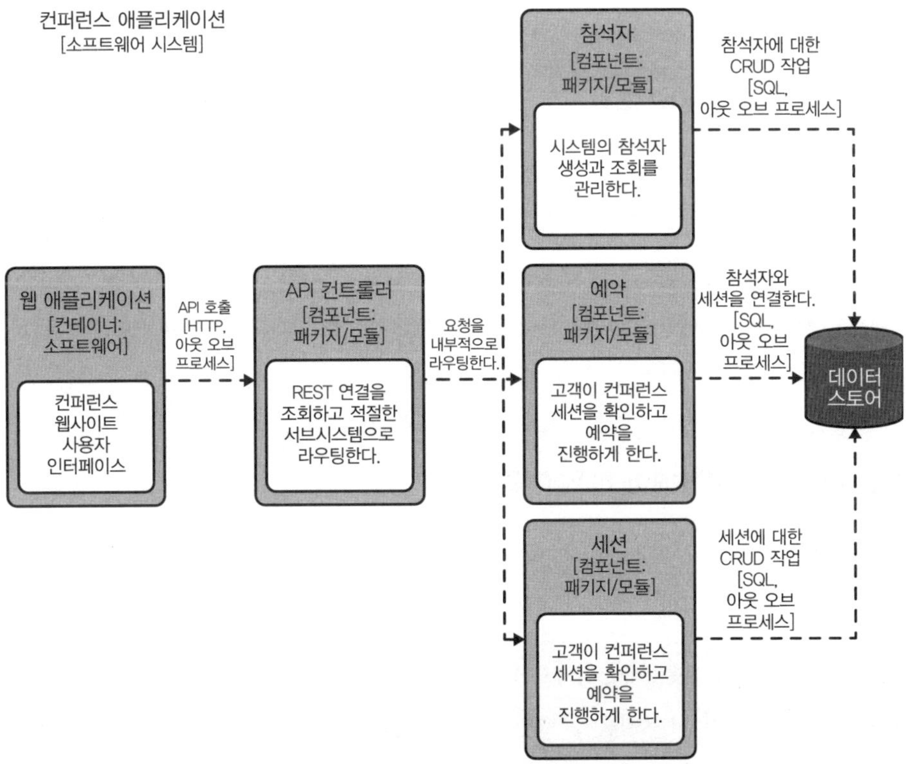

그림 0-3 C4 컨퍼런스 시스템 컴포넌트 다이어그램

현재 시스템은 4개의 주요 컴포넌트와 데이터베이스로 구성되어 있다. **API 컨트롤러**API Controller는 UI로부터 유입되는 모든 트래픽을 수신하며 요청을 시스템의 어디로 전달할지 결정한다. 이 컴포넌트는 네트워크상에서 전송 중인 데이터 표현을 코드상의 객체나 표현으로 마셜링marshaling하는 역할도 담당한다. API 컨트롤러 컴포넌트는 **인 프로세스** 라우팅 관점에서 매우 흥미로운 컴포넌트이며, 이음부 또는 **프론트 컨트롤러**front controller 패턴처럼 동작한다. 이 패턴은 API 요청과 처리에 있어 중요하다. 모든 요청은 컨트롤러를 거쳐가며 컨트롤러가 요청을 어디로 다시 전달할지 결정한다. 3장에서는 컨트롤러를 프로세스 외부로 추출하는 방법에 대해 알아본다.

참석자Attendee, **예약**Booking, **세션**Session 컴포넌트는 요청을 쿼리로 번역해 아웃 오브 프로세스로 데이터베이스에 SQL을 실행하는 컴포넌트다. 기존의 아키텍처에서 데이터베이스는 아주 중요한 컴포넌트이며, 예컨대 예약과 세션 간의 제약 같은 관계를 정의한다.

이제 상세 내용을 적당히 살펴봤으므로 이 시점에서 사례 연구상의 API는 어떤 상호작용을 하는지 다시 확인해 보자.

컨퍼런스 사례 연구의 API 종류

그림 0-3에서 **웹 애플리케이션**으로부터 **API 컨트롤러**로 향하는 화살표는 아웃 오브 프로세스 호출인 반면, **API 컨트롤러**로부터 **참석자 컴포넌트**로의 화살표는 인 프로세스 호출이다. 컨퍼런스 애플리케이션 경계 안의 모든 상호작용은 인 프로세스 호출이다. 인 프로세스 호출은 컨퍼런스 애플리케이션의 구현에 사용하는 프로그래밍 언어로 정의한다. 이런 호출은 컴파일 타임에 안전하다(교환 메커니즘의 조건은 코드를 작성하는 시점에 정의한다).

컨퍼런스 시스템을 변경해야 하는 이유

현재 컨퍼런스 시스템의 아키텍처는 수년간에 걸쳐 완성된 것이지만 컨퍼런스 주최자가 아키텍처적인 변화가 필요한 3가지 개선사항을 요구했다.

- 컨퍼런스 주최자는 모바일 애플리케이션을 구현하고 싶어 한다.
- 컨퍼런스 주최자는 이 시스템을 글로벌 시장에 출시해서 1년에 한 번이 아니라 수십 번의 컨퍼런스를 진행할 계획이다. 그래서 외부 논문 공모Call for Papers(CFP) 시스템과의 통합을 통해 컨퍼런스의 세션 발표자 및 발표 신청서를 관리하고 싶어 한다.
- 컨퍼런스 주최자는 원활한 글로벌 서비스를 위해 현재 사용 중인 사설 데이터센터에서 클라우드 플랫폼으로 컨퍼런스 시스템을 이전하고자 한다.

우리의 목적은 기존의 프로덕션 시스템에 영향을 미치거나 한 번에 모든 기능을 재개발하는 일 없이 새로운 요구사항을 지원할 수 있도록 컨퍼런스 시스템을 마이그레이션하는 것이다.

다계층 아키텍처에서 API 모델링으로의 전환

이 사례 연구의 시작은 UI, 서버 측 프로세싱 계층, 데이터 스토어로 구성된 보편적인 3계층 아키텍처다. 진화적 아키텍처에 대한 논의를 시작하려면 API 요청이 컴포넌트에 의해 처리되는 방식을 생각하기 위한 모델이 필요하다. 게다가 공개형 클라우드, 데이터센터의 가상 머신 그리고 하이브리드 방식에서 모두 동작하는 모델/추상화가 필요하다.

트래픽의 추상화를 통해 API 소비자와 API 서비스, 또는 API 생산자 사이의 아웃 오브 프로세스 상호작용을 고려해 볼 수 있다. 서비스 지향 아키텍처service-oriented architecture(SOA)와 마이크로서비스 기반 아키텍처 같은 아키텍처적 접근법상에서는 API의 상호작용을 모델링하는 것이 매우 중요하다. API 트래픽과 컴포넌트 간 커뮤니케이션 방식을 이해하느냐 못하느냐에 따라 디커플링decoupling의 장점을 실현할 수도 있고 유지보수가 악몽처럼 어려워질 수도 있다.

> 트래픽 패턴은 데이터센터 엔지니어가 데이터센터 내부 및 저수준 애플리케이션 사이의 네트워크 교환에 대해 서술할 때 사용하는 패턴이다. API 수준에서는 트래픽 패턴을 이용해 애플리케이션 그룹 간의 흐름을 서술한다. 이 책의 목적상 우리는 애플리케이션과 API 수준 트래픽 패턴만을 다룬다.

사례 연구: 진화적 단계

트래픽 패턴의 종류를 고려하려면 사례 연구 아키텍처에 작은 진화적 단계를 거치는 것이 유용할 것이다. 그림 0-4는 **참석자** 컴포넌트를 **레거시 컨퍼런스 시스템**의 패키지나 모듈이 아니라 독립적인 서비스로 리팩토링하는 단계를 보여준다. 컨퍼런스 시스템은 이제 고객과 레거시 컨퍼런스 시스템 사이의 상호작용과 레거시 시스템과 참석자 시스템 사이의 상호작용이라는 2개의 트래픽 흐름을 갖게 된다.

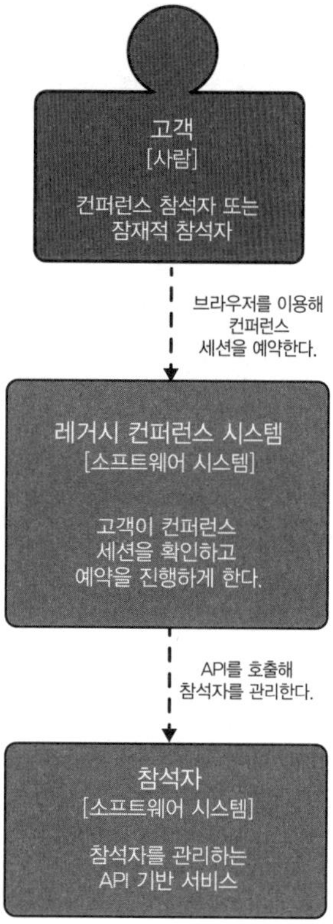

그림 0-4 C4 컨퍼런스 시스템 컨텍스트: 진화적 단계

수직 트래픽

그림 0-4를 보면 고객과 레거시 컨퍼런스 시스템 사이의 상호작용은 수직north-south 트래픽이라고 하며 유입 흐름을 표현한다. 고객이 사용하는 UI는 인터넷을 통해 레거시 컨퍼런스 시스템으로 요청을 보낸다. 이는 우리 네트워크가 외부에 공개되며 UI에 의해 접근이 가능함을 의미한다.[1] 즉 수직 트래픽을 처리하는 모든 컴포넌트는 클라이언트의 신원을 확실히 확인하고 시스템의 프로세스로 트래픽을 전달하기 전에 적절한 조치를 취해야 한다는 뜻이다. 7장에서는 API의 수직 트래픽 보안에 대해 더 자세히 알아본다.

1 원래 의도는 UI가 유입점에 접근하는 것이다. 하지만 다른 용도로도 사용할 수 있다.

수평 트래픽

레거시 컨퍼런스 시스템과 참석자 서비스 사이의 상호작용은 수평east-west 트래픽이다. 수평 트래픽은 애플리케이션 그룹 내에서 발생하는 **서비스 대 서비스** 스타일의 커뮤니케이션이다. 대부분의 수평 트래픽, 특히 요청의 시작이 더 넓은 인프라스트럭처 내에 존재하는 경우라면 어느 정도 믿을 수 있다. 하지만 트래픽의 시작점을 믿을 수 있다 하더라도 수평 트래픽의 보안은 여전히 고려해야 할 사항이다.

API 인프라스트럭처와 트래픽 패턴

API 기반 아키텍처에는 2개의 핵심 인프라스트럭처 컴포넌트가 존재하며 이는 트래픽 제어의 핵심이다. 트래픽을 제어하고 조율하는 것을 **트래픽 관리**traffic management라고 한다. 보통 수직 트래픽은 3장에서 설명하는 API 게이트웨이가 담당한다.

수평 트래픽은 쿠버네티스Kubernetes나 서비스 메시service mesh 같은 인프라스트럭처 컴포넌트가 처리하며 이는 4장에서 다룬다. 쿠버네티스나 서비스 메시 같은 인프라스트럭처 컴포넌트는 네트워크 추상화를 이용해 서비스로 요청을 전달하며, 그러기 위해서는 서비스가 관리되는 환경 안에서 실행되어야 한다. 어떤 시스템은 다른 시스템을 인지할 수 있는 서비스 발견service discovery 기법을 이용해 수평 트래픽을 애플리케이션이 직접 처리하기도 한다.

컨퍼런스 사례 연구의 로드맵

이 책 전반에 걸쳐 여러분은 다음과 같은 기술의 변화 또는 적용을 확인할 수 있다.

- 1장에서는 참석자 API의 설계와 명세를 살펴본다. 또한 참석자 API의 성능을 위한 버저닝versioning과 모델링의 중요성에 대해 설명한다.
- 2장에서는 참석자 서비스의 동작을 검증하기 위한 계약과 컴포넌트 테스트에 대해 알아본다. 그리고 테스트 컨테이너를 이용해 통합 테스트를 수행하는 방법도 알아본다.
- 3장에서는 API 게이트웨이를 이용해 참석자 서비스를 소비자에게 노출하는 방법을 알아본다. 또한 쿠버네티스의 API 게이트웨이를 이용해 컨퍼런스 시스템을 개선하는 방법도 소개한다.

- 4장에서는 서비스 메시를 이용해 세션 기능을 레거시 컨퍼런스 시스템으로부터 분리하는 리팩토링을 진행한다. 더불어 라우팅, 관측가능성, 보안에 서비스 메시가 어떤 역할을 하는지도 알아본다.
- 5장에서는 기능 플래그feature flag에 대해 알아보고 이를 이용해 컨퍼런스 시스템의 개선 및 배포와 릴리스의 결합을 피하는 방법을 알아본다. 컨퍼런스 시스템의 릴리스를 모델링하는 방법을 확인하고 쿠버네티스의 아르고 롤아웃Argo Rollouts을 이용해 참석자 서비스를 배포하는 방법도 살펴본다.
- 6장에서는 참석자 서비스에 위협 모델링을 반영하고 OWASP 보안 권고사항을 반영하는 방법을 알아본다.
- 7장에서는 인증과 인가에 대해 알아보고 이를 참석자 서비스에 구현하는 방법을 살펴본다.
- 8장에서는 참석자 서비스의 도메인 경계를 확립하고 여러 가지 서비스 패턴을 살펴본다.
- 9장에서는 참석자 서비스를 클라우드 환경으로 이전하는 방법에 대해 알아본다.

이 사례 연구와 로드맵을 구현하려면 아키텍처적 변화를 시각화하고 의사결정사항을 기록할 필요가 있다. 이는 소프트웨어 프로젝트에서 변화를 설명하고 계획하는 데 도움이 되는 중요한 산출물이다. 우리는 C4 다이어그램과 ADR이 변화를 기록하는 명확한 방법이라고 확신한다.

C4 다이어그램의 활용

지금까지 사례 연구를 소개하는 과정에서 C4 모델(https://c4model.com)에서 정의하는 다이어그램 중 3가지 C4 다이어그램을 살펴봤다. 우리는 C4가 아키텍처, 컨텍스트, 그리고 다양한 이해당사자 간의 상호작용에 대한 의사소통을 위한 최고의 문서화 표준이라고 생각한다. 어쩌면 왜 UML을 사용하지 않는지 궁금할 것이다. 통합 모델링 언어Unified Modeling Language(UML)는 소프트웨어 아키텍처를 설명하기 위한 풍부한 요소를 제공한다. 하지만 가장 큰 문제 중 하나는 UML이 제공하는 요소 중 상당수는 아키텍트와 개발자가 기억하기가 어려우며 사람들이 박스/원/다이아몬드 형태로 금새 돌아간다는 점이다. 기술적인 내용을 논의하기 전에 다이어그램의 구조를 이해하는 것이 더 어려워진다. 많은 다이어그램은 사람들이 실수로 화이트보드 마커 대신 유성 마커를 사용했을 때만 프로젝트 기록으로 반영된다. C4 모델은 프로젝트 아키텍처에 대한 다양한 수준의 상세 가이드처럼 동작하는 간소화된 다이어그램을 제공한다.

C4 컨텍스트 다이어그램

그림 0-1은 C4 모델이 정의한 C4 컨텍스트 다이어그램을 표현한 것이다. 이 다이어그램의 의도는 기술직군 및 비기술직군 모두를 위한 컨텍스트를 설정하는 것이다. 아키텍처에 대해 대화를 하다 보면 곧바로 저수준의 상세 내용을 다루면서 고수준의 컨텍스트를 설정하는 것을 놓치는 경우가 많다. 시스템 컨텍스트 다이어그램을 잘못 그렸을 때의 영향을 고려해 보면 접근 방식을 요약함으로써 오해를 수정하는 데 걸릴 수 있는 수개월을 절약할 수 있다.

C4 컨테이너 다이어그램

그림 0-1이 컨퍼런스 시스템의 큰 그림을 제공한다면 컨테이너 다이어그램은 아키텍처의 주요 구성요소를 기술적으로 분리해서 서술하는 데 도움이 된다. C4의 컨테이너는 '전체 시스템이 동작하도록 하는 데 필요한 어떤 것'(예를 들면 컨퍼런스 데이터베이스)으로 정의되어 있다. 컨테이너 다이어그램은 본질적으로 기술적인 것이며 고수준 시스템 컨텍스트 다이어그램상에서 그려진다. 그림 0-2는 컨테이너 다이어그램으로 컨퍼런스 시스템과 상호작용하는 고객에 대한 상세 정보를 문서화한다.

> 그림 0-2의 컨퍼런스 애플리케이션 컨테이너는 단순히 **소프트웨어**(software)라고 문서화되어 있다. 보통 C4 컨테이너는 컨테이너의 종류를 좀 더 상세히(예: **자바 스프링 애플리케이션**) 기록한다. 하지만 이 책에서는 특정한 솔루션을 보여주는 데 도움이 되지 않는다면 기술적 명세는 가급적 배제한다. API와 모던 애플리케이션의 장점은 솔루션 내에서 상당한 유연성을 갖출 수 있다는 점이다.

C4 컴포넌트 다이어그램

그림 0-3의 C4 컴포넌트 다이어그램은 각 컨테이너의 역할과 책임을 정의하는 것은 물론 내부의 상호작용도 설명한다. 이 다이어그램은 컨테이너의 상세 내용이 필요할 때 유용하며 관련된 기반 코드를 찾는 데도 도움이 된다. 새 프로젝트에서 처음 작업을 시작하는 상황을 생각해 보자. **자체 문서화**self-documenting 특성을 가진 기반 코드를 읽어보는 것도 한 가지 방법이지만 모든 것을 함께 연결해 보는 것은 어렵다. 컴포넌트 다이어그램은 여러분이 소프트웨어의 구현에 사용한 언어/스택에 대한 상세한 정보를 제공한다. 우리는 기술적인 지식이 없어도 다이어그램을 이해할 수 있도록 **패키지/모듈**을 대신 사용한다.

ADR의 사용

개발자, 아키텍트이자 사람으로서 우리는 **"그 사람들은 어떻게 생각할까?"**라는 질문을 하게 되는 상황에 놓이곤 한다. 영국의 리즈와 맨체스터 사이의 M62 고속도로를 운전해 본 사람이라면 고속도로의 설계 방식에 당황했을 것이다. 3차선 고속도로의 언덕을 올라가다 보면 교통의 역주행에서 벗어나 마침내 15에이커 크기의 농장 지대에 자리 잡은 스캇 홀 농장을 보게 된다. 그 지역에 전해오는 이야기에 따르면, 고집 센 이 땅의 주인이 땅을 옮기거나 팔기를 거부해서 엔지니어들이 그냥 그 지대를 우회해 고속도로를 건설했다고 한다.[2] 50년 후 다큐멘터리에 의해 진짜 이유는 그 지대의 지질학적 결함 때문이었음이 밝혀졌다. 즉 고속도로를 그렇게 만들 수밖에 없었던 것이다. 사람들은 뭔가가 왜 그런 방식으로 이뤄졌는지 추측할 때 루머, 유머, 비판이 나오길 기대한다.

소프트웨어 아키텍처에도 우리가 우회해야 할 많은 제약이 있으므로 투명하게 의사결정을 하고 이를 기록하는 것이 중요하다. ADR은 소프트웨어 아키텍처에 대해 명확한 의사결정을 내리는 데 도움이 된다.

2 지역의 고집스러운 특성이 이 가설에 부채질을 한 것 같다.

> 프로젝트가 살아있는 동안 추적하기 가장 어려운 것 중 하나는 어떤 의사결정이 내려진 동기다. 프로젝트에 새로 참여한 사람은 과거의 어떤 의사결정으로 인해 당황하거나 이해를 못 하거나 기뻐하거나 혹은 짜증을 낼 수도 있다.
>
> – 마이클 나이가드Michael Nygard, ADR 개념의 창시자

ADR에는 상태, 컨텍스트, 결정사항, 결론이라는 4가지 핵심 섹션이 존재한다. ADR은 제안 상태에서 만들어지며 논의에 따라 수렴되거나 혹은 거부되기도 한다. 나중에 새로운 ADR로 의사결정을 대체하는 것도 가능하다. 컨텍스트는 상황을 설정하고 의사결정을 내려야 하는 문제나 범위를 서술한다. ADR을 작성하기 전에 블로그 포스트를 먼저 작성하고 이를 ADR에 첨부하면 커뮤니티가 여러분의 작업을 이해하는 데 도움이 되기는 하지만, 컨텍스트를 블로그 포스트나 상세한 설명으로 활용하지는 않는다. 결정사항은 여러분이 어떤 계획을 수립하는지 그리고 어떻게 그 계획을 실행할 것인지를 명확하게 정의한다. 모든 결정사항은 아키텍처상의 결론이나 트레이드오프로 이어지며, 간혹 상당히 잘못된 방향으로 이뤄지기도 한다.

ADR을 리뷰할 때는 ADR에 기록된 결정사항에 동의하는지 또는 다른 대안은 없는지 확인하는 것이 중요하다. 미처 고려하지 못한 대안이 있다면 ADR이 거부되기도 한다. 비록 ADR이 거부되더라도 그 가치는 유지되며 대부분의 팀은 관점의 변화를 포착하기 위해 ADR을 그대로 유지한다. ADR은 주요 이해당사자들이 읽고 의견을 제시하며 최종적으로 수렴되도록 도와줄 때 가장 효과적으로 활용할 수 있다.

> 자주 묻는 질문 중 하나는 팀이 ADR을 작성하는 시점에 대한 질문이다. ADR을 작성하기에 앞서 충분한 논의를 하고 그 결과를 기록하는 편이 도움이 된다. ADR을 폭넓은 커뮤니티에 공개하면 유관 부서를 넘어 더 많은 피드백을 받을 수 있는 기회를 얻을 수 있다.

참석자 개선 ADR

그림 0-4에서는 컨퍼런스 시스템 아키텍처에 진화적 단계를 반영하기로 결정을 내렸다. 이는 큰 변화이며 ADR을 작성할 필요가 있다. 표 0-1은 컨퍼런스 시스템을 담당하는 엔지니어링 팀이 작성할 수 있는 ADR의 예시다.

표 0-1 ADR001: 레거시 컨퍼런스 시스템으로부터 참석자 기능을 분리

상태	제안 내용
컨텍스트	컨퍼런스 주최자로부터 현재 시스템에 지장을 주지 않으면서 새로운 두 가지 주요 기능을 추가해 달라는 요청을 받았다. 모바일 애플리케이션을 지원할 수 있도록 컨퍼런스 시스템을 개선해야 하며 외부 CFP 시스템과의 통합을 지원해야 한다. 모바일 애플리케이션과 외부 CFP 시스템은 사용자의 로그인을 서드파티 서비스에 지원할 수 있도록 참석자 정보에 접근이 가능해야 한다.
결정사항	그림 0-4에서 설명한 진화적 단계를 통해 참석자 컴포넌트를 독립형 서비스로 분리한다. 이를 통해 참석자 서비스를 API 우선 방식으로 개발할 수 있고 레거시 컨퍼런스 서비스도 해당 API를 호출할 수 있다. 또한 외부 CFP 시스템도 참석자 서비스를 직접 호출해 사용자 정보를 얻을 수 있다.
결론	참석자 서비스 호출은 아웃 오브 프로세스가 아니며 레이턴시를 유발할 수 있으므로 테스트가 필요하다. 참석자 서비스는 아키텍처상에서 단일 실패 지점(single point of failure)이 될 수 있으며, 참석자 서비스 인스턴스를 1개만 운영할 때의 잠재적인 영향을 완화할 수 있는 방법이 필요할 수도 있다. 현재 계획 중인 다중 소비자 모델에서는 실수로 인한 단절적 변화(breakinig change)를 완화할 수 있도록 올바른 설계와 버저닝, 테스트가 필요하다.

이 ADR의 결론 중 일부는 상당히 중요하며 더 많은 논의를 필요로 한다. 이는 나중에 다시 다뤄보기로 한다.

API 마스터하기: ADR 가이드라인

이 책에서는 우리가 다루는 주제에 대한 의사결정을 내릴 때 필요한 중요한 질문들을 수집하기 위해 ADR 가이드라인을 제공한다. API 기반 아키텍처에 대한 의사결정은 매우 어려울 수 있으며 '상황에 따라 다른 결론'을 내릴 수밖에 없는 경우도 많다. ADR 가이드라인이 있으면 아무런 컨텍스트 없이 상황에 따라 다르다라는 결론을 내리는 것이 아니라 상황이 어떻게 다를 수 있는지, 그리고 왜 그런 결정을 내렸는지 설명하는 데 도움이 된다. ADR 가이드라인은 어떤 난관에 부딪혔을 때 다시 읽어볼 수 있는 참고 자료로서의 역할도 할 수 있다. 표 0-2는 ADR 가이드라인을 어떤 형식으로 작성할 수 있는지 그리고 가이드라인에서 기대할 수 있는 점은 무엇인지 잘 보여주고 있다.

표 0-2 ADR 가이드라인: 형식

결정사항	이 책에서 다루는 주제에 대해 내려야 할 의사결정 사항을 설명한다.
논의사항	이 섹션은 API 아키텍처에 대한 의사결정을 내리는 데 필요한 주요 논의사항을 정의한다. 이 섹션을 통해 의사결정에 영향을 줄 수 있는 우리의 경험을 공유할 것이다. 또한 의사결정을 돕기 위한 핵심 정보도 제공한다.
권장사항	여러분이 ADR을 작성할 때 고려해야 할 권장사항들을 소개하고 그 당위성에 대해 설명한다.

정리

지금까지 사례 연구는 물론 API 주도 아키텍처를 구현하는 방법에 대한 기본적인 내용을 살펴봤다.

- 아키텍처는 끝이 없는 여정이며 API는 아키텍처의 진화에 중요한 역할을 한다.
- API는 구현에 대한 추상화이며 인 프로세스 또는 아웃 오브 프로세스로 동작한다. 종종 아키텍트가 아웃 오브 프로세스 API를 개선해야 하는 경우도 많다. 이 책은 이런 상황을 주로 다룬다.
- 컨퍼런스 사례 연구는 개념을 설명하기 위한 것이다. 이번 장에서는 추가 비즈니스 요구사항을 수렴하기 위해 참석자 서비스를 분리해내는 진화적 단계를 살펴봤다.
- C4 다이어그램의 첫 3가지 레벨을 살펴보고 다이어그램을 통해 아키텍처를 공유하고 의사소통하는 것의 중요성에 대해 알아봤다.
- ADR은 의사결정에 대한 중요한 기록이며 프로젝트의 현재는 물론 과거에 대한 가치도 갖는다.
- 이 책의 전반에 걸쳐 의사결정에 도움을 주는 ADR 가이드라인의 구조에 대해 살펴봤다.

컨퍼런스 시스템에서 참석자 서비스를 분리하기로 결정했으므로 이제 참석자 API를 설계하고 구현할 수 있는 여러 가지 방법을 살펴보자.

1부

API 설계부터 구현, 테스트까지

1부에서는 API 주도 아키텍처의 기본적인 빌딩 블록을 제공한다.

1장에서는 REST와 원격 프로시저 호출(Remote Procedure Call, RPC) 기반 API에 대해 살펴본다. 명세와 스키마, 권장 표준, 버저닝 전략 등을 살펴보고 시스템을 구현하기 위한 올바른 API를 선택하는 방법에 대해 알아본다.

2장에서는 API를 테스트하는 방법을 살펴보고, API 주도 아키텍처에 가장 잘 어울리는 여러 테스트 스타일에 대해 알아본다.

1장

API 설계, 구현, 명세

1장에서는 API를 설계하고 구현하는 여러 가지 방법을 살펴본다. 현대적인 기술과 프레임워크를 이용하면 서비스를 굉장히 빠르게 구현할 수 있지만, 내구성이 있는 방법을 선택하려면 주의 깊게 생각하고 고려해야 한다. 이번 장에서는 REST와 RPC를 이용해 사례 연구의 생산자와 소비자 관계를 모델링해 본다.

여러 표준을 이용해 설계와 관련된 의사결정을 빠르게 내리고 잠재적인 호환성 문제를 해결하는 방법을 알아본다. OpenAPI 명세, 팀 내에서 실질적으로 활용하는 방법, 버저닝의 중요성에 대해서도 알아본다.

RPC 기반의 상호작용은 스키마schema를 이용해 정의한다. 이 책에서는 gRPC를 활용해 RPC 기반 방식과 REST 기반 방식을 비교해 본다. REST 방식과 gRPC 방식의 데이터 교환을 모델링하기 위해 각자 고려해야 할 여러 가지 요소에 대해 살펴볼 것이다. 또한 같은 서비스에서 REST와 RPC API를 모두 지원할 수 있는 가능성과 그 당위성에 대해서도 알아본다.

사례 연구: 참석자 API의 설계

앞서 우리는 레거시 컨퍼런스 시스템을 API 주도 아키텍처로 마이그레이션하기로 결정했다. 마이그레이션의 첫 단계로 참석자 API를 제공할 참석자 서비스를 새로 구현해야 한다. 또한 API에 대한 간략한 정의도 살펴봤다. API를 효과적으로 설계하려면 생산자와 소비자 사이의 데이터 교환을 더 폭넓게 고려해야 하며, 무엇보다도 누가 생산자이고 소비자인지를 결정해야 한다. 생산자는 참석자 팀이 담당하는데, 이 팀은 2개의 핵심 관계를 관리한다.

- 참석자 팀은 생산자를 담당하며 레거시 컨퍼런스 팀은 소비자를 담당한다. 이 두 팀 사이에는 밀접한 관계가 있으며 구조상의 변경을 쉽게 조율할 수 있다. 생산자와 소비자 서비스 간의 강한 응집도 구현할 수 있다.
- 참석자 팀은 생산자를 담당하며 외부 CFP 시스템은 소비자를 담당한다. 두 팀은 서로 연관은 있지만 두 시스템의 통합을 유지하기 위해 어떤 변경이든 조율이 필요하다. 느슨한 결합이 필요하며 단절적 변화는 주의해서 관리해야 한다.

이번 장에서는 참석자 API를 설계하고 구현하는 여러 가지 방법을 비교해 볼 것이다.

REST에 대한 소개

REST^{REpresetation State Transfer}는 아키텍처적 제약의 집합이며, 대부분 기반 전송 프로토콜로 HTTP를 사용한다. 로이 필딩Roy Fielding의 논문 「네트워크 기반 소프트웨어 아키텍처의 아키텍처적 형태와 설계Architectural Styles and the Design of Network-based Software Architectures」(https://roy.gbiv.com/pubs/dissertation/fielding_dissertation.pdf)는 REST에 대한 완벽한 정의를 소개하고 있다. 실용적 측면에서 RESTful이라 함은 여러분의 API가 반드시 다음 조건을 만족시켜야 한다는 것을 의미한다.

- 생산자와 소비자 간의 상호작용은 생산자가 리소스를 모델링하고 소비자는 그 리소스와 상호작용하는 형태로 정의한다.
- 생산자가 소비자에게 보내는 요청은 상태가 없다. 즉 생산자는 이전 요청의 상세 정보를 캐싱하지 않는다. 소비자는 어떤 리소스에 대한 연속적인 요청을 보내기 위해 생산자가 처리하는 데 필요한 정보를 반드시 전달해야 한다.
- 요청은 캐싱할 수 있다. 즉 생산자는 필요하다면 소비자에게 힌트를 제공할 수 있다. 보통 HTTP는 이런 정보를 헤더에 담아 전달한다.
- 소비자에게 일관된 인터페이스를 제공한다. HTTP 동사, 리소스를 비롯한 여러 패턴을 간단하게 살펴볼 것이다.
- 계층형 시스템이며 시스템의 복잡도를 REST 인터페이스로 추상화한다. 예를 들어, 소비자는 자신이 데이터베이스를 사용하는지 다른 서비스를 사용하는지 몰라야 한다.

예시를 통한 REST와 HTTP 소개

HTTP 기반의 REST에 대한 예시를 살펴보자. 지금부터 살펴볼 데이터 교환은 GET 요청이다. 여기서 GET은 메서드 또는 동사라고 한다. GET 같은 동사는 특정 리소스에 대해 수행할 행위를 설명한다. 이 예제에서는 attendees 리소스를 다룬다.

Accept 헤더는 소비자가 수신하고자 하는 콘텐츠의 종류를 정의한다. REST는 본문에 리소스를 표현하는 데이터를 정의하며 **메타데이터**metadata는 헤더를 통해 표현한다.

이번 장의 예제에서 --- 구분자의 위쪽은 요청이고 아래쪽은 응답이다.

```
GET http://mastering-api.com/attendees
Accept: application/json
---
200 OK
Content-Type: application/json
{
    "displayName": "Jim",
    "id": 1
}
```

응답에는 서버의 상태 코드와 메시지가 포함되어 있어 소비자가 서버 측 리소스에 대한 작업의 결과를 확인할 수 있다. 요청의 상태 코드는 200 OK다. 즉 생산자가 요청을 성공적으로 처리했다는 뜻이다. 응답 본문의 JSON 표현식은 리턴된 컨퍼런스 참석자를 표현한다. REST에서는 다양한 콘텐츠 타입을 사용할 수 있지만 소비자가 콘텐츠 타입을 파싱할 수 있는지 여부가 중요하다. 예를 들어, `application/pdf` 타입을 리턴하는 것도 가능하지만 다른 시스템이 쉽게 사용할 수 있는 데이터를 표현하지는 못한다. 이 장의 후반부에서는 주로 JSON을 이용해 콘텐츠 타입을 모델링하는 방법을 살펴볼 예정이다.

> REST는 클라이언트와 서버 사이의 관계에 상태가 없다. 즉 클라이언트의 상태가 서버에 영속적으로 기록되지 않으므로 상대적으로 직관적으로 구현할 수 있다. 클라이언트는 서버에 후속 요청을 보낼 때 반드시 컨텍스트를 전달해야 한다. 예를 들어 http://mastering-api.com/attendees/1 요청은 특정 참석자에 대한 더 많은 정보를 조회한다.

리처드슨 성숙도 모델

레너드 리처드슨Leonard Richardson은 2008년 QCon 컨퍼런스에서 여러 REST API를 리뷰했던 경험을 발표했다(https://oreil.ly/scjnV). 리처드슨은 API를 구현하는 팀들이 REST를 반영하는 수준이 다르다는 점을 발견했다. 마틴 파울러Martin Fowler 또한 자신의 블로그(https://oreil.ly/j6U3s)를 통해 리처드슨의 성숙도 모델을 다루기도 했다. 표 1-1은 리처드슨의 성숙도에 따른 여러 레벨과 그에 따른 RESTful API의 적용 방식을 보여주고 있다.

표 1-1 리처드슨 성숙도 모델

레벨	설명
레벨 0: HTTP/RPC	HTTP를 이용해 API를 구현하며 단일 URI 개념을 갖추고 있다. 앞서 살펴본 `/attendees` 예제와 같이 API를 구현하지만 동사를 사용하지는 않으며 단순한 데이터 교환을 목적으로 엔드포인트를 제공한다. 이는 기본적으로 REST 프로토콜을 기반으로 RPC를 구현한 것이다.
레벨 1: 리소스	리소스를 사용하며 URI를 이용해 리소스를 모델링하는 개념을 갖추고 있다. 우리 예시에서 특정 참석자를 리턴하는 `GET /attendees/1` API를 추가한다면 레벨 1 API라고 볼 수 있다. 마틴 파울러는 객체 지향 프로그래밍에서 아이덴티티를 소개할 때 이 방식을 비유적으로 사용하기도 했다.
레벨 2: 동사(메서드)	서버 리소스에 대한 영향에 따라 서로 다른 요청 메서드(HTTP 동사라고도 함)를 이용해 접근할 수 있는 다중 리소스 URI를 올바르게 모델링하기 시작한다. 레벨 2 API는 `GET` 메서드가 서버의 상태에 영향을 미치지 않음을 보장하며 같은 리소스 URL에 대한 여러 작업을 표현할 수 있다. 우리의 예시에서 `DELETE /attendees/1`, `PUT /attendees/1` 같은 API를 추가하면 레벨 2 호환 API라고 할 수 있다.
레벨 3: 하이퍼미디어 제어	REST 설계의 전형이며 HATEOAS(Hypertext As The Engine Of Application State, https://oreil.ly/7F18d)를 사용한 탐색 가능한 API를 제공한다. 우리 예제에서 `GET /attendees/1` API를 호출하면 서버가 리턴하는 객체에 대해 사용할 수 있는 행위들이 포함되어 있다. 또한 참석자를 수정하거나 삭제할 수 있는 옵션은 물론 클라이언트가 어떻게 이 옵션을 사용할 수 있는지에 대한 정보도 포함되어 있다. 모던 RESTful HTTP 서비스에서 레벨 3는 드물게 사용되는 용어이며 탐색은 유연한 UI 스타일 시스템에 유용하기는 하지만 서비스 간 API 호출에는 적합하지 않다. HATEOAS를 적용하는 것은 상당히 불편한 경험이며, 생산자를 개발하는 동안 가능한 행위들을 사전에 모두 정의해야 하는 불편이 따른다.

API의 응답을 설계할 때는 리처드슨 성숙도를 어느 정도까지 구현할 것인지 고려하는 것이 중요하다. 레벨 2까지 구현하면 이해가 용이한 리소스 모델은 물론 해당 모델에 대해 행할 수 있는 적절한 행위를 소비자에게 제공할 수 있다. 결과적으로 결합을 느슨하게 하고 뒷단 서비스에 대한 상세 정보를 숨길 수 있다. 나중에는 이런 추상화에 버저닝을 적용하는 방법도 살펴본다.

만일 소비자가 CFP 팀이라면 낮은 결합도와 함께 RESTful 모델을 반영해서 응답을 설계하는 것이 좋다. 소비자가 레거시 컨퍼런스 팀이라면 RESTful API를 선택해도 되지만 RPC라는 다른 옵션을 선택할 수도 있다. 각기 다른 모델링 기법을 고려하기 위해 RPC에 대해 알아보자.

원격 프로시저 호출(RPC) API에 대한 소개

원격 프로시저 호출Remote Procedure Call(RPC)은 한 프로세스의 메서드를 호출하지만 그 메서드의 실행은 다른 프로세스에서 이뤄진다. REST는 도메인 모델을 투영할 수 있고 소비자로부터 기반 기술에 대한 추상화를 제공하지만, RPC는 한 프로세스의 메서드를 그대로 노출하며 다른 프로세스가 직접 호출하는 것이 가능하다.

gPRC는 고성능 RPC를 오픈 소스로 구현한 것이다. gPRC는 리눅스 재단Linux Foundation이 관리하며 대부분의 플랫폼에서 사실상 표준 RPC 프로토콜로 채택하고 있다. 그림 1-1은 gRPC의 RPC 호출을 설명한 것으로, 레거시 컨퍼런스 시스템이 참석자 서비스의 원격 메서드를 호출하는 부분을 표현하고 있다. gRPC 참석자 서비스는 메서드를 원격으로 호출할 수 있도록 특정 포트를 통해 gRPC 서버를 노출한다. 클라이언트 측(레거시 컨퍼런스 서비스)에서는 스텁stub을 사용해 원격 호출에 대한 복잡도를 추상화한다. gRPC는 생산자와 소비자 간의 상호작용을 모두 처리할 수 있는 스키마가 필요하다.

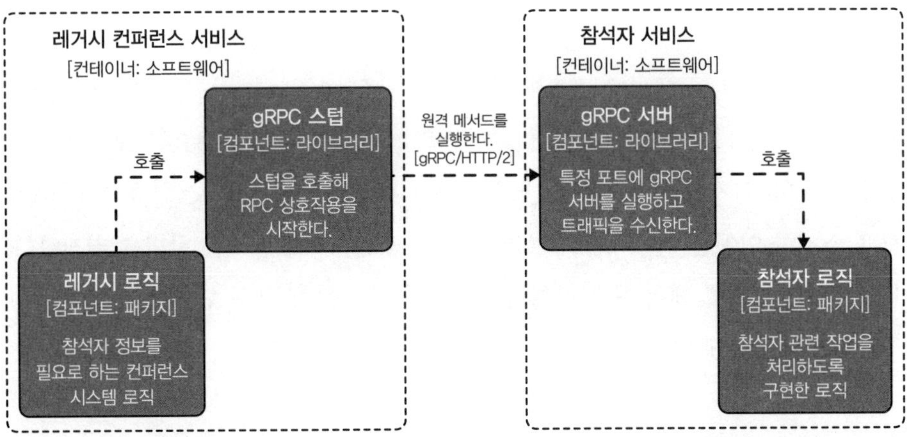

그림 1-1 gRPC를 시용하는 C4 컴포넌트 다이어그램 예시

REST와 RPC의 중요한 차이점은 상태state다. REST는 상태가 없는 반면, RPC는 구현에 따라 상태가 존재할 수 있다. 어떤 상태에서 RPC 기반 통합은 응답을 리턴하는 과정에서 상태를 만들기도 한다. 이렇게 상태를 구축하면 신뢰성 및 라우팅 복잡성이라는 잠재적 비용으로 고성능이라는 편의성을 얻을 수 있다. RPC에서 모델은 2차 서비스가 필요로 하는 정확한 기능을 메서드 수준에서 전달하는 경향이 있다. 선택적으로 상태를 가질 수 있다는 점에서 RPC는 생산자와 소비자 사이의 결합이 더 강해질 수 있다. 하지만 성능이 핵심 요구사항인 수평 서비스들 간의 결합을 나쁘다고만 할 필요는 없다.

그래프QL에 대한 간단한 소개

REST와 RPC를 더 자세히 살펴보기에 앞서, 그래프QLGraphQL이 무엇이며 API 세계의 어디에 적합한지 알아보자. RPC는 생산자가 제공하는 일련의 개별 기능에 대한 접근을 가능케 하지만 소비자에게 모델이나 추상화를 제공하지는 않는다. 반면 REST는 생산자가 제공하는 단일 API를 위한 리소스 모델을 확장한다. API 게이트웨이를 이용하면 같은 기반 URL로 여러 API를 제공하는 것도 가능하다. 이 내용은 3장에서 좀 더 자세히 살펴보겠다. 이렇게 여러 API를 제공하면 소비자는 클라이언트 측에서 상태를 구축하기 위해 순차적으로 쿼리를 해야 한다. 또한 소비자는 쿼리에 사용하는 모든 서비스의 구조를 이해해야 한다. 이는 소비자가 응답의 일부만 필요로 하는 경우에는 낭비처럼 보이기도 한다. 모바일 장치는 화면과 네트워크 활용성 측면에서 제약을 받는다. 그래서 이런 경우 그래프QL이 매우 적합하다.

그래프QL은 기존의 서비스, 데이터 스토어, API상의 기술 계층으로 여러 소스 간에 쿼리를 수행하는 쿼리 언어를 제공한다. 클라이언트는 쿼리 언어를 이용해 필요한 필드만 정확히 요청할 수 있으며, 심지어 여러 API에 대해 원하는 필드를 지정할 수도 있다. 그래프QL은 그래프QL 스키마 언어를 이용해 개별 API의 타입 및 API를 조합하는 방법을 명시한다. 그래프QL 스키마를 도입할 때의 주요 장점 중 하나는 모든 API에 대한 단일 버전을 제공할 수 있고 소비자가 복잡하게 버전을 관리하지 않아도 된다는 점이다.

그래프QL은 소비자가 서로 연결된 여러 서비스에 대한 단일 API 접근을 필요로 하는 경우에 더 빛을 발한다. 스키마는 연결을 제공하고 도메인 모델을 확장하며 고객이 소비자 측에서 필요한 것을 정확히 지정할 수 있게 해준다. 스키마는 사용자 인터페이스와 동시에 보고서 시스템이나 데이터 웨어하우징 스타일 시스템을 모델링할 때 특히 잘 동작한다. 대부분의 데이터가 여러 서브 시스템에 분산되어 저장되어 있는 시스템에서는 그래프QL이 내부 시스템 복잡도를 추상화할 수 있는 이상적인 솔루션을 제공한다.

기존의 레거시 시스템 상위에 그래프QL을 적용해 복잡도를 제거할 수 있는 퍼사드facade로 사용하는 것도 가능하지만, 잘 설계된 API 상위에 그래프QL을 적용한다는 것은 퍼사드를 쉽게 구현하고 유지할 수 있음을 의미한다. 그래프QL은 보완적인 기술로 생각할 수도 있으며, API를 설계하고 구현할 때 함께 고려해야 한다. 또한 전체 API 생태계를 구현하는 완전한 방법으로 바라봐도 무방하다.

그래프QL은 어떤 경우에는 큰 장점을 가져다주므로 좀 더 자세히 알고 싶다면 『웹 앱 API 개발을 위한 GraphQL』(인사이트, 2019)과 『그래프QL 인 액션』(한빛미디어, 2021)을 참고하기 바란다.

REST API 표준과 구조

REST에는 아주 기본적인 규칙이 있지만 구현과 설계의 대부분은 개발자의 경험에 의존한다. 예를 들어, 에러를 전달하는 가장 좋은 방법은 뭘까? 페이징은 어떻게 구현해야 할까? API에서 호환성 문제가 빈번하게 발생하는 상황을 어떻게 방지할까? 이 시점에서 다양한 구현 방법과는 무관하게 일관성과 예측가능성을 제공하기 위해 API를 실질적으로 정의해 볼 필요가 있다. 표준이나 가이드라인이 있으면 도움이 되지만, 선택할 수 있는 표준이나 가이드라인이 너무 많은 것도 사실이다.

API의 설계에 대해서는 마이크로소프트의 REST API 가이드라인(https://oreil.ly/H0lfH)을 따르기로 한다. 이 가이드라인은 이미 오픈 소스화된 내부 가이드라인을 제공하고 있다. 이 가이드라인은 MUST, SHOULD, SHOULD NOT, MUST NOT 등과 같은 표준 용어를 정의한 RFC-2119를 사용하고 있어 개발자가 요구사항이 선택적인지 필수인지 쉽게 이해할 수 있다.

> REST API 표준은 계속 개선되고 있으며, API 표준에 대한 목록은 이 책의 깃허브 페이지(https://oreil.ly/jWx2x)에서 찾아볼 수 있다. 다른 독자들이 고려해 볼 만하다고 생각되는 오픈 표준이 있다면 풀 리퀘스트(pull request)를 통해 기여해 주기 바란다.

이제 마이크로소프트 REST API 가이드라인을 바탕으로 **참석자** API 중에서 새로운 참석자를 생성하는 엔드포인트를 먼저 설계해 보자. REST에 이미 익숙하다면 곧바로 POST를 사용해야 한다는 생각이 들 것이다.

```
POST http://mastering-api.com/attendees
{
    "displayName": "Jim",
    "givenName": "James",
    "surname": "Gough",
    "email": "jim@mastering-api.com"
}
---
201 CREATED
Location: http://mastering-api.com/attendees/1
```

Location 헤더의 값은 서버에 새로 생성된 리소스의 위치를 의미하며, 이 API를 통해 사용자에 대한 고유 ID를 모델링한 것이다. email 필드를 고유 ID로 사용해도 되지만, 마이크로소프트 REST API 가이드라인 7.9절에서는 개인 식별 정보personally identifiable information(PII)를 URL의 일부로 사용해서는 **안 된다**고 권장하고 있다.

> URL에서 예민한 데이터를 제거하는 이유는 경로나 쿼리 파라미터가 서버의 로그나 다른 위치 등 네트워크에 캐싱되는 경우가 있기 때문이다.

API 설계에서 어려운 점 중 하나는 이름이다. 65페이지 'API 버저닝' 절에서 설명하겠지만 이름을 바꾸는 간단한 작업만으로도 호환성에 문제가 생길 수 있다. 마이크로소프트 REST API 가이드라인에는 표준으로 사용할 수 있는 이름 몇 가지가 나열되어 있긴 하지만, 팀이 자체적으로 공통 도메인 데이터 사전을 만들어 표준을 보충해야 한다. 데이터 설계와 상황에 따른 거버넌스에 미리 투자하는 것은 대부분의 조직에게 큰 도움이 된다. 회사가 제공하는 모든 API를 일관되게 제공하면 소비자가 응답을 이해하고 연결할 수 있는 통일성을 갖출 수 있다. 어떤 도메인은 이미 널리 알려진 용어를 사용하고 있을 수도 있다. 이 경우에는 그런 용어를 그대로 사용하면 된다.

컬렉션과 페이징

GET /attendees 요청에 대한 응답을 하나의 배열로 모델링하는 것도 괜찮다. 아래의 소스 코드는 배열을 리턴하는 응답 본문의 예시를 보여주고 있다.

```
GET http://mastering-api.com/attendees
---
200 OK
[
    {
        "displayName": "Jim",
        "givenName": "James",
        "surname": "Gough",
        "email": "jim@mastering-api.com",
        "id": 1,
    },
    ...
]
```

GET /attendees 요청의 참석자 배열이 객체 내부에 중첩되어 있는 모델도 고려해 보자. 응답의 배열이 객체 안에 포함되어 리턴되는 것이 이상하게 보일 수도 있겠지만 이렇게 하면 더 큰 컬렉션collection과 페이징pagination을 모델링할 수 있다. 페이징은 결과의 일부만 리턴하면서 소비자가 결과의 다음 부분을 어떻게 요청할 수 있는지에 대한 정보도 함께 제공한다. 게다가 나중에 페이징을 적용하고 (표준에서 권장하는 것처럼) @nextLink 정보를 추가하기 위해 응답 모델을 배열에서 객체로 변환하면서 호환성에 문제가 생기는 경우를 방지할 수 있다.

```
GET http://mastering-api.com/attendees
---
200 OK
{
```

```
    "values": [
        {
            "displayName": "Jim",
            "givenName": "James",
            "surname": "Gough",
            "email": "jim@mastering-api.com",
            "id": 1,
        }
    ],
    "@nextLink": "{opaqueUrl}"
}
```

컬렉션 필터링

이 컨퍼런스는 참석자가 한 명뿐이어서 당장은 초라해 보이지만, 컬렉션의 크기가 커짐에 따라 페이징은 물론 필터링도 적용할 필요가 있을 것이다. REST의 필터링 표준은 필터 쿼리의 동작을 정의하는 표현식 언어를 OData 표준을 기반으로 표준화하는 것이다. 예를 들어, 다음과 같이 `displayName`이 Jim인 참석자를 필터링할 수 있다.

```
GET http://mastering-api.com/attendees?$filter=displayName eq 'Jim'
```

시작부터 필터링과 검색 기능을 완벽하게 구현할 필요는 없다. 하지만 표준을 기준으로 API를 설계하면 개발자는 호환성 문제를 유발하지 않고도 API 아키텍처를 개선할 수 있다. 특히 여러 서비스에 걸쳐 쿼리와 필터링을 구현할 때는 그래프QL이 가장 적합하다.

에러 처리

API를 확장할 때 가장 중요하게 고려해야 할 점은 다양한 에러를 처리하는 방법을 정의하는 것이다. 에러를 일관성 있게 처리하려면 에러 표준(https://oreil.ly/creK4)을 이용해 사전에 미리 에러를 정의하고 생산자와 공유하는 것이 좋다. 어떤 요청에서 정확히 어떤 문제가 있는지 소비자에게 잘 설명하도록 에러를 정의하는 일은 향후 API에 대한 지원 업무가 늘어나는 것을 방지할 수 있어 매우 중요하다.

가이드라인에는 **"개발자는 요청의 처리가 실패하는 경우 에러를 일관되게 처리할 수 있는 하나의 코드 블록을 작성해야 한다."**라고 명시되어 있다. 소비자는 응답이 제공하는 상태 코드를 기준으로 로직을 작성하므로 에러 상황에 적합한 상태 코드를 반드시 제공해야 한다. 성공을 의미하는 2xx 응답의 본문에 에러를 리턴하는 API도 많다. 리다이렉션을 의미하는 3xx 상태 코드는 일부 소비자용 라이브러리가 적극적으로 활용하기도 한다. 4xx 상태 코드는 보통 클라이언트 측 에러를 의미한다. 이때 `message` 필드의 내용은 개발자나 최종 사용자에게 매우 유용하다. 5xx는 보통 서버 측의 실패를 의미하며, 일부 클라이언트 라이브러리는 이런 에러가 발생하면 이전 요청을 재시도하기도 한다. 예상하지 못한 실패가 발생하면 서비스에 어떤 일이 일어나는지 생각해 보고 문서화하는 것도 중요하다. 예를 들어 결제 시스템에서 발생한 500 에러는 결제가 수행됐다는 것을 의미할까, 그렇지 못했다는 것을 의미할까?

> 외부 소비자에게 보내지는 에러 메시지에 스택 추적 및 기타 민감한 정보가 포함되지 않도록 해야 한다. 이런 정보는 해커가 시스템을 해킹하는 데 오히려 이용되기도 한다. 마이크로소프트 가이드라인의 에러 구조는 상세한 스택 추적/이슈 설명을 제공하는 InnerError라는 개념을 갖추고 있다. 이런 정보는 디버깅에는 매우 유용하지만 외부 소비자에게 전달되어서는 안 된다.

지금까지 설명한 내용은 REST API 구현에 대한 겉핥기 정도이지만, API를 구현하기 시작할 때 결정해야 할 중요한 사항들이 다수 포함되어 있다. 일관적이고 진화하며 호환성을 갖춘 API를 제공하고자 한다면 API 표준을 조기에 채택하는 것이 좋다.

ADR 가이드라인: API 표준의 선택

표 1-2의 가이드라인은 API 표준을 결정할 때 중요하게 고려해야 할 주제를 나열하고 있다. 이번 절에서 살펴본 마이크로소프트 가이드라인을 비롯한 여러 가이드라인이 존재하며 이 중에서 가장 적합한 스타일의 API를 찾는 것이 가장 중요한 결정사항이다.

표 1-2 API 표준 가이드라인

결정사항	어떤 API 표준을 채택할 것인가?
논의사항	회사가 이미 채택하고 있는 표준이 있는가? 이 표준을 외부 소비자로 확대할 수 있는가? 이미 표준을 갖춘 소비자에게 노출해야 하는 서드파티 API를 사용하고 있는가? 표준을 채택하지 않는 것이 소비자에게 어떤 영향을 끼칠 수 있는가?
권장사항	조직 문화와 이미 보유하고 있는 API의 형식에 가장 잘 맞는 API 표준을 선택한다. 진화에 대비하며 도메인/업계에 필요한 수정사항을 표준에 추가한다. 나중에 일관성을 확보하기 위해 호환성 문제를 유발하지 않도록 미리 표준을 채택한다. 기존 API에 주의한다. 이 API는 소비자가 쉽게 이해할 수 있는가, 아니면 콘텐츠를 제공하는 데 더 많은 노력을 기울여야 하는가?

OpenAPI로 REST API 명세 작성하기

이제 API의 설계는 성공적인 API 플랫폼의 토대가 된다는 점이 보이기 시작했을 것이다. 다음으로 고려해야 할 사항은 우리의 API를 소비할 개발자들과 API를 공유하는 방법이다.

API 마켓플레이스는 소비자가 사용할 수 있는 공개 또는 비공개 API의 목록을 제공한다. 개발자는 문서를 살펴보고 브라우저상에서 API를 실행해 봄으로써 API의 동작과 기능을 알아볼 수 있다. 공개 및 비공개 API 마켓플레이스를 갖추면 소비자 입장에서 REST API를 더 중요하게 활용할 수 있다. REST API의 성공은 기술적 배경은 물론 클라이언트 및 서버의 낮은 진입 장벽 덕분에 가능했다.

API의 수가 늘어날수록 소비자와 API의 **형태** 및 구조를 공유하는 메커니즘을 확보해야 할 필요성이 빠르게 증가한다. 이것이 바로 API 업계 리더들이 OpenAPI 명세OpenAPI Specification(OAS)를 정의하는 OpenAPI 이니셔티브OpenAPI Initiative가 생겨난 이유다. OpenAPI 명세는 스와거Swagger가 처음 구현했지만 이제는 대부분의 도구가 OpenAPI를 활용하고 있다.

OpenAPI 명세는 JSON 또는 YAML 형식으로 API의 구조, 도메인 객체, 기타 API의 요구사항 등을 서술한다. API의 구조뿐만 아니라 법적 요구사항 또는 라이선스 요구사항 등을 포함한 API에 대한 메타데이터도 정의할 수 있으며 API를 사용하는 개발자가 참조할 수 있는 문서와 예제도 정의할 수 있다. OpenAPI 명세는 모던 REST API에 있어 중요한 개념이며, 많은 도구와 제품이 이 명세를 활용해 만들어지고 있다.

OpenAPI 명세의 실질적 활용

일단 OAS를 공유하면 명세의 장점이 드러나기 시작한다. OpenAPI.Tools(https://oreil.ly/8dFUS)는 사용 가능한 모든 오픈 소스 및 클로즈드 소스 도구를 문서화하고 있다. 이번 절에서는 OpenAPI 명세를 다루는 분야를 바탕으로 실질적인 도구의 활용법을 소개한다.

CFP 팀이 소비자라는 가정하에 팀이 API의 구조를 이해할 수 있도록 OAS를 공유해 보자. 지금부터 소개할 활용법을 이용하면 개발자 경험을 개선하고 데이터 교환 모델을 잘 정의할 수 있다.

코드 생성

OAS의 가장 유용한 기능 중 하나는 아마도 API를 소비하는 클라이언트 측 코드를 생성하는 기능일 것이다. 앞서 설명했듯이 OAS에는 서버와 보안은 물론 API 구조 자체를 상세하게 표현할 수 있다. 이 정보들을 토대로 API를 표현하고 호출하는 일련의 모델과 서비스 객체를 생성할 수 있다. OpenAPI 생성기(https://oreil.ly/wx0Ce) 프로젝트는 다양한 언어와 도구를 지원한다. 예를 들어 자바Java의 경우 스프링Spring 또는 JAX-RS를 선택할 수 있으며, 타입스크립트TypeScript의 경우에는 타입스크립트에 선호하는 프레임워크를 조합해 선택할 수 있다. 심지어 OAS로부터 API 구현 스텁을 생성하는 것도 가능하다.

여기서 명세를 먼저 작성할지, 아니면 서버 측 코드를 먼저 작성할지 결정해야 한다. 2장에서는 동작을 기반으로 API를 테스트하고 구현하는 '계약 추적' 방식에 대해 설명한다. OpenAPI 명세를 작성할 때의 어려움은 명세 자체로는 API의 형태만 서술할 수 있다는 점이다. OpenAPI 명세는 여러 조건하에서 API의 의미(또는 기대되는 동작)를 완전히 모델링하지 않는다. API를 외부 사용자에게 제공할 때는 향후 API가 극단적으로 변경되는 일이 없도록 가능한 동작을 모두 모델링하고 테스트하는 것이 중요하다.

API는 소비자 관점에서 설계해야 하며, 결합도를 낮추기 위한 추상화에 필요한 요구사항을 고려해야 한다. API 호환성에 문제를 일으키지 않고도 컴포넌트를 리팩토링할 수 있는 것이 중요하다. 그렇지 않으면 API 추상화의 가치를 잃게 된다.

OpenAPI 검증

OpenAPI 명세는 API의 요청과 응답이 명세에 서술된 대로 동작하도록 교환하는 데이터의 콘텐츠를 검증하는 데 유용하다. 처음에는 어떤 점에서 유용한지 이해가 되지 않을 수도 있다. 코드를 자동 생성한다면 당연히 교환하는 데이터가 명세와 일치하지 않겠는가? OpenAPI 검증의 실질적인 활용법 중 하나는 API와 API 인프라스트럭처를 보호하는 것이다. 많은 조직이 일반적으로 구역화 아키텍처zonal architecture를 채택하며, 유입되는 트래픽으로부터 네트워크를 보호하기 위해 DMZdemilitarized zone(비무장지대)를 사용한다. 유용한 기능은 DMZ 내의 메시지를 조사하고 명세와 일치하지 않는 트래픽은 없애버리는 것이다. 보안에 대해서는 6장에서 더 자세히 다룬다.

예를 들어, 아틀라시안Atlassian은 JSON REST 콘텐츠를 검증하는 swagger-request-validator라는 오픈 소스 도구(https://oreil.ly/HLCzT)를 이용하고 있다. 이 프로젝트는 다양한 모의 데이터와 테스트 프레임워크를 이용해 API 명세로 테스트를 수행할 수 있는 기능을 통합하기 위한 어댑터adapter를 제공한다. 이 도구는 교환하는 데이터에 대한 `ValidationReport` 객체를 생성하는 `OpenApiInteractionValidator` 클래스를 제공한다. 다음 코드는 명세로부터 검증기를 구현하는 방법을 보여주고 있다. 이때 경로를 변경하는 API 인프라스트럭처에 배포하는 경우를 대비해 `basePathOverride` 변수를 사용하고 있다. 검증 보고서는 검증이 실행될 때 요청과 응답을 분석해 생성된다.

```
// 명세의 위치를 지정해 검증기를 생성한다.
// basePathOverride는 검증기가 게이트웨이/프록시를 사용하는 경우에 유용하다.
final OpenApiInteractionValidator validator = OpenApiInteractionValidator
        .createForSpecificationUrl(specUrl)
        .withBasePathOverride(basePathOverride)
        .build;

// 요청과 응답 객체는 빌더를 이용해 변환하거나 생성할 수 있다.
final ValidationReport report = validator.validate(request, response);

if (report.hasErrors()) {
    // 에러를 처리한다.
}
```

예제와 모의 데이터

OAS는 명세 내의 API에 대한 예제 응답을 제공할 수 있다. 앞서 설명했듯이 이 예제는 개발자들이 API의 동작을 이해하기 위한 문서화에 유용하다. 심지어 예제를 이용해 사용자가 모의 서비스로 API를 쿼리하고 예제 응답을 리턴하게끔 하는 도구도 있다. 이런 기능은 개발자가 문서를 확인하고 API를 호출해 볼 수 있는 개발자 포털 같은 기능을 구현하는 데 특히 유용하다. 모의 데이터와 예제의 또 다른 유용한 기능은 서비스 구현을 시작하기 전에 생산자와 소비자 간에 데이터를 공유할 수 있는 기능이다. API를 '시험할 수' 있는 기능은 명세가 요구사항을 반영하는지 리뷰하는 것보다 훨씬 유용한 경우가 많다.

반면 예제는 흥미로운 문제를 유발할 수도 있다. 명세에 포함하는 예제는 기본적으로 (XML/JSON 등으로 모델링을 해야 하므로) 문자열이다. openapi-examples-validator(https://oreil.ly/bM9fp)는 예제가 API의 해당 요청/응답 `component`에 대한 OAS와 일치하는지 검증해 준다.

변경의 탐지

OpenAPI 명세는 API의 변경을 탐지하는 데도 도움이 되며, 데브옵스[DevOps] 파이프라인에서 활용할 때 특히 더 유용하다. 변경 탐지는 하위호환성을 유지하는 데 있어 매우 중요하지만, 우선은 API의 버전 관리에 대해 좀 더 자세히 알아보자.

API 버저닝

지금까지는 더 빠른 통합을 비롯해 소비자와 OAS를 공유할 때의 장점에 대해 알아봤다. 이제는 여러 소비자가 API를 사용하게 되는 경우를 생각해 보자. 이때 API가 바뀌거나 또는 소비자 중 하나가 API에 새로운 기능을 추가해 주길 요구한다면 어떤 일이 벌어질까?

일단 한 걸음 물러나 컴파일 시점에 애플리케이션에 포함되는 코드 라이브러리라면 어떨지 생각해 보자. 라이브러리의 변경은 새 버전으로 패키징되며, 새 버전으로 재컴파일하고 테스트하기 전까지는 프로덕션 애플리케이션에 아무런 영향을 주지 않는다. API는 실행 중인 서비스이므로 변경이 필요할 경우 즉각적으로 반영할 수 있는 몇 가지 업그레이드 옵션이 있다.

- **새 버전을 릴리스하고 새로운 위치에 배포하는 방법**
  기존 버전의 애플리케이션은 기존 버전의 API를 계속 서비스할 수 있다. 그러면 소비자는 새 기능이 필요할 때만 새 위치의 API로 업그레이드하면 되므로 별다른 문제가 없다. 하지만 API의 소유자는 여러 버전의 API를 유지 관리해야 함은 물론 필요에 따라 패치와 버그 수정도 지원해야 한다.
- **기존 버전의 API와 하위호환성을 갖는 새 버전의 API를 릴리스하는 방법**
  이 방법은 기존 API 사용자에게 영향을 주지 않고도 변경을 반영할 수 있다. 소비자는 아무것도 바꿀 필요는 없지만 우리 입장에서는 다운타임downtime이나 업그레이드를 하는 동안 기존 버전과 새 버전의 가용성을 모두 고려해야 한다. 잘못된 필드 이름을 바꾸는 것 같은 소소한 버그 수정도 호환성에 문제를 일으킬 수 있다.
- **기존 버전 API와의 호환성을 버리고 모든 소비자가 새 API를 사용하기 위해 코드를 업그레이드하도록 하는 방법**
  이 방법은 프로덕션 환경에서 예기치 않은 호환성 문제를 유발[1]할 수 있어서 좋지 않은 생각처럼 보일 수도 있다. 하지만 상황에 따라서는 기존 버전과의 호환성을 유지할 수 없는 경우가 있다. 이런 변경은 전체 시스템의 일괄적인 변경을 유발하며, 따라서 다운타임을 조율해야 한다.

난감한 점은 지금까지 살펴본 업그레이드 방식에는 소비자나 생산자 입장에서 각각의 장단점이 존재한다는 점이다. 현실적으로는 이 3가지 방식을 조합해서 지원할 수 있어야 한다. 그러려면 버저닝과 관련된 규칙은 물론 소비자에게 버전을 노출하는 방법을 정해야 한다.

시맨틱 버저닝

시맨틱 버저닝semantic versioning(https://semver.org)은 앞서 살펴본 업그레이드 옵션을 조합해 REST API에 반영할 수 있는 방법을 제공한다. 시맨틱 버저닝은 API 릴리스를 숫자로 표현한다. 이 숫자는 다음의 규칙을 활용해 기존 버전 대비 바뀐 동작을 기준으로 한다.

- **메이저 버전**major version은 기존 버전의 API와 호환되지 않는 변경사항을 반영한다. API 플랫폼에서 새로운 메이저 버전으로 업그레이드하는 것은 소비자가 결정할 사항이다. 이 경우에는 소비자가 새 API로 업그레이드하기 위한 마이그레이션 가이드와 추적 기능이 제공될 가능성이 높다.

1 우리도 이런 상황을 여러 번 겪었다. 특히 월요일 오전에 이런 일이 자주 일어난다!

- **마이너 버전**minor version은 기존 버전의 API와 하위 호환이 되는 변경사항을 반영한다. API 서비스 플랫폼에서는 소비자가 클라이언트 측의 아무런 변경 없이도 새로운 마이너 버전을 사용할 수 있다.
- **패치 버전**patch version은 변경이 없거나 새로운 기능이 추가되지 않았지만 기존의 '메이저.마이너' 버전의 기능에서 버그를 수정한 경우에 업그레이드한다.

시맨틱 버저닝은 '메이저.마이너.패치'와 같이 표현한다. 예를 들어 1.5.1은 메이저 버전 1, 마이너 버전 5, 패치 버전 1을 의미한다. 5장에서는 시맨틱 버저닝과 API의 수명주기 및 릴리스와의 연관 관계에 대해 설명한다.

OpenAPI 명세와 버저닝

이제 버저닝에 대해 알아봤으므로 참석자 API 명세를 이용해 단절적 변화와 비단절적 변화의 예시를 살펴보자. 명세를 비교해 주는 도구는 여러 가지가 있으며, 여기서는 OpenAPITools가 제공하는 openapi-diff(https://oreil.ly/QrgTf)를 사용한다.

먼저 단절적 변화부터 살펴보자. 여기서는 `givenName` 필드의 이름을 `firstName`으로 변경할 것이다. 소비자는 `firstName`이 아니라 `givenName`이라는 이름을 사용하고 있으므로 이 변경은 단절적 변화다. 다음 명령을 이용하면 도커 컨테이너에서 비교 도구를 실행할 수 있다.

```
$docker run --rm -t \
   -v $(pwd):/specs:ro \
   openapitools/openapi-diff:latest /specs/original.json /specs/first-name.json
==========================================================================
...
- GET    /attendees
  Return Type:
    - Changed 200 OK
      Media types:
        - Changed */*
          Schema: Broken compatibility
          Missing property: [n].givenName (string)
--------------------------------------------------------------------------
--                                Result                                --
--------------------------------------------------------------------------
                 API changes broke backward compatibility
--------------------------------------------------------------------------
```

/attendees API의 리턴 타입에 age라는 새 필드를 추가할 수도 있다. 새로운 필드를 추가하는 것은 기존 동작에 문제를 유발하지 않으므로 호환성 문제를 일으키지 않는다.

```
$ docker run --rm -t \
 -v $(pwd):/specs:ro \
 openapitools/openapi-diff:latest --info /specs/original.json /specs/age.json
==========================================================================
...
- GET    /attendees
  Return Type:
    - Changed 200 OK
      Media types:
        - Changed */*
          Schema: Backward compatible
--------------------------------------------------------------------------
--                                Result                                --
--------------------------------------------------------------------------
                  API changes are backward compatible
--------------------------------------------------------------------------
```

어떤 변경이 호환성이 있는지 없는지 확인해 보는 것이 좋다. API 파이프라인에 이런 종류의 도구를 도입하면 소비자가 의도치 않은 호환성 문제를 겪지 않도록 할 수 있다. OpenAPI 명세는 API 프로그램에서 중요한 역할을 수행하며 도구, 버저닝, 수명주기 등을 결합하면 그 가치는 이루 말할 수 없을 정도다.

> 이런 도구는 OpenAPI 버전에 영향을 받는 경우가 많으므로 각 도구가 여러분이 사용하는 명세의 버전을 지원하는지 확인하는 것이 중요하다. 앞서 비교 도구를 사용한 예제는 다소 이전 버전의 명세를 사용했으며 단절적 변화는 감지되지 않았다.

gRPC로 RPC 구현하기

참석자 서비스 같은 수평 서비스는 트래픽이 높은 경향이 있으며 아키텍처 전반에서 사용하는 마이크로서비스로 구현할 수도 있다. 수평 서비스에는 REST보다는 생태계 내에서 더 작은 데이터 전달과 높은 속도를 지원하는 gRPC가 더 잘 어울린다. 성능과 관련된 모든 결정사항은 항상 측정을 통해 확인해야 한다.

스프링 부트 스타터Spring Boot Starter(https://oreil.ly/opOij)로 gRPC 서버를 빠르게 만들어보자. 다음의 .proto 파일은 OpenAPI 명세 예시에서 살펴봤던 것과 같은 `attendee` 객체를 모델링하고 있다. OpenAPI 명세가 있으면 스키마로부터 여러 언어로 코드를 생성할 수 있다.

attendees.proto 파일을 보면 요청은 비어 있으며 리턴 타입은 `Attendee` 응답을 반복하고 있다. 프로토콜은 바이너리 표현을 사용하므로 메시지의 레이아웃을 결정하는 필드의 위치와 순서가 절대적으로 중요하다는 점을 알아두자. 새로운 서비스나 새 메서드를 추가하는 것은 메시지에 새 필드를 추가하는 것처럼 하위호환적이지만 그래도 주의는 필요하다. 새로 추가하는 필드는 반드시 선택적 필드여야 하며, 그렇지 않으면 하위호환성에 문제가 생긴다.

필드를 제거하거나 이름을 변경하면 필드의 데이터 타입이 바뀌게 되므로 호환성에 문제가 생긴다. 필드의 개수 역시 전달되는 필드를 인식하는 데 사용되므로 문제를 유발한다. gRPC의 인코딩과 관련된 제약은 모델을 매우 구체적으로 정의해야 한다는 것을 의미한다. REST와 OpenAPI의 경우 명세는 가이드의 역할을 수행하므로 상당히 너그러운 편이다.[2] OpenAPI의 경우 필드를 추가하거나 순서를 바꾸는 것은 문제가 되지 않으며, 따라서 버저닝과 호환성은 gRPC를 도입할 때 더욱 중요하게 고려해야 한다.

```
syntax = "proto3";
option java_multiple_files = true;
package com.masteringapi.attendees.grpc.server;

message AttendeesRequest {
}

message Attendee {
  int32 id = 1;
  string givenName = 2;
  string surname = 3;
  string email = 4;
}
```

2 OpenAPI 명세를 런타임에 검증하면 좀 더 엄격하게 명세를 반영할 수 있다.

```
message AttendeeResponse {
  repeated Attendee attendees = 1;
}

service AttendeesService {
  rpc getAttendees(AttendeesRequest) returns (AttendeeResponse);
}
```

다음의 자바 코드는 생성한 gRPC 서버 클래스를 이용해 동작을 구현한 예다.

```
@GrpcService
public class AttendeesServiceImpl extends
    AttendeesServiceGrpc.AttendeesServiceImplBase {

    @Override
    public void getAttendees(AttendeesRequest request,
        StreamObserver<AttendeeResponse> responseObserver) {
        AttendeeResponse.Builder responseBuilder
            = AttendeeResponse.newBuilder();

        // 응답을 생성
        responseObserver.onNext(responseBuilder.build());
        responseObserver.onCompleted();
    }
}
```

이 자바 서비스 모델링 예제는 이 책의 깃허브 페이지(https://oreil.ly/GMy9m)에서 확인할 수 있다. gRPC는 추가 라이브러리가 없다면 브라우저에서 직접 쿼리할 수는 없지만, 테스트를 위해 브라우저에 gRPC UI(https://oreil.ly/F4C78) 플러그인을 설치할 수는 있다. `grpcurl` 또한 명령줄 도구를 제공한다.

```
$ grpcurl -plaintext localhost:9090 \
    com.masteringapi.attendees.grpc.server.AttendeesService/getAttendees
{
  "attendees": [
    {
      "id": 1,
      "givenName": "Jim",
      "surname": "Gough",
      "email": "gough@mail.com"
```

```
    }
  ]
}
```

gRPC는 서비스를 쿼리하고 소비자가 코드를 생성할 수 있는 명세를 정의하는 또 다른 옵션을 제공한다. 다만 OpenAPI보다 더 엄격하며 소비자 또한 메서드/내부 동작을 이해해야 한다.

교환 방식과 API 형식의 선택

0장 'API 아키텍처 설계 여정을 시작하며'에서는 트래픽 패턴이라는 개념과 더불어 생태계 외부에서 발생하는 요청과 생태계 내부에서 발생하는 요청 사이의 차이점에 대해 알아봤다. 트래픽 패턴은 문제를 해결할 API의 적절한 형식의 결정과 관련된 중요한 요소다. 마이크로서비스 기반 아키텍처 내에서 서비스와 교환 방식을 완전히 제어할 수 있다면 외부 소비자와는 불가능한 타협점을 찾을 수 있게 된다.

수평 서비스의 성능 특성은 수직 서비스보다 적용 가능성이 높다는 점을 인식하는 것이 중요하다. 수직 서비스 간 데이터 교환의 경우 생성자 환경 외부에서 발생하는 트래픽은 보통 인터넷을 이용해 데이터를 교환하는 구간이 생긴다. 인터넷은 레이턴시latency가 높으며 API 아키텍처는 각 서비스의 복합적인 효과를 항상 고려해야 한다. 마이크로서비스 기반 아키텍처라면 하나의 수직 요청으로 여러 개의 수평 데이터 교환이 발생할 가능성이 높다. 수평 트래픽이 높아지면 그에 따른 속도 저하가 소비자에게 영향을 미치지 않을 정도로 효율적으로 처리되어야 한다.

트래픽이 높은 서비스

우리의 예제에서 참석자 서비스는 중심적인 서비스다. 마이크로서비스 아키텍처상에서 여러 컴포넌트가 `attendeeId`를 추적하게 될 것이다. 따라서 소비자에게 제공될 API는 참석자 서비스에 저장된 데이터를 조회할 것이고 요청이 많아지면 트래픽이 높은 컴포넌트가 될 것이다. 서비스 간의 데이터 교환율이 높아지면 페이로드payload의 크기와 프로토콜 간의 제약으로 인해 사용량이 높아질수록 네트워크 전송 비용도 늘어날 것이다. 여기서 비용은 금전상의 비용이 될 수도 있고 메시지가 목적지에 도착하는 데 걸리는 총 시간이 될 수도 있다.

대용량 데이터 페이로드

페이로드의 크기가 크면 API의 데이터 교환이 어려워질 수 있으며 네트워크를 통한 전송 성능의 감소에 취약해진다. REST로 전달되는 JSON 형식의 데이터는 사람이 읽을 수 있으며 바이너리보다 더 길어져서 페이로드의 크기가 커지게 된다.

데이터 교환에 JSON을 사용하는 것은 '사람의 가독성'이라는 개념을 오해하는 보편적인 경우다. 현대의 추적 도구는 개발자가 메시지를 읽어야 하는 횟수 대비 성능에 대한 고려를 별로 하지 않는다. 게다가 대용량 JSON 파일을 처음부터 끝까지 읽는 경우도 드물다. 차라리 로깅(logging)을 강화하고 에러를 잘 처리하는 편이 사람의 가독성에 대한 논란을 잠재우는 방법이다.

대용량 페이로드 교환에서 고려해야 할 또 다른 요소는 컴포넌트가 메시지의 본문을 언어 수준의 도메인 모델로 해석하는 데 걸리는 시간이다. 데이터를 해석하는 시간과 관련된 성능은 서비스를 구현한 언어에 따라 크게 달라진다. 예를 들어, 전통적인 서버 측 언어의 대부분은 바이너리 표현식보다는 JSON을 처리하는 데 어려움을 겪는다. 데이터 해석의 영향을 분석하고 그 결과를 데이터 교환 형식을 선택할 때 고려할 필요가 있다.

HTTP/2의 성능 이점

HTTP/2 기반의 서비스를 사용하면 바이너리 압축과 프레임 지원 덕분에 데이터 교환 성능에 도움이 된다. 바이너리 프레임 계층binary framing layer(https://oreil.ly/5Ql7R)은 개발자에게 투명하지만 그 이면에서는 메시지를 더 작은 조각으로 나눠서 압축한다. 바이너리 프레임의 장점은 한 번의 연결에서 전체 요청과 응답의 멀티플렉싱multiplexing을 허용한다는 점이다. 다른 서비스가 목록을 처리할 때 20명의 참석자를 조회해야 하는 경우를 생각해 보자. 이를 HTTP/1 요청으로 개별적으로 처리하면 20개의 새로운 TCP 연결이 생성된다는 부담이 생긴다. 멀티플렉싱을 이용하면 20개의 개별적인 요청을 하나의 HTTP/2 연결로 처리할 수 있다.

gRPC는 기본적으로 HTTP/2를 사용하며, 바이너리 프로토콜을 사용해 교환하는 데이터의 크기를 줄인다. 만일 대역폭에 대한 우려가 있거나 그 자체가 비용으로 연결된다면 gRPC를 채택하는 편이 좋다. 특히 콘텐츠 페이로드가 상당히 커지는 경우에 유용하다. 페이로드의 대역폭이 지속적으로 우려되는 상황이거나 서비스 간 대용량 데이터를 교환해야 한다면 REST보다는 gRPC가 더 유리하다. 특히 대용량 데이터 교환이 빈번하다면 gRPC의 비동기 기능을 고려하는 것도 좋다.

> 곧 출시될 HTTP/3는 모든 것을 바꿀 것이다. HTTP/3는 UDP 기반으로 구현한 전송 프로토콜인 퀵(QUIC)을 사용한다. HTTP/3에 관한 더 자세한 내용은 https://oreil.ly/DM1j9에서 찾아볼 수 있다.

구형 형식들

아키텍처상의 모든 서비스가 현대적인 설계를 기반으로 하지는 않는다. 오래된 컴포넌트는 아키텍처의 진화에 있어 적극적으로 고려해야 할 부분이므로 구형 컴포넌트를 격리하고 개선하는 방법은 8장에서 알아본다. API 아키텍처와 관련된 사람들은 구형 컴포넌트를 도입할 때 전반적인 성능의 영향도를 이해하는 것이 중요하다.

가이드라인: 교환 데이터의 모델링

소비자가 레거시 컨퍼런스 시스템 팀이라면 보통 수평 관계로 데이터를 교환하게 된다. 하지만 소비자가 CFP 팀이라면 보통 수직 관계로 데이터를 교환하게 된다. 결합도와 성능에 대한 요구사항이 서로 다르므로 교환 데이터의 모델링을 고려해야 한다. 표 1-3의 가이드라인은 여러분이 고려해야 할 요소들을 보여주고 있다.

표 1-3 교환 데이터의 모델링 가이드라인

결정사항	서비스의 API 모델링에 어떤 형식을 사용해야 할까?
논의사항	데이터 교환이 수직으로 이뤄지는가, 수평으로 이뤄지는가? 소비자 코드를 제어할 수 있는가? 여러 서비스 간에 강력한 비즈니스 도메인이 존재하는가, 아니면 소비자가 직접 쿼리를 구성하도록 허용해야 하는가? 어떤 버저닝 정책을 도입할 것인가? 기반 데이터 모델의 배포/변경 빈도는 어떤가? 트래픽이 높아서 대역폭이나 성능에 대한 우려가 높은 서비스인가?
권장사항	외부 사용자가 API를 이용한다면 REST가 진입 장벽도 낮고 강력한 도메인 모델도 제공한다. 또한 외부 사용자가 사용한다는 것은 보통 낮은 결합도와 낮은 의존성이 필요하다는 뜻이다. 생산자의 완전한 관리하에 두 서비스가 API로 상호작용하거나 서비스의 트래픽이 높다면 gRPC의 사용을 고려한다.

다중 명세

이번 장에서는 API 아키텍처에서 고려할 다양한 API 형식을 살펴본다. 아마도 최종적으로 결정해야 할 사항은 **'모든 형식을 제공할 수 있는가?'**일 것이다. 물론 할 수 있다. RESTful 표현식, gFPC 서비스, 그래프GL 스키마를 모두 갖춘 API를 지원하는 것도 가능하다. 하지만 쉬운 일이 아니며, 어쩌면 올바른 선택이 아닐 수도 있다. 마지막 절에서는 다중 형식 API를 구현할 수 있는 몇 가지 옵션과 이를 도입할 때의 어려움에 대해 알아본다.

월등한 명세는 존재하는가

참석자를 정의하는 .proto 파일과 OpenAPI 명세는 크게 차이가 없어 보인다. 둘 다 같은 필드를 정의하고 있으며 데이터 타입도 명시되어 있다. 그렇다면 openapi2proto 도구(https://oreil.ly/f11XL)를 이용해 OAS로부터 .proto 파일을 생성할 수 있을까? `openapi2proto --spec spec-v2.json` 명령을 실행하면 기본적으로 필드 이름이 알파벳순으로 정렬된 .proto 파일이 생성된다. OAS에 하위호환성을 갖춘 새 필드를 추가할 때는 문제가 없지만, 그렇지 않으면 갑자기 모든 필드의 ID가 바뀌게 되어 호환성 문제가 생긴다.

다음의 .proto 파일 예제는 `a_new_field` 필드를 추가했을 때 알파벳순으로 정렬되면서 필드가 맨 위에 추가되어 바이너리 형식이 바뀌고 서비스의 호환성에 문제가 생기는 경우를 보여주고 있다.

```
message Attendee {
    string a_new_field = 1;
    string email = 2;
    string givenName = 3;
    int32 id = 4;
    string surname = 5;
}
```

> 명세를 변환할 때의 문제를 해결하는 다른 도구도 있지만 어떤 도구는 OpenAPI 명세 버전 2만 지원한다. 하지만 버전 2에서 버전 3로 전환하는 데는 많은 시간이 걸리며 그로 인해 두 버전의 OAS를 모두 지원하는 제품도 많다.

또 다른 옵션으로는 gRPC 서비스 앞에서 REST 퍼사드를 제공하는 리버스 프록시reverse proxy를 생성하는 grpc-gateway(https://oreil.ly/u2Em7) 도구가 있다. 리버스 프록시는 .proto 파일을 이용해 빌드 타임build time에 생성되며, openapi2proto처럼 REST와 최대한 유사한 결과물을 만들어낸다. .proto 파일에 확장 기능을 이용해 RPC 메서드를 OAS 표현식으로 연결할 수 있다.

```
import "google/api/annotations.proto";
//...
service AttendeesService {
    rpc getAttendees(AttendeesRequest) returns (AttendeeResponse) {
        option(google.api.http) = {
            get: "/attendees"
        };
    }
}
```

grpc-gateway를 사용하면 REST와 gRPC 서비스를 모두 제공할 수 있다. 하지만 grpc-gateway는 여러 가지 명령어는 물론 고Go 언어나 빌드 환경에 대한 경험을 필요로 하는 셋업이 필요하다.

다중 명세를 제공할 때의 어려움

일단 한 걸음 물러나 우리가 지금 뭘 하는지에 대해 생각해 보는 것이 중요하다. 우리는 OpenAPI의 RESTful 표현을 gRPC 호출로 효과적으로 변환하고자 한다. 더 확장된 하이퍼미디어 도메인 모델을 저수준의 함수 대 함수 호출로 변환하려는 것이다. 이는 잠재적으로 RPC와 API 사이의 차이점을 융합하려는 시도이자 호환성과 씨름하는 결과를 낳게 될 확률이 높다.

gRPC를 OpenAPI로 변환하는 것도 비슷하다. 이 시도의 목적은 gRPC를 REST API처럼 보이도록 하는 것이다. 이 역시 마찬가지로 서비스를 개선할 때 여러 가지 어려운 이슈들이 드러날 확률이 높다.

명세를 조합하거나 한 명세에서 다른 명세를 생성하면 그 이후에는 버저닝이 걸림돌이 된다. gRPC와 OpenAPI 명세가 각자의 호환성 요구사항을 갖추고 있다는 것을 염두에 두는 것이 중요하다. REST 도메인을 RPC 도메인에 결합할 수 있고 전반적인 가치를 더하는지 여부에 따라 결정을 내려야 한다.

수직 트래픽을 처리할 때 수평 데이터 교환을 위해 RPC를 생성하는 것보다는 두 API를 자유롭게 개선할 수 있도록 마이크로서비스 기반 아키텍처(RPC) 커뮤니케이션을 REST 표현과는 독립적으로 설계하는 편이 더 납득할 만한 선택이다. 우리의 컨퍼런스 사례 연구도 이런 방식을 채택할 것이며 프로젝트의 ADR에 기록할 것이다.

정리

이번 장에서는 API의 설계와 구현, 명세에 대해 알아보고 REST와 gRPC 중 하나를 선택해야 하는 여러 가지 상황에 대해서도 알아봤다. 이는 REST와 gRPC의 대결 구도를 만드는 것이 아니라, 주어진 상황에서 데이터 교환을 모델링하는 더 적절한 방법의 선택에 관한 내용이었다. 이번 장에서 중요하게 다룬 내용은 다음과 같다.

- REST와 RPC 기반 API를 구현하는 진입 장벽은 대부분 낮다. 오히려 설계와 구조를 신중하게 고려하는 것이 아키텍처 의사결정에 더 중요하다.

- REST와 RPC 모델 중 하나를 선택할 때는 리처드슨의 성숙도 모델 및 생산자와 소비자 사이의 결합도를 고려해야 한다.
- REST는 상당히 느슨한 표준이다. API를 구현할 때 API 표준을 반영하면 API를 일관적으로 설계할 수 있고 소비자가 기대하는 동작을 정의할 수 있다. API 표준은 API 호환성에 문제가 생길 수 있는 설계를 결정하게 되는 상황도 미리 방지할 수 있다.
- OpenAPI 명세는 API 구조를 공유하고 코딩 관련 활동을 자동화하는 데 유용하다. OpenAPI 기능을 적극적으로 도입하고 프로젝트에 어떤 도구나 생성 기능을 도입할 것인지 결정해야 한다.
- 버저닝은 생산자 입장에서는 복잡도가 증가하지만 소비자가 API를 쉽게 사용하는 데 필요한 중요한 주제다. 소비자에게 노출되는 API의 버저닝을 계획하지 않는 것은 위험한 일이다. 버저닝은 프로젝트의 기능 중에서도 적극적으로 결정해야 하는 주제이며 소비자에게 버저닝을 전달하는 메커니즘 역시 결정에 포함해야 한다.
- gRPC는 높은 대역폭의 데이터 교환이 필요할 때 특히 잘 동작하며 수평 데이터 교환에 이상적이다. gRPC 도구는 강력하며 데이터 교환을 모델링할 때 여러 옵션을 제공한다.
- 다중 명세를 모델링하는 것은 까다로운 일이다. 특히 한 명세로부터 다른 명세를 생성할 때 더욱 그렇다. 여기에 버저닝까지 고려하면 일이 더 복잡해지지만, 호환성 문제를 피하기 위한 중요한 요소다. RPC와 REST는 사용성과 소비자 코드의 제어 측면에서 근본적인 차이가 있으므로 RPC와 RESTful API의 결합은 신중하게 결정해야 한다.

API 아키텍처의 설계에서 어려운 점은 소비자 비즈니스 관점에서 요구사항을 만족시키고 API와 관련해 훌륭한 개발자 경험을 제공하며 예상치 못한 호환성 문제를 피하는 것이다. 2장에서는 서비스가 이런 목표를 만족시키는지 확인하기 위해 기본적으로 필요한 테스트에 대해 알아본다.

2장

API 테스트

1장에서는 아키텍처에 도입할 수 있는 API의 여러 형태와 그 가치에 대해 살펴봤다. 2장에서는 API를 테스트하는 방법을 살펴봄으로써 이 책에서 API의 설계, 구현, 테스트에 대해 다루는 단계를 마무리하고자 한다. 0장 'API 아키텍처 설계 여정을 시작하며'에서 뽑아낸 새로운 참석자 API는 명확하게 테스트하고 검증해야 한다. 우리 API 구현의 핵심은 테스트라고 확신한다. 테스트를 통해 API가 의도대로 동작한다는 강한 확신을 가질 수 있고 소비자에게 높은 품질의 제품을 전달하는 데 도움이 된다. 테스트는 다양한 조건에서 API가 정확하게 동작한다는 확신을 가질 수 있는 유일한 방법이다.

어떤 제품을 구현하든 마찬가지이겠지만 API를 구현할 때 제품이 의도대로 동작한다는 것을 검증할 수 있는 유일한 방법은 테스트를 해보는 것이다. 이는 마우스가드mouthguard를 늘려도 보고 때려도 보고 밀거나 당기거나, 심지어 체험을 해보면서 테스트하는 것과 마찬가지다.[1]

62페이지 'OpenAPI로 REST API 명세 작성하기' 절에서 살펴봤듯이 API는 문서화된 것과 다른 결과를 리턴해서는 안 된다. API에 단절적 변화가 발생하거나 결과를 얻기까지 시간이 오래 걸려도 문제다. 이런 문제는 고객이 등을 돌리는 원인이 되지만, API 서비스에 대한 높은 품질의 테스트를 통해 충분히 해결할 수 있다. 모든 API 사용자의 잘못된 입력에 대해 유용한 피드백을 제공하고, 안전하며, 서비스 수준 지표service-level indicator(SLI)를 기준으로

1 마우스가드 업체를 운영하는 매튜의 친구는 제품의 무결성을 테스트하기 위한 고된 절차에 대해 들은 적이 있다. 그 누구도 경기를 통해 마우스가드를 테스트하기를 원하지는 않을 것이다!

명시된 서비스 수준 목표service-level objective(SLO) 내에서 결과를 리턴하는 등 다양한 요구사항을 만족시켜야 한다.[2]

이번 장에서는 이런 문제가 발생하지 않도록 API에 적용할 수 있는 여러 종류의 테스트에 대해 소개한다.

각 테스트 유형의 장단점을 통해 여러분이 시간을 투자할 지점을 결정할 수 있을 것이다. API의 테스트와 여러분이 가장 큰 가치를 얻을 수 있는 지점을 집중적으로 설명할 것이다. 따라서 서비스의 전반적인 테스트는 다루지 않는다. 또한 테스트에 대한 더 깊은 이해와 전문가 수준의 지식을 얻기 원하는 독자를 위해 추가 리소스도 소개한다.

이번 장에서 다룰 컨퍼런스 시스템의 시나리오

45페이지 '참석자 개선 ADR' 절에서는 컨퍼런스 시스템에서 참석자 API를 분리해야 하는 이유를 설명했다. 참석자 API를 분리하면 새로운 상호작용이 생겨난다. 그림 2-1에서 보듯이 참석자 API는 외부 CFP 시스템과 레거시 컨퍼런스가 사용한다. 이번 장에서는 참석자 서비스에 필요한 테스트를 살펴보고, 그런 테스트를 통해 레거시 컨퍼런스 시스템과 참석자 API 사이의 상호작용을 검증하는 방법을 설명한다. 우리는 API의 일관성이 떨어지거나 새 릴리스 과정에서 실수로 단절적 변화가 생기는 가장 주된 이유가 테스트의 부족임을 충분히 목도해 왔다. 그러므로 항상 올바른 결과를 리턴한다는 자신감을 통해 이런 실수를 줄이는 것이 중요하며, 그러기 위한 유일한 방법은 적절한 수준의 테스트에 투자하는 것이다.

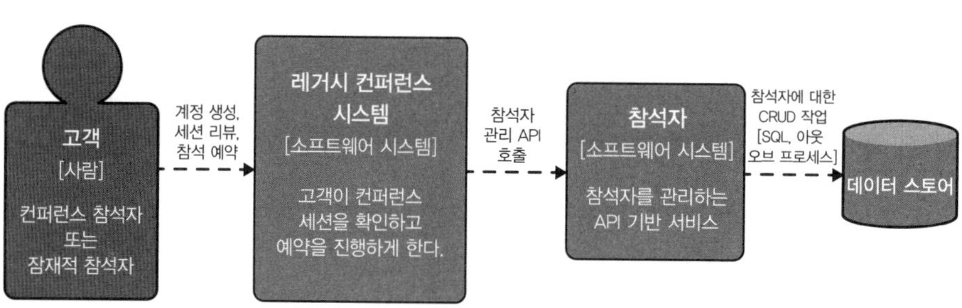

그림 2-1 이번 장의 시나리오

2 SLO와 SLI는 5장에서 더 자세히 다룬다.

테스트는 서비스를 구성하는 개별적인 빌딩 블록부터 시작해서 API가 전체 생태계의 일부로서 동작하는지 검증하기 위한 모든 단계에 다양하게 적용할 수 있다. API 테스트에 활용할 수 있는 도구와 프레임워크를 소개하기에 앞서, 테스트에 활용할 수 있는 전략을 이해하는 것이 중요하다.

테스트 전략

테스트는 중요하다. 동작하는 애플리케이션을 구현하고 있음을 확인할 수 있기 때문이다. 하지만 여러분은 단순히 동작하는 뭔가가 아니라 올바르게 동작하는 뭔가를 구현하고 싶다. 하지만 실질적으로는 테스트를 작성하는 데 있어 시간과 리소스의 한계가 있으므로 별다른 득이 없는 테스트를 작성하느라 시간을 허비하고 싶지는 않다. 고객에게 전달할 진정한 가치는 무엇보다 프로덕션 환경에서 제품을 운영하는 것이기 때문이다. 따라서 여러분이 사용할 테스트의 범위와 다양한 종류의 테스트 사이의 균형을 영리하게 결정해야 한다. 관련이 없는 테스트, 중복 테스트는 물론 가치 대비 시간과 리소스가 더 많이 들어가는 테스트(예를 들어 자주 바뀌어야 하는 테스트)는 피하자. 여기서 소개하는 테스트를 모두 구현해야 API를 릴리스할 수 있는 것은 아니다. 시간상의 제약과 비즈니스 요구사항에 따라 어떤 테스트는 실현이 어려울 수도 있다.

여러분의 상황에 맞춰 올바른 균형과 올바른 테스트를 진행할 수 있도록 돕기 위해 테스트 사분면과 테스트 피라미드를 소개하고자 한다. 이 둘은 반드시 구현해야 할 테스트를 결정하는 데 도움이 될 것이다.

테스트 사분면

테스트 사분면test quadrant은 브라이언 매릭Brian Marick이 작성한 애자일 테스트에 관한 블로그 포스트(https://oreil.ly/JAg7C)에서 처음 소개되었다. 그리고 리사 크리스핀Lisa Crispin과 자넷 그레고리Janet Gregory가 집필한 『애자일 테스팅』(정보문화사, 2012, https://agiletester.ca)을 통해 보편화되었다. API 구현의 기술적인 면은 API가 올바르게 구현되었는지, 그 일부분(예를 들어 함수나 엔드포인트)이 의도대로 응답하는지 그리고 예외적인 상황에서도 회복성을 가지고 계속해서 동작하는지가 주된 관심사다. 반면 비즈니스는 올바른 서비스가 개발되고 있는지(예를 들어, 예제의 경우라면 참석자 API가 올바른 기능을 제공하는지)가 주된 관심사다. 여기서 '비즈니스'는 제품과 기능 그리고 개발하는 기능에 대해 명확히 이해하는 누군가를 의미한다. 이 사람이 기술까지 이해할 필요는 없다.

테스트 사분면은 우선순위에 대한 의견이 각기 다른 기술 관계자와 비즈니스 관계자 모두에게 도움이 되는 테스트를 결합한다. 그림 2-2는 테스트 사분면을 표현한 것이다.

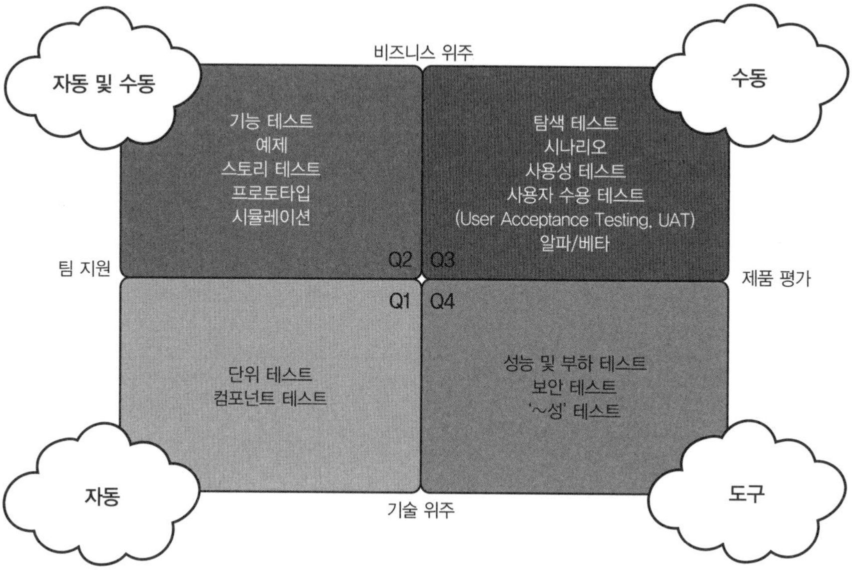

그림 2-2 리사 크리스핀과 자넷 그레고리의 애자일 테스트에 등장했던 애자일 테스트 사분면

테스트 사분면은 어떤 순서를 표현하는 것이 아니다. 이 사분면은 편의를 위해 분류한 것이며, 이는 리사가 블로그 포스트(https://oreil.ly/n2lwu)에서 밝힌 바와 같이 사람들이 가장 헷갈리는 부분이다. 사분면의 각 면은 보통 다음의 의미를 갖는다.

- Q1
  단위 테스트와 컴포넌트 테스트는 기술을 위한 것이다. 이 테스트는 서비스가 동작하는지 검증하는 것이며, 이런 검증은 자동화된 테스트를 이용해 수행해야 한다.
- Q2
  이 면의 테스트는 비즈니스와 연관이 있다. 이 테스트는 구현한 서비스가 목적을 달성하는지 확인하는 것이다. 이런 검증은 자동화된 테스트로 수행할 수도 있고 사람이 직접 테스트할 수도 있다.

- Q3

  이 면의 테스트는 비즈니스와 연관이 있다. 이 테스트는 기능적 요구사항을 만족시키는지 확인하는 것이며 탐색 테스트도 포함하고 있다. 그림 2-2가 처음 만들어졌을 때 이런 종류의 테스트는 수동으로만 가능한 테스트였다. 하지만 이제는 이 영역에서도 테스트 자동화가 가능하다.

- Q4

  이 테스트는 기술적 측면에서 기존에 있던 것들이 제대로 동작하는지 확인한다. Q1에서는 구현한 것이 제대로 동작하는지 알 수 있었다. 하지만 제품을 사용해 봤을 때 제품이 의도한 동작을 수행할까? 기술적 관점에서 올바른 동작을 수행한다는 것에는 보안 정책의 적용, SLA 무결성, 오토스케일링 등이 포함될 수도 있다.

사분면의 왼쪽(Q1, Q2)은 제품을 지원하는 것과 관련이 있다. 이 테스트는 제품을 안내하며 결함을 방지한다. 반면 오른쪽(Q3, Q4)은 제품을 평가하고 결함을 찾아내는 것과 관련이 있다. 사분면의 위쪽(Q2, Q3)은 제품의 외적 품질에 관련된 것, 즉 사용자의 기대치를 만족시키는지에 대한 것이다. 비즈니스가 중요하게 여기는 것이 바로 이 점이다. 사분면의 아래쪽(Q1, Q4)은 애플리케이션의 내적 품질을 유지하기 위한 기술적 테스트다.[3]

테스트 사분면에서 어떤 테스트부터 시작할 것인지는 중요하지 않다. 여러분이 원하는 테스트에 대한 가이드를 제공할 뿐이다. 즉 여러분에게 중요한 사안에 따라 반드시 결정해야 할 것이 무엇인지를 판단하는 데 도움을 줄 뿐이다. 예를 들어, 티켓팅 시스템이 대규모 트래픽을 반드시 처리할 수 있어야 한다면 해당 시스템이 회복성이 있는지(예: 성능 테스트) 확인하는 것부터 시작하는 편이 좋다. 이 테스트는 Q4에 속한다.

테스트 피라미드

테스트 사분면과 더불어 테스트 피라미드test pyramid(테스트 자동화 피라미드라고도 함) 역시 테스트 자동화 전략의 일부로 활용할 수 있다. 테스트 피라미드는 마이크 콘Mike Cohn이 집필한 『경험과 사례로 풀어낸 성공하는 애자일』(인사이트, 2012, https://oreil.ly/liHOra)에서 처음 소개되었다. 이 피라미드는 각 테스트 영역에 어느 정도의 시간을 할애해야 하는지,

3 애자일 테스트에 관해 더 자세히 알고 싶다면 『애자일 테스팅(정보문화사, 2012)』, 『More Agile Testing』(오라일리) 또는 애자일 테스트 기초(Agile Testing Essentials) 비디오 등을 참고하기 바란다.

유지보수가 얼마나 어려운지 그리고 추가적인 자신감을 확보하는 것과 관련해 각 테스트의 가치가 어느 정도인지를 묘사하고 있다. 테스트 피라미드의 핵심은 바뀌지 않고 있다. 피라미드의 기반은 단위 테스트이고, 중간에는 서비스 테스트가 있으며, UI 테스트가 맨 위를 차지하고 있다. 그림 2-3은 테스트 피라미드의 각 영역을 보여준다.

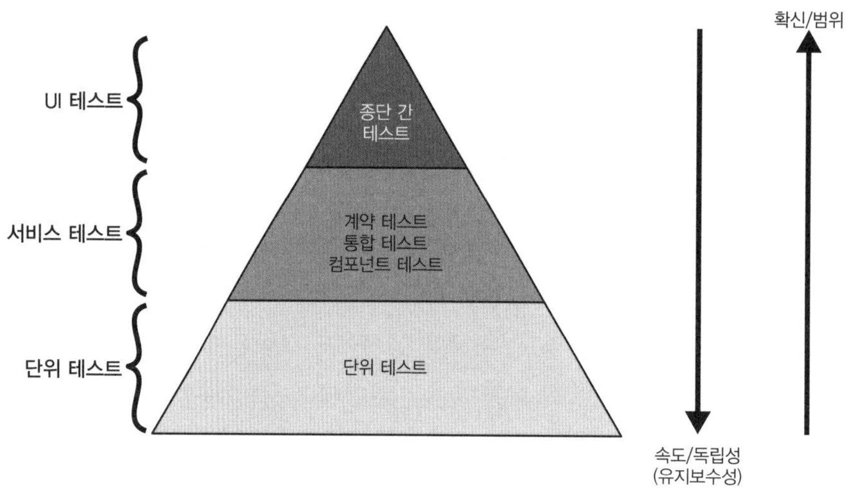

그림 2-3 원하는 테스트의 비율을 보여주는 테스트 피라미드

테스트 자동화 피라미드는 확신, 독립성, 범위 사이에 존재하는 트레이드오프를 보여주고 있다. 코드의 작은 부분만 테스트하면 더 나은 독립성과 더 빠른 테스트가 가능하다. 하지만 전체 애플리케이션이 동작한다는 확신을 주지는 않는다. 반면 생태계 내에서 전체 애플리케이션을 테스트한다면 충분한 확신을 가질 수 있다. 테스트는 애플리케이션의 동작에 대한 더 많은 확신을 주지만 여러 조각들이 어우러져 동작해야 하므로 테스트의 범위가 커진다. 게다가 유지보수가 어렵고 속도가 떨어진다. 다음 항목들은 테스트 피라미드의 핵심 요소들을 정의한다.

- 단위 테스트는 피라미드의 맨 아래에 위치하며 테스트의 기반을 형성한다. 단위 테스트는 코드의 작고 독립적인 단위를 테스트해서 여러분이 정의한 단위가 의도대로 동작하는지 확인한다.[4] 테스트가 단위의 경계를 넘어서면 테스트 더블test double을 사용할 수 있다. 테스트 더블은 진짜 외부 엔티티처럼 보이지만 여러분이 제어할 수 있는

4 단위의 보편적인 예로는 객체 지향 언어의 클래스가 있다.

객체다.[5] 단위 테스트는 테스트 피라미드의 기반을 형성하므로 다른 테스트보다는 단위 테스트가 더 많아야 한다. 이를 위해 TDD 방법론을 도입할 것을 권한다.[6] TDD는 로직을 작성하기 전에 테스트부터 작성하는 방법이다. 단위 테스트는 테스트 사분면의 Q1에 해당하며 애플리케이션의 내부 품질을 보장하는 데 사용한다. 우리는 API의 내부 동작이 아니라 외부 사용자의 관점에서 API를 검증하는 테스트에 집중할 것이므로 단위 테스트를 더 이상 다루지는 않을 것이다.

- 서비스 테스트는 피라미드의 중간 계층에 위치한다. API가 올바르게 동작하는지에 대해 단위 테스트보다는 더 큰 확신을 가질 수 있지만 더 많은 비용이 든다. 이 비용은 테스트의 범위는 큰 반면 독립성은 낮아져 유지보수와 개발 비용이 증가하는 데서 발생한다. 여러 단위가 함께 동작하는지에 대한 검증, 의도한 동작을 수행하는지에 대한 검증, 애플리케이션 자체가 회복성이 있는지에 대한 검증 등이 서비스 테스트에 포함된다. 그래서 서비스 테스트는 테스트 사분면의 Q1, Q2, Q4에 해당한다.
- UI 테스트는 테스트 피라미드의 꼭대기에 위치한다. 대부분의 웹 애플리케이션을 LAMP 스택(https://oreil.ly/dtgJF)으로 구현하던 시절에는 애플리케이션을 프론트엔드부터 백엔드까지 테스트하는 유일한 방법은 웹 UI를 이용하는 방법뿐이었다. UI는 API와 동작한다. 다만 눈에 보이지 않을 뿐이다. 그래서 이런 테스트는 이제 종단 간 end-to-end 테스트라고 부른다. UI 테스트는 시작부터 끝까지 요청이 처리되는 흐름을 테스트하지만 트래픽이 꼭 웹 UI에서 발생할 필요는 없다. 종단 간 테스트는 가장 복잡한 테스트다. 범위도 가장 넓고 실행 시간도 오래 걸린다. 하지만 전체 모듈이 함께 동작하는지 검증할 수 있으므로 충분한 확신을 가질 수 있다. 종단 간 테스트는 보통 사분면의 Q2, Q3, Q4에 해당한다. 종단 간 테스트 도구는 계속해서 개선 및 발전하면서 이제는 Q3에 해당하는 더 많은 테스트의 자동화가 가능해지고 있다.

이 중 어떤 테스트도 다른 테스트보다 더 좋거나 나쁘다고 할 수 없다. 테스트 피라미드는 여러분이 구현해야 하는 각 테스트의 비율을 가이드해 줄 뿐이다. 테스트 피라미드는 무시하고 상당한 확신을 가질 수 있는 종단 간 테스트에 집중하고 싶을 수도 있다. 하지만 이는

---

5 외부 엔티티의 실제 구현체처럼 보이지만 사실은 하드코딩된 응답을 리턴하는 스텁(stub)도 테스트 더블 중 하나다. 모의 객체는 사전에 프로그램이 된 객체의 실제 구현처럼 보이지만 동작을 검증하기 위해 사용한다.

6 켄트 벡(Kent Beck)의 책 『Test Driven Development: By Example』(애디슨 웨슬리, https://oreil.ly/u3COo)은 TDD에 대해 더 자세히 학습할 수 있는 훌륭한 도서다.

잘못된 생각이며, 더 높은 수준의 테스트가 단위 테스트보다 더 높은 품질/가치를 갖는다는 잘못된 보안 의식으로 이어질 수 있다. 이런 오류로 인해 테스트 피라미드와는 반대의 형상을 갖는 아이스크림 콘 형상의 테스트 피라미드가 생겨났다. 이 주제에 더 관심이 있다면 스티브 스미스[Steve Smith]의 블로그 포스트 '유해한 종단 간 테스트'(https://oreil.ly/Iv1Yd)를 참고하기 바란다. 물론 권장하지는 않지만 다른 테스트를 구현하는 것도 생각해 볼 수 있다. 마틴 파울러는 테스트 도형에 대한 또 다른 블로그 포스트(https://oreil.ly/2DdPE)를 통해 본인이 테스트 피라미드 외에 다른 형태의 테스트가 잘못된 것이라고 느끼는 이유를 설명하고 있다.

테스트 전략에 대한 ADR 가이드라인

표 2-1의 ADR 가이드라인은 여러분이 도입해야 할 테스트 전략을 결정하는 데 도움이 될 것이다.

표 2-1 ADR 가이드라인: 테스트 전략

결정사항	API를 구현할 때 개발 절차에 어떤 테스트 전략을 도입해야 할까?
논의사항	API와 관련된 모든 사람이 API의 동작에 대해 장기적으로 논의할 시간과 가용성을 갖고 있는가? 이해당사자들과 효과적으로 소통할 수 없다면 결정을 기다리느라 제품이 늦어질 수 있다. 이런 테스트 전략을 효과적으로 사용할 수 있는 기술과 경험이 있는가? 모든 사람이 이런 경험을 갖추고 있지는 않을 것이므로 모든 사람을 교육할 시간적 여유가 있는지 스스로 검토해야 한다. 현재 직장에서 이미 권장하고 있는 다른 방법이 있는가? 경우에 따라서는 소프트웨어 개발에 대한 내부 전략이 갖춰져 있거나 비즈니스의 본질상 특정 전략이 필요한 경우가 있다.
권장사항	테스트 사분면과 테스트 피라미드의 사용을 권장한다. 테스트 사분면은 여러분의 고객에게 올바른 제품을 전달하는 데 큰 가치를 갖는다. 테스트 사분면을 테스트 피라미드와 조합하면 훌륭한 API를 구현하는 데 큰 도움이 된다. 비즈니스 관련 부서로부터 여러분의 테스트에 대해 도움을 받아 테스트 사분면을 정확하게 활용하는 것이 불가능한 경우도 있음을 알고 있다. 하지만 최소한 테스트 피라미드를 사용하면 테스트 사분면에서 자동화에 해당하는 부분에는 집중할 수 있다. 그러면 적어도 개발 과정에서 버그를 일찍 찾아낼 수 있다. 어떤 경우든 제품의 방향을 정하는 데 도움을 줄 수 있는 누군가는 반드시 필요할 것이다.

계약 테스트

계약 테스트contract test에는 소비자와 생산자, 2개의 엔티티가 존재한다. 소비자는 API에게 데이터를 요청하며(예: 웹 클라이언트, 터미널 셸) 생산자(제공자라고도 함) API 요청에 응답한다. 예컨대 RESTful 웹 서비스처럼 데이터를 가공한다. 계약은 소비자와 생산자 사이의 상호작용을 정의한 것이다. 예를 들어, 소비자가 요청의 계약과 일치하는 요청을 보내면 생산자는 요청의 응답과 일치하는 응답을 리턴하게 된다. 참석자 API의 경우 API가 생산자이며, 레거시 컨퍼런스 시스템이 소비자다. 레거시 컨퍼런스 시스템이 참석자 API를 호출하기 때문에 소비자인 것이다.[7] 그런데 왜 계약을 이용해야 할까? 그로 인해 얻는 것은 무엇일까?

계약 테스트를 더 선호하는 이유

62페이지 'OpenAPI로 REST API 명세 작성하기' 절에서 살펴봤듯이 API는 명세를 가져야 하며 API가 명세에 정의된 응답을 리턴하는 것이 중요하다. 이렇게 상호작용의 정의를 기록해 두면 소비자가 API를 계속 사용하면서 테스트를 생성할 수 있도록 생산자가 그 정의를 따라야 한다. 계약은 요청과 응답이 어떤 형태인지 정의하므로 생산자(즉 API)가 계약을 준수하는지 검증할 때 사용할 수 있다. 계약 테스트가 실패한다는 것은 생산자가 더 이상 계약을 준수하지 못한다는 뜻이고, 따라서 소비자 쪽에 문제가 생길 수 있음을 뜻한다.

계약에는 응답에 대한 정의도 있으므로 스텁 서버stub server[8]를 생성하는 것도 가능하다. 스텁 서버는 소비자가 생산자를 올바르게 호출하고 생산자의 응답을 올바르게 해석하는지 검증할 때 사용할 수 있다. 계약 테스트는 로컬 환경에서도 실행할 수 있다. 테스트를 위해 또 다른 서버를 실행해야 한다면 이는 서비스 테스트가 된다. 계약은 바뀔 수 있으며, 소비자와 생산자는 이런 변경사항이 발생할 때마다 이를 반영해서 가장 최신의 계약사항을 지속적으로 상호 준수할 수 있다.

여러분이 계약을 사용해야 하는 이유는 이미 충분하다. 게다가 계약 테스트의 생태계는 잘 개발되어 있다. 계약은 어떤 형태여야 하는지를 가이드하는 방법론들이 잘 갖춰져 있음은 물론, 계약을 생성하고 이를 효율적으로 분산하는 프레임워크와 테스트 통합 기술도 잘 마련되어 있다. 우리는 계약이 여러분이 구현하는 서비스와 소비자 사이의 상호작용을 정의

7 한 서비스가 생산자와 소비자 역할을 겸하는 것도 가능하다.

8 스텁 서버는 로컬에서 실행되며 미리 정의된 응답을 리턴하는 서비스다.

하는 최고의 방법이라고 믿는다. 다른 테스트 역시 중요하고 반드시 구현해야 하지만, 계약 테스트가 비용 대비 효율이 가장 좋다.

> 계약 테스트와 API가 스키마를 준수하는 것과는 다르다는 점이 중요하다. 시스템이 스키마(예: OpenAPI 명세)와 호환성을 갖든 그렇지 않든 계약은 각 당사자 간의 상호작용에 대한 정의이며 예시를 제공한다. 맷 펠로우스(Matt Fellows)의 블로그 포스트 'JSON 스키마와 Open API를 활용한 스키마 기반 계약 테스트(파트 1)'(https://oreil.ly/QTbbZ)을 참고하기 바란다.

계약의 구현

앞서 설명했듯이 계약은 생산자와 소비자의 상호작용을 정의한 것이다. 다음 예시는 `/conference/{conference-id}/attendees` 엔드포인트에 대한 `GET` 요청의 계약이다. 이 계약을 보면 응답에는 참석자에 대한 값의 배열을 갖는 `value`라는 속성이 정의되어 있다. 이 간단한 계약에도 테스트와 스텁 서버를 생성할 수 있는 상호작용이 정의되어 있음을 알 수 있다.

```
Contract.make {
  request {
    description('Get a list of all the attendees at a conference')
    method GET()
    url '/conference/1234/attendees'
    headers {
      contentType('application/json')
    }
  }
  response {
    status OK()
    headers {
      contentType('application/json')
    }
    body(
      value: [
        $(
          id: 123456,
          givenName: 'James',
```

```
          familyName: 'Gough'
        ),
        $(
          id: 123457,
          givenName: 'Matthew',
          familyName: 'Auburn'
        )
      ]
    )
  }
}
```

그림 2-4는 생성한 테스트를 소비자와 생산자에서 활용하는 방법을 보여준다.

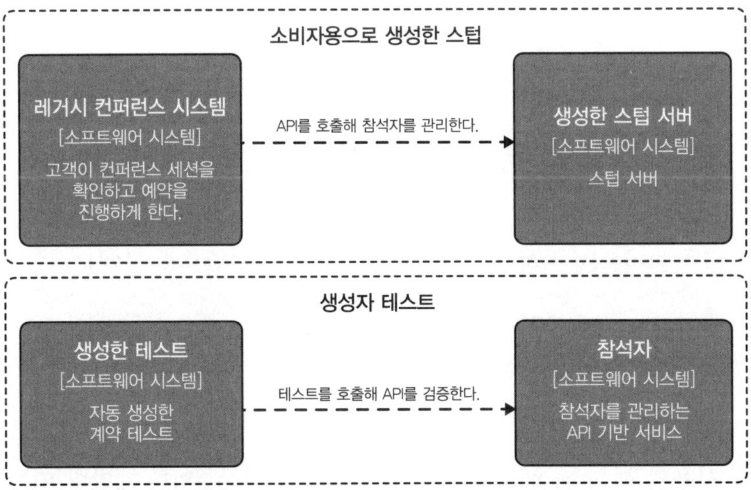

그림 2-4 계약을 이용해 생성한 스텁 서버와 테스트

> 계약을 시나리오 테스트에도 적용하고 싶을 수 있다. 예를 들면 다음과 같다.
>
> 1단계: 컨퍼런스에 참석자를 추가
> 2단계: 컨퍼런스의 참석자 목록을 가져와 참석자가 올바르게 추가되었는지 확인
>
> 프레임워크가 이런 방식을 지원하기는 하지만 권장하지는 않는다. 계약은 상호작용을 정의하기 위한 것이다. 이런 동작을 테스트하려면 컴포넌트 테스트를 사용하기 바란다.

계약을 사용할 때 최고의 장점은 생산자가 계약을 구현하기로 동의하면 소비자와 생산자를 독립적으로 구현할 수 있다는 점이다.

> 우리는 이해당사자들을 대상으로 데모를 실행할 때 자동 생성한 스텁 서버를 사용했다. 이 방법은 생산자가 계약에 동의했지만 아직 로직을 구현 중인 경우에 유용하다.

소비자는 개발에 사용할 스텁 서버를 갖고 있고, 생산자는 올바른 상호작용을 구현하는지 확인할 수 있는 테스트를 갖고 있다. 생산자와 소비자를 모두 배포했을 때 자연스럽게 통합되어야 하므로 계약 테스트로 시간을 절약할 수 있다.

> 자동 생성한 테스트는 실제로 실행 중인 API(생산자)를 대상으로 실행해야 한다. API가 실행되면 외부 의존성은 테스트 더블로 교체해야 한다. 소비자가 자동 생성한 계약 테스트를 실행할 때 다른 서비스와의 통합에 대한 테스트까지 실행되는 것은 원치 않을 것이다.

계약에 대한 동의가 어떻게 이뤄지는지 이해하기 위해 두 가지 계약 방법론을 살펴보자.

생산자 계약

생산자 계약 테스트는 생산자가 직접 계약을 정의할 때 사용한다. 이 방법은 조직 외부(즉 외부 서드파티)에서 API를 사용할 때 보통 활용한다. 외부 사용자를 위한 API를 개발할 때는 65페이지 'API 버저닝' 절에서 살펴본 것처럼 마이그레이션 계획 없이 단절적 변화를 일으킬 수 없으므로 API의 무결성을 유지해야 한다. 상호작용 자체는 업데이트나 개선이 가능하지만 이런 변경은 조심해서 조율해야 하기 때문에 한 소비자가 전체 API에 영향을 끼치는 변경사항을 요청하고 그 결과를 빠르게 받아볼 수는 없다.

마이크로소프트의 그래프 API가 이런 API의 대표적인 예다. 마이크로소프트의 API는 전 세계 수천 개의 기업이 사용한다. 개별 기업이나 개인이 이 그래프 API의 계약을 조정해야 한다고 해도 이를 받아들일 수는 없다. 그렇다고 해서 마이크로소프트에 변경을 제안조차 할 수 없는 것은 아니다. 하지만 마이크로소프트가 변경에 동의하더라도 그 변경을 검증하고 신중하게 테스트해야 하므로 변경사항이 빠르게 적용되지는 않는다.

참석자 API를 공개적으로 사용할 수 있게 하면 마찬가지 상황이 된다. 참석자 API에게 중요한 것은 계약을 위반하지 않고 일관된 데이터를 리턴하는 것이다.

생산자 계약을 사용하는 또 다른 이유는 쉽게 시작할 수 있기 때문이다. API에 계약을 반영하는 것은 좋은 방법이다. 계약을 정의하면 그렇지 않을 때보다 훨씬 득이 많다. 하지만 소비자와 생산자가 같은 조직에 있다면 소비자 주도 계약 방법을 사용하는 것을 권장한다.

소비자 주도 계약

소비자 주도 계약consumer-driven contract(CDC)은 소비자가 원하는 상호작용의 구현을 주도하는 방법이다. 소비자가 생산자에게 새로운 기능이나 추가 기능을 요구하기 위해 계약을 제시하거나 계약을 변경하는 것이다. 새로운 또는 수정한 계약을 생산자에게 제출하면 변경에 대한 논의를 통해 그 변경을 반영하거나 거부할 수 있다.

CDC는 상당히 대화형이며 사교적인 절차다. 애플리케이션의 소유자는 소비자와 생산자 모두에게 접근할 수 있어야 한다(예를 들면 둘 다 같은 조직에 속해 있어야 한다). 소비자가 새로운 상호작용(예: API 호출)을 원하거나 상호작용을 수정(예: 새로운 속성 추가)하길 원한다면 그 기능에 대한 요청을 제출한다.

사례 연구: CDC의 도입

우리 예제에 CDC를 도입한다는 것은 레거시 컨퍼런스 시스템이 새 참석자 API 서비스에 풀 리퀘스트를 제출한다는 것을 의미한다. 그러면 API 서비스 측에서 새로운 상호작용에 대한 요청을 리뷰하고 이 새로운 기능에 대한 논의를 진행한다. 이는 요청받은 기능이 참석자 서비스가 수행해야 하는 것인지를 확인하기 위한 논의다. 예를 들어, PUT 요청에 대한 계약을 제안했는데 PUT 요청보다는 PATCH 요청을 더 선호한다면 논의를 통해 이를 결정하면 된다.

계약이 좋은 역할을 하는 경우가 바로 이런 경우다. 이 논의는 양쪽이 문제를 파악하기 위한 것이며, 계약을 이용해 양쪽이 인정하고 동의한 사항을 확인하는 것이다. 계약에 대한 동의가 이뤄지면 생산자(참석자 서비스)는 계약을 프로젝트의 일부로 수용하고 이를 이행하기 시작한다.

계약 방법론 정리

지금까지 살펴본 방법론을 통해 개발 절차의 일부로 계약을 사용하는 방법이 정리되었기를 바란다. 하지만 절차마다 다양한 변동이 있으므로 지금까지 설명한 내용을 무조건 따르지는 말아야 한다. 예를 들어, 어떤 절차에서는 소비자가 (계약을 작성할 때) 그 계약을 수행하는 생산자 코드를 기본적으로 구현할 것을 요구할 수도 있다. 또 다른 예로는 소비자가 TDD를 이용해 원하는 기능을 테스트한 후 풀 리퀘스트를 제출하기 전에 계약을 만들 것을 요구할 수도 있다. 따라서 각 팀이 도입하는 정확한 절차는 서로 상이할 수 있다. CDC의 핵심 개념과 패턴을 이해했다면 이를 바탕으로 사용하게 될 정확한 절차는 그저 구현 상세일 뿐이다.

계약을 도입하기로 결정했다면 여기에는 비용이 수반된다는 사실도 인지해야 한다. 프로젝트에 계약을 도입하기 위한 시간은 물론 계약을 작성하는 비용도 따른다. 이럴 때는 OpenAPI 명세로부터 계약을 생성하는 도구를 찾아보는 편이 좋다.[9]

계약 테스트 프레임워크

HTTP용 계약 테스트 프레임워크의 경우 Pact(https://pact.io)가 눈에 띌 것이다. Pact는 풍부한 생태계와 다양한 언어를 지원하면서 기본적으로 채택하는 계약 테스트 프레임워크로 진화해 왔다. 그 밖의 계약 테스트 프레임워크도 존재하며 다소 규약이 명확할 수 있다. Pact 역시 규약형 프레임워크여서 여러분이 반드시 CDC를 수행해야 하도록 설계되어 있다. 소비자가 작성한 테스트를 바탕으로 계약을 생성하며 이 계약은 양자 간의 상호작용에서 교환하는 데이터를 표현한다. 이 데이터 표현이 언어 중립적이라는 점이 Pact가 널리 사용되는 이유이기도 하다. 그 밖의 프레임워크는 조금 다른 형태를 취한다. 예를 들어, 스프링 클라우드 계약Spring Cloud Contracts 프레임워크는 CDC나 생산자 계약을 사용할 수는 있지만 크게 강제하진 않는다. 그 이유는 계약이 자동 생성되는 것이 아니라 직접 손으로 작성해야 하기 때문이다. 스프링 클라우드 계약은 컨테이너 버전의 제품을 사용할 경우 언어 중립적이어서 스프링과 JVM 생태계에 필요한 대부분의 결과물을 얻을 수 있다.[10]

9 이 책을 집필하는 현재 몇몇 프로젝트가 존재하기는 하지만 활발하게 유지되는 프로젝트는 없으므로 특정 도구를 추천하기는 어렵다.

10 Pact는 다른 계약 프레임워크와의 훌륭한 비교 자료를 제공한다(https://oreil.ly/h8WrT).

다른 프로토콜로 계약 테스트를 수행할 수 있는 옵션도 있다. 계약 테스트를 반드시 HTTP 통신으로만 수행할 수 있는 것은 아니다.

API 계약 저장소와 발행

계약의 동작 방식과 개발 과정에 계약을 도입하기 위한 방법을 살펴봤으므로, 이제는 계약을 저장할 곳과 발행하는 방법을 생각해 볼 시점이다.

계약을 저장하고 발행하는 방법은 몇 가지가 있으므로 조직의 상황에 따라 선택할 수 있다.

첫 번째 방법은 계약을 생산자 코드와 함께 버전 제어 시스템(예: 깃Git)에 저장하는 것이다. 아니면 빌드 시점에 아티팩토리Artifactory(https://oreil.ly/jXuCS) 같은 산출물 리포지터리에 발행할 수도 있다.

중요한 것은 생산자와 소비자가 계약에 언제든 접근할 수 있어야 한다는 점이다. 저장소를 사용한다면 새로운 계약의 제출이 가능해야 한다. 생산자는 프로젝트에 어떤 계약이 수락되는지 제어할 수 있어야 하며, 원치 않는 변경이나 계약상에 실수가 일어나지 않도록 해야 한다. 이 방법의 단점은 대규모 조직에서 계약을 사용하는 API 서비스를 찾기가 어려울 수 있다는 점이다.

두 번째 방법은 계약을 한 곳에 저장해서 다른 API와의 상호작용을 쉽게 확인할 수 있도록 하는 것이다. 깃 리포지터리도 이 중앙식 저장소로서의 역할을 할 수 있지만, 이 경우 단점은 제대로 정리하고 준비하지 않으면 생산자가 이행할 의도가 없는 모듈에 계약이 추가되는 경우가 있을 수 있다는 점이다.

계약을 저장하는 세 번째 방법은 브로커를 이용하는 것이다. Pact 계약 프레임워크는 계약을 제공하는 중앙식 저장소로 사용할 수 있는 브로커 제품(https://oreil.ly/PIThd)을 제공한다. 생산자가 구현한 계약을 브로커에 발행하게 되므로 브로커는 생산자가 검증한 모든 계약을 제공할 수 있다. 또한 브로커는 네트워크 다이어그램을 생성하거나 CI/CD 파이프라인에 통합하면 누가 계약을 사용하는지도 확인할 수 있으며, 심지어 더 가치 있는 정보를 제공한다. 이 방법이 가장 포괄적인 방법이며, Pact 브로커와 호환되는 프레임워크를 사용하고 있다면 이 방법을 채택하기를 권한다.

ADR 가이드라인: 계약 테스트

표 2-2의 ADR 가이드라인은 여러분이 계약 테스트를 도입해도 괜찮은지 확인하고 계약을 사용할 때의 장단점을 파악한 후 올바른 결정을 내리는 데 도움이 될 것이다.

표 2-2 ADR 가이드라인: 계약 테스트

결정사항	API를 구현할 때 계약 테스트를 사용해야 하는가? 만일 그렇다면 소비자 주도 계약을 도입해야 할까, 생산자 계약을 도입해야 할까?
논의사항	API 테스트에 계약 테스트를 도입할 준비가 됐는지 결정한다. • 개발자의 추가 학습이 필요한 또 다른 테스트 계층을 API에 추가할 의사가 있는가? 지금까지 계약을 사용해 본 경험이 없다면 학습에 시간이 필요하다. • 계약을 중앙식으로 관리해야 할까, 아니면 프로젝트별로 분리해야 할까? • 사람들이 계약을 잘 활용하기 위한 추가 도구와 훈련이 필요할까? 그럼에도 계약을 사용하기로 결정했다면 CDC 또는 생산자 계약 중 어떤 방법을 사용할지 결정해야 한다. • API의 주 사용자는 누구인가? • 이 API를 우리 조직에서만 사용할 것인가? • 여러분의 기능 구현에 도움을 줄 의사가 있는 API 소비자가 있는가?
권장사항	우리는 API 구현에 계약 테스트를 사용할 것을 권한다. 개발자의 추가 학습이 필요하고 처음에 계약을 어떻게 설정할 것인지 결정해야 하지만, 가치 있는 노력이라고 믿는다. 시스템 간의 상호작용을 정의하고 테스트하면 서비스를 서로 통합할 때 엄청난 시간을 절약할 수 있다. API를 대규모 외부 소비자에게 공개한다면 생산자 계약을 사용하는 것이 중요하다. 다시 말하지만 미리 상호작용을 정의함으로써 API가 호환성을 계속 유지하게끔 할 수 있다는 점이 가장 결정적인 장점이다. 내부용 API를 구현하는 경우라면 설령 생산자 계약으로 시작해서 나중에 CDC로 전환하더라도 CDC를 도입하는 것이 이상적이다. 계약 테스트의 도입이 적절치 않다고 판단한다면 생산자는 API가 사전에 동의한 상호작용을 실행하는지 확인할 수 있고 소비자는 이를 테스트할 수 있는 방법을 제공할 대안이 필요하다. 즉 요청과 응답이 의도한 것과 일치하는지 매우 주의해서 테스트해야 하며, 이 과정은 까다롭고 많은 시간이 필요할 수 있다.

API 컴포넌트 테스트

컴포넌트 테스트는 여러 단위 컴포넌트가 원활하게 협업하는지 검증하는 방법이며 동작의 검증에 사용해야 한다. 따라서 그림 2-3의 테스트 피라미드에서 서비스 테스트 부분에 속한다. API에 요청을 보내고 응답을 검증하는 것은 컴포넌트 테스트의 좋은 예다. 고수준에서 보면 애플리케이션은 요청을 읽고 인증authentication과 인가authorization를 수행한 뒤 요청

본문을 해석하고 비즈니스 로직을 수행한 후 응답을 구성해 리턴해야 한다. 이렇게 수많은 단위를 테스트하게 되므로 정확히 어디에 버그가 숨어 있는지 찾아내기가 어려울 수 있다. 이 방법이 계약 테스트와 다른 점은 서비스가 올바른 동작을 수행하는지 여러분이 확인해야 한다는 점이다. 예를 들어, 새 참석자를 생성하는 과정을 테스트한다면 최종적으로 서비스가 (모조) 데이터베이스를 호출하는지 검증해야 한다. 계약 테스트처럼 단순히 응답만 검증하는 것이 아니다. 컴포넌트 테스트는 여러 단위가 협업해 완성하는 동작을 테스트하는 것이므로 (보통은) 단위 테스트보다는 느리다. 컴포넌트 테스트는 외부 의존성을 호출해서는 안 된다. 계약 테스트와 마찬가지로 컴포넌트 테스트는 외부와의 통합 지점을 검증하기 위한 것이 아니다. 이 범위 내에서 수행해야 하는 테스트의 종류는 비즈니스 상황에 따라 다르다. 하지만 API의 경우라면 다음의 상황들을 검증해야 한다.

- 요청이 발생했을 때 올바른 상태 코드를 리턴하는가?
- API가 올바른 데이터를 리턴하는가?
- 요청에 빈 파라미터나 널null 값을 전달하면 서비스가 요청 처리를 거부하는가?
- XML 콘텐츠를 리턴해 달라는 요청을 보내면 데이터가 원하는 형식으로 리턴되는가?
- 올바른 자격을 갖추지 않은 사용자가 요청을 보내면 어떤 응답이 리턴되는가?
- 빈 데이터셋이 리턴되면 어떤 응답이 리턴되는가? 404 에러인가, 아니면 빈 배열인가?
- 리소스를 새로 생성하면 새로 생성된 리소스를 가리키는 경로가 Location 헤더에 포함되어 리턴되는가?

이 사례들을 보면 테스트 사분면의 두 부분에 겹쳐지는 것을 알 수 있다. 즉 구현한 API가 동작하는지를 확인(예를 들면 API가 응답을 리턴하는지 확인)하는 Q1과 참석자 API의 응답이 올바른지를 검증하는 Q2에 모두 속한다.

계약 테스트와 컴포넌트 테스트의 비교

계약 테스트를 활용할 수 없다면 API 컴포넌트 테스트를 이용해 API가 API 명세 등으로 정의한 동작을 수행하는지 검증해야 한다. API 컴포넌트 테스트를 이용해 API가 원하는 동작을 수행하는지 검증하는 것은 이상적이지는 않다. 처음 시작 단계에서는 오류가 발생할 가능성도 높고 작성하는 작업도 지루하기 짝이 없다. API의 동작을 계약으로 만들면 테스트를 자동 생성해서 API가 정확한 형태로 동작하는지 확인할 수 있으므로 API의 상호작용은 계약으로 표현하는 편이 가장 좋다.

사례 연구: 컴포넌트 테스트로 동작 검증하기

참석자 API의 `/conference/{conference-id}/attendees` 엔드포인트를 검증하는 예시를 살펴보자. 이 엔드포인트는 특정 컨퍼런스의 참석자 목록을 리턴한다. 이 컴포넌트 테스트에는 외부 데이터베이스 의존성을 표현하는 모조 객체를 사용하며, 그림 2-5의 DAO 영역이 여기에 해당한다.

이 엔드포인트에 대해 테스트할 항목은 다음과 같다.

- 요청을 성공적으로 처리하면 200(OK) 응답이 리턴된다.
- 권한이 없는 사용자가 요청을 보내면 403(Forbidden) 응답이 리턴된다.
- 컨퍼런스에 참석자가 없으면 빈 배열이 리턴된다.

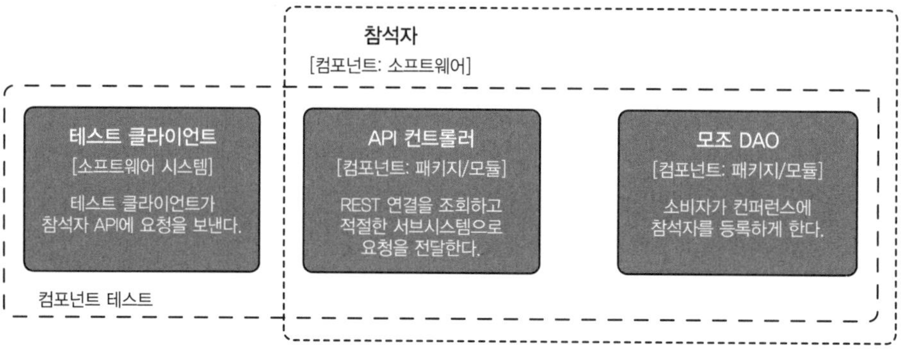

그림 2-5 모조 DAO를 이용한 API 컴포넌트 테스트

요청을 보내는 클라이언트의 동작을 흉내 내는 라이브러리나 테스트 프레임워크는 꽤나 유용한 도구다. 여기서는 REST-Assured(https://oreil.ly/aaJ77)를 이용해 참석자 API 엔드포인트를 호출하고 결과를 검증한다.[11]

---

11 이런 테스트 라이브러리는 보통 도메인 전용 언어(Domain Specific Language, DSL)를 갖추고 있으며 API의 응답을 손쉽게 분석할 수 있다. RestAssured는 자바 언어를 위한 REST 테스트 프레임워크이며, 고(Go) 언어의 경우는 `httptest` 패키지를 내장하고 있다. 여러분이 선택할 수 있는 테스트 프레임워크는 사용하는 언어나 프레임워크에 따라 다를 수 있다. 하지만 적절한 프레임워크가 없다면 테스트를 작성하는 동안 가능한 한 쉽게 응답을 확인할 수 있도록 표준 클라이언트를 감싸는 작은 래퍼(wrapper)를 직접 구현하는 것도 좋다.

```
@Test
void response_for_attendees_should_be_200() {
    given()
        .header("Authorization", VALID_CREDENTIAL)
    .when()
        .get("/conference/conf-1/attendees")
    .then()
      .statusCode(HttpStatus.OK.value());
}
@Test
void response_for_attendees_should_be_403() {
    given()
        .header("Authorization", INVALID_CREDENTIAL)
    .when()
        .get("/conference/conf-1/attendees")
    .then()
        .statusCode(HttpStatus.FORBIDDEN.value());
...
}
```

이런 테스트를 통해 API가 올바르게 동작하는지 확신할 수 있다.

API 통합 테스트

우리가 정의하는 통합 테스트란 개발 중인 모듈과 그 외의 외부 의존성 사이의 경계를 넘는 테스트다. 통합 테스트는 일종의 서비스 테스트이며 그림 2-3의 테스트 피라미드에서도 확인할 수 있다.

통합 테스트를 수행할 때는 경계를 넘어서는 통신이 올바르게 이뤄지는지 확인해야 한다. 예컨대 서비스가 다른 외부 서비스와 올바르게 통신하는지 확인해야 한다.

통합 테스트를 통해 검증할 항목들은 다음과 같다.

- 상호작용이 올바르게 이뤄지는지 여부. 예를 들어, REST 서비스의 경우 올바른 URL을 호출하는지 또는 응답 본문이 올바른지를 확인하는 것 등이 해당된다.
- 외부 서비스와 통합된 단위가 리턴된 응답을 올바르게 처리하는지 여부

우리의 경우 레거시 컨퍼런스 시스템이 새 참석자 API에 올바른 요청을 보내고 그 응답을 제대로 처리하는지 확인해야 한다.

스텁 서버를 사용해야 하는 이유와 방법

계약 테스트를 사용한다면 자동으로 생성된 스텁 서버를 이용해 소비자가 생산자와 올바르게 통신하는지 검증할 수 있다. 레거시 컨퍼런스 시스템은 자동 생성된 스텁 서버를 갖고 있으므로 이를 이용해 테스트를 수행할 수 있다. 이 방법으로 테스트를 로컬에서 진행할 수 있고 스텁 서버는 정확한 데이터를 리턴할 것이다. 외부 의존성을 테스트할 때 가장 적절한 방법이라고 할 수 있다.

하지만 항상 계약으로 자동 생성한 스텁 서버를 사용할 수 있는 것은 아니며, 마이크로소프트 그래프 API 같은 외부 API를 테스트하는 경우에는 다른 방법이 필요하다. 가장 간단한 방법은 서비스가 요청을 보내고 응답을 받는 서비스의 동작을 흉내 내는 스텁 서버를 직접 구현하는 것이다. 여러분이 선택한 언어와 프레임워크로 테스트에 필요한 응답을 리턴하는 스텁 서버를 개발하는 것은 보통 매우 쉬운 작업이므로 당연히 가능한 방법이다.

스텁 서버를 직접 구현할 때 중요하게 고려해야 할 점은 스텁이 정확하게 동작하도록 하는 것이다. 부정확한 URL을 제공하거나 응답의 속성 이름과 값을 잘못 전달하는 등의 실수를 하기가 매우 쉽기 때문이다. 손으로 직접 작성한 다음 응답에 어떤 에러가 있는지 알아볼 수 있겠는가?[12]

```
{
    "values": [
        {
            "id":  123456,
            "givenName": "James",
            "familyName": "Gough"
        },
        {
            "id":  123457,
            "givenName": "Matthew",
            "familyNane": "Auburn"
        },
```

12 id 값이 중복되어 있고 familyNane에 오타가 있다.

```
        {
            "id":  123456,
            "givenName": "Daniel",
            "familyName": "Bryant"
        }
    ]
}
```


그럼에도 이 방법은 괜찮은 방법이다. 우리 저자 중 한 명은 프로젝트 중 로그인 서비스 때문에 스텁 서버가 필요하다는 요구사항을 만족시키기 위해 직접 스텁 서버를 구현하는 방법으로 큰 성공을 맛본 적 있다.

이런 부정확성을 피하고 URL에 대한 요청과 응답을 정확하게 확인할 수 있는 방법은 레코더recorder를 이용하는 것이다. 엔드포인트에 대한 요청과 그 응답을 기록하고 스텁 서버에 활용할 수 있는 파일을 생성하는 도구를 사용하는 것도 가능하다. 그림 2-6은 이 방법을 어떻게 구현할 수 있는지 보여준다.

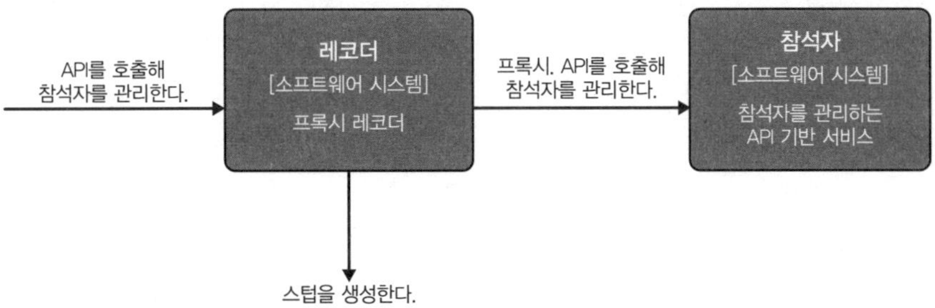

그림 2-6 참석자 API의 소비자가 레코더를 이용해 테스트용 요청/응답 데이터를 확보하는 방법

이렇게 생성한 파일은 테스트에서 요청과 응답을 정확하게 표현하는 매핑으로 사용할 수 있으며, 손으로 작성한 것이 아니므로 생성 시점의 데이터를 정확히 표현할 수 있다. 생성된 파일을 사용하려면 매핑 파일을 읽는 기능을 가진 스텁 서버를 실행해야 한다. 스텁 서버는 요청이 유입되면 매핑 파일에서 일치하는 요청을 찾는다. 일치하는 요청이 발견되면 그 요청에 매핑된 응답을 리턴한다.[13] 이렇게 처리된 요청은 손으로 작성한 스텁보다 더 정확한 스텁을 리턴한다. 레코딩을 사용한다면 기록된 결과를 항상 최신 상태로 유지해야 한

13 WireMock(https://wiremock.org)는 독립 서비스로 사용할 수 있는 도구이며 자바로 작성되었기에 자바와 통합할 때 장점을 얻을 수 있는 부분이 있기는 하지만 언어에 중립적이다. 타입스크립트로 작성한 camouflage(https://oreil.ly/mzL1u)처럼 다른 언어에도 유사한 기능을 제공하는 도구들이 존재한다.

다. 또한 프로덕션 환경을 이용해 기록을 만들어냈다면 매핑 파일에 PII 데이터가 기록되지 않도록 확인해야 한다.

ADR 가이드라인: 통합 테스트

통합 테스트는 중요한 항목이므로 표 2-3의 ADR 가이드라인을 활용해 어떤 종류의 통합 테스트가 필요한지 확인하자.

표 2-3 ADR 가이드라인: 통합 테스트

결정사항	API 테스트에 통합 테스트를 도입해야 할까?
논의사항	API가 다른 서비스와 통합되어 있다면 어느 정도의 통합 테스트를 사용해야 할까? • 통합 테스트 없이 모조 응답만으로 테스트를 수행하는 것에 대해 확신이 있는가? • 테스트용으로 스텁 서버를 생성한다면 요청과 응답을 정확하게 만들어낼 수 있는가, 아니면 기록을 해야 하는가? • 스텁 서버를 최신 상태로 유지할 수 있고 뭔가 잘못됐을 때 바로 인지할 수 있는가? 스텁이 잘못되거나 최신 상태를 반영하지 못한다면 스텁 서버를 대상으로 한 테스트는 통과하지만 프로덕션에 배포한 후에 다른 API를 사용하는 서비스가 실패할 수 있다.
권장사항	계약 테스트를 통해 자동 생성한 스텁 서버를 사용할 것을 권장한다. 하지만 그럴 수 없다면 서비스 간 상호작용을 기록하고 이를 활용해 통합 테스트를 수행하는 것이 차선책이다. 로컬 환경에서 실행할 수 있는 통합 테스트를 확보하면, 특히 리팩토링을 해야 하는 경우 통합 기능이 잘 동작한다는 확신을 가질 수 있다. 어떤 변경으로 인해 통합 기능에 문제가 생기지 않음을 확인하는 데 큰 도움이 될 것이다.

통합 테스트는 정말 유용한 도구다. 하지만 이 상호작용의 정의에 문제가 있다. 가장 큰 문제는 그 상호작용의 결과가 어느 한 시점의 스냅샷이라는 점이다. 이렇게 구성한 환경은 변화에 따라 수정되지 않는다.

우리는 통합 기능 테스트에 스텁 서버를 사용해 왔다. 하지만 통합 기능을 검증하기 위해 외부 서비스의 실제 인스턴스를 사용하는 것도 가능하다.

테스트 컴포넌트의 컨테이너화: Testcontainers

애플리케이션을 컨테이너 이미지로 빌드하는 것은 보편적이며 이는 여러분의 서비스가 통합할 수많은 애플리케이션이 컨테이너로 존재할 수 있음을 의미한다. 이런 이미지를 로컬 머신에서 실행해 테스트에 활용할 수 있다. 로컬 컨테이너를 이용하면 외부 서비스와의 통신을 테스트할 수 있을 뿐만 아니라 프로덕션 환경에서 같은 이미지를 실행할 수도 있다.

Testcontainers(https://www.testcontainers.org)는 테스트 프레임워크와 통합되어 컨테이너를 조율하는 라이브러리로, 테스트에 사용하는 컨테이너를 시작하거나 종료하면서 수명주기를 관리해 준다.

사례 연구: Testcontainers를 이용한 통합 검증

참석자 API 구현에 Testcontainers의 도움을 받을 수 있는 두 가지 사례를 살펴보자. 첫 번째 사례는 참석자 API 서비스가 RESTful 인터페이스는 물론 gRPC 인터페이스까지 지원하는 경우다. RESTful 인터페이스를 먼저 구현하고 gRPC 인터페이스는 나중에 구현할 예정이었지만 몇몇 개발자는 gRPC 인터페이스 개발에 매우 적극적이다. 그래서 미리 정의한 응답을 리턴하는 gRPC 인터페이스의 스텁 서버를 지원하기로 결정했다. 이 목표를 위해 기본 뼈대 역할을 수행할 애플리케이션을 개발했다. 그런 후 gRPC 스텁을 패키지화하고 컨테이너화해서 발행했다. 이제 개발자들은 이 스텁을 이용해 애플리케이션의 경계를 넘나드는 테스트를 진행할 수 있게 됐다. 예컨대 개발자의 로컬 환경에서 컨테이너로 스텁 서버를 실행하고 테스트 코드에서 스텁 서버를 실제로 호출할 수 있게 됐다.

두 번째 사례는 참석자 API 서비스가 외부 데이터베이스에 연결되어 통합 테스트가 필요한 경우다. 데이터베이스와 관련된 통합 테스트 기법 중 하나는 (예를 들면 H2(https://oreil.ly/s7mGq) 같은) 인메모리[in-memory] 데이터베이스를 사용해 모조 데이터베이스를 구성하거나 Testcontainers를 이용해 로컬 데이터베이스를 사용하는 것이다. 테스트에 실제 데이터베이스 인스턴스를 사용하면 모조 객체를 이용해 잘못된 값을 리턴하거나 올바르지 않은 가정을 반영할 수 있으므로 여러모로 도움이 된다. 인메모리 DB를 사용할 때는 실제 DB의 구현과 동일할 것이라는 가정을 하게 된다. 하지만 프로덕션 환경에서 동작하는 것과 같은 버전의 실제 인스턴스를 사용하면 통합 기능을 프로덕션에 배포해도 문제가 없다는 점을 분명히 할 수 있는 신뢰할 수 있는 테스트를 수행할 수 있다. 그림 2-7은 데이터베이스와 성공적인 통합을 확인할 수 있는 테스트의 구조를 보여준다.

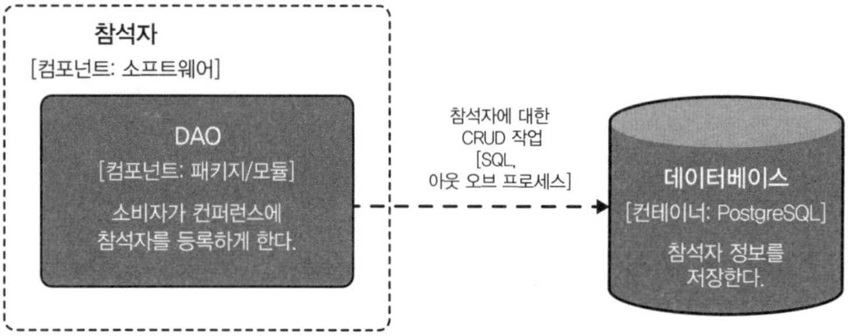

그림 2-7 Testcontainers DAO 테스트

Testcontainers는 강력한 도구이며 외부 서비스와의 경계를 테스트할 때 사용을 고려해 볼 만하다. Testcontainers를 이용할 때 장점을 누릴 수 있는 보편적인 외부 서비스로는 카프카Kafka, 레디스Redis, 엔진엑스Nginx 등이 있다. 이런 솔루션을 도입하면 테스트의 실행 시간이 길어진다. 하지만 통합 테스트는 보통 그 수가 적으며, 테스트 실행에 걸리는 시간 대비 솔루션을 통해 얻을 수 있는 더 큰 확신은 충분히 가치가 있는 트레이드오프다.

Testcontainers를 사용하다 보면 몇 가지 궁금증이 생긴다. 첫째, 이런 종류의 테스트는 통합 테스트일까, 아니면 다른 서비스의 실제 인스턴스를 테스트에 사용했으니 종단 간 테스트일까? 둘째, 왜 계약 대신 이 테스트를 사용하지 않는 걸까?

Testcontainers를 사용해도 테스트가 통합의 경계 안에서만 이뤄진다면 종단 간 테스트라고 볼 수 없다. 우리는 Testcontainers를 통합 테스트에 사용하길 권한다. 컨테이너가 제대로 동작하는지 확인하는 것은 (이미지의 소유자가 여러분 도메인에 속해 있지 않다면) 여러분의 일이 아니다. 예를 들어, 카프카 브로커에 메시지를 보내는 구문은 실행해도 토픽을 구독해 전달된 메시지가 올바른지 확인하는 작업은 하지 않는다. 그저 카프카가 제대로 동작해 구독자가 메시지를 받게 될 것임을 믿을 뿐이다. 만일 이 동작을 검증해야 한다면 종단 간 테스트를 통해 검증하면 된다. 바로 이 점이 여러분이 테스트하는 경계가 중요한 이유이며, 데이터베이스에 대한 DAO의 경우는 경계를 넘는 상호작용만을 검증하므로 종단 간 테스트가 아니다.

Testcontainers와 실제 서비스의 통합은 매우 요긴한 것이며 테스트에 많은 가치를 부여할 수 있지만 그렇다고 계약을 대체하지는 않는다. 실제 버전의 서비스를 사용할 수 있기 때문이다. 실제 인스턴스를 사용하면 좋은 점도 있지만 계약은 테스트, 통합, 협업 등 스텁 서버 이상의 것을 제공한다.

종단 간 테스트

종단 간 테스트의 기본은 테스트 서비스와 그 의존성이 함께 어우러져 의도대로 동작하는지 검증하는 것이다. 어떤 요청을 보냈을 때 목적지(예: 인프라스트럭처)에 제대로 전달되는지, 요청이 모든 경로를 흘러가 소비자가 올바른 응답을 얻게 되는지 검증하는 것이 중요하다. 이 검증을 통해 시스템 전체가 의도대로 동작한다는 확신을 얻을 수 있다. 우리의 경우는 레거시 컨퍼런스 시스템, 새 참석자 서비스, 데이터베이스를 모두 함께 테스트하는 것이 여기에 해당한다.

종단 간 검증의 자동화

이번 절에서는 종단 간 테스트의 자동화에 집중한다. 자동화는 시간을 절약하기 위한 것이므로 여러분에게 최고의 가치를 제공할 수 있는 자동화 테스트를 보여주려고 한다. 여러분은 항상 시스템이 잘 어울려 동작한다는 것을 검증할 필요가 있다. 하지만 소프트웨어를 프로덕션에 릴리스하기 전에 테스트 환경에서 수동으로 테스트할 수도 있다.

> 외부에 공개할 API를 개발 중이고 그 API의 소비자가 여럿이라면 서드파티 UI와 그 동작을 복제하려는 시도는 하지 말기 바란다. 그렇게 한다는 것은 여러분의 도메인 경계 바깥에 있는 무언가를 복제하느라 엄청난 시간을 허비하게 될 것을 의미할 뿐이다.

종단 간 테스트에 있어 실제로 동작하는 여러분의 서비스 인스턴스가 함께 상호작용하는 것이 이상적이다. 하지만 경우에 따라서는 그런 조건을 갖추기 어려울 때가 있다. 따라서 시스템 엔티티 중에서 여러분의 조직 도메인 외부에 위치하며 외부 조직에서 제공하는 일부 엔티티는 스텁으로 대체해도 무방하다. 가상의 사례를 생각해 보면 참석자 서비스가 AWS S3(https://oreil.ly/pzeua)를 사용하는 경우다. 외부 엔티티에 의존하다 보면 네트워크 문제나 외부 서비스 제공자가 사용 불가능해지는 등의 경우에 대한 우려가 생겨난다. 또한 테스트가 그 엔티티를 사용하지 않는다면 굳이 테스트 때문에 엔티티의 인스턴스를 실행할 필요는 없다. 참석자 서비스의 종단 간 테스트를 위해서는 데이터베이스와 참석자 서비스를 실행할 필요가 있지만 레거시 컨퍼런스 시스템을 실행할 필요는 없다. 이 점이 종단 간 테스트에도 경계가 필요한 이유다. 이 종단 간 테스트의 경계는 그림 2-8에서 확인할 수 있다.

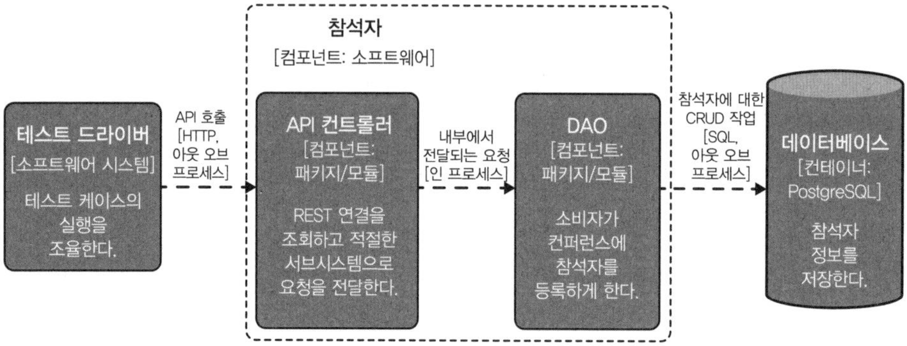

그림 2-8 종단 간 테스트의 범위

여러 시스템을 함께 관리하고 조율하는 것을 자동화하기는 쉽지 않으며 종단 간 테스트도 불안정해질 수 있다. 하지만 종단 간 테스트를 로컬에서 실행하는 것이 점점 쉬워지고 있다. 100페이지 '테스트 컴포넌트의 컨테이너화: Testcontainers' 절에서 살펴봤듯이 컨테이너를 이용하면 여러 시스템을 로컬에서 실행할 수 있다. 그렇지만 여전히 테스트 피라미드 가이드라인을 따를 필요가 있다. 종단 간 테스트가 테스트 피라미드의 가장 꼭대기에 있는 것은 그만한 이유가 있기 때문이다.

종단 간 테스트를 작성할 때는 실제와 유사한 페이로드를 사용해야 한다. 작고 간결한 페이로드로 테스트하고 배포했는데 API가 제대로 동작하지 않아 그 이유를 알아보니 소비자가 버퍼가 지원하는 것보다 큰 크기의 페이로드를 보내는 경우였음을 여러 번 목격했다. 그렇기 때문에 종단 간 테스트는 소비자가 API를 사용하는 방식을 최대한 가깝게 표현해야 한다.

종단 간 테스트의 종류

여러분이 작성하는 종단 간 테스트는 81페이지 '테스트 사분면' 절에서 살펴봤듯이 가장 중요한 요구사항을 기준으로 작성해야 한다.

테스트 사분면의 Q3에는 시나리오 테스트가 존재한다. 시나리오 테스트는 보편적인 형태의 종단 간 테스트다. 시나리오 테스트는 전형적인 사용자의 행동을 테스트하며 여러분의 서비스가 올바르게 동작한다는 확신을 얻기에 충분하다. 시나리오 테스트는 하나 혹은 여러 동작을 기반으로 수행할 수 있다. 행위 주도 개발Behavior Driven Development(BDD, https://oreil.ly/qs7nY)을 도입하면 테스트를 작성하는 데 도움이 된다. BDD는 비즈니스 대비 테스트의 일부로 사용자 스토리를 작성하는 괜찮은 방법이기도 하다. 컨퍼런스 시스템의 예시에서는 참석자가 컨퍼런스의 한 세션에 등록하면 컨퍼런스 세션 정보를 조회할 때 참석자 수가 증가해야 한다.

시나리오 테스트로 사용자의 주요 행위를 검증할 때의 장점은 어떤 컴포넌트가 프로덕션 환경보다 느리게 동작하더라도 염려하지 않아도 된다는 점이다. 중요한 것은 올바른 동작과 원하는 결과다. 하지만 성능에 대한 종단 간 테스트를 수행할 때는 더욱 조심해야 한다. 테스트 사분면의 Q4에 위치한 성능 테스트는 프로덕션 환경과 아주 유사한 환경에서 수행해야 한다. 두 환경이 서로 다르면 여러분의 서비스가 어떻게 동작하는지를 의미하는 결과를 얻지 못한다. 즉, 여러분의 서비스를 같은 하드웨어에 배포해야 한다는 것을 의미하는데 이는 리소스와 환경에 따라 어려울 수 있다. 이런 어려움으로 인해 테스트가 잘되지 않거나 원하는 수준의 확신을 얻는 것보다 개발 시간이 더 오래 걸리지 않을지 고려해야 한다. 그럼에도 불구하고 우리는 이런 유형의 종단 간 테스트가 성공적인 것을 확인했으므로 다소 어려움이 있다고 해서 종단 간 테스트를 배제할 수는 없다.

종단 간 테스트의 일부로 성능 테스트를 작성할 때는 목표하는 SLO 내에 요청을 서비스하는지 검증하는 것에 집중해야 한다. 이런 성능 테스트를 통해 서비스에 (예를 들면 실수로 블로킹 코드를 넣는다든지 해서) 갑작스러운 지연이 발생하지 않는 것을 확인하고자 할 것이다. 만일 볼륨이 중요하다면 서비스가 원하는 수준의 부하를 처리할 수 있는지 검증하고 싶을 것이다. 이때는 개틀링Gatling, J메터JMeter, 로쿠스트Locust, K6 같은 훌륭한 성능 테스트 도구를 활용할 수 있다. 설령 이 중 어느 것도 마음에 들지 않더라도 여러분이 이미 친숙한 여러 언어에서 사용할 수 있는 다른 옵션도 많다. 여러분이 원하는 성능 지표는 비즈니스 요구사항에 따라 정의해야 한다.

종단 간 테스트를 수행할 때는 보안(예를 들면, TLS가 적용되어 있고 적절한 인증 메커니즘이 구현되어 있는지 여부)에 대해서도 확실히 검증해야 한다. 테스트 과정에서는 어떤 보안 기능도 비활성화해서는 안 된다. 그랬다가는 테스트가 사용자의 행위를 제대로 표현하지 못하거나 엉뚱한 지표를 얻게 되기 때문이다.

종단 간 테스트는 필요한 리소스가 많아서 다른 테스트보다 더 복잡하다. 하지만 사람이 직접 테스트하는 것보다는 훨씬 빠르게 진행할 수 있으며 애플리케이션에 대한 확신을 가질 수 있고 서비스가 기술적 관점에서 서비스 동의 조건을 만족시킨다는 증거가 될 수 있다.

ADR 가이드라인: 종단 간 테스트

종단 간 테스트로 어떤 점을 테스트해야 하며 여러분이 도입할 가치가 있는지 아는 것이 가장 중요하게 고려해야 할 사항이다. 표 2-4의 ADR 가이드라인은 여러분이 결정을 내릴 때 도움이 될 것이다.

표 2-4 ADR 가이드라인: 종단 간 테스트

결정사항	테스트를 구성할 때 종단 간 테스트 또한 자동화해야 하는가?
논의사항	종단 간 테스트를 하기 위한 구성이 얼마나 복잡한지 결정한다. 어떤 종단 간 테스트가 필요하며 그 테스트가 충분한 가치가 있는지 잘 이해하고 있는가? 특정한 요구사항이 있거나 더 고수준의 종단 간 테스트를 추가해야 할까?
권장사항	우리는 가장 중요한 사용자 행위에 대한 최소한의 종단 간 테스트를 수행할 것을 권한다. 그러면 개발 과정에서 사용자에게 영향을 줄 만한 변화가 있었는지에 대해 최대한 빠른 피드백을 얻을 수 있다. 종단 간 테스트는 로컬에서 실행하는 것이 이상적이지만, 그렇지 않다면 빌드 파이프라인에 추가하면 된다. 종단 간 테스트는 충분한 장점이 있지만 테스트를 수행하는 데 필요한 시간을 균형 있게 투자해야 한다. 종단 간 테스트를 자동화할 수 없다면 수동으로 테스트를 수행하기 위한 설명서가 필요하다. 이 설명서는 프로덕션 환경에 릴리스하기 전에 테스트 환경에서 사용해야 한다. 이런 종류의 수동 테스트는 프로덕션 릴리스와 고객에게 가치를 전달하는 일을 상당히 느리게 만들 것이다.

정리

이번 장에서는 API를 테스트하는 여러 방법과 더불어 테스트를 해야 하는 부분과 어떤 부분에 시간을 투자해야 하는지 등에 대해 알아봤다. 중요한 내용은 다음과 같다.

- 테스트의 기본에 충실하고 API의 중요한 기능은 단위 테스트를 통해 테스트한다.
- 계약 테스트는 일관된 API를 개발하고 다른 API와의 동작을 테스트하는 데 도움이 된다.
- 컴포넌트에 대해 서비스 테스트를 수행하고 통합 지점은 유입 트래픽과 유출 트래픽을 검증하는 것에만 집중한다.

- 중요한 사용자 행위에 대해 종단 간 테스트를 수행하면 API가 올바르게 통합되어 동작하는지 검증하는 데 도움이 된다.
- API에 다른 종류의 테스트를 추가해야 한다면 ADR 가이드라인을 참고하자.

이번 장에서는 API 테스트에 대한 다양한 정보, 아이디어, 기법을 설명했지만 그렇다고 해서 설명한 내용을 모두 도입할 필요는 없다. 오히려 사용하고자 하는 테스트 프레임워크와 라이브러리를 스스로 연구해 보고 충분한 지식을 바탕으로 결정을 내리길 권한다.

하지만 사전에 얼마나 많은 테스트를 수행하든 실제 프로덕션 환경에서 애플리케이션이 동작하는 것을 확인하는 것보다 더 좋은 테스트는 없다. 프로덕션 환경에서의 테스트는 5장에서 다룬다. 다음 장에서는 API 게이트웨이를 이용해 프로덕션 환경의 API를 공개하고 관리하는 방법을 알아본다.

2부

API 트래픽 관리

2부에서는 API 트래픽을 관리하는 방법을 알아본다. 여기서 트래픽이란 최종 사용자가 외부에서 발생시켜 여러분의 시스템으로 유입되는 트래픽(인그레스(ingress) 트래픽)과 서비스 내부에서 발생해 여러분의 시스템 내에서 전달되는 트래픽(서비스 간 트래픽)을 모두 일컫는다.

트래픽 관리에 대한 학습을 시작할 3장에서는 API 게이트웨이 기법을 이용해 인그레스 또는 수직 트래픽을 관리하는 방법을 소개한다.

4장에서는 서비스 메시 패턴을 이용해 수평 트래픽을 관리하는 방법을 알아본다.

3장

API 게이트웨이: 인그레스 트래픽 관리

이제 API의 정의와 테스트에 대해 충분히 이해하게 되었으므로 이제는 프로덕션 환경에 API를 전달하는 플랫폼과 도구로 관심을 돌려보자. API 게이트웨이는 모던 기술 스택에서는 중요한 역할을 담당하며 시스템 네트워크의 '에지edge'에서 소비자와 여러 백엔드 서비스 사이의 중재자 역할을 수행한다.

이번 장에서는 API 게이트웨이가 '무엇'이며 '왜' 사용해야 하는지 그리고 '어디에' 사용해야 하는지 알아본다. 또한 API 게이트웨이의 역사와 함께 다른 에지 기술들도 살펴본다. 또한 여러 API 게이트웨이를 살펴보고 시스템 아키텍처와 배포 모델에 어떻게 접목할지 알아본다. 물론 보편적인 실수를 미연에 방지하기 위한 내용도 다룬다.

이 주제를 모두 다루고 나면 요구사항, 제약사항, 사용 사례를 기반으로 적절한 API 게이트웨이를 선택하는 방법을 알아보며 이번 장을 마무리하고자 한다.

API 게이트웨이가 유일한 해결책일까?

우리는 "API 게이트웨이가 백엔드 시스템에 사용자 트래픽을 전달하기 위한 유일한 해결책인가요?"라는 질문을 자주 받았다. 간단히 답하자면 그렇지 않다. 하지만 약간의 숨은 의미가 있다.

많은 소프트웨어 시스템이 소비자의 API 요청이나 외부로부터 유입되는 인그레스ingress 트래픽을 내부 백엔드 애플리케이션에 전달한다. 웹 기반 소프트웨어 시스템의 경우는 보통 웹 브라우저나 모바일 앱으로 백엔드 시스템을 호출하는 최종 사용자로부터 API로의 요청이 발생한다. 또한 인터넷 어딘가에 배포되어 있는 애플리케이션 같은 외부 시스템(보통은 서드파티)에서 API로의 요청이 발생하기도 한다. 인그레스 기능을 제공하는 솔루션은 URL로부터 백엔드 시스템으로 트래픽을 전달하는 메커니즘은 물론 안정성, 관측용이성, 보안 등의 기능도 제공한다.

이번 장을 통해 학습하게 되겠지만 API 게이트웨이는 이런 요구사항을 만족시키는 유일한 기술은 아니다. 예를 들어 간단한 프록시proxy 또는 로드밸런서load balancer를 사용할 수도 있다. 하지만 API 게이트웨이는 특히 엔터프라이즈 시장에서 가장 널리 활용되는 솔루션이며, 소비자와 제공자의 수가 늘어날 때 더 확장 가능하고 유지보수가 용이하며 안전한 옵션이다.

표 3-1을 통해 여러분의 현재 요구사항을 각 솔루션의 역량과 비교해 보자. 이 장을 계속 읽으면서 학습하게 될 것이므로 지금 당장 모든 요구사항을 이해하지 못하더라도 너무 걱정하진 말자.

표 3-1 리버스 프록시, 로드밸런서, API 게이트웨이의 비교

기능	리버스 프록시	로드밸런서	API 게이트웨이
단일 백엔드	*	*	*
TlS/SSL	*	*	*
다중 백엔드		*	*
서비스 발견		*	*
API 조합			*
인가			*
재시도 로직			*
호출률 제한			*
로깅과 추적			*
서킷브레이커			*

가이드라인: 프록시, 로드밸런서 또는 API 게이트웨이의 선택

표 3-2는 조직의 시스템이나 현재 프로젝트에 가장 적합한 인그레스 솔루션을 선택하는 데 도움을 주는 ADR 가이드라인이다.

표 3-2 ADR 가이드라인: 프록시, 로드밸런서 또는 API 게이트웨이의 선택

결정사항	인그레스 트래픽의 전달에 프록시, 로드밸런서, API 게이트웨이 중 어떤 것을 사용할까?
논의사항	예를 들면, 하나의 엔드포인트로부터 하나의 백엔드 서비스로의 단순한 라우팅이 필요한가? 인증, 인가, 또는 호출률 제한 등의 고급 기능이 필요한 교차 기능적 요구사항이 있는가? API 키/토큰이나 수익화/입금 취소 등의 API 관리 기능이 필요한가? 이미 적용한 솔루션이 있는가, 아니면 모든 트래픽을 반드시 네트워크 에지의 어떤 컴포넌트를 통해 전달하도록 조직 수준에서 요구하고 있는가?
권장사항	가까운 미래와 이미 존재하는 요구사항까지 고려해서 해당 요구사항을 만족시키는 가장 간단한 솔루션을 채택하자. 고수준의 교차 기능적 요구사항이 존재한다면 보통 API 게이트웨이가 최선의 선택이다. 여러분의 조직이 엔터프라이즈 조직이라면 API 관리 기능을 지원하는 API 게이트웨이를 권장한다. 기존의 권한, 솔루션, 컴포넌트에 대해 항상 조직 내에서 실사를 수행한다.

사례 연구: 참석자 서비스를 소비자에게 노출하기

컨퍼런스 시스템은 출시 이후로 상당한 진전을 이뤘으며, 시스템의 소유자는 컨퍼런스 참석자들이 상세 정보를 새 모바일 애플리케이션을 통해 확인할 수 있는 기능을 지원하고자 한다. 그러려면 모바일 앱이 데이터를 쿼리할 수 있도록 참석자 서비스 API를 외부에 공개해야 한다. 참석자 서비스는 개인 식별 정보personally identifiable information(PII)를 저장하고 있으므로 API는 안정적으로 관측이 용이해야 할 뿐만 아니라 안전하게 호출할 수 있어야 한다. 단순히 프록시나 로드밸런서를 이용해 API를 노출하고 언어나 프레임워크 기능을 이용해 나머지 요구사항을 구현할 수도 있다. 하지만 그 솔루션이 확장 가능한지, 재사용은 가능한지(잠재적으로 다른 언어와 프레임워크로 구현한 API도 지원이 가능한지), 이런 요구사항을 해결하는 기술이나 제품이 이미 존재하는지 여부 등을 반드시 생각해 봐야 한다. 이번 사례 연구에서는 향후 추가 API의 노출도 계획이 되어 있으며 그 API는 다른 언어와 프레임워크로 구현할 수도 있다는 점을 알고 있다. 그래서 API 게이트웨이 기반 솔루션을 구현하는 것이 다당하다.

이번 장에서는 지금까지 나열한 요구사항을 모두 만족시키면서 참석자 API를 기존의 컨퍼런스 시스템에 노출하고자 한다. 그림 3-1은 컨퍼런스 시스템의 아키텍처에 API 게이트웨이를 추가한 모습을 보여주고 있다.

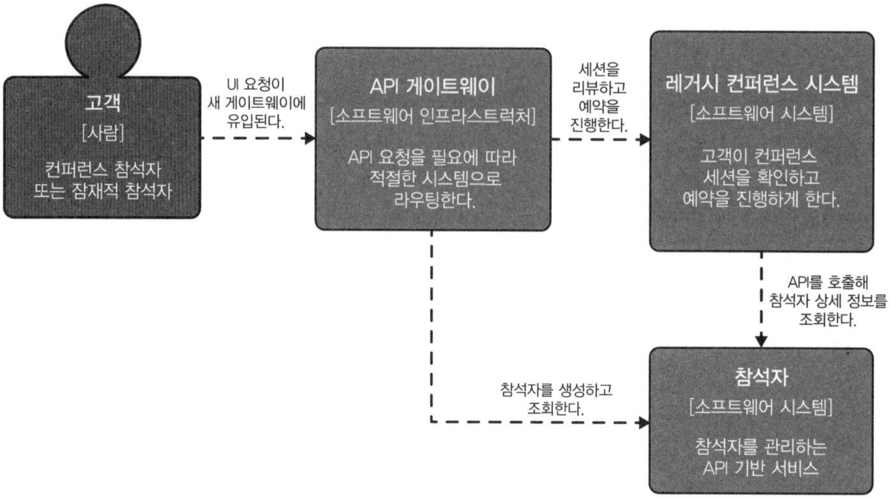

그림 3-1 API 게이트웨이로 모놀리식 서비스와는 별개로 동작하는 참석자 서비스로 요청을 전달하는 과정

API 게이트웨이의 정의

기본적으로 API 게이트웨이는 소비자와 백엔드 서비스 사이의 시스템 에지에 위치하는 관리 도구로, 사전에 정의한 여러 API로의 진입점 역할을 수행한다. 여기서 소비자란 단일 페이지 웹 애플리케이션이나 모바일 앱 같이 최종 사용자가 사용하는 애플리케이션 또는 다른 내부 시스템 또는 서드파티 애플리케이션이나 시스템 등 어떤 것이든 될 수 있다.

API 게이트웨이는 기본적으로 제어 부분과 데이터 부분이라는 두 가지 컴포넌트로 구현한다. 이 컴포넌트는 보통 한 패키지에 번들하거나 별도로 배포할 수 있다. 제어 부분은 작업자가 게이트웨이를 다루면서 라우트, 정책, 필요한 텔레메트리telemetry 등을 정의하는 영역이다. 데이터 부분은 제어 부분에서 발생하는 모든 작업의 명시, 라우팅되는 네트워크 패킷, 정책의 반영, 텔레메트리의 송출 등이 이뤄지는 영역이다.

API 게이트웨이의 기능

API는 보통 네트워크 수준에서 소비자로부터의 모든 API 요청을 받아들이는 리버스 프록시로 동작하며 애플리케이션 수준의 여러 백엔드(및 필요한 경우 외부 서비스)를 호출하고 그 결과를 종합해 적절한 결과를 리턴한다.

> **프록시, 포워드 프록시, 리버스 프록시의 비교**
>
> 포워드 프록시(forward proxy)라고도 하는 프록시 서버는 여러 클라이언트로부터의 콘텐츠에 대한 요청을 인터넷의 다른 서버들로 포워딩하는 중간 서버다. 포워드 프록시는 클라이언트를 보호하기 위해 사용한다. 예를 들어, 기업에서는 직원들이 공개 인터넷에 접근할 때의 트래픽을 라우팅하고 필터링하는 프록시를 채택할 수 있다. 반면 리버스 프록시(reverse proxy) 서버는 보통 비공개 네트워크의 방화벽 뒤에 위치하며 클라이언트의 요청을 적절한 백엔드 서버로 라우팅한다. 리버스 프록시는 서버를 보호하기 위한 목적으로 설계되었다.

API 게이트웨이는 사용자 인증, 호출률 제한, 타임아웃/재시도 등 여러 서비스에 공통적으로 필요한 요구사항을 만족시키며 시스템의 관측용이성 구현을 지원하기 위해 메트릭, 로그, 추적 데이터 등을 제공한다. 또한 개발자를 위한 API 수명주기의 관리, API 사용에 대한 온보딩onboarding 및 관리(예를 들면 개발자 포털의 제공 및 관련 계정의 관리와 접근 제어)의 지원, 기업용 거버넌스governance 지원 등의 추가 기능을 제공하는 API 게이트웨이도 많다.

API 게이트웨이의 배포 위치

API 게이트웨이는 보통 시스템의 에지에 배포하지만, 여기서 '시스템'이라는 단어는 그 의미가 상당히 유연하다. 스타트업과 소규모 기업의 경우 API 게이트웨이를 데이터센터나 클라우드의 에지에 배포하는 경우가 많다. 이런 경우라면 단일 API 게이트웨이(고가용성을 위해 여러 인스턴스를 실행할 수 있다)가 전체 백엔드에 대한 진입점 역할을 하며, 이 단일 컴포넌트로 이번 장에서 설명한 에지의 모든 기능을 제공한다.

그림 3-2는 클라이언트가 인터넷을 통해 API 게이트웨이 및 백엔드 시스템과 동작하는 모습을 보여준다.

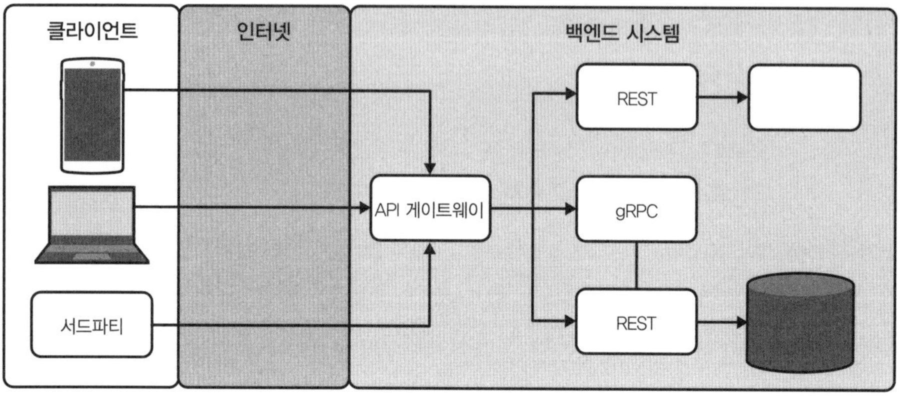

그림 3-2 스타트업/소규모 기업의 보편적인 API 게이트웨어 배포 형식

규모가 큰 조직과 엔터프라이즈의 경우는 보통 API 게이트웨이를 데이터센터 주변의 최초 에지 스택에 포함해 여러 곳에 배포하며 각 제품, 사업부 또는 조직 부서별로 별개의 게이트웨이를 배포하기도 한다. 이런 게이트웨이는 구현하는 기능을 분리하고 (거버넌스 요구사항에 따라) 지리적인 위치나 인프라스트럭처의 수용량(예: 저전력 에지 컴퓨트 리소스)에 따라 다른 기능을 제공하기도 한다.

그림 3-3은 공개 인터넷과 비공개 네트워크의 DMZ(비무장지대) 사이에 위치한 API 게이트웨이를 보여준다.

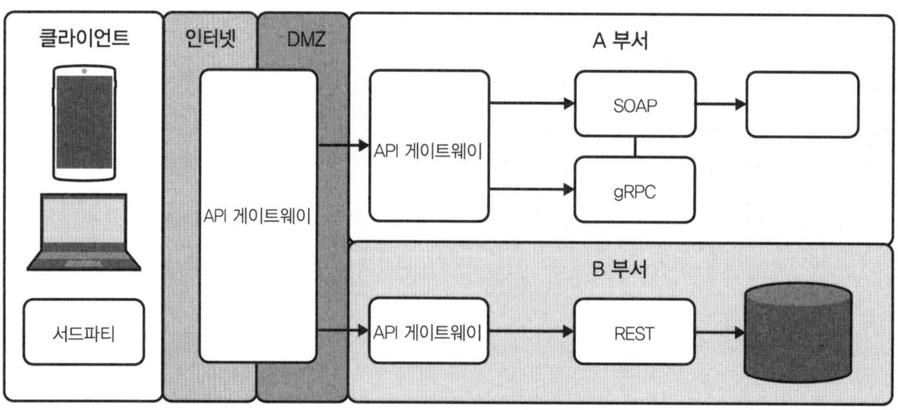

그림 3-3 보편적인 대규모 기업/엔터프라이즈의 API 게이트웨이 배포 형식

이 장의 후반부에서 알게 되겠지만 API 게이트웨이의 정의와 정확한 기능은 모두 동일하게 구현되어 있지 않으므로 앞서 소개한 다이어그램은 실질적 구현이라기보다는 개념적인 것으로 이해해 주기 바란다.

API 게이트웨이와 다른 에지 기술의 통합

API 기반 시스템의 에지에는 보통 많은 컴포넌트가 배포되어 있다. 이 지점이 바로 소비자와 사용자가 백엔드와 처음 교류하는 지점이며, 그래서 여러 가지 공통적인 이슈들을 여기서 처리한다. 따라서 모던 에지 기술 스택 또는 '에지 스택'은 API 기반 애플리케이션이 필요로 하는 기본적인 공통 요구사항을 만족시키는 다양한 기능을 제공한다. 어떤 에지 스택은 각각의 기능을 별도로 배포하고 운영하는 컴포넌트로 제공하기도 하고, 또 어떤 스택은 기능과 컴포넌트가 결합되어 있기도 하다. 이런 컴포넌트의 개별적인 요구사항에 대해서는 다음 절에서 더 자세히 살펴볼 것이므로 일단 그림 3-4를 통해 모던 에지 스택의 핵심 계층들을 먼저 알아보자.

이 계층은 모놀리식monolithic 컴포넌트로 취급하지 않아야 한다. 보통은 별도로 배포되며 각각의 팀이나 서드파티 서비스 제공자가 소유하고 운영한다. 에지 스택 내에서 필요한 모든 기능을 제공하는 API 게이트웨이도 있지만, API 게이트웨이 기능과 API 관리 기능만 제공하는 경우도 있다. 또한 클라우드 환경에서는 클라우드 벤더가 API 게이트웨이와 통합된 로드밸런서를 제공하기도 한다.

이제 API 게이트웨이가 '무엇'이며 '어디에' 위치하는지 이해했으므로 API 게이트웨이를 도입해야 하는 이유에 대해 알아보자.

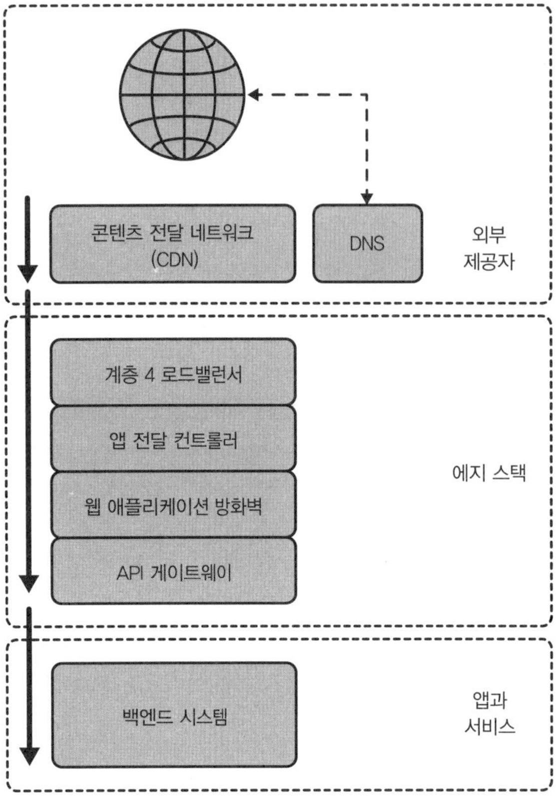

그림 3-4 모던 에지 스택

API 게이트웨이를 사용해야 하는 이유

오늘날 소프트웨어 아키텍트의 역할 중 중요한 부분은 설계와 구현에 대해 깐깐하게 질문을 던지는 것이다. API와 트래픽 관리 및 관련 기술에 관해서도 마찬가지다. 단기적 구현과 장기적 유지보수성 사이의 균형을 맞출 필요가 있다. 유지보수성, 확장성, 보안, 관측용이성, 제품 수명주기 관리, 수익화 등 API와 관련해 여러 관점에서 공통적으로 해결해야 할 문제가 많이 있을 것이다. API 게이트웨이가 이런 문제를 해결하는 데 도움이 될 수 있다!

이번 절에서는 API 게이트웨이로 해결할 수 있는 다음과 같은 주요 문제점을 확인해 보고자 한다.

- 어댑터/퍼사드 패턴을 이용해 프론트엔드와 백엔드 간의 결합도 낮추기
- 백엔드 서비스의 종합 및 해석을 이용해 사용법을 간소화하기
- 위협 탐지와 완화를 통해 API를 남용과 오용으로부터 보호하기
- API의 활용 방식을 이해하기(관측용이성)
- API 수명주기 관리를 통해 API를 제품으로 관리하기
- 계정 관리, 비용 청구, 결제 등을 통해 API 수익화하기

프론트엔드와 백엔드의 낮은 결합도: 어댑터/퍼사드 패턴의 활용

결합도, 응집도, 정보 은닉은 모든 소프트웨어 아키텍트가 가능한 한 일찍부터 학습해야 할 3가지 기본적인 개념이다. 여러분은 낮은 결합도와 높은 응집도를 갖도록 설계한 시스템은 이해, 유지보수 및 수정이 쉬워진다고 배웠을 것이다. 정보 은닉은 바뀔 가능성이 높은 소프트웨어 시스템의 설계와 관련된 결정을 분리하는 원리다. 결합도가 낮으면 서로 다른 구현체를 쉽게 교체할 수 있고, 시스템을 테스트할 때 특히 유용하다(예를 들면, 낮은 결합도를 가진 의존성은 쉽게 모조 객체와 스텁으로 교체할 수 있다). 응집도가 높으면 (모듈이나 시스템의 모든 코드가 같은 목적을 가지므로) 이해용이성, 신뢰성, 재사용성이 높아진다. 정보 은닉은 시스템의 다른 부분을 광범위하게 수정하지 않아도 설계에 관한 결정을 변경할 수 있게 해준다. 우리의 경험상 API는 아키텍처적 이론이 현실과 만나는 시스템에 위치하는 경우가 많다. 즉 API는 말 그대로 다른 엔지니어와 통합하는 인터페이스다.

API 게이트웨이는 단일 진입점으로 퍼사드나 어댑터처럼 동작하며, 그렇기에 낮은 결합도와 응집도의 향상에 도움이 된다. 퍼사드는 시스템을 위해 간결한 새 인터페이스를 제공하는 반면, 어댑터는 두 인터페이스 사이의 상호운용성interoperability을 지원하기 위해 기존의 인터페이스를 재사용한다. 게이트웨이를 통해 노출되며 잘 합의된 계약을 제공하는 API와 클라이언트를 통합하면 백엔드 컴포넌트의 위치, 아키텍처, 구현(언어, 프레임워크 등)을 최소한의 노력으로 바꿀 수 있다. 그림 3-5는 API 게이트웨이가 백엔드 API와 서비스로의 클라이언트 요청에 대한 단일 진입점 역할을 어떻게 수행하는지 잘 보여준다.

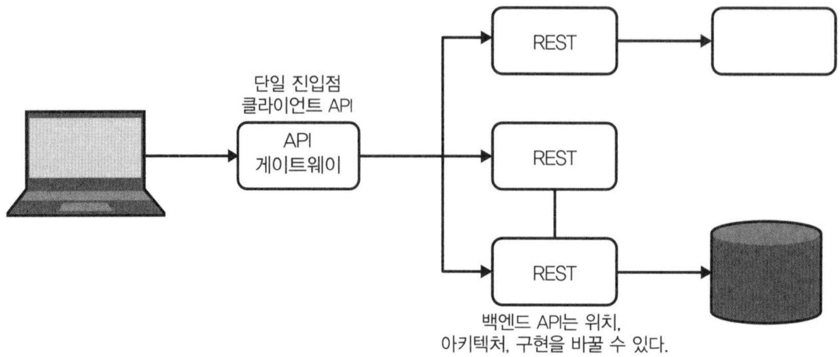

그림 3-5 프론트엔드와 백엔드 사이의 퍼사드를 제공하는 API 게이트웨이

사용법의 간소화: 백엔드 서비스의 종합과 해석

앞 절에서 설명했던 결합도 관점에서 보면 프론트엔드 시스템에 제공하고자 하는 API가 백엔드 또는 백엔드 시스템의 조합으로 제공하는 현재 인터페이스와 달라지는 경우가 종종 발생한다. 예를 들면 프론트엔드 엔지니어의 멘탈 모델 단순화, 데이터 관리의 간소화 또는 백엔드 아키텍처의 은닉 등을 위해 소유권이 서로 다른 여러 백엔드 서비스의 API를 종합해 소비자를 위한 단일 API를 제공하길 원할 것이다. 바로 이런 목적으로 그래프QL(https://graphql.org)을 사용하는 경우가 많다. 물론 이런 종류의 기능을 여기에 구현하는 것은 트레이드오프가 있고, 백엔드 서비스의 비즈니스 로직과 API 게이트웨이가 구현한 로직이 높은 결합도를 갖기가 매우 쉽다.

동시적 API 호출의 조율

대부분의 API 게이트웨이가 구현하고 있는 간소화 방식은 동시적 백엔드 API 호출을 조율하는 방법이다. 즉 API 게이트웨이가 여러 개의 독립적인 백엔드 API에 대한 동시적 호출을 조율하는 것이다. 보통 소비자를 위한 결과를 수집할 때는 시간을 절약하기 위해 여러 개의 독립적인 API를 순차적이 아니라 병렬적으로 호출하려고 할 것이다. 이런 기능을 게이트웨이에서 제공하면 소비자가 개별적으로 이런 기능을 구현할 필요가 없어진다. 다시 말하지만 이 방식의 트레이드오프는 비즈니스 로직이 API 게이트웨이와 백엔드 시스템으로 분산된다는 점이다. 게다가 운영의 결합도 이슈 역시 고려해야 한다. API 게이트웨이의 구현이 변경되어 API 호출의 순서가 바뀌면, 특히 백엔드 호출이 멱등성을 지원하지 않을 경우 결과에 영향을 미칠 수 있다.

엔터프라이즈의 경우 프로토콜 해석이 필요한 경우가 많다. 예를 들어, SOAP 기반 API만 지원하는 '유물'에 가까운 시스템이 여럿 있는데 REST 스타일의 API만 소비자에게 노출하고 싶다고 가정해 보자. 비록 조심해서 사용해야 하긴 하지만 API 게이트웨이의 종합 및 해석 기능을 사용할 수 있다. 이때 프로토콜 해석이 제대로 동작하도록 설계, 구현, 테스트하는 비용이 추가된다. 또한 요청 수가 많을 경우 해석을 구현하는 데 필요한 컴퓨팅 리소스 비용도 추가된다. 그림 3-6은 백엔드 호출 종합 및 프로토콜 해석 기능을 제공하는 API 게이트웨이의 모습을 보여준다.

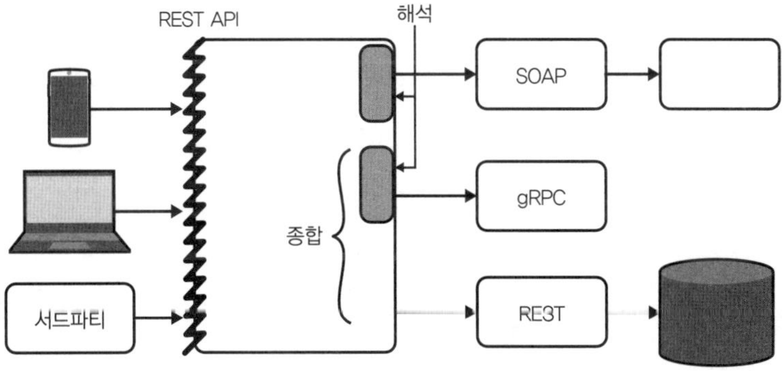

그림 3-6 종합 및 해석 기능을 제공하는 API 게이트웨이

남용 및 오용으로부터 API 보호: 위협 탐지와 완화

시스템의 에지는 사용자가 애플리케이션과 처음 마주하는 지점이다. 당연히 악의적인 사용자와 해커가 시스템을 처음 마주하는 지점이기도 하다. 대부분의 엔터프라이즈 조직은 에지 스택에 콘텐츠 전달 네트워크content delivery network(CDN), 웹 애플리케이션 방화벽web application firewall(WAF), 위성 네트워크 및 전용 DMZdemilitarized zone 등 보안에 집중한 여러 계층을 갖추고 있지만 수많은 소규모 조직 입장에서는 API 게이트웨이가 최초의 방어선이 되어준다. 그래서 많은 API 게이트웨이가 TLS 종료, 인증/인가, IP 허용/거부 목록, WAF(내장 또는 외부 통합), 호출률 제한 및 부하 분산, API 계약 검증 등의 보안 관련 기능을 제공한다. 그림 3-7은 허용/거부 목록과 호출률 제한을 이용해 API의 오용을 완화하는 방법을 보여준다.

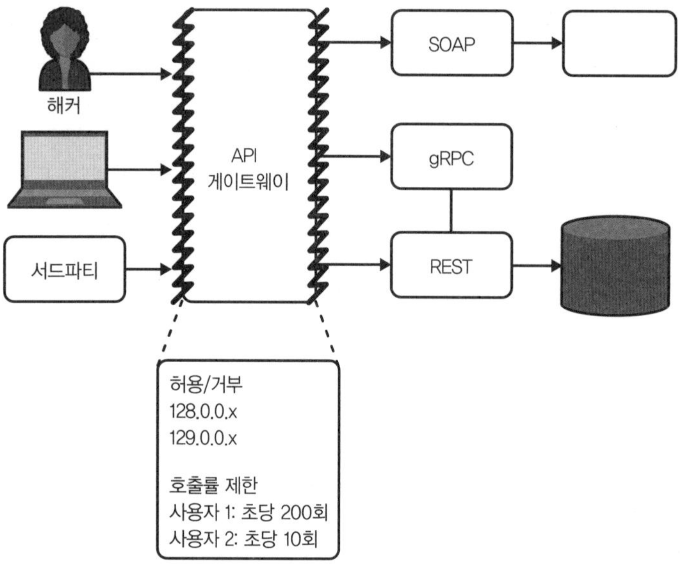

그림 3-7 API 게이트웨이의 남용 및 오용 방지

이 기능의 중요한 부분은 실수든 의도적이든 API의 오용을 탐지하는 기능이며, 이를 위해서는 포괄적인 관측용이성 전략을 구현해야 한다.

API 활용 방식에 대한 이해: 관측용이성

시스템과 애플리케이션이 어떻게 동작하는지 이해하는 것은 비즈니스 목표의 달성 여부와 고객의 요구사항 충족 여부를 확인하는 데 매우 중요하다.[1] 고객 전환율, 시간별 수익, 초당 스트림 시작 등 주요 성과 지표key performance indicator(KPI)를 통해 비즈니스 목표를 측정하는 경우는 점점 더 늘고 있다. 인프라 및 플랫폼은 보통 레이턴시, 에러, 대기 지연 같은 서비스 수준 지표service-level indicator(SLI, https://oreil.ly/S0ltZ)를 이용해 관측한다.

(모두가 아닌) 대부분의 사용자 요청 흐름은 시스템의 에지를 통하므로 여기가 관측용이성에서 가장 중요한 지점이다. 따라서 에러 횟수, 처리량, 레이턴시 등 주요 인그레스 지표를 확보할 수 있는 이상적인 지점이 되며 시스템을 통해 업스트림으로 흘러가는 요청을 확인하고 (애플리케이션을 위한 메타데이터와 함께) 표시할 수 있는 주요 지점이기도 하다. 보통 API 게이트웨이로 요청에 연관 식별자correlation identifier[2]를 추가해 각 업스트림 서비스로 전

1 관측용이성에 대해 더 알고 싶다면 신디 스리다란(Cindy Sridharan)이 집필하고 오라일리에서 출간된 『Distributed Systems Observability』(https://oreil.ly/plmte)를 읽어볼 것을 권한다.

2 예를 들어, OpenZipkin의 b3 헤더(https://oreil.ly/UOghv)를 살펴보기 바란다.

파한다. 이 식별자는 연관 로그에 기록해서 서비스와 시스템에 분산된 요청을 추적하는 데 사용한다.

시스템 차원에서 관측용이성 데이터를 제공하고 수집하는 것도 중요하지만, 이런 데이터를 어떻게 처리하고 분석하며 실행 가능한 정보로 해석해 의사결정에 활용할지 신중히 생각해야 한다. 이를 시각적으로 표현하고 조작하기 위한 대시보드를 만들고 경고를 정의하는 것 역시 성공적인 관측용이성 전략에 있어 매우 중요하다.

API를 제품으로 관리하기: API 수명주기 관리

모던 API는 내부 시스템은 물론 서드파티도 사용하는 제품으로 설계, 구현 및 운영되는 경우가 많으므로 제품처럼 관리해야 한다. 많은 기업이 API를 중요하고 전략적인 컴포넌트로 생각하고 있어서 API 프로그램 전략을 수립하고 명확한 비즈니스 목표, 제약, 리소스 등을 설정한다. 전략이 수립되면 일상적으로는 API 수명주기 관리에 집중하는 방식을 채택하게 된다. 완전한 API 수명주기 관리API Management(APIM)는 API의 계획 단계에서 시작해 운영을 종료할 때까지 전체 수명에 걸쳐 이뤄진다. 이 수명주기 중 여러 단계가 API 게이트웨이의 구현과 강하게 결합되어 있다. 그러므로 APIM을 지원한다면 적절한 API 게이트웨이를 선택하는 것이 중요하다.

API 수명주기에는 여러 가지 중요한 단계가 있다. Axway 팀은 3가지 핵심 컴포넌트(생성, 제어, 소비)와 더불어 API 수명주기의 10가지 주요 단계(https://oreil.ly/2F8mV)를 잘 정의하고 있다.

- **구현**
  API를 설계하고 구현한다.
- **테스트**
  기능과 성능, 보안 요구사항을 검증한다.
- **발행**
  API를 개발자에게 공개한다.
- **보안**
  보안 위험과 우려사항을 완화한다.

■ **관리**

API의 정상 동작과 업데이트, 비즈니스 요구사항의 만족 등을 유지하며 관리한다.

■ **온보딩**

개발자가 공개된 API를 빠르게 학습할 수 있도록 한다. 예를 들어, OpenAPI나 AsyncAPI 문서 및 포털과 샌드박스[sandbox] 등을 제공한다.

■ **분석**

관측용이성을 확보하고 모니터링 데이터를 분석해 활용도를 이해하고 문제를 탐지한다.

■ **홍보**

API를 개발자들에게 홍보한다. 예를 들면 API 마켓플레이스에 등록한다.

■ **수익화**

API 사용에 대한 비용을 청구하고 수익을 창출한다. API 수명주기 관리에서 수익화 단계는 다음 절에서 더 자세히 살펴본다.

■ **운영 중단**

비즈니스 우선순위의 변화, 기술적 변화, 보안 등 다양한 이유로 발생할 수 있는 API의 퇴출과 제거를 지원한다.

그림 3-8은 API 게이트웨이 및 백엔드 서비스와 통합해 API 수명주기를 관리하는 상황을 보여준다.

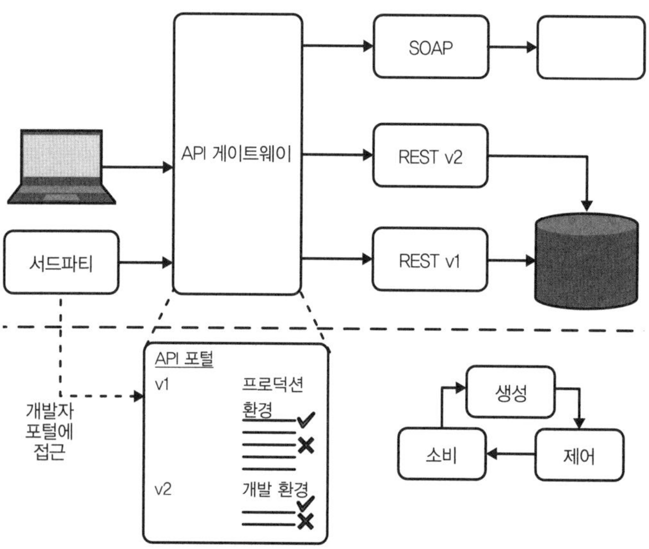

그림 3-8 API 게이트웨이의 수명주기 관리

API의 수익화: 계정 관리, 비용 청구, 결제

비용을 청구해 API를 수익화하는 것은 API 수명주기 관리와 밀접하게 관련되어 있다. 고객에게 노출되는 API는 주로 제품으로서 설계되어 개발자 포털을 통해 제공하게 되므로 계정의 관리 및 결제 옵션을 제공할 필요가 있다. 엔터프라이즈 API 게이트웨이의 대부분은 수익화 관련 기능을 포함하고 있다.[3] 이 결제 포털은 페이팔PayPal이나 스트라이프Stripe 같은 결제 솔루션과 통합되어 있으며 개발자가 제품 기능, 호출률 제한 및 기타 API 사용 옵션을 설정할 수 있다.

모던 API 게이트웨이의 역사

이제 API 게이트웨이가 '무엇'이며, '어디에', '왜' 사용해야 하는지 충분히 이해했을 것이므로 모던 API 게이트웨이 기술에 대해 알아보기에 앞서 역사를 뒤돌아보자. 마크 트웨인Mark Twain은 "역사는 되풀이되지 않는다. 다만 비슷하게 반복될 뿐이다."라고 말했는데, 기술 업계에 수년간 종사한 사람이라면 이 말이 업계에서 볼 수 있는 보편적인 접근 방식과 관련이 있음을 분명하게 깨달을 수 있을 것이다. 운영 방식과 마찬가지로 아키텍처 스타일과 패턴도 소프트웨어 개발의 역사 속에서 다양한 '주기'별로 반복되고 있다. 보통은 이런 주기를 거치면서 발전을 이루지만, 역사가 알려주는 것을 놓치지 않도록 주의가 필요하다.

그래서 API 게이트웨이 및 시스템 에지에서의 트래픽 관리에 대한 역사적인 문맥을 이해하는 것이 중요하다. 역사를 이해함으로써 더 견고한 기반을 구축하고 기본적인 요구사항을 이해하며 같은 실수를 반복하지 않을 수 있다.

1990년대 이후: 하드웨어 로드밸런서

월드와이드웹World Wide Web(WWW)의 개념은 팀 버너스 리Tim Berners-Lee가 1980년대 후반에 제안했지만 1990년대 중반까지는 큰 주목을 받지 못하다가 90년대 후반 닷컴 붐과 불황이 일면서 확대되기 시작했다. '웹 1.0' 시기에는 웹 브라우저(넷스케이프Netscape는 1994년 후반에 등장했다)와 웹 서버(아파치 웹 서버Apache Web Server는 1995년에 릴리스되었다), 하드웨어 로드밸랜서(F5는 1996년에 설립되었다)의 혁신을 이끌었다. 웹 1.0 경험은 사용자가 브라우저

3 Apigee Edge(https://oreil.ly/1xrMi)와 3Scale(https://oreil.ly/kVrdp) 등이 좋은 예시다.

로 웹사이트를 방문해 HTTP 요청을 보내면 전체 HTML 문서가 응답으로 리턴되는 형태였다. 웹사이트의 동적인 부분은 펄Perl이나 C 같은 언어로 작성한 스크립트와 공통 게이트웨이 인터페이스Common Gateway Interface(CGI)로 구현했다. 이것이 오늘날 '서비스로서의 함수Function as a Service(FaaS)'의 시초다.

웹사이트에 방문하는 사용자 수가 증가하면서 웹 서버의 부담이 증가했다. 그러면서 증가하는 부하를 분산하고 내고장성fault tolerance을 지원할 수 있는 시스템 설계가 필요해졌다. 이때는 인프라스트럭처 엔지니어, 네트워크 전문가, 시스템 관리자가 사용자 요청을 여러 대의 웹 서버로 분산할 수 있게 하려는 목적으로 하드웨어 로드밸런서를 데이터센터의 에지에 배포했다. 이 초기의 로드밸런서는 기본적인 헬스체크health check 로직을 지원하도록 구현되었으며 웹 서버에 문제가 발생하거나 응답의 레이턴시가 증가하면 사용자 요청을 다른 서버로 전달했다. 하드웨어 로드밸런서는 지금도 여전히 사용하고 있다. 트랜지스터 기술과 칩 아키텍처의 발달로 인해 개선된 부분은 있겠지만 주요 기능은 변하지 않고 있다.

2000년대 초반 이후: 소프트웨어 로드밸런서

웹이 닷컴 버블 초기의 사업 침체를 극복하면서 사용자 공유 콘텐츠, 전자상거래와 온라인 쇼핑, 비즈니스 협업과 시스템 통합 같은 다양한 활동을 지원해야 하는 수요가 지속적으로 증가했다. 그에 대한 반응으로 웹 기반 소프트웨어 아키텍처가 여러 형태로 나타났다. 소규모 조직은 일찌감치 CGI를 이용해 시스템을 구축했고 자바나 닷넷.NET 같은 웹 친화적인 언어가 등장하면서 모놀리식 애플리케이션을 만들었다. 대규모 엔터프라이즈는 서비스 지향 아키텍처service-oriented architecture(SOA)를 도입하면서 '웹 서비스' 명세(WS-*)가 잠깐 빛을 보기도 했다.

웹사이트의 고가용과 확장성 요구사항이 높아지고 초기 하드웨어 로드밸런서의 높은 비용과 낮은 유연성이 제약 요인이 되기 시작했다. 그러면서 2001년 출시된 하프록시HAProxy와 2002년에 출시된 엔진엑스 같이 이런 기능을 구현하기 위한 소프트웨어 로드밸런서와 범용 프록시의 시대로 진입한다. 이 시스템의 주요 사용자는 여전히 운영 팀이지만 이제 시스템 관리자에게 필요한 스킬은 하드웨어 관련 문제를 다루는 것이 아니라 소프트웨어 기반 웹 서버의 설정을 다루는 것이었고, 시스템 관리자들은 이 책임을 기꺼이 받아들이기 시작했다.

> **소프트웨어 로드밸런서: 지금도 여전히 보편적인 선택**
>
> 엔진엑스와 하프록시는 출시 후 계속해서 진화해 왔지만 여전히 폭넓게 사용되고 있으며, 소규모 조직과 간단한 API 게이트웨이로서는 여전히 매우 유용한 도구다(두 시스템 모두 엔터프라이즈에 더 적합한 상용 버전도 제공한다). 클라우드(및 가상화)의 등장으로 소프트웨어 로드밸런서의 역할은 굳어져 가고 있지만 이 기술의 기본에 대해 학습해 둘 것을 권한다.

이 시기에는 특별한 하드웨어 구현을 필요로 하는 또 다른 에지 기술들이 등장하기도 했다. 인터넷의 성능 병목을 해결하기 위해 만들어진 콘텐츠 전달 네트워크(CDN)는 웹 서버로부터의 요청을 줄이기 위해 점점 더 많이 사용되고 있다. 점차 늘어나는 웹 애플리케이션 방화벽(WAF) 역시 처음에는 특별한 하드웨어로 구현했다가 나중에 소프트웨어로 전환되었다. 오픈 소스인 ModSecurity 프로젝트의 등장 및 아파치 웹 서버와의 통합은 엄청난 수의 기업이 WAF를 도입하는 계기가 됐다.

2000년대 중반: 애플리케이션 전달 컨트롤러(ADC)

2000년대 중반에는 일상생활에서 웹의 보급률이 계속 증가하고 있었다. 인터넷 기능을 갖춘 휴대전화의 등장은 이 현상을 가속화해 블랙베리BlackBerry를 필두로 2007년 최초의 아이폰iPhone이 등장하면서 모든 것이 빨라지기 시작했다. PC 기반의 웹 브라우저는 여전히 웹을 위한 사실상의 표준이었지만, 2000년대 중반에는 브라우저가 XMLHttpRequest API를 탑재하고 **비동기 자바스크립트와 XML**Asynchronous JavaScript and XML(Ajax)이 널리 활용되면서 '웹 2.0'의 시대에 이르게 된다. 이 시기의 기술은 그야말로 혁신적이었다. API는 본질적으로 비동기였기에 페이지를 새로 고침 할 때마다 매번 HTML 페이지 전체를 리턴하고 파싱하고 표시할 필요가 없어졌다. Ajax를 이용해 데이터 교환 계층과 표현 계층이 분리되면서 웹 페이지는 전체 페이지를 다시 로드하지 않고도 동적으로 콘텐츠를 변경할 수 있게 되었다.

이런 모든 변화로 인해 웹 서버와 로드밸런서는 더 많은 부하를 처리하는 동시에 더 안전한(SSL) 트래픽, 점점 더 큰 데이터 페이로드(풍부한 미디어) 그리고 요청의 우선순위를 다르게 처리해야 했다. 그 결과 기존의 F5 네트워크, 시트릭스Citrix, 시스코Cicso 등의 네트워크 기업이 만든 용어인 **ADC**application delivery controller가 등장했다. ADC는 로드밸런싱과 함께 압축,

캐싱, 연결 멀티플렉싱, 트래픽 가공, SSL 오프로드offload 등을 지원했다. 이런 시스템의 대상 사용자 역시 인프라스트럭처 엔지니어, 네트워크 전문가, 시스템 관리자였다.

2000년대 중반에는 트래픽 관리 에지 스택의 거의 모든 컴포넌트가 업계 전반에 도입된 시기였다. 하지만 수많은 컴포넌트의 구현과 운영은 팀 간에 격리되어 가고 있었다. 대규모 조직의 개발자가 새 애플리케이션을 공개하고자 한다면 CDN 벤더, 로드밸런싱 팀, 정보 보안 및 WAF 팀, 웹/애플리케이션 서버 팀과 수많은 회의를 거쳐야 했다. 데브옵스DevOps로의 움직임이 발생하게 된 계기 중의 하나가 바로 이런 격리로 인한 갈등을 없애기 위한 것이기도 했다. 에지 스택에 많은 수의 계층이 존재하고 이를 클라우드나 새 플랫폼으로 마이그레이션해야 한다면 이제는 다중 계층 및 전담 팀과의 트레이드오프에 대해 생각해 볼 시기가 된 것이다.

2010년대 초: 1세대 API 게이트웨이

2000년대 후반과 2010년대 초에는 API 경제 및 관련 기술이 등장하기 시작했다. 트윌리오Twilio 같은 조직이 전화 통신 분야를 뒤흔들고 있었고 그 설립자인 제프 로슨Jeff Lawson(https://oreil.ly/jQsob)은 "우리는 전화의 지저분하고 복잡한 체계를 5개의 API 호출로 정리했다."라고 말하기도 했다. 구글 애드Google Ads API는 콘텐츠 생산자들에게 웹사이트를 수익화할 수 있는 길을 열어줬고, 스트라이프Stripe는 대규모 조직들이 서비스 비용을 쉽게 청구할 수 있게 해줬다. 2007년 말에 설립된 마셰이프Mashape는 개발자를 위한 API 마켓플레이스의 구현을 시도했던 초기 선구자들 중 하나였다. 이 비전이 정확하게 실현되지는 않았지만(요즘 '코드 없이' 또는 '최소한의 코드로' 서비스를 구현할 수 있도록 하는 솔루션들이 등장하는 걸 보면 그 당시에는 시대를 앞선 비전이었다), 마셰이프 비즈니스 모델의 부산물로 생겨난 것이 오픈레스티OpenResty(https://openresty.org/en)와 오픈 소스 엔진엑스로 구현한 콩Kong API 게이트웨이였다. WSO2의 클라우드 서비스 게이트웨이, 소노아 시스템즈Sonoa Systems의 Apigee, 레드햇Red Hat의 3Scale Connect 등도 등장했다.

이런 제품들은 플랫폼 팀과 시스템 관리자는 물론 개발자를 대상으로 하는 최초의 에지 기술이었다. 가장 중점적인 것은 API의 소프트웨어 개발 수명주기software development lifecycle(SDLC) 관리 그리고 엔드포인트와 프로토콜 커넥터 및 해석 모듈 같은 시스템 통합 기능의 제공이었다. 제공해야 할 기능의 수가 상당했기에 대부분의 1세대 API 게이트웨이는 소프트웨어로 구현되었다. 여러 제품에 개발자 포털이 생겨나면서 엔지니어는 자신의 API를 구조적으로 문서화하고 공유할 수 있게 됐다. 이런 포털은 접근 제어, 사용자/개발자 계정 관리, 발행 제어 및 분석 기능 등을 제공했다. 이를 통해 API의 수익화와 '제품으로서의 API' 관리를 더 쉽게 하겠다는 의도였다.

개발자를 위한 에지 기술의 혁신이 이뤄지는 동안 OSI 네트워킹 모델 중 (7번째 계층에 해당하는) 애플리케이션 계층의 HTTP 부분에 대한 관심도 증가했다. 이전 세대의 에지 기술은 주로 OSI 모델의 (4번째 계층인) 전송 계층에서 운영하는 IP 주소와 포트에 대한 것이었다. 개발자가 API 게이트웨어상에서 경로나 헤더 같은 HTTP 메타데이터를 기반으로 라우팅을 구현할 수 있게 되면서 좀 더 풍부한 기능을 구현할 수 있는 기회가 창출되었다.

또한 더 작은 서비스 기반 아키텍처로의 전환이 일어났다. 이 아키텍처는 원래 SOA의 아이디어를 일부 채용한 것이지만 더 가벼운 구현 기술과 프로토콜을 사용하는 아키텍처다. 기업들은 기존의 모놀리식 기반 코드에서 한 가지 목적을 수행하는 단독 애플리케이션을 분리해냈고, 이런 모놀리식 서비스의 일부는 API 게이트웨이처럼 동작하거나 라우팅 및 인증 같은 API 게이트웨이와 유사한 기능을 제공했다. 1세대 API 게이트웨이는 라우팅, 보안, 회복성 같은 기능 및 교차 기능적 지원을 에지는 물론 애플리케이션과 서비스 내에서 수행하는 경우가 많았다.

2015년 이후: 2세대 API 게이트웨이

2010년 중반에는 차세대 모듈형 서비스 지향 아키텍처가 등장하면서 2015년 들어 '마이크로서비스'라는 개념이 굳어졌다. 넷플릭스, AWS, 스포티파이Spotify 같은 소위 '유니콘' 기업들이 이런 아키텍처 패턴에 대한 경험을 공유해 준 덕분이었다. 개발자들은 백엔드 시스템을 더 작고 많은 서비스로 분할하는 것과 더불어 리눅스 LXC에 기반한 컨테이너 기술도 채택하기 시작했다. 2013년 3월 도커Docker가 릴리스되었고 뒤이어 2015년 7월에는 쿠버네티스Kubernetes 1.0 버전이 릴리스되었다. 아키텍처 스타일과 런타임의 변화로 인해 에지에는 새로운 요구사항이 생겨났다. 넷플릭스는 2013년 중반 JVM 기반 맞춤형 API 게이트웨이인 줄Zuul(https://oreil.ly/rdN4q)을 출시했다. 줄은 동적 백엔드 서비스를 위한 서비스 발견service discovery 기능은 물론 동작을 동적으로 변경하기 위해 런타임에 그루비Groovy 스크립트를 추가할 수 있는 기능을 제공했다. 이 게이트웨이는 인증, 테스트(카나리 릴리스canary release), 요청률 제한, 부하 분산, 관측용이성 등 여러 공통 기능을 하나의 에지 컴포넌트로 통합했다. 줄은 마이크로서비스 영역에서는 혁신적인 API 게이트웨이였으며, 두 번째 버전으로 개선되었고, 스프링 클라우드 게이트웨이Spring Cloud Gateway 역시 이를 기반으로 구현되었다.

쿠버네티스의 도입이 증가하고 리프트Lyft 엔지니어링 팀이 2016년에 엔보이 프록시Envoy Proxy를 오픈 소스로 공개하면서 (CNCF의 Emisssary-ingress를 기반으로 구현한) 엠버서더 에지 스택Ambassador Edge Stack, 콘투어Contour, 글루 에지Gloo Edge 등을 비롯해 많은 API 게이트웨이가 이 기술을 바탕으로 구현되었다. 그러면서 콩Kong이 차세대 게이트웨이는 물론 트래픽Traefik, 틱Tyk 같이 새로 출시된 게이트웨이의 기능을 따라 제공하는 등 API 게이트웨이 분야에 더 많은 혁신을 이끌었다.

클라우드상의 혼선: API 게이트웨이, 에지 프록시, 인그레스 컨트롤러

크리스티안 포스타(Christian Posta)의 블로그 포스트 'API 게이트웨이가 겪고 있는 정체성의 위기'(https://oreil.ly/Qkufv)에서 언급했듯이 클라우드 컴퓨팅 분야에서 채택한 프록시 기술과 관련해 API 게이트웨이의 역할은 무엇인지에 대한 약간의 혼선이 있다. 보통은 API 게이트웨이는 애플리케이션 계층(OSI 계층 7)에서 기본적인 공통 기능을 제공하는 간단한 어댑터 스타일의 기능부터 완전한 API 수명주기 관리에 이르기까지 API에 대한 관리 기능을 제공한다. 에지 프록시는 좀 더 범용적인 트래픽 프록시 또는 리버스 프록시로 네트워크 계층(OSI 계층 3)과 전송 계층(OSI 계층 4)에서 동작하며 기본적인 공통 기능은 제공하지만 API에 특화된 기능은 제공하지 않는다. '인그레스 컨트롤러(Ingress Controller)'는 쿠버네티스 전용 용어로, 클러스터로의 유입이 가능한 트래픽과 이런 트래픽을 처리하는 방법을 제어한다.

2세대 API 게이트웨이는 1세대 사용자군과 거의 유사한 사용자군을 대상으로 하지만, 관심사의 분리separation of concerns가 더 명확하고 개발자가 스스로 관리할 수 있게끔 하는 데 더 집중하고 있다. 1세대 API 게이트웨이에서 2세대로의 이동으로 게이트웨이에서 구현하는 기능적 요구사항과 교차 기능적 요구사항이 증가하게 되었다. 제임스 루이스James Lewis와 마틴 파울러(https://oreil.ly/LySYe)가 제시한 '똑똑한 엔드포인트와 단순한 파이프' 아이디어를 바탕으로 마이크로서비스를 구현해야 한다는 생각이 널리 받아들여지긴 했지만, 폴리글랏polyglot 언어 스택을 채택한다는 것은 언어 중립적인 방식으로 다양한 공통 기능을 제공하는 '마이크로서비스 게이트웨이'가 등장했음을 의미한다(더 자세한 내용은 다음 절에서 설명한다).

현재의 API 게이트웨이 분류

API 게이트웨이는 소프트웨어 개발 분야의 다른 용어들처럼 정의하거나 분류하는 것에 대한 합의가 아직 이뤄지지 않았다. 이 기술이 제공해야 하는 기능에 대해서는 어느 정도 합의가 되었지만, 이 분야의 여러 부문마다 API 게이트웨이에 대한 요구사항이 다르므로 각기 다른 관점을 갖고 있다. 덕분에 API 게이트웨이의 몇 가지 다른 유형이 등장하고 있다. 이번 절에서는 API 게이트웨이의 새로운 분류법을 살펴보고 각각의 사용 사례, 강점과 약점 등에 대해 알아본다.

전통적인 엔터프라이즈 게이트웨이

전통적인 엔터프라이즈 API 게이트웨이는 보통 비즈니스 중심적인 API의 제공 및 관리를 목적으로 한다. 또한 대규모 환경에서는 API를 릴리스하고 운영하며 수익화하는 것이 기본적인 요구사항이므로 게이트웨이를 API 수명주기 관리 솔루션과 통합하는 경우도 많다. 이 분야의 대부분의 게이트웨이는 오픈 소스 버전을 제공하기도 하지만 보통은 오픈 코어/상용 버전의 게이트웨이를 사용하는 경향이 강하다.

이런 게이트웨이는 보통 데이터 스토어 같은 종속 서비스의 배포와 운영을 필요로 한다. 이런 외부 의존성은 게이트웨이가 제대로 작동할 수 있도록 고가용성을 지원해야 하므로 운영 비용 및 DR/BC 계획에 고려해야 한다.

마이크로서비스/마이크로 게이트웨이

마이크로서비스 API 게이트웨이 또는 마이크로 API 게이트웨이의 주 사용 목적은 인그레스 트래픽을 백엔드 API와 서비스에 전달하는 것이다. 전통적인 엔터프라이즈 게이트웨이와 비교하면 API 수명주기 관리를 위한 기능은 그다지 많이 제공하지 않는다. 이 유형의 게이트웨이는 오픈 소스로 완전한 기능을 활용할 수 있거나 또는 전통적인 엔터프라이즈 게이트웨이의 약식 버전으로 제공되기도 한다.

이 유형의 게이트웨이는 보통 단독 컴포넌트로 배포해 운영하며 (예를 들면 쿠버네티스 같은) 기반 플랫폼을 이용해 API 수명주기 데이터, 호출률 카운트, API 소비자의 계정 관리 같은 내부 상태를 관리하기도 한다. 마이크로서비스 게이트웨이는 보통 엔보이 같은 현대 프록시 기술을 이용해 구현하며 (특히 같은 프록시 기술로 구현된) 서비스 메시와의 통합도 대체로 훌륭하다.

서비스 메시 게이트웨이

서비스 메시에 포함된 인그레스 또는 API 게이트웨이는 보통 외부 트래픽을 메시로 전달하는 한 가지 기능만 제공하도록 설계되어 있다. 그런 이유로 인증 및 계정 관리 솔루션과의 포괄적인 통합은 물론 WAF 같은 보안 기능과의 통합 등 엔터프라이즈에서는 보편적인 기능들을 제공하지 않는다.

서비스 메시 게이트웨이는 보통 상태 관리를 직접 구현하거나 (예를 들면 쿠버네티스 같은) 플랫폼이 제공하는 기능을 활용한다. 이 유형의 게이트웨이는 관련된 서비스 메시(및 운영 요구사항)와 암묵적으로 결합되어 있으므로, 서비스 메시 배포 계획을 아직 갖추지 못했다면 API 게이트웨이를 도입할 때 첫 번째로 고려하지 않는 편이 좋다.

API 게이트웨이 유형 비교

표 3-3은 가장 보편적으로 사용하는 3가지 API 게이트웨이의 6가지 주요 차이점을 보여준다.

표 3-3 엔터프라이즈, 마이크로서비스, 서비스 메시 API 게이트웨이의 비교

사용 사례	전통적 엔터프라이즈 API 게이트웨이	마이크로서비스 API 게이트웨이	서비스 메시 게이트웨이
주목적	내부 비즈니스 API와 관련 서비스의 노출, 조합, 관리	내부 비즈니스 서비스의 노출, 조합, 관리	메시 내의 내부 서비스 노출
발행 기능	API 관리 팀 또는 서비스 팀이 관리용 API를 이용해 게이트웨이를 등록/수정(수준이 높은 조직은 전달 파이프라인을 통해 이 작업을 수행)	서비스 팀이 배포 과정에서 선언적 코드로 게이트웨이를 등록/수정	서비스 팀이 배포 과정에서 선언적 코드로 게이트웨이를 등록/수정
모니터링	관리 및 운영 중심. 예를 들면 소비자별 API 호출 수, 에러(예: 5XX 에러) 보고 등을 수행	개발자 중심. 예를 들면 레이턴시, 트래픽, 에러, 포화도 등을 관측	플랫폼 중심. 예를 들면 활용도, 포화도, 에러 등을 관측

(계속)

사용 사례	전통적 엔터프라이즈 API 게이트웨이	마이크로서비스 API 게이트웨이	서비스 메시 게이트웨이
이슈의 처리 및 디버깅	L7 에러 처리(예: 커스텀 에러 페이지). 트러블슈팅의 경우는 스테이징 환경에서 게이트웨이/API의 로그를 이용해 이슈를 디버깅한다.	L7 에러 처리(예: 커스텀 에러 페이지, 장애 극복, 페이로드). 이슈의 디버깅은 더 상세한 모니터링의 설정, 트래픽 복사 및 카나리 방식을 이용해 문제를 재현한다.	L7 에러 처리(예: 커스텀 에러 페이지, 페이로드). 트러블슈팅은 더 상세한 모니터링의 설정 및 트래픽 '태핑(tapping)'을 활용해 특정 서비스 간 통신을 확인하고 디버깅한다.
테스트	QA, 스테이징, 프로덕션 등 여러 환경을 운영한다. 자동화된 통합 테스트 및 API 배포를 수행한다. 호환성과 안정성을 위해 소비자 주도 API 버저닝(예: semver)을 활용한다.	카나리 라우팅 및 다크 론칭을 이용해 동적 테스트를 수행한다. 계약 테스트를 이용해 관리 능력을 업그레이드한다.	카나리 라우팅을 이용해 동적 테스트를 수행한다.
로컬 개발 환경	(설치 스크립트, 베이그란트(Vagrant) 또는 도커를 이용해) 게이트웨이를 로컬 환경에 설치하고 프로덕션 환경의 인프라스트럭처와의 차이점을 최소화한다. 언어 전용 게이트웨이 모조 개체와 스텁 프레임워크를 사용한다.	(컨테이너나 쿠버네티스 같은) 오케스트레이션 플랫폼을 이용해 게이트웨이를 로컬 환경에 배포한다.	(쿠버네티스 같은) 오케스트레이션 플랫폼을 이용해 게이트웨이를 로컬 환경에 배포한다.
사용자 경험	웹 기반 관리 UI, 개발자 포털, 서비스 카탈로그 등을 지원한다.	IaC 또는 CLI를 활용하며 간단한 개발자 포털과 서비스 카탈로그를 지원한다.	IaC 또는 CLI를 활용하며 제한된 기능의 서비스 카탈로그를 지원한다.

사례 연구: API 게이트웨이를 이용한 컨퍼런스 시스템의 개선

이번 절에서는 모놀리식 컨퍼런스 시스템에서 분리한 참석자 서비스로 트래픽을 직접 라우팅하기 위해 API 게이트웨이를 설치하고 설정하는 방법을 알아본다. 이를 통해 280페이지 '교살자 무화과나무' 절에서 살펴볼 '교살자 무화과나무 패턴strangler fig pattern'[4]을 사용하는 방법을 확인하게 될 것이다. 이 패턴은 기존 시스템으로부터 일부 기능을 더 독립적으로 배포하고 실행할 수 있는 서비스로 점차 분리해내면서 모놀리식 서비스를 마이크로서비스 기반 아키텍처로 개선하는 패턴이다. 그림 3-9는 API 게이트웨이를 추가했을 때의 컨퍼런스 시스템 아키텍처를 보여준다.

4 마틴 파울러의 StranglerFigApplication(https://oreil.ly/KUxU3)을 참고하기 바란다.

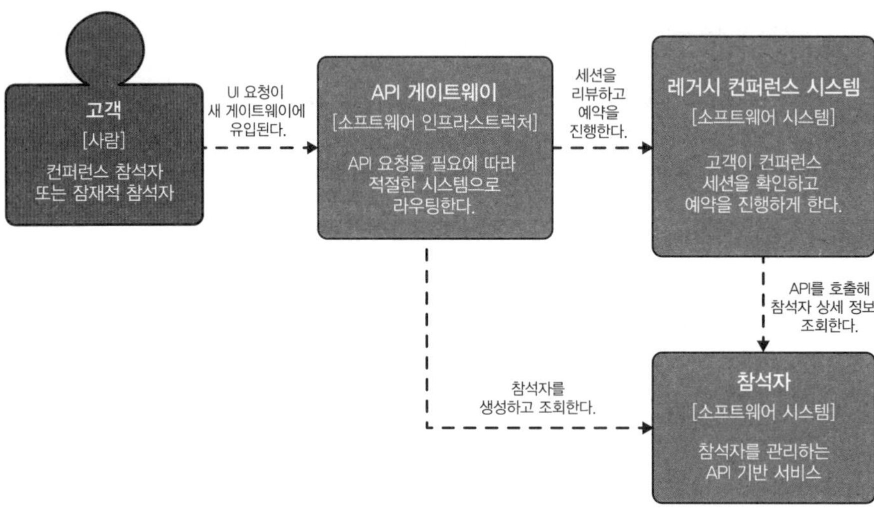

그림 3-9 API 게이트웨이를 이용해 모놀리식으로부터 독립적으로 실행되는 참석자 서비스로 요청을 라우팅하는 아키텍처

대부분의 조직은 이런 마이그레이션을 수행할 때 서비스를 분리하지만 기존의 모놀리식 애플리케이션을 이용해 다른 서비스로의 라우팅 및 공통 요구사항을 처리하는 방식을 채택한다. 모놀리식 서비스는 이미 이런 기능을 제공하고 있으므로 손쉬운 선택이다. 하지만 이렇게 하면 모든 트래픽이 모놀리식 애플리케이션으로 유입되고 설정을 반영할 수 있는 시점이 모놀리식 서비스의 배포 빈도에 의해 결정되므로 모놀리식과 서비스 간에 강결합이 발생한다. 트래픽 관리 관점에서 보면 모놀리식 애플리케이션의 부하가 늘어나는 것은 물론 장애가 발생할 때의 영향 반경이 커져서 운영 비용이 증가할 수 있다. 또한 느린 릴리스나 배포 실패 등으로 라우팅 정보를 수정하거나 공통 기능 설정이 제한되면 팀이 제 속도를 낼 수 없게 된다. 그래서 보통은 모놀리식 서비스를 이용해 트래픽을 라우팅하지 말 것을 권장한다. 특히 비교적 짧은 시간에 여러 서비스를 분리할 계획이라면 이 방법은 절대 채택하지 말자.

게이트웨이가 고가용성을 지원하고 개발자가 라우팅과 설정을 직접 관리할 수 있다면 API 게이트웨이를 이용해 애플리케이션 라우팅 및 공통 요구사항을 중앙식으로 관리하는 방법이 안전하면서도 빠른 방법이다. 이제 컨퍼런스 시스템에 API를 배포하고 새 참석자 서비스로 요청을 라우팅하는 방법을 살펴보자.

쿠버네티스에 엠버서더 에지 스택 설치하기

컨퍼런스 시스템을 쿠버네티스 클러스터에 배포하면 명령줄 도구를 사용하는 방법 외에도 YAML 설정을 반영하거나 헬름Helm을 이용하는 등 쿠버네티스의 표준 방식으로 API 게이트웨이를 쉽게 설치할 수 있다. 예를 들어 헬름을 이용해 엠버서더 에지 스택Ambassador Edge Stack API 게이트웨이(https://oreil.ly/4rakU)를 설치할 수 있다. 일단 API 게이트웨이를 배포하고 설정하면 호스트 설정 튜토리얼(https://oreil.ly/TtthW)을 따라 렛츠인크립트LetsEncrypt로부터 TLS 인증서를 쉽게 얻을 수 있다.

API 게이트웨이를 실행하고 HTTPS 연결을 제공하게 되면 컨퍼런스 시스템 애플리케이션은 더 이상 TLS 연결의 종료나 다중 포트 리스닝 같은 문제를 걱정할 필요가 없다. 마찬가지로 인증이나 호출률 제한 역시 애플리케이션 설정을 변경하거나 배포하지 않고도 쉽게 설정할 수 있다.

URL 경로와 백엔드 서비스의 매핑 설정

이제 엠버서더 에지 스택의 매핑 커스텀 리소스Mapping Custom Resource(https://oreil.ly/1Be0g)를 이용해 쿠버네티스 클러스터의 'legacy' 네임스페이스에서 8080 포트상에 실행 중인 'conferencesystem' 서비스를 도메인 루트에 매핑할 수 있다. 이 매핑은 웹 애플리케이션이나 리버스 프록시 설정을 경험해 본 사람이라면 친숙할 것이다. 메타데이터는 매핑의 이름과 매핑할 대상 서비스(보통 '서비스이름.네임스페이스:포트' 형식을 사용한다)로의 경로를 결정하는 접두어('/'는 루트를 의미한다)를 제공한다. 예를 살펴보자.

```
---
apiVersion: getambassador.io/v3alpha1
kind: Mapping
metadata:
  name: legacy-conference
spec:
  hostname: "*"
  prefix: /
  rewrite: /
  service: conferencesystem.legacy:8080
```

'/attendees' 경로에 대해 발생하는 모든 트래픽을 모놀리식 서비스에서 분리해낸('nextgen') 참석자 마이크로서비스로 라우팅하기 위한 또 다른 매핑도 추가할 수 있다. 이 매핑은 앞서 살펴본 예시와 유사하다. 다만 rewrite 키를 지정하면 URL 메타데이터상의 경로 접두어가 일치하는 트래픽을 대상 참석자 서비스를 호출하기 전에 '재작성'할 수 있다. 그러면 참석자 서비스 입장에서는 요청이 '/' 경로를 호출하는 것처럼 보이게 되어 경로의 '/attendees' 부분을 효과적으로 제거할 수 있다.

```
---
apiVersion: getambassador.io/v3alpha1
 kind: Mapping
 metadata:
   name: legacy-conference
 spec:
  hostname: "*"
  prefix: /attendees
  rewrite: /
  service: attendees.nextgen:8080
```

이제 레거시 애플리케이션으로부터 새 마이크로서비스를 분리할 때마다 같은 패턴의 매핑을 추가하면 된다. 매핑 접두어는 중첩(예: /attendees/affiliation)하거나 정규표현식(예: /attendees/^[a-z].*")으로 정의할 수도 있다. 결국 레거시 애플리케이션은 몇 가지 기능만 제공하게 될 것이고 나머지 모든 기능은 각자의 매핑을 갖는 마이크로서비스가 처리하게 될 것이다.

호스트 기반 라우팅을 이용한 매핑 설정

대부분의 API 게이트웨이는 호스트 기반 라우팅(예: host: attendees.conferencesystem.com)을 이용해 라우팅을 수행하는 것을 지원한다. 이는 새 서비스를 위한 신규 도메인 또는 서브도메인이 필요할 때 유용하다. 엠버서더 에지 스택에서 호스트 기반 라우팅을 설정하는 예시는 다음과 같다.

```
---
apiVersion: getambassador.io/v3alpha1
kind:  Mapping
metadata:
```

```
    name:  attendees-host
  spec:
    hostname: "attendees.conferencesystem.com"
    prefix: /
    service: attendees.nextgen:8080
```


모던 API 게이트웨이의 대부분은 경로나 쿼리 문자열 기반의 라우팅도 지원한다. 덕분에 요구사항이나 현재 인프라스트럭처의 한계와는 무관하게 기존 애플리케이션과 새 서비스로의 라우팅은 쉽게 설정할 수 있다.

요청 페이로드 기반의 라우팅은 피하자

일부 API 게이트웨이는 요청 페이로드나 요청 본문 기반의 라우팅도 지원하지만 가급적 사용하지 않아야 한다. 그 이유는 두 가지로 나눌 수 있다. 첫 번째 이유는 특정 도메인과 관련된 정보와 강하게 결합된 정보가 API 게이트웨어 설정을 통해 노출될 수 있다는 점이다(예를 들면, 페이로드에는 애플리케이션에서 변경될 수 있는 스키마/계약이 포함되는 경우가 많아 게이트웨이가 변경사항을 계속 추적해 반영해야 한다). 두 번째 이유는 페이로드에서 라우팅에 필요한 정보를 추출하기 위해 역직렬화하고 파싱하기 위한 연산 비용이 높기 때문이다(게다가 시간도 오래 걸린다).

API 게이트웨이 배포: 장애에 대한 이해와 관리

API 게이트웨이는 보통 배포 방식이나 배포 개수와는 관계없이, 전부는 아니더라도 대부분의 사용자 요청에 있어 중요한 지점에 위치한다. 그래서 보통 에지에 배포된 게이트웨이에 장애가 발생하면 전체 시스템을 사용할 수 없게 된다. 그리고 업스트림에 배포된 게이트웨이에 장애가 발생하면 일부 핵심 서브시스템을 사용할 수 없게 된다. 그런 이유로 API 게이트웨이의 장애에 대한 이해와 관리는 매우 중요한 주제라고 할 수 있다.

API 게이트웨이도 단일 실패 지점이다

표준 웹 기반 시스템이라면 보통 DNS가 가장 분명한 단일 실패 지점이다. DNS는 보통 외부 시스템이지만 여기서 장애가 발생하면 탈출구는 없으며 여러분의 사이트는 사용할 수 없게 될 것이다. 그다음의 단일 실패 지점은 보통 전역 및 지역 4계층 밸런서이며, 배포 위치와 설정에 따라 방화벽이나 WAF 같은 보안 에지 컴포넌트도 단일 실패 지점이 된다.

핵심 에지 컴포넌트 다음으로 단일 실패 지점이 될 수 있는 계층이 보통 API 게이트웨이다. 게이트웨이의 기능에 더 많이 의존할수록 장애가 발생했을 때의 위험과 영향도는 높아진다. API 게이트웨이는 소프트웨어 릴리스에 포함되는 경우가 많으므로 설정 또한 계속해서 업데이트된다. 따라서 이슈를 탐지하고 해결하며 위협을 완화하는 것이 매우 중요하다.

보안 관련 단일 실패 지점의 장애 시 대처

제품, 배포 방식, 설정에 따라 일부 보안 컴포넌트는 '장애에 개방적(fail open)'일 수 있다. 즉 컴포넌트에 장애가 발생하면 트래픽이 업스트림 컴포넌트나 백엔드로 바로 전달될 수 있다는 뜻이다. 가용성이 가장 중요한 시나리오에서는 문제가 없겠지만, 다른 시나리오(예: 금융이나 정부 시스템)에서는 이렇게 동작하면 안 되는 경우도 있다. 그러므로 현재 보안 컴포넌트의 장애 시 대처 설정을 반드시 확인하기 바란다.

문제의 탐지와 해결

이슈를 탐지하는 첫 단계는 모니터링 시스템으로부터 적절한 신호(예를 들면 지표, 로그, 추적 정보로부터 추출한 데이터)를 수집하고 확인할 수 있도록 하는 것이다. 중요한 시스템에는 발생하는 문제를 책임지고 해결할 전담 팀을 반드시 배정해야 한다. 팀은 내부 및 외부 고객을 위한 서비스 수준 동의(SLA)의 기반이 되는 서비스 수준 목표(SLO)를 이용해 소통해야 한다.

더 읽을거리: 관측용이성, 알람, SRE

관측용이성이라는 개념에 익숙하지 않다면 브렌던 그레그(Brendan Gregg)의 활용도(utilization), 포화도(saturation), 에러(error) 방법론(USE 방법론, https://oreil.ly/SgSSQ), 톰 윌키(Tom Wilkie)의 비율(rate), 에러(error), 지속 시간(duration) 방법론(RED 방법론, https://oreil.ly/yFnDt), 구글이 배포한 모니터링의 4가지 주요 신호(https://oreil.ly/tESfc)를 학습해 볼 것을 권한다. 관련된 조직의 목표와 절차에 대해 더 알고 싶다면 『사이트 신뢰성 엔지니어링: 구글이 공개하는 서비스 개발과 운영 노하우』(제이펍, 2018)를 참고하기 바란다.

장애와 문제의 해결

먼저 가장 중요한 것은 시스템 내에서 운영 중인 각 API 게이트웨이는 뭔가 문제가 생겼을 때 책임을 질 수 있는 소유자가 필요하다는 점이다. 소규모 조직에서는 이미 기반 시스템을 책임지는 개발자나 SRE 팀이 API 게이트웨이 역시 책임지게 되기도 한다. 반면 대규모 조직에서는 전담 인프라스트럭처 팀을 구성하기도 한다. API 게이트웨이는 요청의 처리에서 중요한 지점에 위치하고 있으므로 전담 팀의 일부는 적절한(보통 24시간, 1년 내내) 긴급 대응 업무도 수행하게 된다. 긴급 대응 팀은 문제를 최대한 빨리 해결하면서도 문제의 원인을 파악하기에 충분한 정보를 수집해야 하는(또는 문제가 발생한 시스템과 설정을 찾아 격리하는) 어려운 작업에 직면하게 된다.

일단 장애가 해결되고 나면 비난 없는 건설적인 회고를 진행해 장애와 관련된 모든 것을 문서화해야 한다. 이 정보는 향후 같은 문제의 재발을 방지할 수 있을 뿐만 아니라 시스템에 대해 학습 중인 엔지니어는 물론 유사한 기술을 사용하거나 비슷한 문제에 봉착한 다른 팀에게도 도움이 된다.[5]

위험의 완화

사용자 요청을 처리할 때 중요한 지점에 위치하는 모든 컴포넌트는 비용과 운영 복잡도 면에서 실용적이면서도 고가용성을 지원하도록 만들어져야 한다. 소프트웨어 아키텍트와 기술 리더는 이런 경우 가장 어려운 문제일 수 있는 트레이드오프를 관리해야 한다. API 게이트웨이의 고가용성은 보통 여러 인스턴스를 실행하는 것으로 시작한다. 온프레미스on-premise/코로케이션co-location 환경이라면 여러 (이중화) 하드웨어 장비를 여러 지역에 분산해 운영한다는 것을 의미한다. 클라우드 환경이라면 API 게이트웨이를 다중 가용성 존/데이터센터 및 지역에 분산해 운영한다는 것을 의미한다. (전역) 로드밸런서가 API 게이트웨이 인스턴스 앞에 배포되어 있다면 헬스체크를 적절히 설정해야 하며 장애 조치 절차도 정기적으로 테스트해야 한다.

5 이 분야에 익숙하지 않다면 'Learning from Incidents' 웹사이트(https://oreil.ly/4aFqy)가 큰 도움이 될 것이다.

이는 API 게이트웨이가 액티브/패시브 또는 리더/노드 모드로 운영 중일 때는 더욱 중요하다.

로드밸런서의 API 게이트웨이 장애 조치 절차는 서비스의 지속성과 관련된 요구사항을 모두 만족시켜야 한다. 장애 조치 시에 발생할 수 있는 보편적인 문제는 다음과 같다.

- 백엔드 상태가 올바르게 마이그레이션되지 않아 스티키 세션sticky session 장애를 유발하는 사용자 클라이언트 상태 관리 문제
- 클라이언트가 지리적 위치를 고려하지 않는 리다이렉트 문제(예를 들면, 미국 동부 데이터센터가 사용 가능한데도 유럽 사용자를 미국 서부 데이터센터로 리다이렉트하는 경우)
- 리더 선출 컴포넌트의 장애로 데드락deadlock이 발생해 모든 백엔드에 장애가 발생하는 등 의도하지 않은 연속적 장애

API 게이트웨이 구현의 보편적인 위험

그 어떤 기술도 모든 문제를 해결할 수 없다는 점은 이미 확인했지만 기술의 진부함에 대해 계속 얘기해 보자면 망치에 해당하는 기술을 갖췄을 때 모든 것이 못처럼 보이는 경우가 있다. API 게이트웨이를 '망치'로 보는 경우도 마찬가지여서 여러분이 피해야 할 API 게이트웨이의 보편적인 위험이나 안티패턴antipattern이 여럿 존재한다.

API 게이트웨이 루프백

모든 보편적인 위험이 그렇듯 이 패턴도 보통은 좋은 의도로 구현을 시작한다. 서비스의 수가 적은 경우에는 서비스 메시를 설치할 필요는 없다. 하지만 특히 서비스 발견 같은 서비스 메시의 몇몇 기능은 필요하다. 가장 쉬운 구현 방법은 모든 서비스의 위치를 공식적으로 관리하는 에지나 API 게이트웨이를 통해 모든 트래픽을 라우팅하는 방법이다. 이 단계에서 해당 패턴은 '허브 앤 스포크hub and spoke' 네트워크 다이어그램과 유사해 보인다. 여기서 어려움은 크게 두 가지 형태로 나타난다. 첫째, 모든 서비스 간 트래픽이 일단 네트워크를 벗어났다가 다시 게이트웨이로 유입되면 성능, 보안, 비용 문제를 유발할 수 있다(클라우드 서비스는 이그레스egress 및 가용성 존 간의 트래픽에는 비용을 과금하는 경우가 많다). 둘째, 이 패턴

은 서비스의 수가 어느 수준 이상으로 늘어나면 확장성이 뒷받침되지 않아 게이트웨이에 과부하가 발생해 병목이 되어 진정한 단일 실패 지점이 되어버린다. 또한 여러 주기가 맞물려 있어 각 호출마다 어떤 일이 발생하는지 이해하는 데 어려움이 발생해 관측용이성을 달성하기가 더 복잡해진다.

현재 컨퍼런스 시스템을 보면 앞서 설정한 2개의 매핑만을 가진 상태이므로 이 문제가 드러나는 것을 볼 수 있을 것이다. 사용자 요청 같은 외부 트래픽은 API 게이트웨이에 의해 대상 서비스로 올바르게 라우팅된다. 하지만 레거시 애플리케이션은 어떻게 참석자 서비스의 위치를 발견할 수 있을까? 이럴 때 가장 먼저 취하는 방법은 모든 요청을 공개 주소를 가진 게이트웨이로 다시 라우팅(예를 들면 레거시 애플리케이션이 www.conferencesystems.com/attendees 주소를 호출)하는 것이다. 하지만 이 방법보다는 어떤 형태든 내부의 서비스 발견 메커니즘을 사용해 모든 내부 요청이 내부 네트워크에서 이뤄지도록 해야 한다. 서비스 메시를 이용해 이를 구현하는 방법은 다음 장에서 살펴본다.

API 게이트웨이를 ESB처럼 활용

대부분의 API 게이트웨이는 플러그인이나 모듈을 만들어 내장된 기능을 확장하는 방법을 지원한다. 엔진엑스는 오픈레스티OpenResty와 콩Kong의 수익 모델인 루아Lua 모듈을 지원한다. 엔보이 프록시Envoy Proxy는 원래 C로 작성한 확장 기능을 지원했으며 이제는 웹어셈블리WebAssembly 필터도 지원한다. 또한 129페이지 '2015년 이후: 2세대 API 게이트웨이' 절에서는 처음 넷플릭스가 구현한 줄Zuul API 게이트웨이가 그루비Groovy 스크립트를 지원한다는 점도 이미 살펴봤다. 이런 플러그인들은 대부분 인증, 필터링, 로깅 등 매우 유용한 사용 사례를 제공한다. 하지만 이런 플러그인에 비즈니스 로직을 구현하고 싶은 충동이 들 수 있는데 그렇게 하면 오히려 게이트웨이와 서비스나 애플리케이션이 강하게 결합되는 결과를 낳는다. 그러면 잠재적으로 시스템의 안정성이 낮아져 하나의 플러그인만 바꿔도 조직 전체가 영향을 받게 되거나 대상 서비스와 플러그인을 딱 맞춰 배포해야 하므로 릴리스가 어려워진다.

모두가 거북이(API 게이트웨이)가 되는 현상

API 게이트웨이 하나를 추가하는 것이 좋은 방법이라면 더 많이 추가할수록 좋지 않을까? 대규모 조직에서는 여러 API 게이트웨이를 계층식이나 네트워크 또는 부서별로 분리해 배포하는 경우가 일반적이다. 대부분 내부 비즈니스에 캡슐화를 제공하거나 각 게이트웨이의 관심사(예: 전송 계층 보안 게이트웨이, 인증 게이트웨이, 로깅 게이트웨이 등)를 분리하려는 좋은 의도로 이런 방법을 채택한다. 이 경우의 가장 보편적인 위험은 간단한 서비스 업그레이드도 여러 게이트웨이 팀과 조율을 해야 하거나 ("추적 기능은 누가 담당했지?" 같은) 이해용이성 이슈가 발생하는 등 변화의 비용이 너무 높아지는 문제나, 모든 네트워크 홉의 비용이 자연스럽게 높아져서 성능에 영향을 미치는 문제다.

API 게이트웨이의 선택

이제 API 게이트웨이가 제공하는 기능, 기술의 역사, API 게이트웨이를 전체 시스템 아키텍처에 도입하는 방법 등을 알아봤다. 다음으로 알아볼 주제는 정말이지 중요한 주제다. 여러분의 기술 스택에 추가할 API 게이트웨이를 선택하는 올바른 방법은 무엇일까?

요구사항의 파악

새로운 소프트웨어의 전달이나 인프라스트럭처 프로젝트를 시작하는 첫 단계 중 하나는 관련된 요구사항을 파악하는 것이다. 당연한 듯 들리겠지만 새로운 기술, 눈이 번쩍 뜨일 정도의 마케팅 또는 훌륭한 세일즈 문서 등에 휘말리기가 너무나 쉽다.

API 게이트웨이를 선택하는 과정에서 대략적인 요구사항을 살펴봤던 118페이지 'API 게이트웨이를 사용해야 하는 이유' 절을 다시 한번 읽어보는 것도 좋다. 현재의 문제점과 향후의 로드맵에 모두 초점을 맞춘 질문을 스스로 던져보는 것이 중요하다.

구현과 구입의 비교

API 게이트웨이를 선택할 때 가장 보편적으로 논의하는 주제는 '구현할 것인가, 구입할 것인가'의 딜레마다. 이 주제는 소프트웨어 시스템에서 API 게이트웨이에만 해당하는 것은 아니지만, 어떤 엔지니어는 API 게이트웨이가 제공하는 기능 때문에 기존 벤더보다 '더 나은' 기능을 구현할 수 있다거나 자신의 조직이 어떤 이유로든 '특별'해서 맞춤형으로 구현하는 편이 낫다고 판단하기도 한다. 보통 API 게이트웨이 컴포넌트는 이미 충분히 잘 갖춰져 있으므로 직접 구현하는 것보다는 오픈 소스 구현체 또는 상용 솔루션을 구매하는 방향을 더 권장한다. 소프트웨어 전달 기술을 구현할 것인지 구매할 것인지에 관한 논의는 책 한 권을 차지할 수도 있으므로 이번 절에서는 보편적인 문제만 언급하고자 한다.

- 총 소유 비용total cost of ownership(TCO)을 과소평가함
  대부분의 엔지니어는 솔루션을 구현할 때 드는 비용과 지속적인 유지보수 비용, 그리고 운영 비용을 낮게 책정한다.

- 기회 비용을 고려하지 않음
  여러분이 클라우드나 플랫폼 벤더가 아니라면 직접 API 게이트웨이를 구현해서 경쟁적인 이점을 얻을 가능성은 거의 없다. 제안할 수 있는 전반적인 가치에 근접한 기능을 구현해야 고객에게 더 많은 가치를 전달할 수 있다.

- 제품의 현재 기술 솔루션에 대한 인지 부족
  오픈 소스 버전과 상용 플랫폼은 모두 빠르게 변화하고 있어서 최신 변경사항을 계속 추적하기가 어려울 수 있다. 하지만 기술 리더 역할을 위한 핵심적인 부분이기도 하다.

ADR 가이드라인: API 게이트웨이의 선택

표 3-4는 현재 조직이나 프로젝트에 채택할 API 게이트웨이를 선택할 때 도움을 얻을 수 있는 ADR 가이드라인을 제공하고 있다.

표 3-4 ADR 가이드라인: API 게이트웨이 선택 체크리스트

결정사항	조직에 적합한 API 게이트웨이를 어떻게 선택할 것인가?
논의사항	API 게이트웨이의 선택과 관련된 모든 요구사항을 분석하고 우선순위를 파악했는가? 현재 조직이 배포해 사용하고 있는 기술 솔루션은 파악했는가? 모든 팀과 조직적 제약을 파악했는가? 이 결정과 관련된 로드맵은 모두 확인했는가? '구현 대 구매' 비용을 정확하게 계산해 봤는가? 현재의 기술 동향을 살펴보고 가용한 솔루션을 모두 이해하고 있는가? 분석 및 의사결정과 관련된 모든 이해당사자와 상의하고 정보를 전달했는가?
권장사항	API/시스템 간의 낮은 결합도 유지, 사용법의 간소화, API를 남용 및 오용으로부터 보호, API의 활용도에 대한 이해, API를 제품으로서 관리 및 수익화 등의 목적을 이루려면 요구사항에 특히 더 집중해야 한다. 여기서 중요한 고려사항은 다음과 같다. 이미 사용 중인 API 게이트웨이가 있는가? 여러 기술을 조합(예를 들면, 하드웨어 로드밸런서를 인증 및 애플리케이션 수준 라우팅을 수행하는 모놀리식 앱과 조합)해 유사한 기능을 제공할 수 있는가? 현재 에지 스택은 얼마나 많은 컴포넌트(WAF, FB, 에지 캐시 등)로 이뤄져 있는가? 팀 내의 기술 숙련도, API 게이트웨이 프로젝트에 투입할 수 있는 인력과 가용 리소스, 예산 등에 집중하자. 계획 중인 변경사항, 새 기능, 트래픽 관리 및 API 게이트웨이가 제공하는 다른 기능에 영향을 줄 수 있는 현재의 목표 등을 모두 파악하는 것이 중요하다. 현재의 API 게이트웨이와 유사한 모든 구현체 및 잠재적으로 미래에 등장할 수 있는 솔루션의 총 소유 비용(TCO)을 계산하자. 잘 알려진 분석가, 트렌드 보고서, 제품 리뷰 등을 통해 현재 가용한 모든 솔루션을 이해하자. API 게이트웨이를 선택하고 배포하는 것은 여러 팀과 개인에게 영향을 미친다. 개발자, QA, 아키텍처 리뷰 보드, 플랫폼 팀, 정보 보안 팀 등 모두와 상의하자.

정리

이번 장에서는 API 게이트웨이의 정의와 함께 현재 모든 웹 기반 소프트웨어 스택에 필수적인 컴포넌트가 제공하는 기능의 혁신을 이끌어온 역사에 대해 알아봤다.

- API 게이트웨이가 시스템의 마이그레이션과 혁신에 얼마나 유용한 도구인지 알아보고, API 게이트웨이를 이용해 컨퍼런스 시스템으로부터 분리한 참석자 서비스로 요청을 라우팅하는 방법을 실습했다.
- API 게이트웨이와 배포 모델을 분류함으로써 모든 사용자 트래픽이 에지 게이트웨이를 통해 라우팅될 때 단일 실패 지점이 될 수 있는 API 게이트웨이를 관리하는 방법을 생각할 수 있게 됐다.

- 시스템의 (인그레스) 에지에서 트래픽을 관리하는 개념을 바탕으로 서비스 간 통신에 대해 알아보고 API 게이트웨이를 엔터프라이즈 서비스 버스enterprise service bus(ESB)처럼 사용하면서 모든 기능을 활용하지 못하는 등 보편적인 위험을 피하는 방법도 알아봤다.
- 이번 장에서 살펴본 모든 내용을 바탕으로 API 게이트웨이를 효과적으로 선택하는 데 필요한 모든 고려사항, 제약사항, 요구사항 등을 갖추게 되었다.
- 소프트웨어 아키텍트나 기술 리더가 내려야 하는 대부분의 의사결정이 그렇듯, API 게이트웨이의 선택에도 정답은 없다. 다만 반드시 피해야 할 좋지 못한 솔루션은 몇 가지가 있다.

이제 API 게이트웨이가 수직 인그레스 트래픽과 관련된 API의 관리를 위해 제공하는 기능을 모두 살펴봤으므로, 다음 장에서는 수평 서비스 간 트래픽을 관리하는 서비스 메시의 역할에 대해 알아보자.

4장

서비스 메시: 서비스 간 트래픽 관리

앞 장에서는 API 게이트웨이를 이용해 API를 노출하고 최종 사용자와 다른 외부 서비스로부터 유입되는 인그레스 트래픽을 안정적이고 관측이 용이하며 안전한 방법으로 관리하는 주제에 대해 알아봤다. 이제 서비스 간 통신 같은 내부 API를 위한 트래픽을 같은 목적으로 관리하는 방법을 살펴보자.

서비스 메시의 기반은 라우팅, 관측 및 서비스 간 통신에 대한 보안 기능을 제공하는 것이다. 한 가지 알아둘 것은 이 기술을 선택한다고 해서 멋들어진 슬램 덩크를 성공시키는 게 아니라는 점이다. 다른 아키텍처적 결정과 마찬가지로 트레이드오프가 존재한다. 아키텍트 역할을 하다 보면 공짜 점심 같은 건 기대할 수 없다.

이번 장에서는 세션 처리 기능을 레거시 컨퍼런스 시스템으로부터 새로운 세션 서비스로 분리해 본다. 이 과정에서 모놀리식 컨퍼런스 시스템에서 새 서비스와 API를 생성하거나 분리하면서 발생하게 되는 통신상의 문제를 알아가게 될 것이다. 이 문제에 대해서도 앞 장에서 살펴봤던 모든 API와 트래픽 관리 기법을 적용할 수 있다 보니 자연스럽게 새 세션 서비스도 API 게이트웨이를 이용해 노출하고 싶다는 생각이 들 것이다. 하지만 요구사항을 생각해 보면 API 게이트웨이를 사용하는 것은 최적의 솔루션은 아닐 가능성이 높다. 그보다는 서비스 메시 패턴과 관련된 기법을 채택하는 편이 좋다.

서비스 메시가 유일한 해결책인가

실질적으로 모든 웹 기반 소프트웨어 애플리케이션이라면 데이터베이스와 통신하는 간단한 모놀리식 애플리케이션이라 하더라도 서비스 간 호출과 유사한 호출을 만들어야 한다.

그렇기 때문에 이런 통신을 관리하기 위한 솔루션은 오래전부터 있어왔다. 가장 보편적인 방법은 SDKsoftware development kit나 데이터베이스 드라이버 같은 언어 전용 라이브러리를 이용하는 것이다. 이런 라이브러리는 애플리케이션 기반 호출을 서비스 API 요청에 매핑하며, 주로 HTTP나 TCP/IP 프로토콜을 이용한 관련 트래픽을 관리한다. 모던 애플리케이션의 설계는 서비스 지향 아키텍처를 채택하고 있으므로 서비스 간 호출이라는 문제는 더욱 확장된다. 한 서비스가 사용자의 요청을 처리하기 위해 다른 서비스의 API를 호출해야 하는 경우가 많기 때문이다. 트래픽을 라우팅하는 메커니즘을 제공하는 것 외에도 신뢰성, 관측용이성, 보안도 필요하다.

이번 장을 학습하다 보면 라이브러리 기반 솔루션과 서비스 메시 기반 솔루션 모두가 서비스 간 통신 요구사항을 만족시킬 수 있다는 점을 알게 될 것이다. 특히 엔터프라이즈 환경에서 서비스 메시를 빠르게 도입하는 것을 목격했으며, 소비자와 제공자의 수가 증가하다 보면 서비스 메시가 가장 확장 가능하고 유지보수가 용이하며 안전한 옵션이다. 그래서 이번 장에서는 서비스 메시 패턴을 중점적으로 살펴본다.

가이드라인: 서비스 메시를 도입해야 할까

표 4-1은 여러분이 서비스 메시 기술의 도입 여부를 결정할 때 도움을 줄 수 있는 ADR 가이드라인을 제공하고 있다.

표 4-1 ADR 가이드라인: 서비스 메시와 라이브러리의 선택

결정사항	서비스 트래픽 라우팅에 서비스 메시를 사용해야 할까, 라이브러리를 사용해야 할까?
논의사항	조직 내에서 하나의 프로그래밍 언어만 사용하는가? REST 또는 RPC와 유사한 간단한 서비스 간 통신의 라우팅만 필요한가? 인증, 인가, 호출률 제한 등 더 고급 기능을 필요로 하는 공통 기능 요구사항이 존재하는가? 이미 도입한 솔루션이 있거나 조직 내에서 모든 트래픽은 반드시 네트워크상의 특정 컴포넌트를 통과해야 하는가?
권장사항	여러분의 조직이 반드시 하나의 프로그래밍 언어나 프레임워크를 강제한다면 서비스 간 통신을 위한 언어 전용 라이브러리나 메커니즘을 활용하는 편이 좋다. 곧 마주하게 되거나 이미 알려진 요구사항을 주시하되 항상 가장 간단한 솔루션을 채택하자. 특히 서로 다른 프로그래밍 언어나 기술 스택을 사용하는 여러 서비스에 적용해야 할 공통 기능에 대한 요구사항이 있다면 서비스 메시가 최선의 선택이다. 조직 내에 이미 존재하는 제약, 솔루션, 컴포넌트에 대한 실사를 항상 수행하자.

사례 연구: 세션 기능을 서비스로 분리하기

컨퍼런스 시스템의 다음 혁신은 컨퍼런스 주최자의 요청으로 새로운 핵심 기능을 제공하는 것이다. **모바일 애플리케이션을 통해 참석자의 컨퍼런스 세션을 확인하고 관리하는 기능**이 바로 그것이다. 이는 ADR을 작성해야 하는 중요한 변경이다. 표 4-2는 컨퍼런스 시스템을 담당하는 엔지니어링 팀이 제안할 수 있을 법한 ADR 문서의 예시다.

표 4-2 ADR501 레거시 컨퍼런스 시스템에서 세션 기능을 분리하기

상태	제안 내용
컨텍스트	컨퍼런스 주최자가 현재 컨퍼런스 시스템에 새로운 기능을 추가해 줄 것을 요청해 왔다. 마케팅 팀은 참석자가 모바일 애플리케이션으로 관심 있는 컨퍼런스 세션을 확인하고 상세 내용을 볼 수 있다면 컨퍼런스 참여율이 높아질 것이라고 믿고 있다. 또한 마케팅 팀은 각 세션에 관심 있는 참석자가 몇 명인지도 확인할 수 있길 원한다.
결정사항	세션 컴포넌트를 독립 서비스로 옮기는 혁신을 진행한다. 이 작업을 통해 레거시 컨퍼런스 시스템이 호출할 수 있도록 세션 서비스를 API 우선 방식으로 개발한다. 또한 참석자 서비스도 세션 서비스의 API를 직접 호출해서 모바일 애플리케이션을 위한 세션 정보를 제공할 수 있게 된다.
결론	레거시 애플리케이션은 기존 기능이나 새 기능을 위해 세션 관련 쿼리를 수행할 때 새 세션 서비스를 호출할 것이다. 사용자가 컨퍼런스에서 관심 있는 세션을 확인, 추가, 삭제하면 참석자 서비스 또한 세션 서비스를 호출해야 한다. 컨퍼런스 관리자가 각 세션의 참석자 명단을 확인하고자 한다면 세션 서비스는 참석자 서비스를 호출해 각 세션의 참석자를 확인한다. 세션 서비스는 아키텍처상에서 단일 실패 지점이 될 수 있으므로 단일 세션 서비스를 운영할 때의 잠재적인 영향을 완화하기 위한 단계를 거쳐야 한다. 참석자가 세션을 확인하고 관리해야 하는 요구는 컨퍼런스 이벤트가 진행되는 동안 크게 증가할 수 있으므로 대규모 트래픽 상승에 대비해야 하며, 하나 혹은 그 이상의 세션 서비스에 과부하가 걸리거나 성능이 저하될 수 있다.

그림 4-1은 제안한 아키텍처 변화를 C4 모델로 도식화한 것이다.

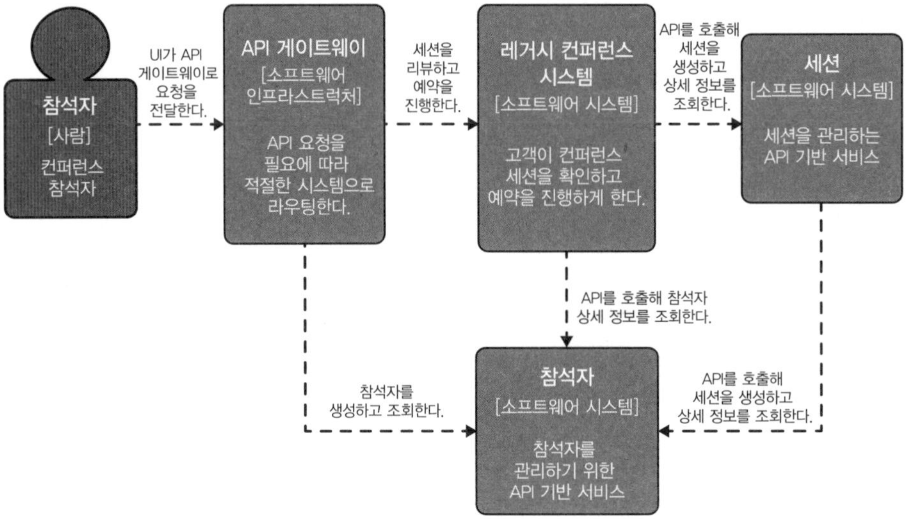

그림 4-1 컨퍼런스 시스템으로부터 세션 서비스를 분리한 모습을 도식화한 C4 모델

새 세션 서비스는 외부에 노출할 필요는 없지만 앞서 살펴본 ADR에서 서술한 것과 같이 이 서비스를 API 게이트웨이를 통해 노출하고 레거시 시스템과 참석자 서비스가 게이트웨이의 외부 주소를 이용해 새 서비스를 호출할 수 있도록 해야 한다는 라우팅 및 안정성 요구사항을 쉽게 만족시킬 수 있다. 하지만 그렇게 하면 140페이지 'API 게이트웨이 구현의 보편적인 위험' 절에서 살펴봤던 'API 게이트웨이 루프백' 안티패턴을 적용하는 셈이다. 이 안티패턴은 내부에서 처리해야 할 트래픽이 네트워크를 떠나 성능 및 보안은 물론 (클라우드 벤더의) 비용에 영향을 미치게 된다. 이제부터 이 안티패턴을 적용하지 않고도 서비스 메시를 이용해 새로운 요구사항을 만족시킬 수 있는 방법을 알아보자.

서비스 메시란

기본적으로 '서비스 메시'란 분산 소프트웨어 시스템에서 모든 서비스 간(또는 애플리케이션 간) 통신을 관리하는 패턴이다. 서비스 메시와 API 게이트웨이 패턴은 여러모로 유사하지만 두 가지 주요 차이점이 있다. 첫 번째 차이점은 서비스 메시 구현은 클러스터나 데이터센터 내의 서비스 간 또는 수평 트래픽을 처리하는 데 최적화되어 있다는 점이다. 이어서 두 번째 차이점은 요청의 시작은 사용자 장치나 애플리케이션 외부에서 실행 중인 서비스가 아니라 잘 알려진 내부 서비스인 경우가 대부분이라는 점이다.

> **서비스 메시는 메시 네트워킹이 아니다**
>
> 서비스 메시를 저수준 네트워킹 토폴로지인 메시 네트워킹(mesh networking, https://oreil.ly/BbWJm)과 착각하지 말자. 메시 네트워킹은 사물인터넷(Internet of Things, IoT) 분야 또는 원격이나 까다로운 시나리오(예: 재해 복구)에서 모바일 통신 인프라스트럭처를 구현할 때 많이 사용되고 있다. 반면 서비스 메시는 기존의 네트워킹 프로토콜과 토폴로지를 기반으로 구현한다.

서비스 메시 패턴은 트래픽 관리(라우팅), 회복성, 관측용이성 그리고 서비스 간 통신에 대한 보안을 중점적으로 제공하는 패턴이다. 이 패턴은 부얀트Buoyant 팀이 링커드Linkerd 기술[1]의 기능을 설명하기 위해 채택한 용어로, 2016년에야 나타난 용어이니 이 패턴에 대해 잘 모른다고 해도 너무 걱정하지 말자. 링커드 기술과 더불어 구글이 지원하는 이스티오Istio 같은 관련 기술의 등장으로 인해 클라우드 컴퓨팅, 데브옵스, 아키텍처 등의 도메인 내에서 '서비스 메시'라는 용어가 빠르게 자리 잡게 되었다.

서비스 메시도 API 게이트웨이와 마찬가지로 제어 부분과 데이터 부분, 2개의 기반 컴포넌트로 구현된다. 서비스 메시에서 이 컴포넌트는 항상 별도로 배포한다. 제어 부분은 운영자가 서비스 메시를 조작해 라우팅과 정책, 필요한 텔레메트리를 정의하는 부분이다. 데이터 부분은 제어 부분에서 지정한 모든 작업의 발생, 네트워크 패킷의 라우팅, 정책의 반영, 텔레메트리 정보의 송신 등이 일어나는 부분이다.

예를 들어, 쿠버네티스 클러스터 내의 서비스 간 트래픽을 설정하려면 먼저 운영자가 커스텀 리소스 설정을 이용해 라우팅과 정책을 정의(우리 시스템의 경우 참석자 서비스가 세션 서비스를 호출할 수 있도록 정의)한 후 kubectl 같은 명령줄 도구나 지속적 전달 파이프라인을 이용해 '반영'하게 된다. 쿠버네티스 클러스터 안에서 동작하는 서비스 메시 컨트롤러 애플리케이션은 제어 부분처럼 동작해서 이 설정을 파싱하고, (보통 각 참석자와 세션 서비스 옆에서 '사이드카sidecar' 프록시 형태로 동작하는) 데이터 부분에 설정을 반영하도록 명령을 내린다.

---

1 링커드 프로젝트는 트위터(Twitter, 최근 X로 서비스 및 회사명이 바뀌었음)가 분산 애플리케이션을 구현하는 개발자를 위한 통신 프레임워크를 제공하기 위해 개발한 피너글(Finagle) 기술로부터 파생되었다. 링커드는 클라우드 네이티브 컴퓨팅 파운데이션(Cloud Native Computing Foundation, CNCF) 프로젝트를 졸업할 정도로 진화했다.

> **서비스 메시 사이드카와 프록시**
>
> 서비스 메시와 관련해 '사이드카'와 '프록시'를 같은 의미로 사용하는 경우를 볼 수 있을 것이다. 하지만 '사이드카'는 주로 서비스 메시 내에서 프록시를 이용해 구현하는 범용 패턴이므로 정확히 말하면 옳다고 할 수 없다. 그래서 '사이드카'라는 단어를 사용할 때는 반드시 '프록시'라는 접미사를 붙여야 한다(예: '사이드카 프록시'). 사이드카 패턴은 오토바이 옆에 사람이 앉을 수 있는 좌석인 사이드카에서 유래했으며, 애플리케이션이나 서비스의 기능을 같은 네트워크와 프로세스 네임스페이스에서 동작하는 별도의 여러 프로세스로 분리한 것이다. 소프트웨어 아키텍처에서 사이드카는 부모 애플리케이션에 붙어 느슨한 결합 방식으로 그 기능을 확장/개선하는 패턴이다. 이 패턴을 이용하면 특정 언어 전용 라이브러리나 다른 기법을 사용하지 않고도 애플리케이션에 여러 능력을 덧붙일 수 있다. 서비스 메시의 구현에서 이 패턴이 진화해 온 과정은 163페이지 '서비스 메시의 진화' 절에서 다룬다.

쿠버네티스 클러스터 내의 모든 서비스 간 트래픽은 사이드카 프록시에 의해 라우팅되며, 보통은 (기반 애플리케이션이 프록시의 존재를 눈치채지 못하도록) 투명하게 라우팅되므로 모든 트래픽을 필요에 따라 안전하게 라우팅하고 관측할 수 있다. 그림 4-2는 서비스와 서비스 메시 제어 부분 및 데이터 부분의 토폴로지 예시를 보여준다.

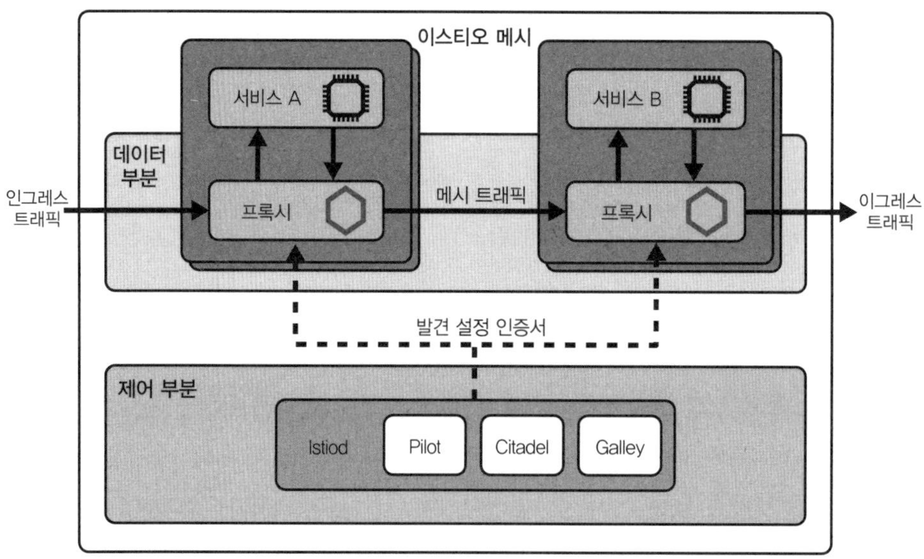

그림 4-2 서비스와 서비스 메시의 제어 부분 및 데이터 부분의 토폴로지(이스티오를 사용한 경우)

서비스 메시가 제공하는 기능들

네트워크 수준에서 보면 서비스 메시 프록시는 완전 프록시full proxy처럼 동작한다. 다른 서비스로부터 유입되는 모든 트래픽을 수신할 뿐만 아니라 다른 서비스로 전달해야 할 모든 요청도 송신한다. 여기에는 모든 API 호출 및 기타 요청/응답이 모두 포함된다. API 게이트웨이와는 달리 서비스 메시 데이터 부분과 서비스의 매핑은 보통 1:1 관계다. 즉 서비스 메시 프록시는 여러 서비스에 대한 호출을 종합하지 않는다는 뜻이다. 서비스 메시는 사용자 검증, 호출률 제한, 타임아웃/재시도 같은 공통 기능을 제공하며 시스템의 관측용이성 구현을 지원하기 위한 지표, 로그, 추적 데이터 등도 제공한다. 세션 서비스를 분리해 레거시 컨퍼런스 시스템과 참석자 서비스가 호출할 수 있도록 해야 하는 우리에게 정확히 필요한 기능이다.

서비스 메시는 완전 프록시를 이용해 모든 서비스 트래픽을 가로챈다

서비스 메시는 메시를 통과하는 모든 트래픽을 관찰하고 조작해야 하므로 보통은 '완전 프록시'처럼 동작한다. 반 프록시(half proxy)와는 달리 완전 프록시는 클라이언트와 서버 사이의 모든 통신을 처리한다. 이 둘의 근본적인 차이는 완전 프록시는 (각각 클라이언트와 서버를 위한) 2개의 독자적인 네트워크 스택을 갖추고 양쪽에서 모두 프록시 기능을 수행한다는 점이다. 프록시가 모든 통신의 중간에 버티고 있으면, 양쪽에서 통신하는 모든 트래픽을 양방향으로 조작과 관측 및 기타 필요한 작업을 수행할 수 있다. 물론 이런 힘과 유연성에는 더 많은 리소스의 소비는 물론 잠재적으로 통신에 오버헤드/레이턴시가 추가될 수 있다는 트레이드오프가 존재한다.

API 게이트웨이와 서비스 메시를 비교하면 공통점이 많진 않지만, 일부 서비스 메시는 개발자가 API 수명주기를 관리할 수 있는 추가 기능을 제공한다. 예를 들어 관련된 서비스 카탈로그로 개발자의 서비스 API 온보딩 및 관리에 도움을 준다거나, 계정 관리 및 접근 제어가 가능한 개발자 포털을 제공하기도 한다. 어떤 서비스 메시는 엔터프라이즈 거버넌스를 위한 정책의 감사와 트래픽 관리를 지원하기도 한다.

서비스 메시를 배포하는 위치

서비스 메시는 내부 네트워크나 클러스터 안에 배포한다. 대규모 시스템이나 네트워크는 주로 여러 서비스 메시 인스턴스를 배포해 관리하며, 하나의 메시가 네트워크 세그먼트나 비즈니스 도메인을 담당한다.

> **에지에도 서비스 메시를 배포할까?**
>
> 서비스 메시는 클러스터 안에 배포하기는 하지만 네트워크 비무장지대(DMZ)나 외부 시스템 또는 다른 네트워크나 클러스터로 엔드포인트를 노출하기도 한다. 이는 보통 '메시 게이트웨이', '종점(terminating) 게이트웨이' 또는 '환승(transit) 게이트웨이'라고 부르는 프록시를 이용해 구현한다. 이런 종류의 외부 게이트웨이는 외부를 대상으로 하는 API 게이트웨이에서 보편적으로 찾아볼 수 있는 수준의 기능을 제공하지는 않는다. 이런 서비스 메시 게이트웨이를 이용해 관리하는 트래픽이 수직인지 수평인지, 이 방식이 요구사항에 영향을 미치는지, 보안 정책이 필요한지 등에 대해서는 여전히 논쟁이 진행 중이다.

그림 4-3은 서비스 메시 네트워킹 토폴로지의 예시다.

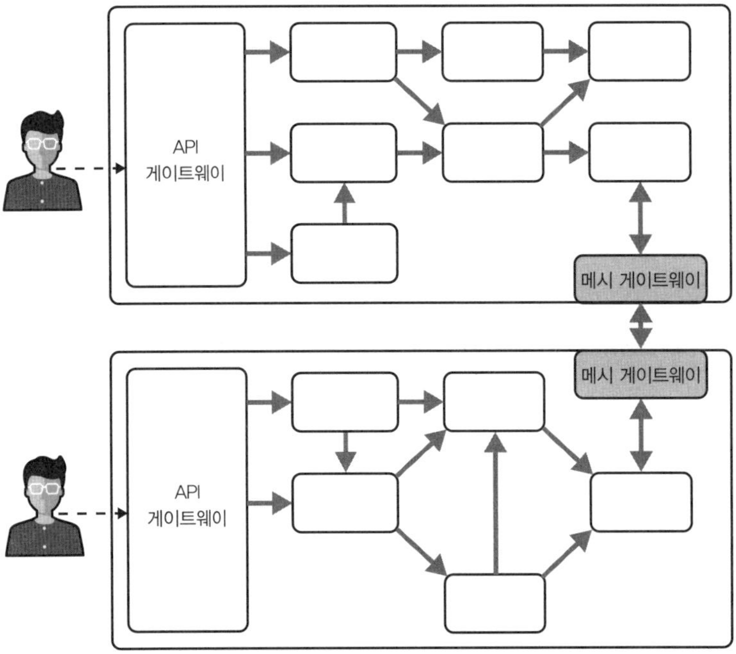

그림 4-3 두 클러스터에 배포한 보편적인 서비스 메시 토폴로지(실선 화살표는 서비스 메시 트래픽을 의미한다.)

서비스 메시는 다른 네트워크 토폴로지와 어떻게 통합될까

모던 네트워킹 스택은 특히 여러 계층에 가상화와 샌드박싱을 적용하는 클라우드 기술을 활용하기 위해 여러 계층으로 구성되고 있다. 서비스 메시는 이런 다른 네트워크 계층과 조화를 이뤄야 하지만 개발자와 운영자 또한 잠재적인 상호작용과 충돌에 대해 인지해야 한다. 그림 4-4는 물리(및 가상화) 네트워킹 인프라스트럭처를 구성하는 보편적인 네트워크 스택과 서비스 메시의 상호작용을 보여준다.

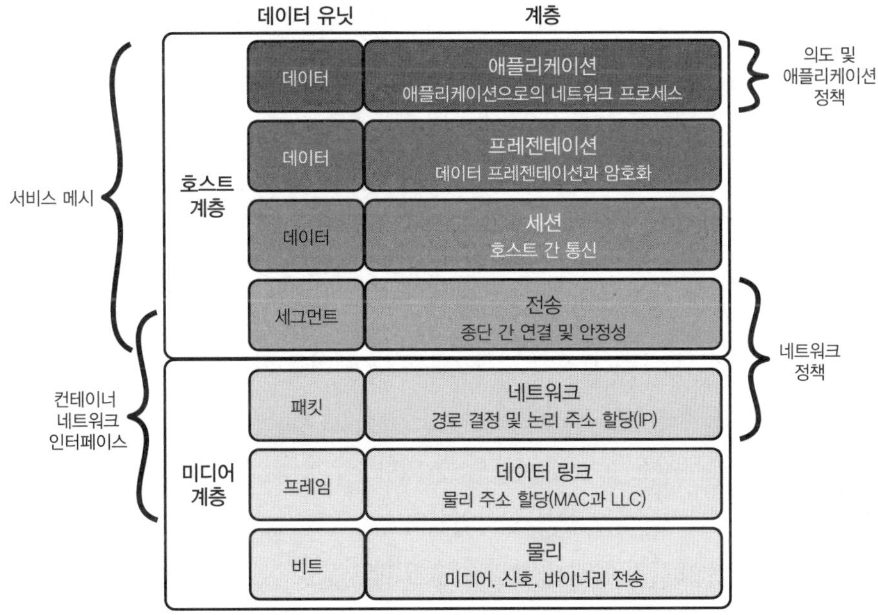

그림 4-4 계층 3과 7 사이의 서비스 메시 운영을 보여주는 OSI 모델

일례로 애플리케이션을 쿠버네티스 클러스터에 배포할 때 한 서비스는 미리 정의한 이름 및 그에 매핑된 IP 주소를 이용해 같은 클러스터 내 다른 서비스의 주소와 위치를 확인할 수 있다. 기본적인 트래픽 제어 보안 정책 역시 IP 주소와 포트 수준(OSI 계층 3 또는 4)에서 트래픽을 제어하는 `NetworkPolicies`로 구현할 수 있으며 추가적인 정책 제어는 클러스터의 컨테이너 네트워크 인터페이스Container Network Interface(CNI) 플러그인으로 제공한다.[2]

2 서비스(https://oreil.ly/LBZS3), NetworkPolicies(https://oreil.ly/KVVUi), 컨테이너 네트워킹 인터페이스(https://oreil.ly/wNkuw) 등 쿠버네티스 네트워킹의 기본 개념은 공식 문서를 통해 확인할 수 있다.

서비스 메시는 기본 CNI 서비스-IP 주소 해석과 라우팅을 오버라이드하며 클러스터 간의 투명한 라우팅, (사용자 계정과 인가 같은) 계층 3/4와 7 보안의 반영, (gRPC나 HTTP/2 같은 멀티플렉스 킵얼라이브 프로토콜을 사용할 때 특히 유용한) 계층 7 로드밸런싱, 서비스 간 관측용이성 및 네트워크 스택의 처리량 등 다른 기능도 제공할 수 있다.

서비스 메시를 사용해야 하는 이유

기존 아키텍처에 API 게이트웨이를 배포할 것인지 결정하는 것과 마찬가지로 서비스 메시를 도입할 것인지 여부를 결정하는 것도 여러 요소를 고려해야 하는 주제다. (새 버전의 서비스를 점진적으로 릴리스하는) 제품 수명주기 관리, 신뢰성, 다중 언어 통신 지원, 관측용이성, 보안, 유지보수성, 확장성 등 API와 관련해 내부 서비스에 대해 고려해야 할 여러 가지 공통 요소들이 있을 것이다. 서비스 메시는 이런 요소에 모두 도움이 된다.

이번 절에서는 서비스 메시로 해결할 수 있는 주요 문제점을 설명한다.

- 서비스 라우팅, 신뢰성, 트래픽 관리에 대한 세분화된 제어를 가능하게 한다.
- 서비스 간 호출의 관측용이성이 향상된다.
- 전송 암호화, 인증, 인가 같은 보안을 적용할 수 있다.
- 다양한 언어에 필요한 공통 기능 통신을 지원한다.
- 인그레스와 서비스 간 트래픽 관리를 분리할 수 있다.

라우팅, 신뢰성, 트래픽 관리에 대한 세분화된 제어

분산 마이크로서비스 기반 시스템의 트래픽 라우팅은 생각보다 꽤나 어렵다. 보통은 성능(서비스 간 로드밸런싱)과 신뢰성(이중화의 제공)이라는 두 가지 목적을 위해 서비스의 여러 인스턴스가 배포되어 있기 때문이다. 게다가 현대의 많은 인프라스트럭처 플랫폼은 짧은 시간 내에 컴퓨팅 리소스를 셧다운, 재시작 또는 폐기할 수 있는 순간적 컴퓨팅 리소스를 위해 '저가 하드웨어'로 구성되는 경우가 많다. 이는 매일(또는 심지어 매분) 서비스의 위치가 바뀔 수 있음을 의미한다.

물론 3장에서 살펴봤던 라우팅 기술과 관련 기법을 채택할 수도 있다. 문제는 외부 API보다는 훨씬 많은 수의 내부 서비스와 API가 애플리케이션에 의해 노출되며, 내부 시스템과 그에 해당하는 API 및 기능의 변경 속도는 훨씬 빠르다는 점이다. 따라서 모든 내부 서비스 앞에 API 게이트웨이를 배포하면 필요한 컴퓨팅 리소스와 사람의 유지보수 비용 측면에서 운영 비용이 급격히 증가한다.

투명한 라우팅과 서비스 이름의 정규화

기본적으로 라우팅은 한 네트워크 또는 여러 네트워크상에서 트래픽의 경로를 선택하는 과정이다. 웹 애플리케이션의 경우 네트워크 수준의 라우팅은 보통 TCP/IP 스택과 관련 네트워킹 인프라스트럭처(OSI 모델의 계층 3/4)가 처리한다. 즉 연결의 근원지와 목적지의 IP 주소와 포트만 있으면 된다. 클라우드가 등장하기 전 주로 온프레미스 데이터센터를 사용할 때는 내부 서비스의 IP 주소는 거의 고정 주소를 사용했다. 도메인 이름과 IP 주소를 연결하는 DNS가 널리 활용되긴 했지만 오래된 애플리케이션과 서비스의 IP 주소는 하드코딩하는 경우가 많았다. 즉 서비스의 위치를 바꿔야 하면 이 서비스를 호출하는 모든 서비스를 재배포해야 했다.

클라우드를 도입하고 인프라스트럭처의 수명이 자연스럽게 짧아지면서 컴퓨팅 인스턴스와 그에 대한 서비스의 IP는 주기적으로 바뀌게 됐다. 이는 여러분이 하드코딩한 IP 주소와 포트 번호를 빈번하게 바꿔야 한다는 뜻이다. 마이크로서비스 기반 아키텍처가 보편화되고 애플리케이션을 구성하는 서비스의 수가 증가하면서 재배포가 더욱 까다로워졌다. 마이크로서비스를 초기에 도입했던 사람들은 서비스 이름과 IP 주소 및 포트로의 동적 매핑을 관리하는 '서비스 발견' 디렉터리나 레지스트리를 외부 서비스로 구현해서 이 문제를 해결했다.[3]

서비스 메시는 서비스 이름을 동적으로 검색해 위치를 특정하는 작업을 코드의 수정, 재배포, 재시작 없이 서비스 외부에서 투명하게 수행한다. 서비스 메시의 또 다른 장점은 '환경 인식environment awareness' 기능과 애플리케이션 외부에 보관된 설정을 조합해 여러 환경에서 애플리케이션 이름을 정규화할 수 있다는 점이다. 예를 들어, '프로덕션' 환경에 배포된 서비스 메시는 자신이 프로덕션 환경에서 실행 중이라는 점을 인식한다. 그런 다음 코드 수준의 `sessions-service`라는 서비스 이름을 (메시에 통합되어 있거나 외부에서 실행 중인) 서

3 최초의 외부 마이크로서비스 서비스 발견 구현체로는 에어비엔비(Airbnb)의 스마트스택(SmartStack, https://oreil.ly/mJDVW)이 있다.

비스 레지스트리에서 탐색해 AWS-us-east-1a/prod/sessions/v2라는 위치로 투명하게 매핑한다. 적절하게 설정된 서비스 메시와 함께 스테이징 환경에 배포된 코드는 `sessions-service`라는 이름을 internal-staging-server-a/stage/sessions/v3라는 위치로 매핑한다.

신뢰성

오늘날 컴퓨팅과 클러스터 환경의 수명이 본질적으로 짧다는 점은 위치의 변화와 더불어 신뢰성에도 어려움을 가져온다. 예를 들어, 모든 서비스는 자신이 협업하는 다른 서비스와의 통신 이슈를 반드시 제대로 처리해야 한다. 잠시 후에 '분산 컴퓨팅의 8가지 오류'를 살펴보겠지만 이 상황에서의 이슈로는 서비스의 연결이 끊어지거나 서비스가 일시적으로 사용 불가능한 상태가 되거나 서비스가 느려지는 문제 등이 있다. 이런 어려움은 재시도, 타임아웃, 서킷 브레이커circuit breaker, 벌크헤드bulkhead, 폴백fallback 등 잘 알려진 신뢰성 패턴을 이용해 코드로 처리할 수 있다. 마이클 나이가드Michael Nygard의 『Release의 모든 것: 대규모 웹 분산 시스템을 위한 운영 고려 설계』(한빛미디어, 2023)는 포괄적인 내용과 구현 가이드를 제공한다. 하지만 161페이지 '여러 언어의 교차 기능적 통신의 지원' 절에서 볼 수 있듯이, 이런 기능을 코드에 구현하다 보면 특히 여러 언어와 플랫폼을 사용하는 경우 동작의 일관성이 떨어지게 된다.

모든 서비스 간 통신의 시작과 관리에 관여하는 서비스 메시는 이런 신뢰성 패턴을 구현해 장애 내성과 우아한 퇴보를 일관되게 구현할 수 있는 완벽한 위치가 된다. 서비스 메시는 구현 방식에 따라 이슈를 탐지하고 이 정보를 메시 전체에 공유해 메시 내의 각 서비스가 트래픽을 적절히 라우팅하게 할 수 있다. 예를 들어, 어떤 서비스의 응답 레이턴시가 증가하면 이 서비스를 호출하는 모든 서비스는 각자의 대책을 실행할 수 있다.

우리 예제의 경우 서비스 메시를 이용하면 새 세션 서비스와의 통신이 어떤 이유로든 실패했을 때 이를 처리할 방법을 정의할 수 있다. 예컨대 수천 명의 참석자가 오전에 있는 컨퍼런스 키노트를 시청하면서 그날의 세션 일정을 확인하고자 한다고 가정해 보자. 이 경우 세션 서비스로의 급격한 트래픽 증가로 인해 서비스의 성능이 저하될 수 있다. 대부분의 경우 적절한 타임아웃과 재시도 정책을 정의하면 되지만, 어떤 애플리케이션의 동작을 수행하는 서킷 브레이커를 정의하고 싶을 수도 있다. 예를 들어, 참석자 서비스가 그날의 세션 일정을 조회하기 위해 세션 서비스의 API를 호출하는 작업이 반복적으로 실패하면 서비스 메시의 서킷 브레이커를 실행해 세션 서비스의 API 호출이 더 빠르게 실패 처리되도록 할 수 있다(그러면 세션 서비스를 더 빨리 복구할 수 있다). 모바일 애플리케이션이라면 대부분 이런 장애 상황에서는 개인의 일정이 아니라 전체 컨퍼런스 세션 일정을 렌더링하는 '대책'을 실행하기도 한다.

고급 트래픽 라우팅: 형태 변경, 정책 반영, 분할, 미러링

90년대 후반의 닷컴 버블 이후로 소비자 웹 애플리케이션이 처리해야 하는 사용자와 트래픽은 크게 증가했다. 게다가 성능과 기능에 대한 사용자의 요구 역시 늘어났다. 그에 따라 보안, 성능, 기능의 릴리스를 위한 트래픽 관리의 필요성이 점점 더 중요해졌다. 117페이지 'API 게이트웨이와 다른 에지 기술의 통합'에서 살펴봤듯이 네트워크의 에지에서는 이런 요구사항을 만족시키기 위한 전용 장비가 등장했지만 이런 인프라스트럭처가 모든 내부 서비스 앞에 적절하게 배포되지는 않았다. 이번 절에서는 점차 보편화되고 있는 마이크로서비스 기반 애플리케이션의 내부 트래픽 형태 변경shaping과 정책 반영policing에 대한 요구사항을 좀 더 자세히 살펴본다.

트래픽 형태 변경 트래픽 형태 변경은 일부 또는 전체 네트워크 트래픽을 원하는 트래픽 프로파일과 맞추기 위해 대역폭을 관리하는 기법이다. 이 기법은 성능의 최적화 또는 보장, 레이턴시의 개선 또는 특정 종류의 트래픽에 대한 대역폭을 확보하기 위해 다른 종류의 트래픽에 지연을 유발하기 위한 용도로 사용한다. 트래픽 형태 변경의 가장 일반적인 형태는 애플리케이션 기반 트래픽 형태 변경으로, 핑거프린팅 도구를 이용해 자주 사용하는 애플리케이션을 식별하고 형태 변경 정책을 반영하는 형태다. 수평 트래픽의 경우 서비스 메시는 서비스의 ID나 다른 프록시 또는 관련된 메타데이터(예를 들면, 이 요청이 컨퍼런스 애플리케이션의 무료 사용자로부터 발생한 것인지 유료 사용자로부터 발생한 것인지를 의미하는 데이터)를 가진 요청 헤더 등을 이용해 핑거프린트를 생성하거나 모니터링한다.

트래픽 정책 반영 트래픽 정책 반영은 장비에 대한 네트워크 트래픽을 트래픽 정책이나 계약에 준해 모니터링하고 그 계약을 적용하는 단계를 처리하는 과정을 의미한다. 정책을 위반하는 트래픽은 즉시 거부되며, 관리 정책에 따라 계약 미준수 트래픽으로 표시되거나 그대로 남아있게 된다. 이 기법은 서비스 거부denial of service(DoS) 공격에 의한 내부 서비스의 오동작을 방지하거나 트래픽으로 인해 중요하거나 취약한 내부 리소스(예: 데이터 스토어)가

잠식되는 것을 방지할 때 유용하다. 클라우드 기술과 서비스 메시의 등장 전에는 내부 네트워크의 정책 반영은 특별한 하드웨어나 엔터프라이즈 서비스 버스enterprise service bus(ESB) 같은 소프트웨어 장비를 이용해 엔터프라이즈에서만 구현했었다. 클라우드 컴퓨팅과 소프트웨어 정의 네트워크software-defined network(SDN) 덕분에 보안 그룹security group(SG)과 네트워크 접근 제어 목록network access control list(NACL)을 이용해 트래픽 정책 반영 기법을 더 쉽게 도입할 수 있게 됐다.

수평 통신의 경우 네트워크나 클러스터 경계 내의 서비스는 트래픽 계약을 알고 있거나 서비스의 출력이 계약을 준수하도록 하기 위해 내부적으로 트래픽 형태 변경이 반영되어 있을 수 있다. 예를 들어, 참석자 서비스는 일정 시간 동안 세션 서비스의 API를 너무 많이 호출하지 않도록 하기 위한 내부 호출률 제한 기능을 구현하고 있을 수 있다.

서비스 메시는 특정 버전의 대상 서비스에 대한 트래픽을 점진적으로 다른 서비스로 옮기거나 줄이기 위해 트래픽 형태 변경, 분할, 미러링 등의 기능을 제공한다. 197페이지 '릴리스 전략' 절에서 살펴보겠지만 이 방법은 트래픽 기반 릴리스 전략에서 빌드와 릴리스의 분리에 사용할 수 있다.

투명한 관측용이성의 제공

마이크로서비스 기반 애플리케이션 같은 분산 시스템을 운영할 때는 최종 사용자 경험과 임의의 내부 컴포넌트를 관측할 수 있는 역량은 장애 탐지와 이슈에 대한 디버깅을 위해 매우 중요하다. 역사적으로 시스템 전반에 걸친 모니터링을 도입하려면 애플리케이션 내에 강하게 결합된 런타임 에이전트나 라이브러리를 통합해야 했으며, 최초의 롤아웃은 물론 그 이후의 업그레이드에도 모든 애플리케이션을 배포해야만 했다.

서비스 메시는 특히 애플리케이션(L7)과 네트워크(L4)에 대한 일부 지표의 관측용이성을 투명하게 제공한다. 즉 모든 애플리케이션을 재배포할 필요 없이 텔레메트리 수집 컴포넌트나 서비스 메시 자체를 업데이트할 수 있어야 한다. 물론 서비스 메시가 제공하는 관측용이성에는 한계가 있으며, 언어 전용 지표와 로그 출력 라이브러리를 이용해 애플리케이션을 구현할 수도 있다. 예를 들어 우리 예시의 서비스 메시는 세션 서비스 API 호출의 횟수, 레이턴시, 에러율 등의 지표를 제공하며 여러분도 보통은 비즈니스와 관련된 지표와 API 호출의 KPI 등을 로그에 기록할 것이다.

보안의 적용: 전송 보안, 인증, 인가

관측용이성과 마찬가지로 서비스 간 통신의 보안도 지금까지 언어 전용 라이브러리를 이용해 구현해 왔다. 이렇게 강하게 결합된 방식은 같은 단점과 뉘앙스를 갖는다. 예를 들어 내부 네트워크의 전송 계층 암호화를 구현하는 것은 상대적으로 보편적인 요구사항이지만, 서로 다른 언어의 라이브러리는 인증서를 조금씩 다르게 관리하므로 인증서의 배포와 회전에 대한 운영적 부담이 증가한다. 서비스(머신)와 사용자(사람)의 신원을 관리하기 위한 인증과 인가 역시 여러 언어로 동일하게 구현하기 어렵다. 또한 필요한 라이브러리를 실수로(또는 의도적으로) 포함하지 않아서 보안 체계를 우회하기도 쉽다.

서비스 메시의 데이터 부분은 시스템 내의 모든 트래픽 경로에 포함되어 있으므로 필요한 보안 프로파일을 제공하는 것은 상대적으로 쉽다. 예를 들어 서비스 메시 데이터 부분은 서비스의 신원(예를 들면 SPIFFE(https://spiffe.io)를 이용해)과 암호화 인증서, mTLS의 활성화, 서비스 수준 인증 및 인가 등을 관리할 수 있다. 따라서 우리 예제에서는 코드 변경 없이도 mTLS를 쉽게 구현할 수 있다.

여러 언어의 교차 기능적 통신의 지원

새 마이크로서비스 기반 애플리케이션을 구현하거나 기존 서비스로부터 분리하면서 인 프로세스 통신을 아웃 오브 프로세스 통신으로 바꾸게 되면 라우팅, 신뢰성, 관측용이성, 보안상의 변경에 대해 생각해야 한다. 이런 처리를 위해 필요한 기능은 애플리케이션 코드에 라이브러리 등의 형태로 구현할 수도 있다. 하지만 애플리케이션이나 시스템이 여러 프로그래밍 언어를 사용한다면(그리고 마이크로서비스 기반 시스템에서는 폴리글랏**polyglot** 방식이 보편적이다) 사용하는 언어마다 라이브러리를 구현해야 한다. 서비스 메시는 대부분 모든 서비스 통신이 같은 네트워크상에서 서비스 외부의 네트워크 프록시를 통과하는 사이드카 패턴을 이용해 구현하므로 이런 기능을 프록시 안에 한 번만 구현하고 모든 서비스가 재사용할 수 있다. 이를 '인프라스트럭처 의존성 주입'이라고 생각하면 된다. 덕분에 우리 예제는 서비스 간 통신의 교차 기능적 부분을 일관적으로 처리하면서도 (새로운 성능 요구사항을 만족시키기 위해) 참석자 서비스를 다른 언어로 구현할 수도 있다.

인그레스 트래픽과 서비스 간 트래픽 관리의 분리

앞서 수직 트래픽과 수평 트래픽의 핵심 개념을 소개했던 39페이지 '사례 연구: 진화적 단계' 절을 다시 떠올려보자. 보통 수직 트래픽은 외부로부터 여러분의 시스템으로 유입되는 트래픽이다. 수평 트래픽은 내부적으로 시스템 간 또는 서비스 간 트래픽으로 전달된다. 이 둘의 정의는 '여러분의 시스템' 정의에 따라 더 헷갈릴 수 있다. 예를 들어 이 정의는 여러분의 팀, 부서, 조직 또는 신뢰할 수 있는 서드파티 등이 설계하고 운영하는 시스템으로 확장될 수 있다.

콩Kong(https://oreil.ly/WvLyi)의 마르코 팔라디노Marco Palladino 같은 API 분야의 여러 기여자들은 수직 트래픽과 수평 트래픽의 사용은 거의 관련이 없으며 시스템 간의 경계가 명확했던 이전 세대의 컴퓨터 네트워킹과 단절되는 것에 더 가깝다고 주장했다. 이 주장은 (API 수명주기 관리를 포함한) 제품으로서의 API 개념 및 (OSI 네트워크 모델의) 계층 7과 계층 4의 서비스 연결성과 관련이 있으므로 9장에서 더 자세히 살펴보자. 인그레스와 서비스 간 트래픽의 주요 속성과 기능의 차이점은 표 4-3에서 설명하고 있다.

표 4-3 인그레스와 서비스 간 트래픽 속성의 차이점

	인그레스(수직) 트래픽	서비스 간(수평) 트래픽
트래픽 근원지	외부(사용자, 서드파티, 인터넷)	(신뢰 경계 내의) 내부
트래픽 목적지	공개 또는 비즈니스와 관련된 API 또는 웹사이트	서비스 또는 도메인 API
인증	'사용자'(실세계의 엔티티) 위주	'서비스'(머신 엔티티)와 '사용자'(실세계의 엔티티) 위주
인가	'사용자' 역할 또는 역량 수준	'서비스' 신원 또는 네트워크 세그먼트 위주 및 '사용자' 역할 또는 역량 수준
TLS	단방향이며 대부분 강제적(예: 프로토콜 업그레이드)	상호적이며 필수일 수 있음(엄격한 mTLS)
주요 구현체	API 게이트웨이, 리버스 프록시	서비스 메시, 애플리케이션 라이브러리
주 소유자	게이트웨이/네트워킹/운영 팀	플랫폼/클러스터/운영 팀
조직 사용자	아키텍트, API 관리자, 개발자	개발자

이 표에서 알 수 있듯이 두 종류의 트래픽을 관리하기 위한 속성 및 관련된 요구사항은 사뭇 다르다. 예를 들어 제품 API로 향하는 외부 최종 사용자 트래픽에 대한 요구사항은 기본적으로 내부 비즈니스, 도메인 또는 컴포넌트 API로 향하는 내부 서비스 간 트래픽을 처리

하는 것과 비교하면 근본적으로 다르다. 실질적으로 API 게이트웨이와 서비스 메시의 제어 부분은 각자 관련된 데이터 부분의 설정을 지원하기 위해 서로 다른 역량을 제공할 수 있어야 한다. 우리 예제에서 세션 서비스 개발 팀은 레거시 컨퍼런스 애플리케이션과 참석자 서비스만 세션 서비스를 호출할 수 있도록 설정하고 싶은 반면, 참석자 서비스 팀은 외부 시스템이 공개 API의 호출 가능 여부를 명시하지 않고 관련된 게이트웨이나 네트워킹 팀의 책임으로 남겨두고 싶을 수도 있다.

인그레스와 서비스 간 API 호출을 관리하는 것의 차이점은 API 게이트웨이 기술의 진화와 사용법을 다뤘던 125페이지 '모던 API 게이트웨이의 역사' 절의 내용을 다음 절에서 설명할 서비스 메시 기술의 진화와 비교해 보면 더 잘 이해할 수 있다.

서비스 메시의 진화

'서비스 메시'라는 용어는 2016년에 나타났지만 트위터, 넷플릭스, 구글, 아마존 같은 초기 '유니콘' 기업들은 2000년대 후반부터 2010년 초반 경에 자신들의 내부 플랫폼 내에서 관련 기술을 만들어 사용해 왔다. 예를 들어 트위터는 스칼라Scala 기반의 RPC 프레임워크를 만들었고 2011년 오픈 소스로 전환했다. 넷플릭스는 2012년 리본Ribbon, 유레카Eureka, 히스트릭스Hystrix 같은 'OSS' 자바 기반 마이크로서비스 공유 라이브러리를 릴리스했다.[4] 이후 넷플릭스 팀은 비 JVM 기반 서비스도 이런 라이브러리를 활용할 수 있는 프라나Prana 사이드카를 릴리스했다. 피나글Finagle 라이브러리와 사이드카의 도입은 결국 최초의 사이드카 기반 서비스 메시인 링커드와 CNCF 재단의 최초 프로젝트로 이어졌다. 구글은 리프트Lyft 엔지니어링 팀의 엔보이 프록시 프로젝트를 기반으로 한 이스티오 서비스 메시를 릴리스하면서 이런 추세를 빠르게 쫓았다.

업계의 역량이 충분히 갖춰지면서 서비스 메시 기능은 gRPC처럼 라이브러리화되거나 OS 커널에 추가되었다. 이런 진화는 그림 4-5에서 확인할 수 있다. 초기의 컴포넌트와 플랫폼 중 상당수는 이제 더 이상 사용하지 않지만 이런 진화를 살펴보다 보면 아직 여전히 남아있는 서비스 메시 패턴의 몇 가지 어려움과 한계를 알아볼 수 있다.

4 피나글 RPC 프레임워크(https://oreil.ly/wHUOQ)와 넷플릭스 OSS 라이브러리(https://oreil.ly/BPvAv)는 이제 더 이상 사용하지 않으며, 현대 프로덕션 시스템에서 사용하는 것을 권장하지 않는다.

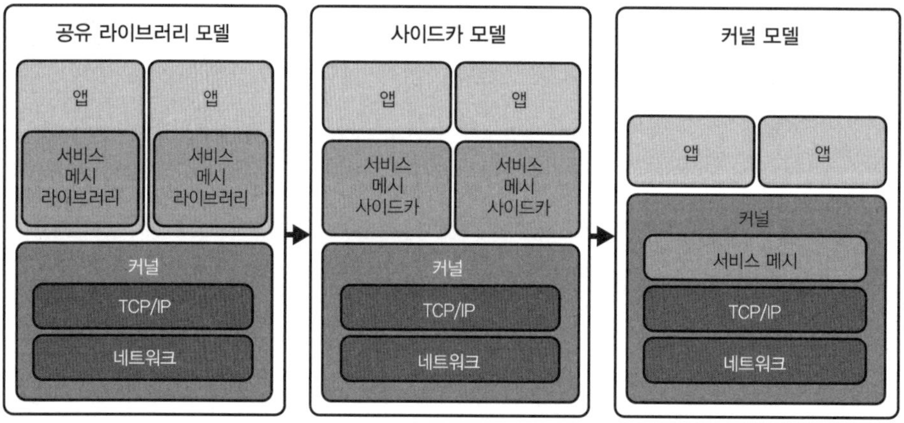

그림 4-5 서비스 메시 기술의 진화

초기의 역사와 그 동기

90년대 썬 마이크로시스템즈Sun Microsystems의 피터 도이치Peter Deutsch를 비롯한 개발자들은 엔지니어들이 분산 시스템을 구현할 때 갖는 가정의 목록을 나열한 '분산 컴퓨팅의 8가지 오류'(https://oreil.ly/hdvuC)를 공개했다. 핵심은 이런 가정들이 기본적인 네트워킹 아키텍처나 이론적 모델에서는 들어맞을 수 있지만 최신 네트워크에서는 그렇지 않다는 점이었다.

- 네트워크는 신뢰할 수 있다
- 레이턴시가 없다
- 대역폭은 무한하다
- 네트워크는 안전하다
- 토폴로지는 변화하지 않는다
- 관리자는 한 명이다
- 전송 비용은 없다
- 네트워크는 모두 동종이다

피터와 그의 팀은 이런 오류는 "장시간에 걸쳐 모두 잘못된 것으로 검증되었으며 큰 문제와 고통스러운 학습 경험을 유발한다."라고 서술했다. 엔지니어는 이런 문제를 단순히 무시할 수는 없으며 분명하게 해결해야 한다.

분산 컴퓨팅의 오류를 무시하는 것은 위험하다!

'분산 컴퓨팅의 8가지 오류'는 90년대에 만들어졌으므로 컴퓨팅 역사의 유물쯤으로 생각하고 싶을 수도 있다. 하지만 그렇게 생각하는 것은 실수다! 세월이 흘러도 변치 않는 컴퓨팅의 법칙과 패턴의 대부분은 70년대와 80년대에 만들어진 것처럼 설령 기술이 변해도 이 이슈들은 여전히 존재한다. 아키텍트 역할을 수행할 때는 이런 오류들로 인한 네트워킹의 어려움은 오늘날에도 여전히 존재한다는 사실을 팀에게 주지시키고 반드시 그에 따라 시스템을 설계해야 한다!

2010년대에 분산 시스템과 마이크로서비스 아키텍처가 보편화되면서 제임스 루이스James Lewis, 샘 뉴먼Sam Newman, 필 칼샤도Phil Calçado 등 이 분야의 많은 혁신가는 표준 네트워킹 스택이 제공하는 기능보다 이런 오류를 인정하고 상쇄하는 시스템을 구축하는 것이 더 중요하다는 사실을 깨달았다. 마틴 파울러의 '마이크로서비스의 전제 조건'에 이어 필은 '칼샤도의 마이크로서비스 전제 조건'을 만들었고, 스스로 분산 컴퓨팅의 오류로부터 알게 된 실질적인 내용을 담은 '표준화된 RPC'를 핵심 전제 조건으로 내세웠다. 필은 2017년 작성한 블로그 포스트에서 "TCP/IP 스택과 일반 네트워킹 모델은 수십 년 전에 개발되었고 여전히 컴퓨터 간의 통신에 있어 강력한 도구이지만, 좀 더 정교한 마이크로서비스 기반 아키텍처는 이런 아키텍처를 구현하는 엔지니어가 준수해야 하는 또 다른 요구사항 계층을 만들어냈다."라고 설명했다.[5]

구현 패턴

현재 가장 보편적으로 배포되어 있는 서비스 메시 구현체는 프록시 기반의 '사이드카' 모델이지만, 과거에는 그렇지 않았고 앞으로도 그렇지 않을 것이다. 이번 절에서는 지금까지의 서비스 메시 구현 패턴 진화 과정과 더불어 앞으로의 전망에 대해 알아본다.

라이브러리

많은 기술 리더는 마이크로서비스 기반 시스템 내에 새로운 기능의 네트워킹 계층이 필요하다는 점은 깨달았지만 이 기술을 구현하는 것은 쉽지 않다는 사실을 이해하고 있었다. 또한 조직 내외로 엄청난 노력이 반복적으로 투입되어야 한다는 점도 깨달았다. 그러다 보니

5 더 자세한 내용은 마틴 파울러의 '마이크로서비스의 전제 조건'(https://oreil.ly/GlYvp), '칼샤도의 마이크로서비스 전제 조건'(https://oreil.ly/d4lEh) 그리고 필의 블로그 포스트 '패턴: 서비스 메시'(https://oreil.ly/h45Te)를 참고하기 바란다.

마이크로서비스에 초점을 맞춰 한 번 구현해 재사용할 수 있는 네트워킹 프레임워크와 공유 라이브러리들이 여러 조직에 걸쳐 먼저 나타나기 시작했고 이후에 좀 더 폭넓은 사용을 위해 오픈 소스화되었다.

필 칼샤도가 블로그에서 언급했듯이, 서비스 발견과 서킷 브레이킹 같은 핵심 네트워킹 기능조차도 제대로 구현하는 것은 어려운 일이다. 그러다 보니 트위터의 피나글과 넷플릭스 OSS 스택 같은 정교한 라이브러리가 탄생했다. 이 라이브러리는 모든 서비스가 같은 로직을 다시 구현할 필요가 없고 공동의 노력을 통해 프로젝트를 올바르게 구현하는 데 집중할 수 있어 빠르게 대중화되었다. 일부 소규모 조직은 필요한 네트워킹 라이브러리와 도구를 직접 구현하는 부담을 짊어지기도 했지만 특히 장기적으로 높은 비용이 필요했다. 때로는 이런 비용은 명시적이고 가시적이다. 예를 들어, 도구를 전담해 구현할 엔지니어링 팀의 비용은 명확하다. 하지만 실제 필요한 비용은 새로운 개발자가 독점적 솔루션에 대해 배우는 시간, 운영과 유지보수에 필요한 리소스 또는 고객을 위한 제품을 개발하는 데 필요한 시간과 에너지를 빼앗기는 형태로 나타나기 때문에 완전히 정량화하기 어려운 경우가 많다.

필은 언어 바인딩이나 SDK를 이용해 기능을 제공하는 라이브러리를 사용하는 방법은 도구, 런타임 그리고 마이크로서비스에 채택할 언어에 제약을 가져온다는 사실을 목격했다. 마이크로서비스를 위한 라이브러리는 보통 프로그래밍 언어나 JVM 같은 런타임 등 특정 플랫폼을 위해 작성된다. 라이브러리가 지원하지 않는 플랫폼을 사용한다면 스스로 코드를 새 플랫폼으로 포팅해야 하며, 언어의 개수에 따라 비용이 증가한다.

서비스 메시 라이브러리와 폴리글랏의 가격

많은 조직은 요구사항을 만족시키기 위해 여러 언어 중에서 서비스에 가장 적합한 언어를 선택해서 애플리케이션을 구현하는 폴리글랏(polyglot) 방식을 채택하고 있다. 예를 들어 오래 실행되는 비즈니스 서비스는 자바로 구현하고, 인프라스트럭처 서비스는 고(Go)로 구현하며, 데이터 과학 작업은 파이썬으로 수행하는 식이다. 만일 라이브러리 기반의 서비스 메시를 채택하면 호환성 문제를 피하기 위해 모든 라이브러리를 동시에 구현, 유지, 업그레이드해야 하거나 또는 일부 언어에는 차선의 경험을 제공할 수밖에 없다는 점을 인지해야 한다. 또한 언어 플랫폼마다 조금씩 구현의 차이가 있다거나 특정 런타임에만 영향을 주는 버그를 발견할 수도 있다.

사이드카

2010년대 초반 많은 엔지니어는 폴리글랏 프로그래밍 방식을 채택했으며, 한 조직이 프로덕션 환경에 배포하는 서비스를 여러 언어로 작성하는 것은 그다지 이상한 일이 아니었다. 그러다 보니 필요한 네트워킹 추상화를 모두 처리하는 하나의 라이브러리를 작성하고 유지하기 위해 서비스 외부에서 독립적으로 프로세스로 실행되는 라이브러리가 등장했다. 마이크로서비스 '사이드카'가 태어난 것이다. 2013년 에어비엔비는 오픈 소스로 구현한 서비스 발견 사이드카에 대해 '시냅스와 신경Synapse and Nerve'이라는 글을 게시했다. 1년 후 넷플릭스는 비 JVM 애플리케이션을 서비스 발견, 서킷 브레이크 등 넷플릭스 OSS 생태계에 통합할 수 있는 프라나를 발표했다. 여기서 핵심은 다운스트림 의존성에 직접적으로 연결하지 않지만 모든 트래픽을 프라나 사이드카를 통하게 해 원하는 네트워킹 추상화와 기능을 제공하게끔 하는 서비스라는 점이다.

마이크로서비스 아키텍처가 보편화되면서 서로 다른 인프라스트럭처 컴포넌트와 통신 요구사항을 반영할 수 있을 정도로 충분히 유연한 프록시의 물결이 일어났다. 이 분야에서 처음으로 널리 알려진 시스템은 부얀트가 트위터의 마이크로서비스 플랫폼을 구현하면서 얻은 엔지니어링 경험을 토대로 개발한 링커드였다. 곧이어 리프트의 엔지니어링 팀이 유사한 원리를 반영해 구현한 엔보이 프록시를 발표했고, 이는 구글의 이스티오 서비스 메시에 빠르게 반영되었다. 사이드카 패턴을 사용하면 여러분의 각 서비스는 여러분의 애플리케이션 옆에서 독립적으로 실행되는 프록시 프로세스를 갖게 된다. 이 사이드카는 보통 같은 프로세스, 파일, 네트워킹 네임스페이스, 특정한 보안상의 보장 내용(예를 들면 모든 '로컬' 네트워크 통신은 외부 네트워크로부터 격리하는 등) 등을 공유한다. 서비스의 통신이 사이드카 프록시를 통해서만 이뤄지므로 배포는 그림 4-6의 다이어그램과 유사한 형태가 된다.

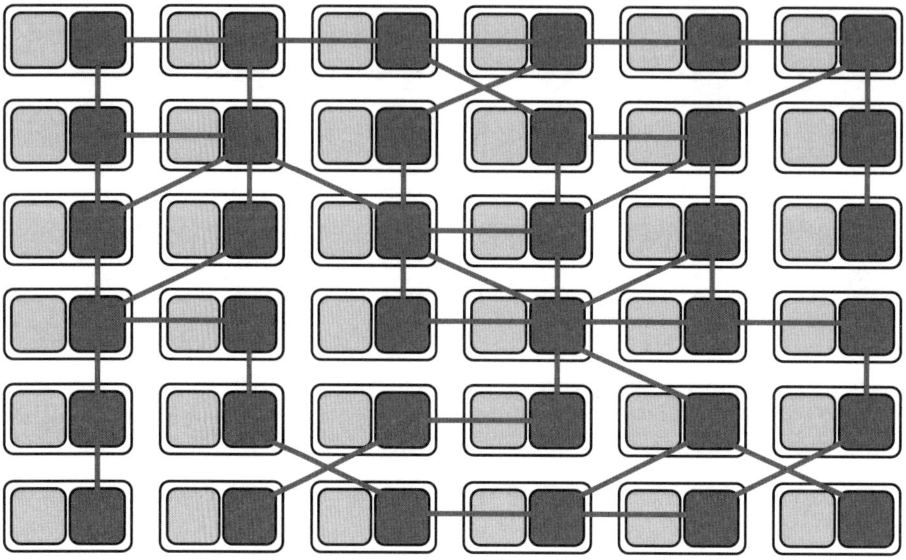

그림 4-6 고수준 네트워킹 추상화를 구성하는 서비스 메시 프록시

필 칼샤드와 보얀트의 윌리엄 모건William Morgan이 지적했듯이 사이드카 프록시와의 통합에서 가장 강력한 장점은 여러분이 프록시를 격리된 컴포넌트로 생각하는 것에서 벗어나 프록시가 형성하는 네트워크를 그 자체로 가치 있는 것으로 인정하게 된다는 점이다.

2010년대 중반 기업들은 마이크로서비스 배포를 (마라톤Marathon과 함께) 아파치 메소스Apache Mesos, 도커 스웜Docker Swarm, 쿠버네티스 등 더 정교한 런타임으로 이전하기 시작했고 이런 플랫폼을 사용할 수 있게 하는 도구를 이용해 서비스 메시를 구현하기 시작했다. 그에 따라 '시냅스와 신경'에서 본 것 같은 독립된 프록시를 사용하는 형태에서 벗어나 중앙식 제어 부분을 사용하는 형태로의 변화가 일어났다. 이 배포 패턴을 하향식으로 살펴보면 서비스 트래픽의 흐름은 여전히 프록시에서 프록시로 직접 일어나지만 제어 부분이 이를 인지하고 있고 각 프록시 인스턴스에 영향을 줄 수 있다는 점을 볼 수 있을 것이다. 그림 4-7에서 보듯이 제어 부분 덕분에 프록시는 여러 서비스에 걸쳐 필요한 협업과 조율이 필요한 접근 제어와 지표 수집 같은 기능을 구현할 수 있게 됐다.

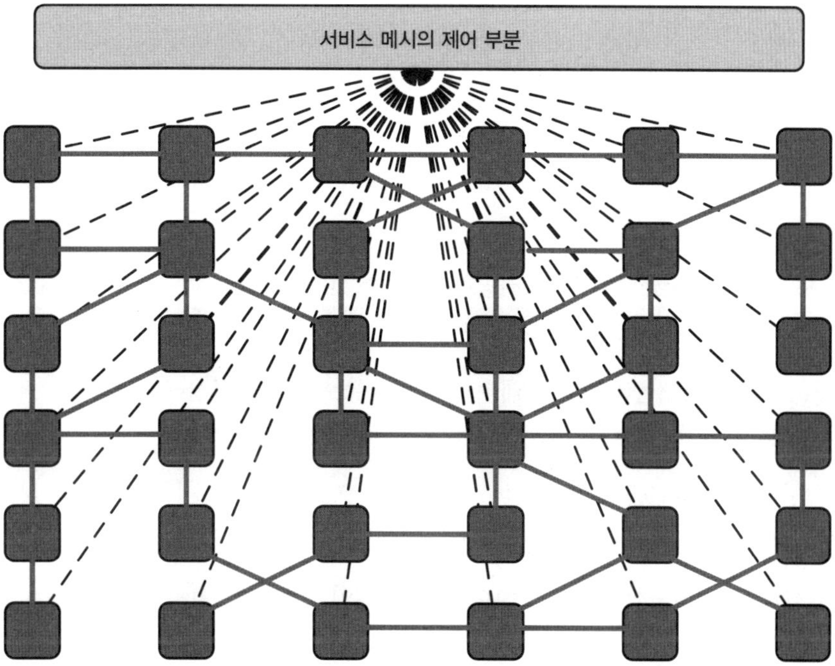

그림 4-7 서비스 메시 데이터 부분의 제어 및 조율

사이드카 기반 방식은 요즘 가장 보편적으로 사용하는 패턴이며 우리의 컨퍼런스 시스템을 위해 나쁘지 않은 선택이다. 사이드카 기반 서비스 메시를 배포할 때 비용이 가장 많이 드는 지점은 최초 설치와 이후 필요한 운영적 유지보수 그리고 모든 사이드카가 필요로 하는 리소스다. 현재 우리의 확장성 요구사항은 그다지 크지 않으므로 사이드카 프록시를 실행하는 데 대용량의 컴퓨팅 파워는 필요하지 않다.

대규모 환경에서 사이드카를 운영하는 비용

요즘 보편적인 서비스 메시 솔루션의 대부분은 클러스터 내에서 실행 중인 모든 서비스나 애플리케이션에 엔보이, 링커드 프록시 또는 엔진엑스 같은 프록시 사이드카 컨테이너를 추가해야 한다. 가령 3개의 노드에서 각각 5개의 파드(pod)를 실행하는 20개 정도의 서비스로 구성된, 상대적으로 규모가 작은 환경이라 하더라도 100개의 프록시 컨테이너를 실행해야 한다. 하지만 작고 효율적인 프록시 구현체라 하더라도 프록시를 중복으로 실행하는 것은 리소스에 영향을 미친다.

서비스 메시 설정에 따라 각 프록시가 사용하는 메모리의 양은 서로 통신해야 하는 서비스의 개수에 비례해 증가한다. 프라나이 싱할(Pranay Singhal, https://oreil.ly/khfYY)은 1GB 정도의 메모리를 사용하던 프록시를 그보다 훨씬 낮은 60~70MB만 사용하게끔 이스티오를 설정한 경험에 대해 기록했다. 하지만 3개의 노드에서 100개의 프록시를 운영하는 작은 환경에 이렇게 최적화된 환경을 적용해도 여전히 노드당 2GB가량이 필요하다.

프록시 없는 gRPC 라이브러리

구글 클라우드의 진화가 거의 마무리되어 가는 것 같던 2021년 초, 구글 클라우드는 '프록시 없는 gRPC'(https://oreil.ly/ZzbYw)를 대대적으로 홍보하기 시작했다. 프록시 없는 gRPC란 네트워크 추상화를 다시 특정 언어용 라이브러리(구글과 대규모 OSS 커뮤니티가 관리를 담당하긴 했다)로 옮긴 것이다. 이 gRPC 라이브러리는 각 서비스에 포함되어 서비스 메시 내의 데이터 부분처럼 동작했다. 라이브러리는 구글 트래픽 디렉터Traffic Director 서비스 같이 데이터 부분을 조율하기 위한 외부 제어 부분에 접근해야만 했다. 트래픽 디렉터는 오픈 소스 'xDS API'를 이용해 애플리케이션 내의 gRPC 라이브러리를 직접 설정했다.[6] 이런 gRPC 애플리케이션은 xDS 클라이언트처럼 동작해서 트래픽 디렉터의 전역 제어 부분에 연결해 전역 라우팅과 로드밸런싱은 물론 서비스 메시와 로드밸런싱의 지역적 장애 극복 등을 가능케 했다. 트래픽 디렉터는 그림 4-8에서 보듯이 프록시 기반 사이드카 서비스와 프록시 없는 서비스를 함께 배포할 수 있는 '하이브리드' 운영 모드까지 지원한다.

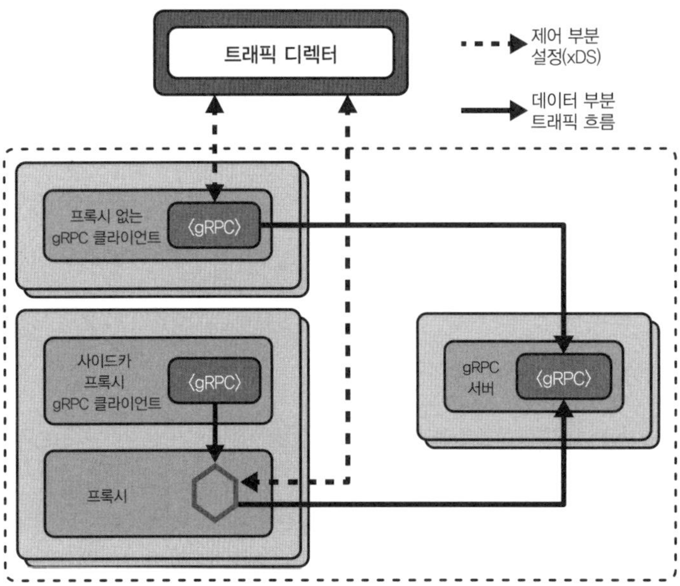

그림 4-8 사이드카와 프록시 없는 통신을 모두 사용하는 서비스의 네트워크 다이어그램 예시

6 트래픽 디렉터(https://oreil.ly/vao6J)와 엔보이 프록시에 영향을 받은 xDS 프로토콜(https://oreil.ly/rOo5t)에 관한 좀 더 자세한 내용은 각각의 문서 웹사이트를 살펴보기 바란다.

우리의 컨퍼런스 시스템은 gRPC API와 더불어 REST API를 사용하고 있으므로 현재는 서비스 메시 구현체를 포함하지 않는다. 만일 내부적으로 더 이상 REST API를 사용하지 않게 되거나 gRPC 라이브러리가 gRPC 이외의 통신을 지원하도록 개선된다면 이 방법을 재평가하게 될 것이다.

프록시 없는 서비스 메시가 대세가 될까?

진부한 표현이긴 해도 역사는 스스로 반복되지 않는다. 다만 비슷한 일이 벌어질 뿐이다. 프록시 없는 방법의 많은 장점과 제약은 특정 언어용 라이브러리를 사용할 때와 유사하다. 구글 클라우드 팀은 다음과 같은 상황에서 프록시 없는 서비스의 배포가 도움이 될 것이라고 제안했다.

- 대규모 서비스 메시에서의 리소스 효율성: 추가 사이드카 프로세스를 실행하지 않음으로써 리소스를 절약할 수 있다.
- 고성능 gRPC 애플리케이션: 네트워크 홉과 레이턴시를 줄일 수 있다.
- 사이드카 프록시를 배포할 수 없는 환경에서의 서비스 메시: 예를 들어, 두 번째 프로세스를 실행할 수 없거나 사이드카가 필요한 네트워크 스택을 조작할 수 없는 경우
- 프록시를 사용하는 서비스 메시를 프록시 없는 서비스 메시로 마이그레이션하는 경우

사이드카 없는 모델: 운영체제 커널(eBPF) 구현

또 다른 형태의 서비스 메시 구현 방식은 필요한 네트워킹 추상화를 운영체제 커널 자체에 집어넣는 방식이다. 이 방식이 가능했던 이유는 커스텀 프로그램을 커널의 샌드박스 내에서 실행하게 하는 커널 기술인 eBPF(https://ebpf.io)의 등장과 도입 덕분이었다. eBPF 프로그램은 수천 개의 OS 수준 이벤트에 대응해 실행된다. 이 이벤트에는 커널이나 사용자 공간의 어떤 함수로의 진입과 탈출, '추적 지점' 및 '탐색 지점' 그리고 (서비스 메시에게 중요한) 네트워크 패킷의 도착 등도 포함된다. 커널은 노드당 하나뿐이므로 모든 컨테이너와 프로세스는 같은 커널을 공유하는 노드에서 실행된다. eBPF 프로그램을 커널의 이벤트에 추가하면 어떤 프로세스가 이벤트를 발생시켰는지, 그 프로세스가 애플리케이션 컨테이너에서 실행되는지 아니면 호스트에서 직접 실행되는지와 관계없이 이벤트가 발생하면 해당 프로그램이 호출된다. 덕분에 실수든 다른 방식이든 서비스 메시를 우회하려는 시도를 잠재울 수 있다.

eBPF 기반의 실리엄Cilium 프로젝트는 컨테이너 워크로드 간의 네트워크 연결을 보호하고 관측하는 기능을 제공한다. 실리엄은 이 사이드카 없는 서비스 메시라는 형태를 등장시켰다. 실리엄을 사용하면 특정 기능은 네트워크를 통해 사이드카 프록시로 전달될 필요 없이 커널에 의해 제공되므로 서비스 호출 사이의 레이턴시를 줄일 수 있다.[7] 실리엄은 이미 보편화된 사이드카 모델뿐만 아니라 노드당 하나의 엔보이 프록시 인스턴스를 이용해 서비스 메시 데이터 부분을 실행할 수 있어 리소스 사용량을 줄일 수 있다. 그림 4-9는 실리엄과 노드당 하나의 엔보이 프록시를 이용해 두 서비스가 통신하는 모습을 보여준다.

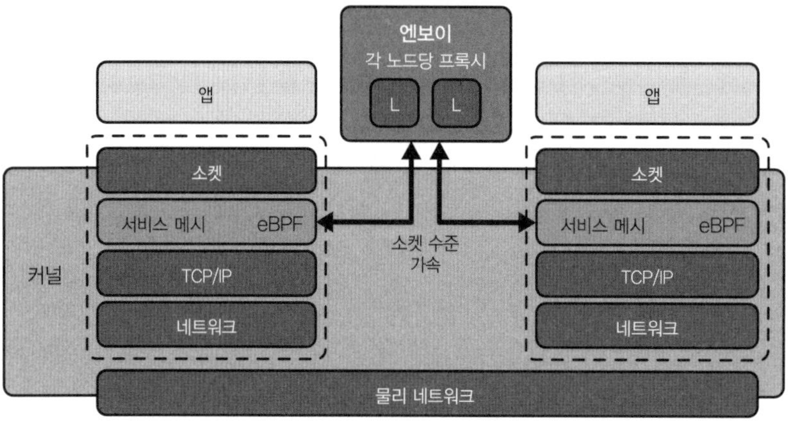

그림 4-9 실리엄, eBPF, 노드당 단일 엔보이 프록시를 이용해 서비스 메시 기능을 구현한 모습

서비스 메시의 분류

표 4-4는 지금까지 설명했던 3가지 서비스 메시 구현 방식의 차이점을 설명하고 있다.

7 더 자세한 내용은 'eBPF로 사이드카 없이도 서비스 메시 문제를 해결하는 방법'(https://oreil.ly/2uxSR)을 참고하기 바란다.

표 4-4 라이브러리 기반, 프록시 기반, OS/커널 기반 서비스 메시 구현 방식의 비교

사용 사례	라이브러리 기반(프록시 없는)	사이드카, 프록시 기반	OS/커널 기반
언어/플랫폼 지원	단일 언어 라이브러리, 플랫폼 중립적	언어 중립적, 폭넓은 플랫폼 지원	언어 중립적, OS 수준 지원
런타임 메커니즘	애플리케이션 내에 패키지로 포함되어 실행	애플리케이션과 별개의 프로세스로 실행	OS 커널의 일부로 실행되며 사용자 및 커널 영역에 완전한 접근이 가능
서비스 메시 컴포넌트의 업그레이드	전체 애플리케이션의 재빌드 및 재배포 필요	사이드카 컴포넌트의 재배포 필요(대부분 다운타임 없음)	커널 프로그램 업데이트/패치가 필요
관측용이성	손쉬운 컨텍스트 전파와 함께 애플리케이션과 트래픽의 완전한 통찰이 가능	트래픽에 대한 통찰만 가능. 컨텍스트의 전파는 언어 또는 심(shim)의 지원이 필요	트래픽에 대한 통찰만 가능. 컨텍스트의 전파는 언어 또는 심의 지원이 필요
보안 위협 모델	라이브러리 코드는 애플리케이션의 일부로 실행	사이드카는 보통 애플리케이션과 프로세스 및 네트워크 네임스페이스를 공유	애플리케이션이 시스템 콜을 이용해 OS와 직접 소통

사례 연구: 서비스 메시를 이용한 라우팅, 관측 가능성 그리고 보안

이번 절에서는 라우팅, 관측, (인가를 이용한) 서비스 간 트래픽의 안전한 분리 같은 공통적인 요구사항을 서비스 메시를 이용해 구현하는 구체적인 예시를 살펴볼 것이다. 모든 예시는 서비스 메시를 배포하는 가장 보편적인 플랫폼인 쿠버네티스를 이용하지만, 여기서 소개하는 개념은 각 서비스 메시가 지원하는 모든 플랫폼과 인프라스트럭처에 반영할 수 있다. 애플리케이션 기술 스택에 단 한 가지의 서비스 메시 구현을 선택해 채택할 것을 권하지만, 순전히 학습을 목표로 3가지 서비스 메시를 이용해 컨퍼런스 시스템을 구성하는 방법을 모두 소개하고자 한다.

이스티오를 이용한 라우팅

이스티오는 istoctl 도구(https://oreil.ly/8NyoV)를 이용해 쿠버네티스 클러스터에 설치할 수 있다. 이스티오를 사용하기 위한 핵심 전제 조건은 클러스터 내에서 실행 중인 모든 서비스에 프록시 사이드카를 자동으로 주입할 수 있는 역량이다. 이는 다음과 같이 수행할 수 있다.

```
$ kubectl label namespace default istio-injection=enabled
```

자동 주입을 설정했다면 다음으로 작업할 두 가지 주요 커스텀 리소스는 `VirtualService`와 `DestinationRule`이다.[8] `VirtualService`는 (예를 들면 http://sessions 같은) 호스트 주소에 대한 트래픽 라우팅 규칙을 정의한다. `DestinationRule`은 라우팅이 발생한 후 서비스로 향하는 트래픽에 반영할 정책을 정의한다. 이런 규칙은 로드밸런싱 설정, 사이드카로부터 연결 풀 크기, 로드밸런싱 풀에서 이상 상태의 호스트를 탐지하고 제외하기 위한 이상치 탐지 설정 등을 지정한다.

예를 들어, 이 사례 연구의 세션과 참석자 서비스에 라우팅을 활성화하려면 다음과 같은 `VirtualService`를 생성하면 된다.

```
---
apiVersion: networking.istio.io/v1alpha3
kind: VirtualService
metadata:
  name: sessions
spec:
  hosts:
  - sessions
  http:
  - route:
    - destination:
        host: sessions
        subset: v1
---
apiVersion: networking.istio.io/v1alpha3
kind: VirtualService
```

8 `VirtualService`(https://oreil.ly/L01fC)와 `DestinationRule`(https://oreil.ly/0069e)에 관한 자세한 내용은 이스티오 문서를 참고하기 바란다.

```
metadata:
  name: attendees
spec:
  hosts:
  - attendees
  http:
  - route:
    - destination:
        host: attendees
        subset: v1
```

다음의 DestinationRule도 생성하면 된다. 이때 참석자 서비스를 위한 DestinationRule은 두 버전의 서비스를 지정하고 있음에 유의하자. 이는 서비스 v2 버전으로의 카나리 라우팅을 위한 것이다.

```
---
apiVersion: networking.istio.io/v1alpha3
kind: DestinationRule
metadata:
  name: sessions
spec:
  host: sessions
  subsets:
  - name: v1
    labels:
      version: v1
---
apiVersion: networking.istio.io/v1alpha3
kind: DestinationRule
metadata:
  name: attendees
spec:
  host: attendees
  subsets:
  - name: v1
    labels:
      version: v1
  - name: v2
    labels:
      version: v2
```

이스티오를 설치하고 앞서 살펴본 VirtualService와 DestinationRule을 설정했다면 참석자와 세션 서비스 간의 트래픽과 API 호출을 라우팅할 수 있다. 프로덕션 환경에서의 이스티오 설정과 유지보수에는 좀 더 많은 것이 필요하겠지만 이렇게 쉽게 시작할 수 있다. 이스티오는 라우팅을 처리하며 각 연결과 관련된 텔레메트리를 생성한다. 링커드 서비스 메시를 이용한 관측용이성에 대해 더 자세히 알아보자.

링커드를 이용한 트래픽 관측

링커드는 '시작하기' 문서(https://oreil.ly/dfnZ8)의 절차를 따라 쿠버네티스 클러스터에 설치할 수 있다. 링커드의 텔레메트리와 모니터링 기능은 자동으로 활성화되므로 기본 설치 후 어떤 설정도 변경할 필요가 없다. 이 관측용이성 기능에는 다음의 기능들이 포함되어 있다.

- HTTP, HTTP/2, gRPC 트래픽의 주요 지표(요청 볼륨, 성공률, 레이턴시 분산 등)의 기록
- 다른 TCP 트래픽에 대한 TCP 수준 지표(입출력 바이트 등)의 기록
- 서비스별, 호출자/피호출자별, 라우트/경로별 지표의 보고(서비스 프로파일 포함)
- 서비스 간 런타임 관계를 보여주는 토폴로지 그래프의 생성
- 라이브, 온디맨드 요청 샘플링

이런 데이터는 여러 가지 방법으로 확인할 수 있다.

- linkerd viz stat과 linkerd viz routes 같은 링커드 CLI 명령
- 링커드 대시보드와 미리 구현한 그라파나Grafana 대시보드
- 링커드의 내장 프로메테우스Prometheus 인스턴스

링커드의 관측용이성 기능에 접근하려면 viz 확장 기능을 설치하고 로컬 브라우저에서 대시보드를 실행하면 된다.

```
linkerd viz install | kubectl apply -f -
linkerd viz dashboard
```

그러면 트래픽 흐름을 보여주는 서비스 그래프에 접근할 수 있다. 그림 4-10은 웹앱부터 도서와 저자 서비스로 메시를 통해 전달되는 트래픽 흐름을 보여준다.

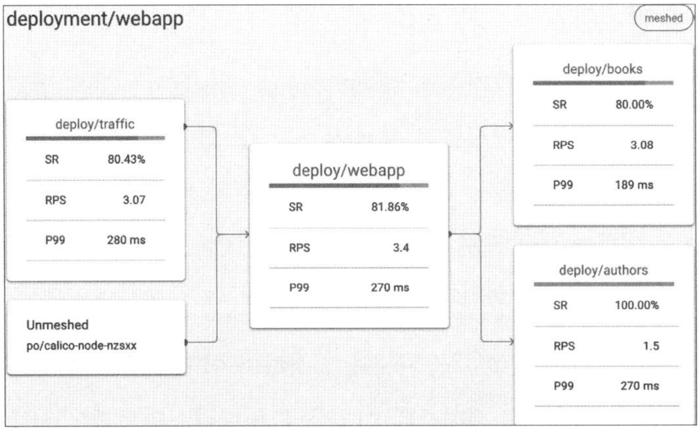

그림 4-10 링커드 viz를 이용해 서비스 간 트래픽 흐름을 관측하는 모습

그러면 그림 4-11에서처럼 그라파나 대시보드를 이용해 중요한 트래픽 지표를 볼 수 있다.

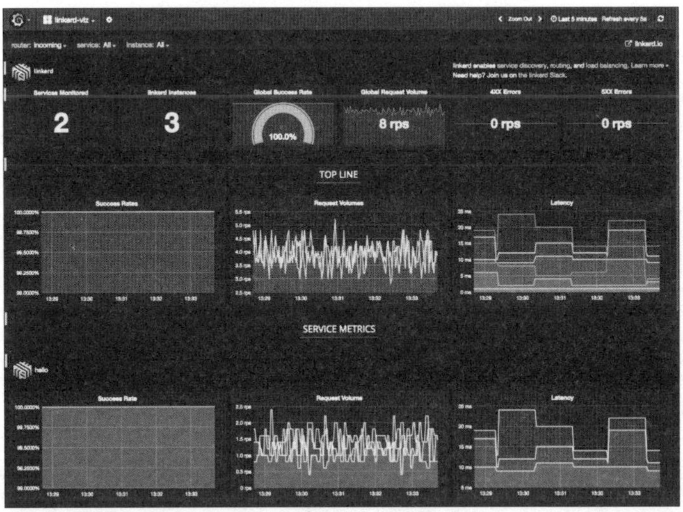

그림 4-11 링커드 viz 그라파나 대시보드의 모습

서비스 메시를 이용해 애플리케이션의 관측용이성을 구현하는 것은 개발 과정에서는 물론 프로덕션 환경에서도 유용하다. 프로덕션 환경에서는 항상 자동으로 서비스 간의 비정상 트래픽을 탐지해야 하지만, 서비스 메시의 관측용이성 도구를 이용하면 내부 API나 서비스가 비정상적으로 호출되는 경우를 알아낼 수 있다. 이제 하시코프HarshiCorp의 콘설Consul을 이용해 서비스 메시 내의 어떤 서비스가 서로 통신할 수 있는지 결정하는 정책을 사용하는 방법을 알아보자.

콘설을 이용한 네트워크 분할

'쿠버네티스에서 콘설 서비스 메시 시작하기' 가이드(https://oreil.ly/RbMcy) 문서를 참고하면 쿠버네티스 클러스터에 콘설을 서비스 메시로 설치해 사용할 수 있다. 마이크로서비스가 등장하기 전에는 서비스 간 통신과 관련된 인가는 방화벽 규칙과 라우팅 테이블을 이용해 적용했다. 콘설은 서비스 이름을 바탕으로 서비스 간 통신 권한을 정의하는 '의도 intention'를 이용해 서비스 간 인가 관리를 단순화한다.

이 의도는 어떤 서비스가 다른 서비스와 통신이 가능한지를 결정하며 이 정책은 사이드카 프록시의 인바운드 연결에 반영된다. 인바운드 서비스의 신원은 TLS 클라이언트 인증서를 이용해 검증하며, 콘설은 각 서비스의 신원을 TLS 인증서에 인코딩해서 제공한다. 이 인증서는 다른 서비스와의 연결을 수립하고 받아들일 때 사용한다.[9] 그러면 사이드카 프록시가 인바운드 서비스와 목적지 서비스의 통신을 허용하는 의도가 존재하는지 확인한다. 인바운드 서비스의 통신이 허용되어 있지 않으면 해당 연결이 종료된다.

의도는 네 부분으로 구성되어 있다.

- 출발지 서비스 source service

  통신을 시작하는 서비스를 지정한다. 서비스의 전체 이름을 사용해도 되고, '*' 문자를 이용해 모든 서비스를 지정할 수도 있다.

- 목적지 서비스 destination service

  통신의 대상이 되는 서비스를 지정한다. 즉 서비스의 대상을 '업스트림'(서비스)으로 설정하는 것이다. 마찬가지로 서비스의 전체 이름을 지정하거나 '*' 문자를 이용해 모든 서비스를 지정할 수 있다.

- 권한 permission

  출발지와 도착지 사이의 통신을 허용할 것인지를 정의한다. 통신을 허용하거나 금지할 수 있다.

- 설명 description

  선택적 메타데이터로 의도에 대한 부가 설명을 기록하기 위한 것이다.

---

9 TLS 인증서에 신원을 인코딩하는 것은 연결하려는 서비스가 SPIFFE와 호환되는 다른 시스템에도 연결할 수 있도록 하기 위한 SPIFFE X.509 신원 문서의 내용을 준수하는 것이다.

여러분이 가장 처음 작성할 의도는 모든 트래픽을 허용하는 '모두 허용' 정책을 모든 트래픽을 금지하고 특정 연결만 허용하는 '모두 금지' 정책으로 바꾸는 것이다.

```
apiVersion: consul.hashicorp.com/v1alpha1
kind: ServiceIntentions
metadata:
  name: deny-all
spec:
  destination:
    name: '*'
  sources:
    - name: '*'
      action: deny
```

destination 필드에 와일드카드 문자(*)를 사용했으므로 이 의도는 서비스 간 통신을 모두 금지한다. 일단 기본 정책을 모두 금지로 설정했으면 컨퍼런스 시스템 레거시 서비스, 참석자 서비스, 세션 서비스 등 필요한 서비스의 ServiceIntentions CRD를 정의해서 서비스 간 트래픽을 허용하면 된다. 예를 들면 다음과 같다.

```
apiVersion: consul.hashicorp.com/v1alpha1
kind: ServiceIntentions
metadata:
  name: legacy-app-to-attendee
spec:
  destination:
    name: attendee
  sources:
    - name: legacy-conf-app
      action: allow
---
apiVersion: consul.hashicorp.com/v1alpha1
kind: ServiceIntentions
metadata:
  name: legacy-app-to-sessions
spec:
  destination:
    name: sessions
  sources:
    - name: legacy-conf-app
      action: allow
```

```
---
apiVersion: consul.hashicorp.com/v1alpha1
kind: ServiceIntentions
metadata:
  name: attendee-to-sessions
spec:
  destination:
    name: sessions
  sources:
    - name: attendee
      action: allow
---
apiVersion: consul.hashicorp.com/v1alpha1
kind: ServiceIntentions
metadata:
  name: sessions-to-attendee
spec:
  destination:
    name: attendee
  sources:
    - name: sessions
      action: allow
```

쿠버네티스 클러스터에 이 설정을 적용하면 (설정으로 명시한 서비스들에만) 서비스 간 통신을 허용할 수 있다. 그 외의 나머지 서비스 간 통신은 금지되며 API 호출이나 요청은 처리되지 않는다.

콘설의 의도와 더불어 OPA^Open Policy Agent^ 프로젝트도 서비스 메시 안에 유사한 기능을 구현하기 위한 보편적인 방법이다. OPA를 이용해 이스티오의 서비스 간 통신 정책을 구성하는 예시는 'OTA 튜토리얼 문서'(https://oreil.ly/I4HsD)를 참고하기 바란다.

컨퍼런스 시스템을 진화시키는 데 반영할 수 있는 설정의 예시를 살펴봤으므로, 이제 서비스 메시 구현체 자체를 실행하고 관리하는 방법을 알아보자.

서비스 메시의 배포: 장애의 이해와 관리

어떤 배포 패턴을 사용하든, 시스템 또는 네트워크에서 실행 중인 인스턴스의 수가 몇 개든 서비스 메시는 시스템을 통과하는 사용자 요청의 전부는 아니더라도 대부분에게 중요한 지점이다. 그래서 클러스터나 네트워크 내에서 서비스 메시 인스턴스에 장애가 발생하면 대부분 네트워크 반경 내의 전체 시스템을 사용할 수 없게 된다. 그래서 장애의 이해와 관리라는 주제는 매우 중요할 수밖에 없다.

서비스 메시는 단일 실패 지점이다

서비스 메시는 모든 트래픽이 지나가는 경우가 많으므로 신뢰성과 장애 조치가 어려울 수 있다. 당연하겠지만 서비스 메시의 기능에 더 의존할수록 더 큰 위험을 수반하며 장애의 영향도 커질 수밖에 없다. 서비스 메시는 애플리케이션 서비스의 릴리스를 조율하는 용도로 사용하는 경우도 많으므로 설정도 계속해서 업데이트된다. 따라서 이슈를 탐지해 해결하고 위험을 완화하는 것이 중요하다. 137페이지 'API 게이트웨이도 단일 실패 지점이다' 절에서 설명했던 여러 요소들은 서비스 메시의 장애를 이해하고 관리하는 데도 그대로 적용할 수 있다.

서비스 메시 구현의 공통적인 어려움

API 게이트웨이 기술과 비교하면 서비스 메시 기술은 상대적으로 새로운 기술이어서 구현상의 공통적인 어려움은 아직 드러나지 않았다. 하지만 여러분이 피해야 할 주요 안티패턴이 있다.

서비스 메시를 ESB로 사용하는 경우

서비스 메시 플러그인이나 트래픽 필터, 웹 어셈블리Web Assembly(Wasm) 같은 지원 기술이 등장하면서 서비스 메시를 페이로드 변환과 해석 같은 ESB와 유사한 기능으로 생각하는 경우가 늘고 있다. 우리는 비즈니스 기능을 추가하거나 플랫폼이나 인프라스트럭처에 너무 많은 '스마트' 기능을 결합하지 않을 것을 강력히 권한다. 지금까지 이 책에서 설명했던 여러 가지 이유가 그 근거다.

서비스 메시를 게이트웨이로 사용하는 경우

대부분의 서비스 메시 구현체가 어떤 형태의 인그레스 게이트웨이를 제공하다 보니 API 게이트웨이를 도입하길 원하는 기업이 서비스 메시를 배포하고 게이트웨이 기능만 사용하는 경우가 있다. 그런 조직의 엔지니어는 당장 인그레스 트래픽을 관리하는 데 어려움을 겪고 있지만 조만간 조직에서 서비스 메시와 유사한 기능이 필요할 것이라는 점을 깨달을 것이므로 그 동기는 이해할 수 있다. 하지만 대부분의 서비스 메시 게이트웨이는 완전한 기능을 갖춘 API 게이트웨이만큼 풍부한 기능을 제공하지 않는다. 또한 서비스 메시의 장점은 취하지 못하고 설치 및 운영 비용만 허비하는 상황에 놓일 가능성이 크다.

네트워크 계층이 너무 많은 경우

조직은 현재의 서비스 간 통신 요구사항을 만족시키는 풍부한 네트워크 추상화와 기능을 제공하지만 개발 팀은 아예 모르고 있거나 어떤 이유로 이를 도입하기를 꺼리는 경우를 본 적이 있다. 개발 팀이 기존 네트워크 기능 위에 서비스 메시를 구현하려고 시도하면 (기존 네트워크 기술이 헤더를 제거하는 등의) 호환성 문제, (여러 프록시를 거치면서 발생하는) 레이턴시의 증가 또는 (서킷 브레이커가 서비스 메시와 저수준 네트워크 스택에서 모두 실행되는 등) 네트워크 스택 안에 같은 기능을 여러 차례 구현하게 되는 등의 문제가 발생한다. 그런 이유로 우리는 서비스 메시를 도입할 때 가능한 모든 팀과의 조율 및 협업을 권장한다.

서비스 메시의 선택

이제 서비스 메시가 제공하는 기능, 패턴과 기술의 진화, 서비스 메시를 전체 시스템 아키텍처에 결합하는 방법 등을 알아봤다. 다음 단계는 가장 중요한 질문이다. 애플리케이션 기술 스택에 추가할 서비스 메시는 어떻게 선택할 것인가?

요구사항 분석

API 게이트웨이 선택에 대한 설명과 마찬가지로 새 인프라스트럭처 프로젝트에서 가장 중요한 단계 중 하나는 관련 요구사항을 분석하는 것이다. 당연한 것처럼 들리겠지만 새로운 기술이나 마케팅 술수 혹은 홍보 문서 등에 휘둘렸던 경험이 한 번쯤은 있었으리라 생각한다.

서비스 메시를 고르는 동안 고려해야 할 여러 가지 요구사항에 관한 자세한 내용은 154페이지 '서비스 메시를 사용해야 하는 이유' 절을 다시 참고하면 된다. 중요한 건, 현재 어려움을 겪고 있는 부분과 앞으로의 로드맵 모두에 부합할 수 있는 방법을 찾는 것이다.

구현과 구입의 비교

API 게이트웨이를 구현할 것인지 구입할 것인지를 언급했을 때와 비교해 보면, 특히 조직이 오래된 시스템이나 레거시 시스템을 보유한 경우 서비스 메시에 대한 논의를 미리 시작할 가능성은 낮다. 이는 서비스 메시가 비교적 새로운 종류의 기술이기 때문이기도 하다. 경험상 어느 정도 (LAMP 스택 이상으로) 분산된 대부분의 빈티지 시스템에서는 서비스 메시의 구현이 조직 전체에 부분적으로 분산된다. 예를 들어 어떤 부서는 특정 언어용 라이브러리를 사용하고, 다른 조직은 ESB를 사용하며, 또 어떤 부서는 간단한 API 게이트웨이나 프록시를 이용해 내부 트래픽을 관리한다.

보통 서비스 메시 패턴을 도입하기로 결정했다면 대부분의 경우 이를 직접 구현하기보다는 오픈 소스 구현체를 도입해 표준화하거나 상용 버전을 구매하는 것이 최선이라고 믿는다. 소프트웨어 전달 기술을 구현할 것인지 구입할 것인지에 대한 주제는 가히 책 한 권 분량이 될 수 있으므로 이번 절에서는 보편적인 어려움만 살펴보자.

- 총 소유 비용(TCO)을 과소평가함
  대부분의 엔지니어는 솔루션을 구현할 때 드는 비용과 지속적인 유지보수 비용, 그리고 운영 비용을 낮게 책정한다.
- 기회 비용을 고려하지 않음
  여러분이 클라우드나 플랫폼 벤더가 아니라면 직접 서비스 메시를 구현해서 경쟁적인 이점을 얻을 가능성은 거의 없다. 그보다는 핵심 가치에 부합하는 기능을 구현하는 편이 고객에게 더 많은 가치를 전달할 수 있다.
- 운영 비용
  같은 문제를 해결하는 서로 다른 여러 구현체에 대한 온보딩 및 운영 비용을 생각하지 않는 경우다.

- 기술 솔루션에 대한 인지

  오픈 소스 버전과 상용 플랫폼은 모두 빠르게 변화하고 있어서 최신 변경사항을 계속 추적하기가 어려울 수 있다. 하지만 기술 리더 역할의 핵심 중 하나는 최신 동향을 계속 파악하고 있는 것이다.

체크리스트: 서비스 메시의 선택

표 4-5의 체크리스트는 여러분과 팀이 서비스 메시 패턴을 구현할 것인지 그리고 어떤 관련 기술을 선택할 것인지 결정할 때 고려해야 할 사항들을 요약하고 있다.

표 4-5 ADR 가이드라인: 서비스 메시 선택을 위한 체크리스트

결정사항	조직에 적합한 서비스 메시를 어떻게 선택할 것인가?
논의사항	서비스 메시의 선택과 관련된 모든 요구사항을 분석하고 우선순위를 파악했는가? 현재 조직이 배포해 사용하고 있는 기술 솔루션은 파악했는가? 모든 팀과 조직적 제약을 파악했는가? 이 결정과 관련된 로드맵은 모두 확인했는가? '구현 대 구매' 비용을 정확하게 계산해 봤는가? 현재의 기술 동향을 살펴보고 가용한 솔루션을 모두 이해하고 있는가? 분석 및 의사결정과 관련된 모든 이해당사자와 상의하고 정보를 전달했는가?
권장사항	내부 API/시스템의 결합도를 낮추고, 사용법을 간소화하며, API를 남용과 오용으로부터 보호하고, 클라이언트가 API를 사용하는 방법을 이해하며, API를 제품처럼 관리하려면 요구사항에 특히 더 집중해야 한다. 여기서 중요한 고려사항은 다음과 같다. 이미 사용 중인 서비스 메시가 있는가? 개발자가 서비스 간 통신 라이브러리를 구현하거나 플랫폼/SRE 팀이 사이드카 프록시를 배포하는 등 여러 기술을 조합해서 유사한 기능을 구현할 수 있는가? 팀 내의 기술 숙련도, 서비스 메시 프로젝트에 투입할 수 있는 인력과 가용 리소스, 예산 등에 집중하자. 계획 중인 변경사항, 새 기능, 내부 트래픽 관리 및 서비스 메시가 제공하는 다른 기능에 영향을 줄 수 있는 현재의 목표 등을 모두 파악하는 것이 중요하다. 현재의 서비스 메시와 유사한 모든 구현체 및 잠재적으로 미래에 등장할 수 있는 솔루션의 총 소유 비용(TCO)을 계산하자. 잘 알려진 분석가, 트렌드 보고서, 제품 리뷰 등을 통해 현재 가용한 모든 솔루션을 이해하자. 서비스 메시를 선택하고 배포하는 것은 여러 팀과 개인에게 영향을 미친다. 개발 팀, QA, 아키텍처 리뷰 보드, 플랫폼 팀, 정보 보안 팀 등 모두와 상의하자.

정리

이번 장에서는 서비스 메시가 무엇인지 그리고 서비스 메시 패턴 및 관련 기술을 도입할 때 얻을 수 있는 기능과 장점, 어려움 등을 알아봤다.

- 기본적으로 '서비스 메시'는 분산 소프트웨어 시스템상에서 모든 서비스 간 통신을 관리하는 패턴이다.
- 네트워크 수준에서 서비스 메시 프록시는 완전 프록시처럼 동작해 다른 서비스로부터 유입되는 모든 인바운드 트래픽을 수신하며 다른 서비스로 향하는 모든 아웃바운드 요청을 발생시킨다.
- 서비스 메시는 내부 네트워크나 클러스터에 배포한다. 대형 시스템이나 네트워크는 보통 서비스 메시 인스턴스를 여러 개 배포해 관리하며, 하나의 메시로 네트워크 세그먼트나 비즈니스 도메인을 담당하게 하는 경우가 대부분이다.
- 서비스 메시는 네트워크 비무장지대나 외부 서비스 또는 추가 네트워크/클러스터 등에 엔드포인트를 노출하기도 하지만 이는 보통 '인그레스', '종점' 또는 '환승' 게이트웨이로 구현한다.
- 제품 수명주기 관리(서비스의 새 버전을 점진적으로 릴리스), 신뢰성, 다중 언어 통신 지원, 관측용이성, 보안, 유지보수성, 확장성 등 모든 내부 서비스에 공통적으로 필요한 API 관련 기능은 여러 가지가 있다. 서비스 메시는 이런 문제를 해결하는 데 도움이 된다.
- 서비스 메시는 특정 언어용 라이브러리, 사이드카 프록시, 프록시 없는 통신 프레임워크(gRPC) 또는 eBPF 같은 커널 기반 기술을 이용해 구현할 수 있다.
- 서비스 메시에서 가장 불안한 컴포넌트는 보통 제어 부분이다. 이 부분은 반드시 보호되어야 하고 모니터링해야 하며 고가용성 서비스로 운영해야 한다.
- 서비스 메시를 ESB 또는 게이트웨이처럼 사용하는 방법이나 네트워크 계층이 너무 많은 경우는 서비스 메시의 안티패턴에 해당한다.
- 서비스 메시를 구현하기로 결정하고 관련된 기술을 선택하는 것도 한 가지 결정 방법이다. 이 경우에는 연구와 요구사항 분석, 적절한 설계가 반드시 수반되어야 한다.

- 서비스 메시 패턴을 도입하기로 결정했다면 직접 구현하기보다는 오픈 소스 구현체나 상용 솔루션을 도입해 표준화하는 것이 최선이다.

서비스 메시를 도입하든 하지 않든 API의 보안과 내·외부 운영 환경을 고려하는 것이 중요하다. 다음 장에서 더 자세히 알아보자.

3부

API의 운영과 보안

3부에서는 API 주도 시스템의 안전한 운영 및 보안과 관련된 도전 과제들을 살펴본다.

5장에서는 API 수명주기를 이용해 API를 배포하고 릴리스하는 주제를 다룬다. 또한 관측용이성이라는 주제와 더불어 규약형 플랫폼[1]이 분산 아키텍처의 문제를 어떻게 해결해 주는지도 알아본다.

6장에서는 API를 위한 위협 모델링을 알아보고, 여러분의 API에 악의적인 행위를 시도하는 사람의 입장에서 생각하는 방법을 설명한다.

7장에서는 인증과 인가를 이용해 API를 보호하는 방법을 다룬다.

1 원서의 'opinionated platform'은 보통 설계 방향성이나 규칙 또는 규약이 명확한 플랫폼을 의미한다. 이런 특성을 좀 더 간단히 표현하기 위해 이 책에서는 '규약형'이라고 번역하기로 한다. – 옮긴이

5장

API의 배포와 릴리스

이번 장에서는 원하는 환경에서 실행하기 위해 설계하고 구현하며 테스트하는 방법을 묶어서 살펴본다.

0장에서 다뤘던 컨퍼런스 시스템 사례 연구를 생각해 보자. 이 시스템은 하나의 사용자 인터페이스와 서버 측 애플리케이션으로 구현되어 있다. 즉, 서버나 사용자 인터페이스의 업그레이드를 배포한다는 것은 어느 정도의 다운타임이 발생한다는 것을 의미한다. 배포와 릴리스 행위가 강하게 결합되어 따로 분리할 수 없을 가능성도 높다. 게다가 배포에 문제가 생겨서 변경사항을 롤백하는 데도 시간이 걸릴 것이다. 우선은 레거시 컨퍼런스 시스템의 UI와 서버 컴포넌트의 결합도를 낮춰서 더 다양한 방식으로 배포와 릴리스가 가능하도록 한 후 어떤 방식이 가능한지 살펴보자.

트래픽 관리를 도입하면 배포와 릴리스를 분리할 수 있게 된다. 이번 장에서는 이 부분을 좀 더 자세히 살펴보고 컨퍼런스 시스템의 변경사항을 롤아웃rollout하는 옵션도 살펴본다. 그러자면 API 버저닝이 컨퍼런스 시스템의 릴리스 모델링 옵션에 어떤 영향을 미칠 수 있는지도 고려해야 할 것이다.

롤아웃에 있어 중요하게 고려해야 할 점은 변경사항이 성공적인지 아닌지를 이해하는 것이다. API 아키텍처는 본질적으로 분리되어 있으며 성공적인 릴리스를 수행하기 위해서는 올바른 지표, 로그, 추적을 갖추는 것이 중요하다. 지표는 어떤 식으로 고려해야 하는지 살펴본 후 이를 릴리스와 장애 관리/트러블슈팅에 활용하는 방법도 알아본다.

마지막으로, 최종적 일관성이 변경사항에 어떤 영향을 미치는지 그리고 애플리케이션 수준에서 어디에 문제가 발생할 수 있는지 설명한다. 인프라스트럭처에 프록시 같은 추가 계층을 도입하려면 캐싱 및 헤더 전파에 대한 결정이 필요하다. 이런 고려사항과 규약형 플랫폼을 선택해야 하는 이유에 대해 살펴보자.

배포와 릴리스의 분리

이번 장의 내용을 이해하려면 배포와 릴리스의 차이를 이해하는 것이 중요하다. 배포는 시스템에 실행 중인 프로세스가 존재하는 상황에서 프로덕션 환경에 새로운 기능을 추가하는 행위다. 새 기능은 설령 배포가 되더라도 아직 활성화되어 있지 않거나 프로덕션 시스템이 어떤 동작을 실행하지 않는다. 배포와 릴리스를 분리하는 방법은 여러 가지가 있으며 잠시 후 살펴볼 것이다. 릴리스는 새 기능의 활성화를 제어하는 것으로, 새로운 기능을 적용할 때 발생할 수 있는 위험을 제어하기 위한 것이다. 쏘트웍스 테크놀로지 레이더Thoughtworks Technology Radar는 배포와 릴리스의 차이를 잘 설명하고 있다.

> 지속적 전달을 구현하는 것은 많은 조직이 어려워하고 있는 부분이며, 릴리스와 배포를 분리하는 것과 같은 유용한 기술이 여전히 중요한 부분이다. 우리는 배포deployment라는 용어는 애플리케이션 컴포넌트나 인프라스트럭처의 변화를 배포하는 행위만을 의미하는 용어로 사용하길 권한다. 릴리스release라는 용어는 어떤 기능 변경이 최종 사용자에게 릴리스되어 비즈니스에 영향을 주게 되는 경우에만 사용해야 한다. 기능 토글feature toggle과 다크 론치dark launche 같은 기법을 활용하면 프로덕션 시스템에 기능을 릴리스하지 않고도 더 자주 배포할 수 있다. 배포 빈도가 높아지면 변경과 관련된 위험은 줄이면서도 비즈니스 이해당사자들은 최종 사용자에게 기능을 릴리스할 시점을 제어할 수 있다.
>
> — 쏘트웍스 테크놀로지 레이더 2016

API 기반 아키텍처로 전환할 때의 장점 중 하나는 아키텍처가 본질적으로 분리된 덕분에 팀이 빠르게 변경사항을 릴리스할 수 있다는 점이다. 이 장점을 몸소 느껴보려면 시스템 간의 결합도를 낮추고 오류를 유발하는 릴리스 위험을 최소화하는 메커니즘을 고려하는 것이 중요하다.

> 우리는 배포와 릴리스를 구분하지 않고 API 기반 아키텍처로 전환하는 팀을 본 적 있다. 서비스의 결합도가 높은 경우라면 나쁘지 않은 선택이지만, 여러 팀이 릴리스에 관여해야 한다면 여러 서비스에 대한 부담과 다운타임이 빠르게 증가한다. API 버저닝과 수명주기를 이용해 이 문제를 해결하는 방법은 잠시 후에 살펴본다.

사례 연구: 기능 플래그

배포와 릴리스의 분리를 효과적으로 고려하기 위해 레거시 컨퍼런스 시스템부터 먼저 시작한다. 지금까지 이 책에서 설명했던 새 아키텍처의 변화율을 제어할 수 있는 진화적 아키텍처를 잘 모델링할 수 있는 지점이기 때문이다. 그림 5-1은 레거시 시스템과 데이터베이스가 API 기반 서비스와 병렬로 실행되고 있는 모습을 보여준다. 컨트롤러는 기능 플래그 feature flag를 이용해 코드 수준에서 내부 또는 외부 API 서비스 중 어디에서 쿼리를 실행할지 결정할 수 있게 된다.

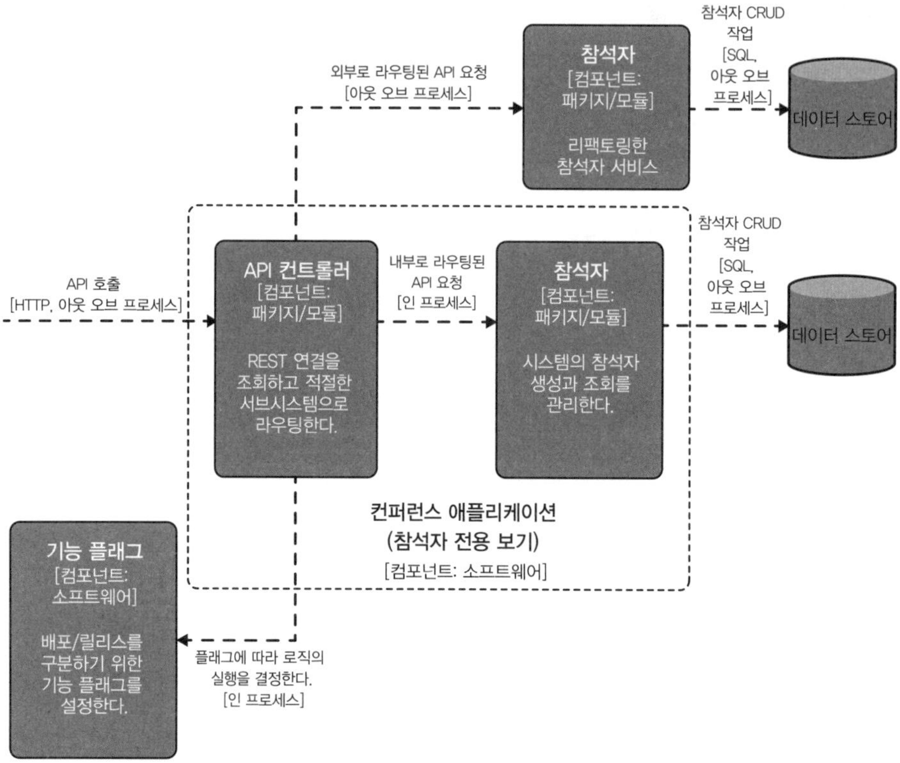

그림 5-1 컨퍼런스 애플리케이션 컨테이너의 참석자와 기능 플래그 부분을 보여주는 다이어그램

기능 플래그는 보통 실행 중인 애플리케이션 외부에서 설정을 저장하며 기능을 끈 상태로 코드를 배포할 수 있다. 팀(또는 제품 소유자)이 기능을 활성화할 준비가 되면 기능을 켜서 애플리케이션의 코드를 다른 경로로 실행하게 된다. 기능 플래그의 세분화는 사용자 단위로 조정할 수도 있고 단순히 특정한 옵션을 활성화할 수도 있다. 다음 예제는 자바 언어에서 대중화된 론치다클리LaunchDarkly 도구를 이용하는 가상의 코드로, 사용자의 세부 정보가 새 스토어에 저장되어 있다고 가정한다.

```
LDUser user = new LDUser("jim@masteringapi.com");
boolean newAttendeesService =
    launchDarklyClient.boolVariation("user.enabled.modern", user, false);
if (newAttendeesService) {
  // 신형 스토어에서 참석자 조회
}
else {
  // 레거시 스토어에서 참석자 조회
}
```

이 방식을 채택하면 사용자의 일부만 새 시스템으로 마이그레이션해서 기능의 동작 여부를 테스트할 수 있다. 마이그레이션이 잘못되면 단순히 기능 플래그만 끄거나 마이그레이션이 100%에 도달할 때까지 계속 롤아웃하면 된다. 애플리케이션과 관련 있는 다른 서비스와 마찬가지로 올바르게 관리하지 않으면 기능 플래그 서비스의 장애는 치명적일 수 있으며 잠재적으로 단일 실패 지점이 될 수도 있다. 마지막으로 사용하던 값을 캐시에 보관하거나 기본값을 제공하면 이런 영향을 완화하는 데 도움이 된다.

> 기능 플래그를 이용하면 코드의 배포와 릴리스 간의 분리가 수월해진다. 다만 기능 플래그는 반드시 정리해야 하고 항상 유일한 이름으로 생성해야 한다. 마이그레이션이 완료되면 기능 플래그 코드는 완전히 제거해야 한다. 기능 플래그 코드를 완전히 제거하지 않아 문제가 된 사례로는 나이트 캐피탈(Knight Capital, https://oreil.ly/WBnE1) 사례가 있는데, 기능 플래그를 재사용하는 바람에 배포가 실패해서 초당 수천 달러의 피해가 발생했고 최종 피해액은 4억 6천만 달러에 달했다.

트래픽 관리

API 기반 아키텍처로 전환할 때의 장점 중 하나는 참석자 서비스에 새 변경사항을 빠르게 반복적으로 배포할 수 있다는 점이다. 또한 아키텍처의 현대화를 위해 트래픽과 라우팅에 대한 개념도 갖추고 있다. 따라서 트래픽을 두 곳에서 조작할 수 있다. API 게이트웨이의 인그레스 트래픽을 조작하거나 서비스 메시 내에서 트래픽 형태 변경이 가능하다.

쿠버네티스와 서비스 메시 기반 시스템의 경우 배포 과정은 다음과 유사한 단계를 취한다.

1. 애플리케이션에 필요한 변경사항을 구현한 풀 리퀘스트를 생성하고 승인을 받으면 머지merge해서 자동으로 배포용 빌드를 실행한다.
2. 빌드 파이프라인이 도커Docker나 오픈 컨테이너 이니셔티브Open Container Initiative를 사용해 새 이미지를 생성한다.
3. 새 이미지를 컨테이너 레지스트리에 등록한다.
4. 대상 환경으로 이미지의 배포를 수행한다.

쿠버네티스는 기본적으로 실행 중인 배포본을 새 배포본으로 교체한다. 이번 장의 후반부에서는 새 파드pod의 릴리스를 단계화하는 기법을 통해 배포와 릴리스를 분리하는 방법을 알아본다. 일단 배포가 이뤄지면 코드의 배포가 완료된 것이며, 실행 중인 시스템의 릴리스 설정에 따라 별도의 릴리스 과정을 거치게 된다. 이 설정은 여러 단계로 구성되어 있을 수 있으며 이 설정이 바로 별도의 릴리스 전략을 수립하는 메커니즘이다. 트래픽 관리의 릴리스를 구성하는 방법을 살펴보기에 앞서, API 시스템에 채택할 수 있는 릴리스의 종류를 먼저 살펴보자.

사례 연구: 컨퍼런스 시스템의 릴리스 모델링

66페이지 '시맨틱 버저닝' 절에서는 API와 관련된 여러 버전 전략을 살펴봤다. 릴리스를 모델링할 때는 API 수명주기 개념과 함께 시맨틱 버저닝을 조합하는 것이 좋다.

API 수명주기

API 분야는 빠르게 변화하지만 버전 수명주기를 가장 명확하게 표현하는 것은 이제는 고전이 된 페이팔PayPal API 표준(https://oreil.ly/QMCKz)에서 유래했다. 표 5-1은 수명주기를 모델링하는 방법을 보여준다.

표 5-1 API 수명주기(페이팔 API 표준에서 도입)

계획 단계	기술 관점에서 API를 노출한다는 것은 상당히 직관적이지만 일단 노출이 되고 프로덕션 환경에서 동작하기 시작하면 이제는 여러 API 소비자를 관리해야 한다. 계획 단계는 여러분이 API를 구현하고 있음을 알리고 소비자로부터 API의 설계와 형태에 대한 피드백을 수집하는 단계다. 이를 바탕으로 API와 범위에 대한 논의를 통해 설계에 대한 초기 의사 결정사항들을 반영할 수 있다.
베타 단계	사용자가 통합할 버전의 API를 릴리스하는 단계이지만 이 릴리스는 피드백을 수집해 API를 개선하는 것이 목적이다. 이 단계에서는 API의 버전이 결정되지 않았으므로 생산자가 호환성을 반드시 유지할 필요가 없다. 그래서 현재 구조를 확정하기 전에 API 설계에 대한 신속한 피드백을 소비자로부터 얻을 수 있다. 생산자는 피드백의 수집과 변경사항의 반영을 반복하면서 API 수명주기의 시작부터 여러 메이저 버전을 관리해야 하는 부담을 줄일 수 있다.
라이브 단계	이제 API의 버전이 결정되어 프로덕션에서 활성화된 단계다. 이 시점부터 발생하는 모든 변경사항은 버전이 할당되어야 한다. 라이브 상태의 API는 유일해야 하며 가장 최근의 메이저/마이너 버전을 조합해서 표시한다. 새 버전이 릴리스되면 현재 라이브 상태의 API는 사용하지 않는 상태가 된다.

(계속)

사용하지 않음 단계	API가 사용하지 않는 단계가 되어도 여전히 사용할 수는 있지만 신규 개발의 상당 부분은 적용되지 않는다. 마이너 버전이 업그레이드된 새 API가 릴리스되면 기존 API는 프로덕션 환경에서 새 API의 검증이 완료되는 잠깐 동안만 사용하지 않음 상태가 된다. 새 버전의 검증이 끝나면 새 버전의 API가 하위호환성을 가지므로 기존 API와 동일한 기능을 처리할 수 있게 되고 기존의 API는 퇴출 상태가 된다. 메이저 버전이 업그레이드된 API가 새로 릴리스되는 경우에는 기존 버전은 사용하지 않음 상태가 된다. 이때는 소비자가 새 버전으로 마이그레이션해야 하므로 사용하지 않음 상태에서 몇 주 혹은 몇 달간 머무를 수 있다. 사용하지 않는 API라 하더라도 소비자와의 의사소통, 마이그레이션 가이드, 지표와 사용량의 추적 등이 필요하다.
퇴출 상태	API가 프로덕션 환경에서 퇴출되고 더 이상 사용할 수 없게 된다.

수명주기는 API가 어떻게 변경되는지 소비자가 완전히 이해하는 데 도움이 된다. 시맨틱 버저닝을 API 수명주기와 조합하면 소비자 입장에서는 API의 메이저 버전 변경에 대해서만 인지하면 된다. 마이너 버전과 패치 버전은 소비자 측의 업데이트가 필요하지도 않고 호환성에 문제를 일으키지도 않는다. API 수명주기와 트래픽 관리를 통해 제어할 수 있는 부분을 고려해 보면 변화의 종류를 주시하기 시작하고 새 버전의 API를 릴리스하는 가장 적절한 방법을 고려하게 될 것이다.

수명주기에 릴리스 전략을 결합하기

API 소비자에게 가장 영향이 큰 변경은 메이저 버전이 바뀌는 변경이다. 새 버전의 소프트웨어를 사용하려면 소비자는 반드시 API를 사용하는 자신들의 소프트웨어를 업그레이드해야 한다. 이는 수명주기에도 정의되어 있듯이 라이브 버전과 사용이 금지된 버전의 API를 한동안 같이 유지해야 소비자가 업그레이드와 마이그레이션을 할 수 있는 시간을 벌 수 있다는 뜻이다. 그렇게 할 수 있는 방법 중 하나는 URL에 버전을 추가하는 것이다.

```
GET /v1/attendees
```

버전을 추가하면 소비자가 쉽고 효과적으로 버전을 확인할 수 있다. 하지만 버전은 리소스의 일부가 아닐뿐더러 혹자는 이를 REST 원리에 어긋난다고 생각하기도 한다. 또 다른 방법은 헤더에 메이저 버전을 명시해서 클러스터로의 인그레스 시점에 라우팅으로 처리하는 방법이다.

```
GET /attendees
Version: v1
```

마이너 버전의 변화는 메이저 버전의 변화가 가져오는 제약에서 자유롭다. 이런 변경의 경우라면 프로덕션 트래픽이 유입되지 않도록 새로운 마이너 버전의 API를 먼저 배포한 후 릴리스 전략에 따라 새 버전을 사용하기 시작하면 된다. 이런 변경은 소비자가 코드를 변경할 필요가 없다. 패치 버전의 변경도 마찬가지로 API 명세의 형태를 전혀 바꾸지 않으므로 같은 패턴을 적용하면 된다. 이처럼 투명한 릴리스가 가능하려면 빌드 과정에서 단절적 변화가 실수로 포함되지 않도록 하기 위한 추가적인 제어 장치를 도입하는 것을 고려할 필요가 있다.

67페이지 'OpenAPI 명세와 버저닝' 절에서는 openapi-diff 도구를 이용해 변경사항과 명세 사이의 차이점을 확인하는 방법을 알아봤다. 명세의 하위호환성에 문제가 생긴 경우에는 빌드가 실패해서 단절적 변화가 아키텍처에 반영되지 않도록 해야 한다. 대부분의 API 릴리스는 마이너 버전 또는 패치 버전의 변경이므로 생산자와 소비자 사이의 느슨한 결합이 가장 중요하다.

소비자와 생산자가 강하게 결합되어 있고 같은 팀이 관리하고 있다면 항상 같이 변경된다. API 버저닝과 수명주기는 그다지 중요하지 않다. 이런 상황에서는 두 컴포넌트를 함께 릴리스하고 인그레스에서 트래픽을 제어할 수 있는 릴리스 전략을 고려하는 것이 중요하다. 이런 경우에는 보통 블루-그린blue-green 모델이 적합하며 197페이지 '릴리스 전략' 절에서 좀 더 자세히 살펴보기로 한다.

ADR 가이드라인: 트래픽 관리와 기능 플래그를 이용한 배포와 릴리스의 분리

배포와 릴리스를 분리하기 위한 ADR을 작성할 때는 표 5-2의 ADR 가이드라인을 참고해 보기 바란다.

표 5-2 ADR 가이드라인: 트래픽 관리와 기능 플래그를 이용한 배포와 릴리스의 분리

결정사항	배포와 릴리스를 어떻게 분리할 것인가?
논의사항	현재 라이브 상태인 시스템의 배포와 릴리스를 오늘 분리하는 것이 가능한가? 시스템의 소비자와 생산자 사이의 결합도는 어느 정도인가? 트래픽을 관리하는 API에 필요한 느슨한 결합 요구사항을 반영하고 호환성을 테스트할 수 있는 빌드 파이프라인을 갖추고 있는가?
권장사항	기존 소프트웨어의 배포와 릴리스를 분리하는 것부터 시작하자. 기존 시스템의 단순화와 진화적 아키텍처로의 전환이 가능해지기 때문이다. 기능 플래그는 이 둘을 분리하는 좋은 방법이다. 아직 기능 플래그를 사용하고 있지 않다면 플래그와 관련된 권장 사례와 위험을 피하는 방법들을 리뷰해야 한다. 조심해서 사용하지 않으면 기능 플래그는 단일 실패 지점이 될 수도 있다. 아키텍처 내 API 간의 결합의 종류를 확인하고 상황에 적합한 릴리스 전략을 결정하자.

다음 절에서는 여러 가지 릴리스 전략을 살펴본다.

릴리스 전략

일단 배포와 릴리스를 적절히 분리했다면 기능의 점진적 릴리스를 제어하기 위한 메커니즘을 고민해야 한다. 중요한 것은 프로덕션 환경에서 발생할 수 있는 위험을 최소화할 수 있는 릴리스 전략을 선택하는 것이다. 위험을 줄이려면 먼저 트래픽의 일부에 대해 릴리스 후 테스트나 실험을 진행해서 결과를 검증한다. 결과가 성공적이면 모든 트래픽을 대상으로 릴리스하면 된다. 어떤 전략은 특정 시나리오에서 다른 전략보다 더 나은 선택일 수 있으며, 서비스와 인프라스트럭처에 여러 정도의 추가 기능을 필요로 할 수도 있다. API 기반 아키텍처에 대중화되어 있는 몇 가지 옵션을 살펴보자.

카나리 릴리스

카나리 릴리스canary release[1]는 새 버전의 소프트웨어와 흐름을 작은 퍼센트의 트래픽에만 노출하는 방법이다. 그림 5-2에서 이전 단계는 게이트웨이, 레거시 컨퍼런스 서비스 1.0 버전, 참석자 서비스 1.0 버전을 보여준다. 환경별로 차이가 있을 수는 있지만 레거시 컨퍼런스 서비스와 참석자 서비스 사이에는 트래픽을 분할하는 개념이 반영되어 있다. 배포 단계

1 카나리는 광부들이 유독 가스의 존재 여부를 확인하기 위해 먼저 광산에 들여보냈던 새의 이름을 딴 것이다.

에서는 참석자 서비스 버전 1.1이 배포되어 있으며, 릴리스 시점에서는 트래픽의 일부만 버전 1.1 서비스에 전달된다.

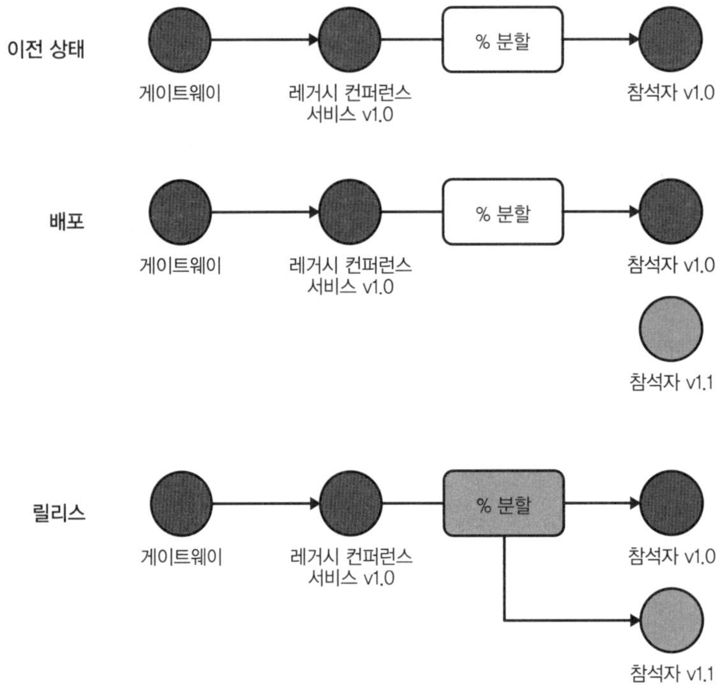

그림 5-2 카나리 방식으로 참석자 서비스를 배포하기

쿠버네티스에서는 서비스의 새 파드를 추가해서 트래픽 분할을 수행한다. 이에 대해서는 202페이지 '사례 연구: 아르고 롤아웃으로 롤아웃 수행하기' 절에서 살펴본다. 아주 작은 퍼센트를 제어하는 것은 쉽지 않다. 예컨대 1%라고 한다면 99개의 v1 파드와 1개의 v2 파드가 필요한 셈이다. 대부분의 경우 그다지 실용적이지 못한 방법이다.

서비스 메시와 API 게이트웨이의 경우 트래픽 이전traffic shifting 기법으로 서비스의 한 버전으로부터 다른 버전으로 트래픽을 점진적으로 이전하거나 마이그레이션할 수 있다. 예를 들어, 서비스의 새 버전 v1.1을 원래 버전인 v1.0과 나란히 배포할 수 있다. 트래픽 이전 기법을 사용하면 예컨대 처음에는 1%처럼 작은 사용자 트래픽만 v1.1로 보내고 시간이 지남에 따라 전체 트래픽을 새 서비스로 이전하는 것이 가능하다. 그렇게 해서 새 서비스를 모니터링하고 레이턴시의 증가나 에러율 같은 기술적 문제를 살펴볼 수도 있고, 소비자 전환률이나 평균 구매 비용 같이 원하는 비즈니스 영향도를 분석할 수도 있다. 게다가 트래픽

분할을 이용하면 서비스의 여러 버전에 트래픽을 분산해 A/B 테스트 또는 다변화 테스트를 수행할 수도 있다. 예를 들어, 트래픽을 v1.0과 v1.1에 각각 50% 할당해서 특정 기간 동안 어떤 버전이 더 잘 동작하는지 확인하는 것이 가능하다.

모든 서비스 간 통신에는 서비스 메시가 관여하므로 이 릴리스 및 실험 기법은 애플리케이션의 어떤 서비스에서든 구현할 수 있다. 예를 들어, 참석자의 컨퍼런스 세션 일정을 내부에 캐싱하는 기능을 구현한 새 버전의 세션 서비스를 카나리 릴리스할 수 있다. 사용자가 얼마나 자주 세션 일정을 확인하는지 같은 비즈니스 KPI나 서비스의 CPU 사용량 감소 같은 운영 관련 SLI를 모니터링할 수 있다.

배포와 릴리스의 분리: 모든 것에 카나리를 적용하기

점진적 전달(Progressive Delivery, https://oreil.ly/9qVQe)의 등장과 그 전에 나타난 지속적 전달(Continuous Delivery)의 요구사항으로 인해 서비스(및 그에 상응하는 API)의 배포와 릴리스를 분리하는 것은 강력한 기법이 되었다. 서비스를 카나리 릴리스하거나 A/B 테스트를 수행하는 것은 잘못된 릴리스로 인한 위험의 완화와 소비자의 요구사항을 더욱 효율적으로 이해하는 측면에서 경쟁적인 장점을 가져다줄 수 있다. 더 자세한 내용은 9장에서 살펴보기로 하자.

잘 활용한다면 카나리 릴리스는 카나리에 노출되는 트래픽을 고도로 제어할 수 있는 훌륭한 옵션이다. 반면 트레이드오프라면 이슈를 빠르게 인지하고 필요에 따라 롤백할 수 있도록(이 과정은 자동화할 수 있다) 좋은 모니터링을 반드시 갖추고 있어야 한다는 점이다. 블루-그린 같은 전략은 서비스를 위한 두 번째 스택을 완전히 갖춰야 할 필요가 있는 반면, 카나리는 하나의 인스턴스만 실행할 수 있다는 장점도 있다. 덕분에 비용을 절감하고 두 환경을 병렬로 실행하는 운영 복잡도를 줄일 수 있다.

트래픽 미러링

실험을 위한 트래픽 분할 외에도 트래픽을 복사하거나 복제해서 다른 곳으로 보내는 트래픽 미러링traffic mirroring 방법도 활용할 수 있다. 트래픽 미러링을 활용할 때는 대부분 복제된 요청에 대한 응답은 호출 서비스나 최종 사용자에게 전달하지 않는다. 대신 복제된 요청의 응답은 기존 서비스 대비 리팩토링한 서비스의 응답을 비교나 응답 레이턴시나 CPU 사용량 같이 새 버전의 서비스가 요청을 처리하는 데 필요한 운영 속성들을 관측해 서비스가 올바로 동작하는지를 평가하기 위한 용도로 사용한다.

트래픽 미러링을 활용하면 서비스의 '다크 론치dark launch' 또는 '다크 릴리스dark release'가 가능하다. 이는 사용자는 새 릴리스에 대해 모르지만 내부적으로는 필요한 효과를 발휘하는지 관측하는 것을 말한다. 주된 차이점은 실험/릴리스 단계에서 참석자 서비스 v1.1로 요청을 복제하는 트래픽 미러링 기능의 가능 여부다. 그림 5-3을 보면 이전 상태와 배포 단계는 카나리 릴리스와 동일하다. 다크 배포는 이런 목적에 특화된 카나리라고 부르기도 한다.

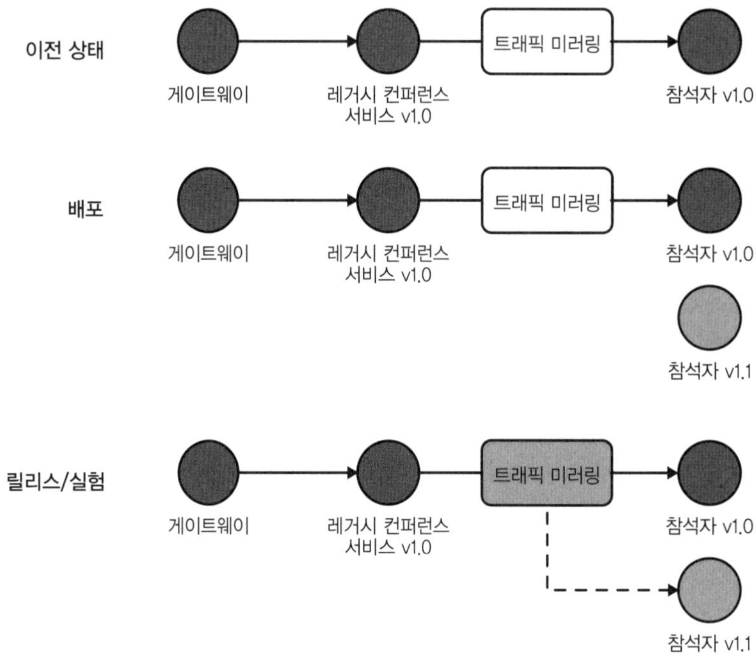

그림 5-3 트래픽 미러링 방식을 이용한 참석자 서비스의 배포

최근 몇 년 동안 시스템의 에지에서 트래픽 미러링을 구현하는 방식이 대중화되었고 이제는 서비스 메시로 여러 내부 서비스에 걸쳐 이를 효과적이고도 일관적으로 구현할 수 있게 됐다. 내부 캐싱을 구현한 새 버전의 참석자 서비스를 릴리스하는 예시를 이어가자면, 이 서비스를 다크 론칭하면 릴리스의 비즈니스 영향도가 아니라 운영 성능을 평가할 수 있다.

블루-그린

블루-그린은 보통 완전한 블루 환경과 그린 환경이 라우터, 게이트웨이 또는 로드밸런서 뒤에 갖춰진 아키텍처에서 구현된다. 현재 블루 환경은 현재의 라이브 환경을 의미하며, 그린 환경은 스택의 다음 버전을 의미한다. 실제 라이브 트래픽을 이전하기 전에 그린 환경을 검사하고 문제가 없으면 모든 트래픽이 블루 환경에서 그린 환경으로 이전된다. 그러면 블루 환경은 이제 '꺼진' 상태가 되지만 문제가 일어나면 빠르게 롤백할 수 있다. 다음 변경은 그린에서 블루 환경으로 이뤄지며, 첫 릴리스 이후로는 이 둘 사이를 계속 왔다 갔다 하게 된다.

그림 5-4는 레거시 컨퍼런스 서비스와 참석자 서비스가 모두 v1.0 버전인 블루 모델을 보여준다. 배포 과정에서는 레거시 컨퍼런스 서비스 v1.1과 참석자 v1.1을 함께 배포해 그린 환경을 구성하게 된다. 릴리스 단계에서는 설정을 변경해 게이트웨이가 그린 환경을 가리키게 한다.

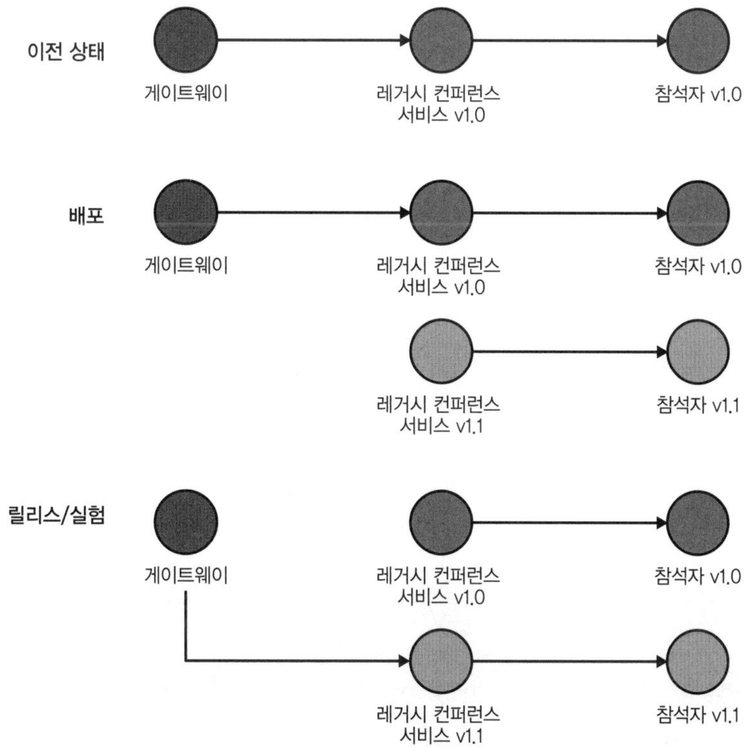

그림 5-4 블루-그린 방식을 이용한 참석자 서비스의 배포

블루-그린 방식은 간결해서 잘 동작하며 결합도가 높은 서비스에게는 더 나은 배포 옵션 중 하나다. 비록 롤백을 해야 하는 상황에서는 주의가 필요하지만 서비스의 영속성을 관리하기도 쉽다. 또한 현재 활성화된 환경과 병렬로 다른 환경을 유지하기 위해서는 두 배의 리소스가 필요하다.

사례 연구: 아르고 롤아웃으로 롤아웃 수행하기

지금까지 살펴본 전략은 엄청난 가치를 제공하지만 롤아웃 자체는 수동으로 관리하고 싶지 않은 작업이다. 아르고 롤아웃Argo Rollouts 같은 도구(https://oreil.ly/Ijj6y)는 이미 논의했던 몇 가지 문제점을 실제로 보여주는 데 유용하다. 아르고를 이용하면 참석자 API의 v1.2 버전을 새 카나리로 롤아웃하기 위한 전략을 표현하는 롤아웃 CRD를 정의할 수 있다. 아르고는 커스텀 리소스 정의Custom Resource Definition(CRD)를 이용해 쿠버네티스 API를 확장하는 형식으로 롤아웃 동작을 지원한다. CRD는 쿠버네티스에서는 대중화된 패턴으로, 사용자는 확장 기능이 포함된 하나의 API를 이용해 여러 기능을 지원할 수 있다.

롤아웃 CRD는 표준 쿠버네티스 배포 CRD와 새 기능을 롤아웃하는 전략을 조합한 것이다. 다음의 YAML 설정을 보면 참석자 API를 실행하는 파드가 5개이며 카나리 방식으로 새 기능을 롤아웃하고 있다. 롤아웃이 시작되면 20%의 파드가 새 버전으로 교체된다. {} 문법은 아르고가 롤아웃을 진행하기 전에 사용자의 확인을 받도록 하기 위한 것이다.

```
apiVersion: argoproj.io/v1alpha1
kind: Rollout
metadata:
  name: attendees
spec:
  replicas: 5
  strategy:
    canary:
      steps:
        - setWeight: 20
        - pause: {}
        - setWeight: 40
        - pause: {duration: 10}
        - setWeight: 60
        - pause: {duration: 10}
        - setWeight: 80
        - pause: {duration: 10}
  revisionHistoryLimit: 2
  selector:
    matchLabels:
      app: attendees-api
  template:
```

```
metadata:
  labels:
    app: attendees-api
spec:
  containers:
    - name: attendees
      image: jpgough/attendees:v1
```


클러스터에 아르고를 설치한 후 앞서 살펴본 설정을 적용하면 클러스터에는 5개의 파드가 참석자 서비스 v1.0 버전을 실행하게 된다. 아르고의 정말 좋은 기능 중 하나는 현재의 롤아웃 상태를 명확하게 시각화하는 대시보드다. 그림 5-5는 참석자 v1 서비스를 실행하는 5개 파드의 롤아웃을 시작하는 시점을 보여준다.

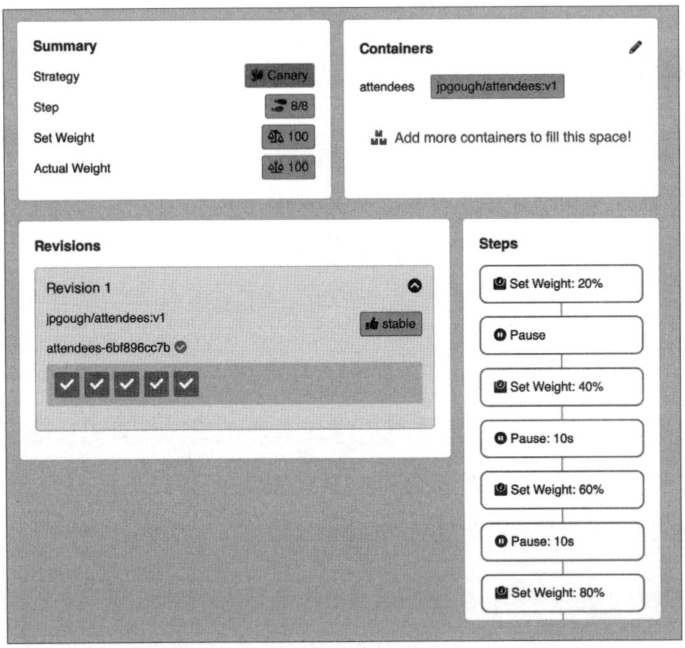

그림 5-5 아르고 롤아웃 시작 지점

다음 명령을 실행하면 플랫폼에 v1.2 카나리가 생겨난다.

```
kubectl argo rollouts set image attendees attendees=jpgough/attendees:v1.2
```

그림 5-6을 보면 릴리스가 참석자 v1.2 카나리에 20%의 부하를 이전하는 전략의 첫 번째 단계를 실행 중임을 알 수 있다. UI에서 보이듯이 롤아웃은 이제 일시 정지 단계로, 사용자

가 UI나 명령줄을 이용해 수동으로 롤아웃을 계속하도록 지시해야 한다. 문제가 발생하면 카나리 릴리스를 빠르게 롤백하는 것도 가능하다.

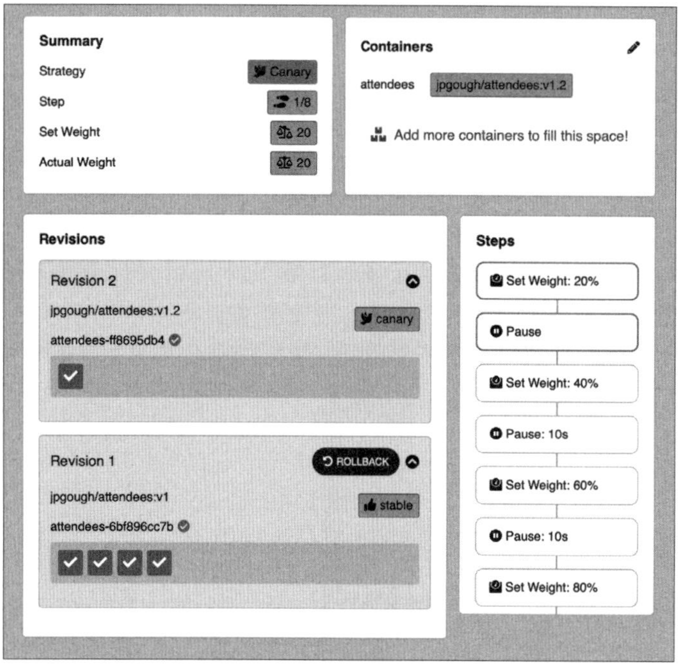

그림 5-6 아르고의 카나리 롤아웃

이 간단한 예시는 쿠버네티스 수준에서만 살펴본 것이다. 하지만 서비스 메시의 기능과 완전히 통합해 롤아웃을 제어하는 것도 가능하다. 또한 엔진엑스 같은 인그레스 게이트웨이를 통합하고 엠버서더로 릴리스의 트래픽 관리를 조율하는 것도 가능하다. 아르고 같은 도구는 롤아웃과 트래픽 기반 릴리스를 제대로 구현할 수 있다.

앞서 살펴본 수동 절차 외에도 지표를 분석해 자동으로 롤아웃이 진행되도록 할 수도 있다. 다음은 프로메테우스의 지표를 이용해 카나리 배포의 성공률을 관측하는 `AnalysisTemplate`의 예시다.

```
apiVersion: argoproj.io/v1alpha1
kind: AnalysisTemplate
metadata:
  name: success-rate
spec:
  args:
```

```
  - name: service-name
  - name: prometheus-port
    value: 9090
  metrics:
  - name: success-rate
    successCondition: result[0] >= 0.95
    provider:
      prometheus:
        address: "http://prometheus.example.com:{{args.prometheus-port}}"
```

성공률은 상당히 간단한 지표다. 하지만 인프라스트럭처의 실패가 아니라 클라이언트 요청을 처리하던 API가 실패하는 상황도 있을 수 있다. API 관점에서 플랜트plant의 운영과 롤아웃 전략에 중요한 몇 가지 원칙을 살펴보자.

성공에 대한 모니터링과 장애의 인지

레거시 컨퍼런스 시스템 사례 연구를 통해 단일 애플리케이션의 문제를 조사하는 과정을 생각해 보자. 단일 서비스는 애플리케이션의 요청과 처리를 추적하는 하나의 로그 파일을 갖고 있다. 서버상에서 동작하는 프로세스의 전반적인 상태를 살펴봐야 할 애플리케이션이 하나뿐인 것이다. 참석자 서비스처럼 여러 서비스를 분리해내면 운영 복잡도가 증가하게 된다. 서비스 간에 발생하는 더 많은 **홉**hop 때문에 장애가 발생할 가능성이 있으며 문제점을 직접 찾아내는 것은 금새 어려워질 것이다.

관측용이성을 지탱하는 3가지 요소

API 주도 아키텍처는 기본적으로 분리되어 있으므로 적절한 지원이 없다면 문제를 유추하고 해결하기가 복잡하다. 관측용이성은 시스템에 대한 투명성을 제공하므로 시스템 내에서 발생하는 일을 완전히 이해할 수 있다. 관측용이성은 운영 측면에서 분산 아키텍처의 이해에 최소한으로 필요한 3가지 요소로 설명할 수 있다.

- **지표**metrics는 플랫폼의 전체적인 상태에 중요한 요소를 정기적으로 수집해 측정한 것이다. 지표는 플랫폼 전반에 걸쳐 다르게 표현되기도 하며 구조가 자유로워서 플랫폼이 중요하게 수집해야 하는 지표를 결정할 수 있다. 예를 들어, 자바 플랫폼은 CPU 사

용률, 현재의 힙heap 크기, 가비지 컬렉션garbage collection의 정지 시간 등을 수집할 수 있다.

- **로그**log는 어떤 컴포넌트의 처리에 대한 세분화된 정보를 제공하며, 로그의 품질은 로그를 출력하는 애플리케이션이나 인프라스트럭처 컴포넌트와 밀접하게 관련되어 있다. 로그 형식은 로그 데이터의 검색과 처리에 큰 영향을 미치며 구조화된 로깅은 관련 데이터의 검색과 조회에 더 적합하다. 분산 시스템에서는 로그 자체만으로는 충분하지 않으며 추적과 지표가 제공하는 컨텍스트와 조합할 때 그 의미가 더 커진다.
- **추적**trace은 분산 아키텍처로 이전할 때 반드시 필요하며 각 요청이 거쳐가는 아키텍처 내의 모든 컴포넌트를 추적할 수 있다. 예를 들어, 어떤 요청이 실패하면 추적을 이용해 아키텍처 내의 어떤 컴포넌트에서 문제가 발생했는지 빠르게 알아낼 수 있다. 추적은 최대한 요청의 근원지에 가까운 곳에서 유일한 헤더를 추가하는 형태로 구현한다. 이 헤더는 요청의 이후 처리 과정에 모두 전파된다. 만일 요청의 컨텍스트가 다른 종류의 인프라스트럭처(예: 큐)로 옮겨지면 이 유일한 헤더 값도 메시지 헤더에 기록된다.

더 자세한 내용은 신디 스리다란Cindy Sridharan이 집필한 『Distributed Systems Observability』(오라일리)를 참고하기 바란다.

> 이 3가지 요소를 플랫폼에 구현하는 것만으로는 충분하지 않다. 208페이지 '신호 읽어내기' 절에서는 관측용이성의 3가지 요소를 이용해 API 플랫폼의 인프라스트럭처를 운영하는 방법에 대해 알아본다.

관측용이성의 3가지 요소를 갖추는 데는 오픈텔레메트리OpenTelemetry 프로젝트(https://oreil.ly/fJPPd)가 가장 적합하다. 이 프로젝트는 클라우드 네이티브 컴퓨팅 재단Cloud Native Computing Foundation(CNCF)의 공개 표준을 제공해 벤더에 구속되지 않고 최대한의 호환성을 갖출 수 있다. 지표와 추적에는 표준이 재정되어 있고 이미 안정화되어 있지만 로깅은 (로그를 기록하는 방식이 너무 다양해서) 조금 더 어려운 문제다. 하지만 오픈텔레메트리 프로젝트는 이 문제도 해결하고 있다.

API에서 중요한 지표

장애를 일찍 발견하고 가능하면 예방하기 위해서는 API 플랫폼에 중요한 지표가 무엇인지를 고려하는 것이 가장 중요한 의사결정사항이다. 여러 가지 지표를 측정하고 수집할 수 있지만 어떤 지표는 플랫폼에 의존적이다. 비율rate, 에러error, 지속 시간duration(RED) 지표는 트래픽 기반 서비스 아키텍처를 측정하는 방법으로 거론되곤 한다. 이 방식의 매력 중 하나는 이 지표가 특정 시점에 발생하는 일에 대한 좋은 개요를 제공한다는 점이다. 비율은 서비스가 초당 처리하는 요청의 개수(또는 처리량), 리턴되는 에러, 각 요청의 처리 시간(또는 레이턴시)을 보여준다. 사이트 신뢰성 엔지니어링 분야에서 이 지표는 레이턴시, 트래픽, 에러, 포화도로 구성된 4가지 황금 신호The Four Golden Signals(https://oreil.ly/iv1bJ)를 구성한다.

RED/황금 신호 지표의 가장 큰 단점 중 하나는 규칙을 적용한 뒤 시스템의 더 넓은 컨텍스트에서 놓치기 쉽다는 점이다. 예를 들어, API의 모든 에러는 요청 체인의 한 서비스에 의해 발생할까? API 입장에서 에러의 컨텍스트는 정말 중요하다. 예컨대 5xx 에러는 인프라스트럭처 컴포넌트나 서비스가 원인이기 때문에 중요하다. 4xx 에러는 서비스 문제가 아니라 클라이언트의 문제이지만 이 에러 코드를 그냥 무시해도 될까? 403 Forbidden 에러는 악의적인 사용자가 허용되지 않은 데이터에 접근하려고 했음을 의미할 수도 있다. 이는 컨텍스트의 중요성을 보여주는 한 가지 예시이며, 어떤 지표를 측정하는 것이 중요한지 조사하는 시간은 RED 지표로 API를 파악하는 시간보다 더 많이 걸린다.

중요한 지표는 반드시 알람을 적용해서 발생한(또는 곧 발생할) 문제에 즉각 대처할 수 있어야 한다. 알람을 설정할 때는 위정false positive에 주의해야 한다. 예를 들어, 활동 수치가 낮거나 없는 경우 발생하는 알람이 공휴일이나 주말에 발생할 수도 있다. 이런 알람은 업무 시간에만 발생하도록 하거나 현재 웹사이트에 로그인한 사용자 수를 고려해서 발생하도록 하는 편이 좋다.

컨퍼런스 시스템 사례 연구에서는 다음의 지표를 수집하는 것이 중요하다.

- 참석자 서비스의 분당 요청 수
- 참석자 서비스의 서비스 수준 목표(SLO)는 응답의 평균 레이턴시다. 레이턴시가 심하게 증가하기 시작하면 문제가 발생할 수 있다는 신호다.
- CFP 시스템의 401 에러 수는 벤더가 공격을 당했거나 토큰이 도용되었음을 암시할 수도 있다.

- 참석자 서비스의 가용성과 업타임uptime 측정
- 애플리케이션의 메모리와 CPU 사용량
- 시스템의 총 참석자 수

신호 읽어내기

지금까지 3가지 요소와 더불어 관측용이성이 왜 중요한지에 대해 알아봤다. API를 위한 몇 가지 주요 지표도 살펴봤지만 관측용이성만 구현하거나 컨텍스트 없는 지표만으로는 충분하지 않다는 점도 설명했다. 게다가 실행 중인 애플리케이션으로부터 가비지 컬렉션 시간 같은 지표를 측정하는 방법에 대해서도 언급했다. 가비지 컬렉션 시간의 증가는 애플리케이션에 장애가 발생할지도 모른다는 조기 신호일 수도 있다. 가바지 컬렉션은 보통 애플리케이션을 중단하기 위한 시간이 필요하므로 요청이 지연되어 레이턴시에 영향을 줄 수 있다. 이 점을 일찍 알아내는 것은 자동차의 엔진이 이상한 소리를 내는 것을 감지하는 것과 마찬가지다. 엔진은 여전히 돌아가지만 뭔가 문제가 있는 것이다.

신호를 제대로 읽으려면 기준치 또는 기댓값을 설정하는 것이 큰 도움이 되며, 그런 후 그 범위 내에서 값을 측정하고 범위를 벗어날 때 알람을 내보내는 것이 문제를 특정하는 데 도움이 된다. 다음 단계는 API 레이턴시가 실제로 영향을 받을 때의 지표를 관찰하는 것이다. 이는 계기반에 엔진 검사등이 켜지는 것과 같다. 잠재적인 문제의 신호를 더 빨리 읽어낼수록 클라이언트가 문제에 영향을 받을 가능성이 낮아진다. 만일 두 측정값을 모두 무시하면 결국 애플리케이션에 장애가 발생해 팀이 복구에 매달리게 될 것이다.

소프트웨어와 주요 지표와의 관계를 이해하면 문제를 조기에 식별하고 해결 가능한 성숙한 운영 플랫폼을 구축하는 데 도움이 된다. 분산 아키텍처에서 장애는 불가피하며 장애가 발생했을 때는 추적이 근본적인 원인을 찾기 위한 첫 단계가 된다. 우리는 추적 같은 도구가 없을 때 개발자가 형사처럼 로그를 들여다보며 '누가 어떤 동작을 했는지'에 대한 단서를 찾느라 몇 시간을 허비하는 것을 본 적이 있다. 또 다른 중요한 고려사항은 팀이 다양한 상황에 얼마나 신속하게 대응하는가다. 처음으로 모든 API 트래픽이 동작하지 않는다면 굉장한 스트레스를 받을 것이다(그리고 비즈니스에도 큰 영향이 있을 것이다).

효율적인 소프트웨어 릴리스를 위한 애플리케이션의 대응

분산 아키텍처에는 소프트웨어의 릴리스와 관련해 새로운 어려움과 고려사항이 있으며 애플리케이션에서 바뀌어야 하는 부분도 있다. 이번 절에서는 분산 아키텍처에 소프트웨어를 릴리스할 때의 몇 가지 문제점과 이를 해결하는 방법을 설명한다.

응답 캐싱

응답 캐싱response caching은 특정 게이트웨이와 프록시 애플리케이션 컴포넌트에서는 실제로 문제가 될 수 있다. 다음 시나리오를 생각해 보자. 참석자 서비스의 카나리 릴리스를 진행했는데 아무런 문제가 없어 보였다. 그래서 모든 새 서비스의 롤아웃을 실시했다. 하지만 `GET /attendees`를 호출하는 서비스가 프록시를 사용하고 있었고 이 프록시가 바운스되면서 모든 곳에 500초의 지연을 유발했다. 알고 보니 캐싱된 결과 때문에 새 소프트웨어에 문제가 있다는 사실이 드러나지 않았던 것이다.

결과를 캐싱하지 않게 하려면 GET 요청을 보내는 클라이언트에 *`Cache-Control: no-cache, no-store`* 같은 헤더를 추가하는 것이 중요하다. 결국 캐시는 만료될 것이고 안정적인 상태를 유지할 수 있게 된다.

애플리케이션 수준 헤더 전파

API 요청을 종료하고 다른 서비스에 대한 요청을 생성하는 모든 API 서비스는 소멸된 요청의 모든 헤더를 새 요청에 복사해야 한다. 예를 들어, 추적이나 관측용이성과 관련된 헤더는 다운스트림 요청에 모두 추가되어야 분산 추적을 유지할 수 있다.

인증 및 인가 헤더의 경우 다운스트림으로 안전하게 보낼 수 있는 헤더를 결정하는 것이 중요하다. 예를 들어, 인증 헤더를 포워딩하면 서비스가 다른 서비스나 사용자로 위장할 수 있어 문제를 유발할 수 있다. 하지만 OAuth2 베어러bearer 토큰은 안전하게 다운스트림 서비스로 전달할 수 있다(물론 전송 계층이 안전한 경우에 한해서다).

디버깅을 돕기 위한 로깅

분산 아키텍처에서는 여러 가지 문제가 발생할 수 있다! 요청이 서비스로 전달되는지 확인하는 것은 특히 캐싱을 고려하지 않는 경우 정말 중요하다. 로그는 저널과 진단이라는 두 가지 종류로 구분하는 것이 좋다. **저널**journal은 시스템 내의 중요한 트랜잭션이나 이벤트를 수집하기 위한 것이며 그다지 널리 사용되지는 않는다. 처리할 새 메시지의 수신과 해당 이벤트의 처리 결과가 저널 이벤트의 예시다. 반면 **진단**diagnostics은 처리의 실패 및 저널 기반 이벤트 외부의 예상치 못한 에러에 더 치중한다. 구조화된 로그에 로그의 종류를 표현하는 필드를 추가하면 저널 로그나 진단 로그에 빠르게 접근할 수 있다.

규약형 플랫폼 고려하기

이번 절에서 다뤘던 내용 중에서 어떤 방법을 채택할지 결정하지 못하는 경우가 많으며 이로 인해 작업이 반복되거나 일관되지 않은 방식을 채택하게 될 수도 있다. 이런 문제를 해결하는 방법 중 하나는 플랫폼 팀을 만들어 규약형 플랫폼을 개발하는 것이다. 이런 플랫폼은 모든 개발자가 같은 플랫폼 기능을 구현할 필요가 없도록 문제를 해결하기 위한 핵심 의사결정을 플랫폼에 기술적으로 녹여 넣는다.

이런 플랫폼을 성공적으로 도입하려면 데브옵스 및 플랫폼 운영에 필요한 다른 주요 요인들을 고려해서 프로덕션 환경으로 가는 경로를 확장해야 한다. 이를 프로덕션으로 가는 **포장 도로**paved path 또는 **황금 경로**golden path라고도 한다. 개발 팀이 사용하기 원하고 비즈니스 문제를 쉽게 해결할 수 있는 플랫폼을 만들면 채택 가능성이 훨씬 높아진다. 다만 다른 방식을 허용하면 제약이 발생하므로 개발자의 자유와 조직이 요구하는 대로 동작하는 애플리케이션 사이의 트레이드오프가 있다는 점을 기억하는 것이 중요하다.

ADR 가이드라인: 규약형 플랫폼

플랫폼 개발자들이 설계 과정에 참여한다면 규약형 플랫폼을 만드는 것이 가장 성공적인 선택일 것이다. 표 5-3은 성공적인 플랫폼 구축에 개발자들이 참여하는 것이 중요한 이유와 고려해야 할 사항을 설명하고 있다.

표 5-3 ADR 가이드라인: 규약형 플랫폼

결정사항	배포와 릴리스를 분리하기 위해 규약형 플랫폼을 도입해야 할까?
논의사항	조직이 소프트웨어 개발에 사용하는 언어는 무엇인가? 규약형 플랫폼이 그중 몇 가지 언어만 지원해도 괜찮은가? 조직 내에서 개발자에게 고객과 같은 역량을 부여하고 규약형 플랫폼을 내부 제품으로 운영할 수 있는 방식으로 조직이 구성되어 있는가? 플랫폼을 도입했을 때 이점이 되는 기능이나 제약에는 어떤 것이 있는가? 예를 들어, 모니터링과 관측용이성을 개발자에게 곧바로 제공할 수 있어야 하는가? 플랫폼 권장사항을 어떻게 업데이트하고 이미 플랫폼을 사용하는 팀에게 변경사항을 전달할 수 있는가?
권장사항	개발자를 플랫폼 제품의 고객처럼 대우하고 개발자가 제시하는 의견을 지원하기 위한 메커니즘을 만들어야 한다. 주요 기능은 개발자에게 최대한 투명하게 제공되어야 한다(예를 들면 오픈텔레메트리를 구현한 라이브러리를 적용한다). 새 애플리케이션은 항상 스택의 가장 최신 기능을 사용한다. 하지만 어떻게 기존 플랫폼 사용자가 최신 기능을 사용할 수 있도록 할 것인가?

정리

이번 장에서는 API 아키텍처 내에서 소프트웨어를 배포하고 분산하는 과정에 대해 알아봤다.

- 가장 중요한 시작 지점은 배포와 릴리스의 분리에 대한 중요성을 이해하는 것이다. 기존 애플리케이션의 경우 코드 수준에서 새 기능을 활성화하는 기능 플래그를 사용하는 것도 한 가지 방법이다.
- 트래픽 관리는 트래픽을 라우팅해서 릴리스를 모델링할 수 있는 기회를 제공한다.
- 메이저, 마이너, 패치 릴리스는 릴리스 옵션의 형식을 분리하는 데 도움이 된다. API와 강하게 결합된 애플리케이션은 다른 전략을 사용해야 한다.
- 릴리스 전략을 살펴보고 각 전략이 적합한 상황을 살펴봤으며, 아르고 같은 도구를 이용해 효과적으로 롤아웃을 수행하는 방법을 살펴봤다.
- 모니터링과 지표는 API 플랫폼의 성공에 있어 중요한 측정치다. 일부 지표가 중요한 이유와 그 지표가 제공되지 않을 때 문제가 될 수 있는 부분에 대해 알아봤다. 관측용이성에 대한 기본과 디불이 이런 기법을 도입하는 것이 API 플랫폼의 성공적 운영에 중요한 이유를 알아봤다.

- 마지막으로, 효율적인 롤아웃을 지원하기 위한 애플리케이션 수준의 대응 방법 그리고 일관성을 목표로 하는 플랫폼 소유자가 고려해야 할 부분에 대해서도 알아봤다.

API의 효율적인 배포와 릴리스는 API 주도 아키텍처에서는 매우 중요한 주제다. 하지만 API 시스템이 직면하게 될 보안 위협에 대해 생각하고 이를 효과적으로 완화할 수 있는 방법을 고려하는 것이 중요하다. 이 주제는 6장에서 살펴보기로 하자.

6장

운영 보안: API의 위협 모델링

지금까지 설계와 테스트, 배포 옵션, 릴리스 전략에 이르기까지 API의 완전한 수명주기에 대해 알아봤다. 참석자 API는 외부 시스템에 노출될 준비가 된 것처럼 보일 수 있다. API는 구현 속도가 빠르고 미래의 호환성을 고려해 설계하기가 까다로우며 안전하게 구현하기는 더욱 어렵다. 사실은 개발자와 아키텍트가 기능의 구현에만 집중하고 보안은 거의 프로젝트 막바지에 고려하는 경우가 많다.

이번 장에서는 보안이 중요한 이유와 보안을 제대로 갖추지 않을 때 여러분의 평판에 어떤 문제가 생기는지, 그리고 뒤늦게 보안을 갖추는 것이 얼마나 어려운지 알아본다. 시스템 아키텍처가 어느 지점에서 보안에 취약한지 살펴보고 프로덕션 환경에서 발생할 수 있는 위협을 알아내는 방법도 알아본다. 물론 (공격자도 다양하며 위협이라는 분야는 계속해서 진화하고 있으므로) 모든 위협을 인지하지는 못하겠지만 아키텍트에게 중요한 스킬은 본인은 물론 더 많은 개발 팀을 위해 최대한 일찍 보안을 고려해 설계 및 구현하는 것이다.[1] 보통 소프트웨어 개발 주기에서 보안을 더 일찍 고려할수록(최대한 개발 주기 초기에 고려할수록) 계속 진화하는 위협에 더 쉽고 비용 효율적으로 대처할 수 있다. 그러면 API의 보안을 더 잘 아는 상태에서 설계할 수 있다.

161페이지 '보안의 적용: 전송 보안, 인증, 인가' 절에서는 mTLS를 사용해 제어 부분이나 시스템 내에서의 안전한 통신을 구현하는 방법을 알아봤다. 하지만 일단 제어 부분이 미치지 못하는 '외부' 시스템이 등장하면 새로운 방법이 필요하다.

1 이상적인 상황이라면 토대를 마련하기 위해 프로젝트의 시작부터 보안을 고려해야 한다.

사례 연구: 참석자 API에 OWASP 적용하기

먼저 위협 모델링을 적용해 안전한 시스템을 설계하는 것부터 시작해 보자. 그런 후에는 그림 6-1에서 보듯이 위협을 모델링하는 방법 그리고 참석자 서비스와 API에 이를 반영하는 방법을 알아본다.

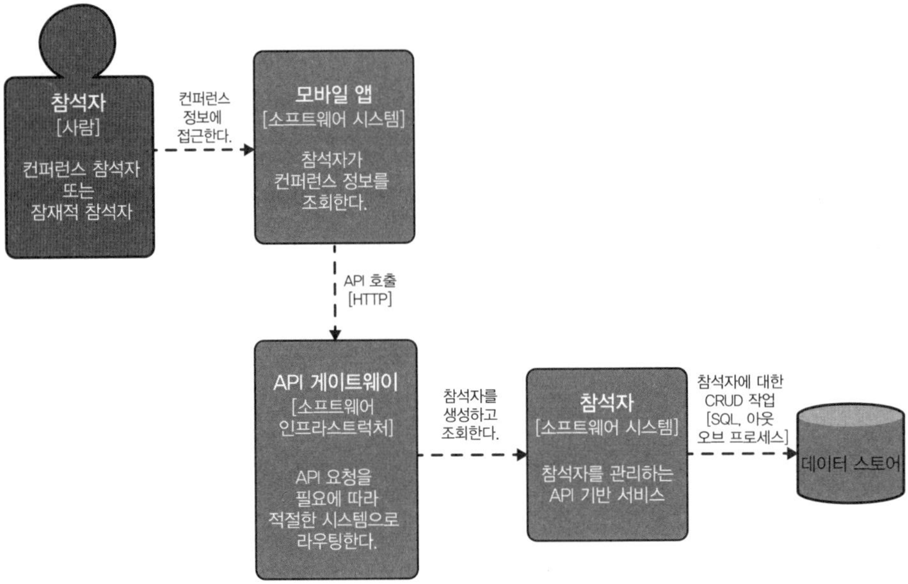

그림 6-1 위협 모델링에 활용할 참석자 API

위협 모델링의 핵심 컴포넌트는 잠재적인 보안 취약점을 찾는 것이므로 이슈를 찾을 때 영감을 얻을 수도 있고 발견한 위협을 처리할 때 참고도 할 수 있는 OWASP API 보안 톱 10(https://oreil.ly/k9MSt)을 살펴볼 것이다. 이번 장을 다 읽을 때쯤이면 위협 모델링이 무엇인지 그리고 프로젝트에 어떻게 적용하게 되는지 이해하게 될 것이다.[2]

공개 웹 애플리케이션 보안 프로젝트Open Web Application Security Project(OWASP)는 소프트웨어의 보안 개선에 힘쓰는 비영리 재단이다. OWASP에서 가장 잘 알려진 프로젝트는 OWASP 톱 10이다. 이 프로젝트는 웹 애플리케이션이 직면할 수 있는 가장 중요한 보안 위험의 목록이다. 2019년 OWASP는 새로운 톱 10 목록을 공개했는데, 이것이 API 보안 톱 10이다. 이 목록은 보안 유출과 버그 바운티bug bounty 프로그램을 조사하던 보안 전문가들의 의견은

2 위협 모델링을 수행하는 데 필요한 완전한 참고 자료는 이자르 타란다쉬(Izar Tarandach)와 매튜 J. 콜스(Matthew J. Coles)가 집필한 『개발자를 위한 위협 모델링』(에이콘출판, 2022)을 참고하기 바란다.

물론 침입 테스터들의 조언까지 더해져 만들어진 것이다. 물론 이 목록이 여러분이 마주하게 될 모든 위협을 나열하지는 않는다. 하지만 API가 어떤 식으로 오용될 수 있는지 확인할 때는 반드시 참고해야 할 것이다. 이 목록은 정기적으로 업데이트되므로 계속해서 확인하는 것이 중요하다.

외부 API가 안전하지 않을 때의 위험

최근 들어 보안에 대한 관심이 늘고 있다고는 하지만[3] 머신러닝, 빅데이터, 양자컴퓨팅 같은 기술만큼의 관심을 받지는 못하고 있다. 대부분의 소프트웨어 전문가는 보안을 최우선시하지 않는다. 개발자들은 비즈니스 솔루션의 구현, SRE 팀은 전체 시스템의 운영, 제품 소유자는 새로운 가치를 전달할 기능의 계획에 주로 집중한다. 보안은 항상 뒷전이며, 운이 좋아서 보안 팀이 있다면 그 팀에 맡겨버리는 경향이 있다. 고객은 (보통) 여러분의 시스템에 보안 장치가 마련되어 있는지보다는 어떤 서비스를 제공하는지에 더 큰 관심을 둔다.

보안 유출은 보통 조직의 평판에 심각한 위험이 되므로 그 영향도는 재앙에 가깝다. 경제적으로도 그 영향도는 매우 커서 '주식 공개 회사의 사이버 유출에 대한 평균 비용은 1억 1600만 달러'에 이르며(https://oreil.ly/W70CP), 2021년 조직의 데이터 유출에 대한 평균 비용은 작년 대비 10% 증가한 424만 달러에 달한다(https://oreil.ly/FpH3D).

다음은 경제 및 사회적으로 큰 피해가 발생했던 보안 유출 사고의 뉴스 제목이다.

- 4억 1900만 명의 사용자 데이터가 데이터베이스에서 유출되다(https://oreil.ly/iCZOb)
- 데이터 유출로 1억 4300만 명의 미국 사용자가 영향을 받다(https://oreil.ly/sK321)
- 보안 문제로 4700만 명의 사용자 개인 정보가 유출되다(https://oreil.ly/DREQ0)
- 데이터 유출에 대한 합의금으로 1750만 달러를 지불하다(https://oreil.ly/RfiQh)
- 1억 600만 명의 고객 기록 유출에 8000만 달러의 벌금을 부과하다(https://oreil.ly/8fR4j)
- 사이버 공격에 대한 대응 실패에 1640만 파운드의 벌금을 부과하다(https://oreil.ly/LnEuX)

---

3 에드워드 스노든(Edward Snowden) 같은 개인이나 〈Mr. Robot〉 같은 TV 프로그램은 대중을 위해 보안을 더 자주 다루고 있다.

마지막 두 뉴스 기사를 보면 규제 당국이 규제 규칙의 위반이나 부적절한 대응에 대해 벌금을 부과한 것이 눈에 띈다. 여러분의 운영 환경에서 클라이언트 데이터 관리에 대한 요구사항이 무엇인지 확인하는 것이 중요하다. 사용자들은 자신의 개인 정보와 데이터를 보호하기 위한 적절한 조치가 이뤄질 것이라고 생각한다. 그렇지 않으면 여러분 조직의 책임이다. 이런 규제 요구사항 중 하나는 개인 정보의 보호에 중점을 둔 유럽의 일반 데이터 보호 규정General Data Protection Regulation(GDPR)이다. 이런 규제를 제대로 따르지 않으면 상당한 경제적 처벌을 받을 수 있다. 지금까지 GDPR 규제 위반으로 인해 가장 많은 벌금을 낸 기업은 6억 3600만 파운드의 벌금을 받은 아마존(https://oreil.ly/rcWyY)과 2억 2500만 유로의 벌금을 받은 왓츠앱WhatsApp(https://oreil.ly/TuYnM)이다.

> 조직에서 짊어져야 하는 책임의 범위는 조직이 개발한 API와 시스템의 범위보다 훨씬 크다. 벤더 제품과 오픈 소스 소프트웨어는 제대로 관리하지 않으면 큰 문제가 될 수 있다. 따라서 벤더 제품이 여러분의 소프트웨어 개발 표준과 같은 수준의 표준을 갖추고 있는지 확인해야 한다. 오픈 소스 소프트웨어의 취약점은 그 영향도가 넓을 수 있다. 그러므로 조직이 CVE(Common Vulnerabilities and Exposure)[4]를 추적하고 영향을 받는 소프트웨어를 다시 구현하는 것이 중요하다.

위협 모델링의 기초

위협 모델링threat modeling은 '위협, 공격, 취약점 등을 식별하고 애플리케이션이 받게 될 영향도를 측정하는 데 도움이 되는 기법'(https://oreil.ly/ahFgn)이다. 현실 세계에서 여러분의 집이나 아파트에 대해 위협 모델링을 해보면 입구(문, 창문) 같은 것들의 존재를 인식하고 내가 이웃에게 현관문 열쇠를 준 적이 있는지를 생각해 보게 될 것이다. 위협을 명확하게 인지했을 때만 보안 위험을 완화할 수 있으므로 이 방법은 위협 모델링에 유용한 방법이다. 또한 보안을 개선하고 의미 없는 노력을 하거나 보안을 위협하는 사람(https://oreil.ly/peFDx)을 피하는 데 도움이 된다. 집에 대한 예시로 돌아가, 큰 돈을 들여 현관문을 강철문으로 바꾸고는 정작 현관문 앞 발판이나 바깥의 꽃병에 열쇠를 숨겨둔다면 그다지 의미가 없을 것이다.

4 공개적으로 알려진 컴퓨터 보안 결함 목록 – 옮긴이

위협 모델링은 여러분의 소프트웨어 개발 수명주기 전체에 통합해야 한다. 이상적이라면 프로젝트의 시작 시점에 수행해야 하며, 시스템과 아키텍처가 진화함에 따라 지속적으로 재수행해야 한다. 다행히도, 위협 모델링을 잘 정의한 방법론들이 여럿 있다. 이 책에서는 마이크로소프트의 프레리트 가르그Praerit Garg와 로렌 콘펠더Loren Kohnfelder가 설계한 스트라이드STRIDE 방법론을 살펴볼 텐데, 이 장의 후반부에서 좀 더 자세히 알아본다.

소프트웨어 시스템의 위협 모델링은 전통적으로 데이터 흐름 다이어그램data flow diagram (DFD)을 이용해 왔다.[5] DFD는 시스템의 동적인 측면(데이터의 흐름)을 활용하는 반면, C4 모델은 기본적으로 시스템의 정적인 측면(구조)을 활용한다. DFD는 이해하기 쉬우며 데이터 중심이어서 시스템상에서의 데이터 흐름을 쉽게 볼 수 있다. DFD의 핵심 컴포넌트는 다음과 같다.

- **외부 엔티티**external entity

  여러분의 시스템이 아닌 애플리케이션/서비스를 의미한다. 우리 예시에서는 모바일 애플리케이션을 외부 엔티티라고 볼 수 있다.

- **프로세스**process

  API 게이트웨이처럼 도메인 내에 존재하는 애플리케이션/태스크를 의미한다.

- **데이터 스토어**datastore

  데이터가 저장되는 곳이다. 우리 예시에서는 데이터베이스가 여기에 해당한다.

- **데이터 흐름**data flow

  모바일 애플리케이션에서 API 게이트웨이로의 흐름 같은 데이터의 흐름을 표현하는 연결 지점이다.

- **경계**boundary

  신뢰할 수 있는 수준에서의 변경을 보여주는 신뢰 경계를 의미한다. 우리 예시에서는 모바일 애플리케이션과 API 게이트웨이 사이의 인터넷 경계가 여기에 해당한다.

그림 6-2는 우리가 위협 모델링의 일환으로 만들게 될 DFD다.

5 DFD의 모든 컴포넌트는 OWASP DFD 소개 페이지(https://oreil.ly/0VlaM)를 참고하기 바란다.

공격자 입장에서 생각하기

아키텍트와 개발 팀은 보안 이슈가 전담 팀의 업무라고 믿기 때문에 이를 직접 고려하기를 꺼리는 경향이 있다. 하지만 소프트웨어 시스템 구조의 핵심적 컴포넌트를 설계하고 구현하는 사람들이 아니라면 누가 잠재적인 약점을 인지하고 이해할 수 있겠는가? 아키텍트와 보안 전문가는 협업을 통해 이런 문제를 해결하고 다각도의 공격 방법을 함께 고민해 본다. 위협 모델링을 수행해 보기 위해 스스로 보안 전문가가 될 필요는 없는 것은 다행이지만 공격자나 악의적인 사용자 입장에서 생각해 볼 필요는 있다.

공격자 입장에서 생각하는 것은 계속 하다 보면("공격자라면 어떻게 할까?"라는 질문을 스스로에게 계속 던져보면) 여러분의 예상보다 쉬울 수 있다. 예를 들어, 밤에 차를 주차할 때 여러분이라면 차 열쇠를 어떻게 처리하겠는가? 열쇠를 차에 두고 내리겠는가? 만일 길가에 주차한다면 절대 그러지 않을 테지만 차고에 주차한다면 그럴 수도 있다. 차 열쇠를 현관문 앞에 걸어둘 수도 있다. 하지만 누군가가 문에 있는 우편함 구멍[6]으로 옷걸이를 넣어 열쇠를 가져갈 수도 있고 차 열쇠가 원격으로 동작한다면 공격자가 신호 증폭을 이용해 열쇠 없이도 차 문을 열 수 있다. 그러면 차 열쇠를 2층으로 가지고 올라갈까? 그리고 전자식 잠금 시스템과 도난방지 장치가 늘어나고 있으니 패러데이 케이지Faraday cage[7](https://oreil.ly/AAdsK)에 넣어둬야 할까? 여러분은 지금, 상황을 주시하고 위협을 평가해 위험을 저울질하고 있는 것이다. 이제 잘 정의된 기존 방법론의 도움을 받아 같은 방법을 소프트웨어 시스템 설계에 적용해야 한다.

위협 모델링 실습

소프트웨어 설계와 개발에 대한 다른 방법론과 마찬가지로 위협 모델링에 있어서도 아키텍트와 엔지니어들이 수년에 걸쳐 다듬어온 목표와 접근법, 방식들이 존재한다. 위협 모델링의 기본적인 수행 방식은 다음과 같다.

6 미국에는 현관문에 편지를 넣을 수 있는 얇은 구멍이 있는 집도 있다. – 옮긴이

7 외부 정전기 차단을 위해 기계 장치 주위에 두르는 금속판 – 옮긴이

1. 목표를 정의한다: 비즈니스 및 보안 목표의 목록을 생성한다. 이 목록은 최대한 단순해야 한다(예를 들면 인증 없는 접근은 허용하지 않는다).
2. 올바른 정보를 수집한다: 시스템에 대한 고수준 설계를 완료하고 올바른 정보를 보유하고 있는지 확인한다. 여러 시스템이 서로 연관되어 동작하는 방식을 이해할 수 있도록 적절한 사람들이 대화에 참여하도록 해야 한다.
3. 시스템을 분할한다: 위협 모델링을 시작할 수 있도록 고수준 설계를 분리한다. 그러다 보면 여러 개의 모델과 다이어그램이 필요할 수도 있다.
4. 위협을 정의한다: 시스템에 대한 위협을 시스템적으로 확인한다.
5. 위협의 위험도를 평가한다: 발생할 가능성이 가장 높은 위협부터 우선순위를 부여하고 이 위협을 완화할 수 있는 방법을 찾는다.
6. 검증한다: 변경사항이 위협을 성공적으로 완화하는지 팀 전체와 스스로가 평가해 본다. 또 다른 리뷰가 필요한지 생각해 본다.

이제 우리의 사례 연구를 위협 모델링이 필요한 시스템이라고 생각하고 이 단계를 좀 더 자세히 살펴보자.

1단계: 목표를 정의한다

위협 모델링의 첫 번째 단계는 목표를 정의하는 것이다. 이 목표가 위협 모델링의 수행 방식을 결정한다. 시스템에 대한 목표를 결정할 때는 여러분이 이루고자 하는 보안 목표에 집중해야 한다. 이 목표는 여러분의 팀이나 정보 보안 팀이 원하는 목표가 아니라 조직 전체가 원하는 것이어야 한다. 보안 목표는 대부분 법적 문제에 휘말리지 않거나 GDPR 같은 규제를 준수하는 등 비즈니스 목표에 의해 설정된다. 만일 여러분이 직접적으로 연관된 분야에서만 목표를 정의한다면 여러분의 조직이 마주하게 될 가장 중요한 이슈들을 온전히 보지 못하게 된다. 참석자 서비스에 대한 목표는 OWASP 톱 10을 참고해 서드파티가 외부에서 사용할 API를 준비하는 것이다.

2단계: 올바른 정보를 수집한다

일단 목표를 정의했다면 두 번째 단계는 시스템의 동작에 대한 정보를 수집하는 것이다. 위협 모델링에서는 시스템의 각 영역과 관련된 기반 코드 또는 제품의 전문가를 동원해야 한다. 그래야만 시스템 전체의 동작을 이해하고 모호함을 없앨 수 있다. 참석자 API의 경우라면 모바일, 게이트웨이, 데이터베이스, 참석자 서비스 등 모든 컴포넌트를 담당했던 팀의 구성원들을 동원해야 한다.

3단계: 시스템을 분할한다

위협 모델링 절차의 세 번째 단계는 데이터의 흐름과 함께 컴포넌트의 연관 동작을 보여주는 시스템 다이어그램을 만드는 것이다. 앞서 수집했던 정보를 활용해 DFD를 작성한다. 다이어그램을 작성하는 과정에는 시간이 많이 필요할 수 있으므로 위협 모델링 전용 도구를 사용할 것을 권한다. 여러 도구가 있지만 그림 6-2는 우리 사례 연구에 대한 데이터 흐름 다이어그램을 마이크로소프트 위협 모델링 도구로 그려본 것이다.[8]

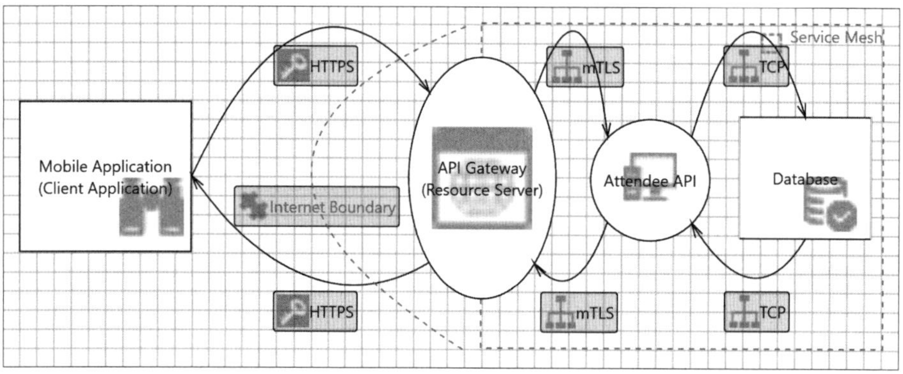

그림 6-2 데이터 흐름 다이어그램

4단계: 위협을 정의한다(스트라이드의 활용)

네 번째 단계는 시스템에 대한 위협을 살펴보는 것이다. 데이터 흐름 다이어그램을 살펴볼 때는 위협 모델링 목표를 염두에 두는 것이 중요하다. 그렇지 않으면 엉뚱한 방향으로 흘러갈 수 있기 때문이다.

마이크로소프트의 위협 모델링 전용 도구를 사용할 때의 장점은 스트라이드STRIDE 방법론을 이용해 일부 자동화된 분석을 수행한다는 점이다. 이 기능이 생성해 주는 목록은 완벽하

8 마이크로소프트 위협 모델링 도구는 https://oreil.ly/ahFgn에서 다운로드할 수 있으며 그 외의 도구는 OWASP Threat Dragon 깃허브 리포지터리(https://oreil.ly/NXF8U)에서 찾아볼 수 있다.

진 않지만 이를 바탕으로 보완해 나갈 수 있다. 그림 6-3은 참석자 API 시스템을 대상으로 생성된 위협의 목록이다. 이 경우 도구가 27개의 잠재적 위협을 발견했다.

Threat List

Title	Category	Interaction
Replay Attacks	Tampering	MTLS
Collision Attacks	Tampering	MTLS
Weak Authentication Scheme	Information Disclosure	MTLS
Elevation Using Impersonation	Elevation Of Privilege	MTLS
Potential Data Repudiation by API Gateway (Resource Server)	Repudiation	HTTPS
Potential Process Crash or Stop for API Gateway (Resource Server)	Denial Of Service	HTTPS
Data Flow HTTPS Is Potentially Interrupted	Denial Of Service	HTTPS
API Gateway (Resource Server) May be Subject to Elevation of Privi	Elevation Of Privilege	HTTPS
Elevation by Changing the Execution Flow in API Gateway (Resourc	Elevation Of Privilege	HTTPS

그림 6-3 데이터 흐름 다이어그램에 대한 위협 분석

사실 스트라이드는 여러 단어로 구성된 약자다.[9]

- **위장**spoofing

  사용자 인증 정보의 유출이다. 이 경우에는 해커가 사용자의 개인 정보나 인증 절차를 재현할 수 있는 정보를 확보한 경우다. 위장 위협은 교활한 해커가 유효한 시스템 사용자나 시스템으로 가장해서 시스템에 대한 접근을 확보한 후 시스템 보안을 손상시키는 것과 관련이 있다.

- **변조**tampering

  탐지가 되든 안 되든 시스템이나 사용자 데이터를 변경하는 것이다. 권한이 없는 사용자가 저장되거나 전달 중인 정보의 변경, 하드 디스크의 포맷, 통신 중 탐지할 수 없는 네트워크 패킷을 추가하는 악의적인 침입, 민감한 파일에 대한 탐지 불가능한 변경을 만드는 행위 등이 모두 변조 위협이다.

- **부인**repudiation

  신뢰할 수 없는 사용자가 추적할 수 없는 불법적인 작업을 수행하는 것을 말한다. 부인 위협은 악의적이거나 그렇지 않은 사용자라도 잘못된 행위를 했음을 부인하지만 그 사실을 증명할 방법이 없는 상황과 관련이 있다.

- **정보 공개**information disclosure

  사용자의 개인 정보 또는 비즈니스에 중요한 정보를 손상시키는 행위를 말한다. 정보 공개 위협은 정보를 봐서는 안 되는 개인에게 정보를 노출하는 것이다. 접근 권한이 부여

9 이 정의는 스트라이드의 창시자인 프레리트 가르그(Praerit Garg)와 로렌 콘펠더(Loren Kohnfelder)가 1999년 발표한 논문 「우리 제품군에 대한 위협들(The threats to our Products)」(https://oreil.ly/a7NHe)에서 사용된 정의다.

되지 않은 파일을 사용자가 읽을 수 있게 되거나 침입자가 두 컴퓨터 사이에 전달 중인 데이터를 읽게 되는 것은 모두 정보 공개 위협이다. 이 위협은 가해자가 합법적인 사용자로 위장하는 대신 직접 정보에 접근한다는 점에서 위장 위협과는 다르다.

- 서비스 거부denial of service

  사용자의 머신을 강제로 재시작하게 하는 등의 공격으로 시스템을 일시적으로 사용 불가능하게 만드는 것이다. 공격자가 시스템 리소스(처리 시간, 저장소 등)를 일시적으로 사용 불가능하게 만들었다면 서비스 거부 위협에 노출된 것이다. 시스템 가용성과 신뢰성을 개선하려면 어느 종류의 DoS 위협으로부터 반드시 보호해야 한다. 하지만 시스템을 보호하기가 매우 어려운 DoS 공격도 있으므로 최소한 그런 위협을 인지하고 대책을 세워둬야 한다.[10]

- 권한 상승elevation of privilege

  권한이 없는 사용자가 해당 접근 권한을 얻음으로써 전체 시스템을 완전히 손상시키거나 파괴할 수 있는 충분한 접근 권한을 갖게 되는 경우다. 이 위협이 더 위험한 이유는 감지할 수 없는 방식으로 시스템을 손상시켜 사용자가 시스템 관리자 모르게 권한을 확보하게 되기 때문이다. 권한 상승 위협에는 공격자가 적절한 수준 이상의 접근 권한을 확보해서 전체 시스템의 보안을 완전히 손상시키고 시스템에 심각한 피해를 유발하는 상황이 모두 포함된다. 여기서 공격자란 시스템의 방어 체제에 효과적으로 침투해 스스로 신뢰할 수 있는 시스템의 일부가 되어 무엇이든 할 수 있게 되는 모든 사용자를 의미한다.

이 방법론을 이용해 아키텍처의 각 지점에 어떤 위협이 존재하는지 시스템을 평가할 수 있다. 이 방법 외에도 몇 가지 위협 모델링 방법론이 더 존재한다.[11]

그림 6-2의 데이터 흐름 다이어그램을 보면 클라이언트 애플리케이션과 API 게이트웨이 사이에 존재하는 경계를 눈치챌 것이다. API 게이트웨이는 네트워크의 에지에 주로 위치하며 115페이지 'API 게이트웨이의 배포 위치' 절에서 봤듯이 인터넷과 연결되어 있을 수 있다. 지금부터 API 게이트웨이와 관련된 여러 가지 위협을 알아보고 API의 여러 가지 공통 취약점으로부터 시스템을 보호하는 방법을 살펴본다. 시스템을 에지에서 보호하면 보통 시스템 전체의 위험이 줄어들지만 항상 그런 것은 아니다. 보안 경계 내부의 트래픽을 외부

10 이 정의는 개별 머신에 대한 것이기는 하지만 서비스 거부 공격의 개념은 지금도 동일하다. 결국 리소스를 사용할 수 없게 만드는 것이다.

11 이 외에도 P.A.S.T.A(https://oreil.ly/OYYQq)와 Trike(https://github.com/octotrike/trike)라는 두 가지 방법론이 있다.

트래픽과 다르게 처리하는 구역화 아키텍처에서 트래픽을 계속해서 재인증하는 제로 트러스트zero-trust 모델로 이전하는 방법은 296페이지 '구역화 아키텍처에서 제로 트러스트로의 이전' 절을 참고하기 바란다.

사례 연구의 보안 목표는 상당히 구체적이다. 참석자 API는 외부에서 사용할 수 있어야 하며 그러기 위해서는 각 프로세스가 OWASP API 보안 톱 10 이슈에 대비해야 한다. 이는 직접적인 목표이므로 DFD를 이용해 OWASP 사이트에 나열된 이슈와 취약점을 데이터 흐름과 비교해 볼 수 있다. 하지만 보통 위협 모델링의 목표는 'GDPR 준수를 위해 PII 데이터의 유출을 방지한다'거나 '계약 준수를 위해 API의 99.9% 가용성을 보장한다' 같은 것이다. 이 두 번째 목표는 보안과 관련이 없어 보일 수도 있지만, DoS를 먼저 생각하지 않는다면 DoS 공격으로 인해 계약을 준수하지 못했을 때 상당한 경제적 피해를 볼 수 있다.

이제 시스템을 리뷰하고 스트라이드를 적용해 보자. OWASP API 보안 톱 10을 강조하기 위해 각 위협을 적절한 스트라이드 가치로 그룹화한다. 이는 스트라이드의 적용과 OWASP API 톱 10 이슈를 완화하는 방법을 보여주기 위한 것이다. 아키텍처의 위협을 정의할 때는 각 프로세스와 연결에 스트라이드를 적용할 것을 권한다. 이를 요소별 스트라이드라고 한다.

위장

위장은 사람이나 프로그램이 다른 사람이나 프로그램을 가장하는 경우를 말한다. 이 위험을 완화하려면 모든 요청을 인증하고 해당 요청이 적법한지 확인해야 한다. OWASP API 톱 10의 보안 이슈 중 하나는 손상된 사용자 인증Broken User Authentication(https://github.com/OWASP/API-Security/blob/master/editions/2023/en/0xa2-broken-authentication.md)이다. 이는 확실히 위장 위협과 관련이 있으므로 인증 흐름이 손상되지 않도록 해야 한다. 237페이지 '인증' 절에서는 이와 관련된 정보와 사례 연구를 이용한 예시를 제공한다.

변조

스트라이드 방법론의 다음 항목은 사용자나 클라이언트가 의도하지 않은 방식으로 시스템, 애플리케이션 또는 데이터를 수정하지 못하는 것이 목표인 '변조'다. 예를 들어, 악의적인 사용자가 외부에서 참석자 서비스로 향하는 트래픽을 리다이렉션해서 수정하거나 부적절하게 참석자 사용자 데이터를 업데이트할 수 없어야 한다. 변조는 보통 페이로드 주입과 대량 할당으로 인해 발생한다.

페이로드 주입 페이로드 주입payload injection은 악의적인 사용자가 API나 애플리케이션으로 향하는 요청에 악의적인 페이로드를 주입하는 형태로 발생한다. OWASP 보안 톱 10을 보면 이 방법은 잘 알려진 SQL 주입뿐만 아니라 모든 사용자의 입력에 대한 주입과 관련되어 있다. 우리 사례 연구에서는 API 게이트웨이를 이용해 요청이 정의된 계약이나 스키마를 준수하는지 검증함으로써 요청 처리 초기에 주입 공격을 방지하는 것을 목표로 삼을 수 있다. 계약을 준수하지 않는 요청은 거부하거나 해당 트래픽을 제거하면 된다.

이 방법은 63페이지 'OpenAPI 명세의 실질적 활용' 절에서 설명한 적 있다. OpenAPI 명세를 이용해 HTTP 요청을 검증하는 사례도 늘고 있다.

입력값에 대한 검증을 API 게이트웨이에서 수행하는 것이 중요하긴 하지만 그렇다고 백엔드 서비스에서 입력값을 검증하고 무결화하지 않아도 된다는 뜻은 아니다. API를 신뢰하되 검증은 필수다!

참석자 서비스에 다음의 페이로드를 전달받아 새로운 사용자를 생성하는 POST 요청이 유입되는 경우를 생각해 보자.

```
POST /attendees
{
  "name": "Danny B",
  "age": 35,
  "profile": "Hax; DROP ALL TABLES; --"
}
```

OpenAPI 명세를 보면 이 참석자 API 페이로드의 `name` 필드는 글자만 포함할 수 있고 `age` 필드는 양의 정수만 포함할 수 있으며 `profile`은 문자, 숫자, 특수문자(사용자가 자신을 설명하는 글을 작성한 것이므로) 등을 입력받을 수 있다고 되어 있다. 이때 입력값 검증을 수행하는 API 게이트웨이는 페이로드를 살펴보고 입력 검증이 성공한 경우에만 요청을 백엔드 서비스로 전달할 것이다. 설령 입력값 검증이 성공했더라도 참석자 API는 공격을 방지하기 위해 입력값을 무결화해야 한다. 참석자 서비스는 데이터베이스에 대한 작업을 수행할 때 SQL 주입 공격을 고려해야 한다. 다양한 방어 장치를 마련해 둬야 그중 하나가 실패해도 문제가 없을 것이다.

대량 할당 데이터베이스 엔티티에서 수정이 가능한 속성은 잘못 변경될 수 있다는 취약점이 있다. 이런 속성은 대량 할당mass assignment(https://github.com/OWASP/API-Security/blob/master/editions/2019/en/0xa6-mass-assignment.md)으로 알려진 취약점에 의해 악용될 수 있다. 이는 애플리케이션이 액티브 레코드 패턴Active Record pattern[12]을 사용하거나 자동화된 데이터베이스 직렬화/역직렬화를 제공하는 대부분의 객체 관계 매핑object-relational mapping(ORM)을 사용하는 경우에 특히 중요하게 고려해야 할 사항이다.

참석자 API를 기준으로 가상의 시나리오를 생각해 보자. 참석자에 대한 요청에 대해 리턴하는 `devices`라는 속성이 있다고 가정해 보자. 이 속성은 참석자가 API에 연결할 때 사용한 장치에 대한 정보를 제공하는 읽기 전용 속성이며 참석자 애플리케이션 코드만 이 속성값을 수정할 수 있다고 가정해 보자.

그런데 악의적인 사용자가 참석자에 대한 GET 요청(`/attendees/123456`)을 보내고 다음과 같은 응답을 수신했다.

```
{
  "name": "Danny B",
  "age": 35,
  "devices": [
    "iPhone",
    "Firefox"
  ]
}
```

이제 이 악의적인 사용자가 참석자 API에 `age` 속성을 수정하는 PUT 요청을 보내면서 악의적으로 `devices` 속성까지 수정하려고 시도한다고 가정해 보자.

```
PUT /attendees/123456
{
  "name": "Danny B",
  "age": 36,
  "devices": [
    "vulnerableDevice"
  ]
}
```

12 액티브 레코드 패턴은 거의 기반 데이터베이스 모델에 매핑된 데이터 객체와 그 기능을 노출하는 방식이다.

이 엔티티가 데이터베이스에 저장될 때는 devices 속성에 포함된 모든 데이터를 무시해야 한다. 대량 할당은 주로 클라이언트의 입력 데이터가 별다른 생각 없이 내부 객체에 연결된 경우이며, 데이터베이스 API가 웹 기반 API처럼 노출되는 결과를 낳는다. 1장에서는 기반 데이터 모델을 노출할 때의 문제점을 사용성 관점에서 설명했으며 이 사례는 데이터 모델을 노출하지 말아야 하는 또 다른 이유가 된다.

이 취약점은 보통 API 게이트웨이 수준에서 처리할 수 없는 취약점이다. 따라서 API를 구현할 때 이 취약점에 대한 보호 장치가 필요하다.

부인

스트라이드에 따르면 부인 공격은 애플리케이션이나 시스템이 사용자의 동작을 적절히 추적하고 기록하지 않아서 악의적인 조작이나 새로운 동작의 위조가 가능한 경우에 발생한다. API로 향하는 수많은 요청에 대해 요청의 상세 내용, 페이로드, 생성된 응답(그리고 관련된 내부 동작) 등을 제대로 이해하는 것은 매우 중요하다. 일부 규제나 규정을 만족시키려면 주고받는 데이터를 임의로 조사할 수 있는 기능이 필요할 수도 있다. 만일 요청이 제대로 기록되지 않는다면(예컨대 공격자가 뭘 했는지 증거가 없다면) 공격자는 자신이 그런 악의적인 행위를 했다는 것을 부인하거나 동의하지 않을 수 있다. 바로 그렇기 때문에 부인 위협(스트라이드의 'R')이 포함된 것이다.

시스템을 관통하는 요청을 식별하고 현재 벌어지고 있는 일을 이해하려면 로깅과 모니터링을 추가해야 한다. 로깅과 모니터링을 적절히 도입하지 않는 것(https://github.com/OWASP/API-Security/blob/master/editions/2019/en/0xaa-insufficient-logging-monitoring.md)은 OWASP API 톱 10에 명시된 취약점이다. 사용자가 보낸 요청은 API 게이트웨이를 지나게 되므로 여기가 바로 트래픽을 모니터링하고 요청과 응답을 기록할 수 있는 지점이라는 점은 명확하다. 많은 API 게이트웨이는 기본적으로 이런 기능을 지원하지만, 이 정보를 저장하고 시간이 지나도 검색 및 추출하는 방법을 이해하는 것이 중요하다. 재해 복구 disaster recovery와 비즈니스 지속성business continuity(DR/BC) 역량과 마찬가지로 로깅과 모니터링이 원하는 것을 제대로 수집하는지 주기적으로 검증해야 한다.

정보 공개

정보 공개는 스트라이드의 'I'에 해당하는 사항으로, 내부적으로만 사용해야 하거나 비밀로 유지해야 하는 정보를 노출하지 않는 것에 중점을 둔 부분이다. 이 부분에서 가장 보편적인 두 가지 안티패턴은 과도한 데이터 노출과 부적절한 자산 관리다.

과도한 데이터 노출 OWASP API 톱 10이 정의하는 과도한 데이터 노출(https://github.com/OWASP/API-Security/blob/master/editions/2019/en/0xa3-excessive-data-exposure.md)은 데이터가 부적합하게 노출되지 않도록 하는 것에 중점을 두고 있다. 참석자 서비스가 여권 번호 같은 PII 데이터를 보유하고 있다고 가정해 보자. API를 설계할 때 이 데이터가 부적절하게 노출되지 않도록 하는 것이 중요하다. 특히 시스템이 오랜 시간에 걸쳐 진화하는 경우 API의 호출 방식을 대수롭지 않게 여기기가 너무 쉽다. 처음에 내부에서만 소비하기 위해 만들어진 API가 나중에 (좋은 의도로) 공개되거나 또는 기존에는 신뢰할 수 있는 클라이언트 애플리케이션만 호출할 수 있었던 API가 나중에 공개용으로 바뀔 수도 있다.

만일 웹 애플리케이션이 API를 호출하는 경우라면 요즘 웹 브라우저에 포함된 개발자 도구를 이용해 요청, 응답, 관련 페이로드 등을 쉽게 살펴볼 수 있다. 예를 들어, 참석자 API에 사용자 정보를 요청했을 때 의도치 않게 여권 정보가 리턴되는지 확인할 수 있다.

```
{
  "values": [
    {
      "id": "0",
      "name": "Danny B",
      "age": 65,
      "email", "danny.b@masteringapis.com",
      "passport": "Abc12408NJUILM"
    },
    {
      "id": "1",
      "name": "Jimmy G",
      "age": 93,
      "email": "jimmy.g@masteringapis.com",
      "passport": "ZYX123ASJJ0072M"
    }
  ]
}
```

물론 API 게이트웨이에서 응답 검증을 수행하는 것도 가능하다. 하지만 그보다는 API를 구현하는 사람이 어떤 데이터를 노출하는지 그리고 비공개로 유지해야 할 민감한 데이터를 노출하지는 않는지 확인해야 할 책임이 있다. API 게이트웨이에 구현하는 검증 기능은 마지막 수단이어야 한다. 또한 사용 중인 웹 서버의 버전이나 충돌이 발생했을 때의 애플리케이션 스택 추적 정보 같은 민감한 데이터를 클라이언트에 리턴하지 않도록 해야 한다.

부적절한 자산 관리 부적절한 자산 관리(https://github.com/OWASP/API-Security/blob/master/editions/2019/en/0xa9-improper-assets-management.md)는 주로 시스템이 진화하고 조직이 어떤 API(와 어떤 버전)가 공개되어 있는지 또는 어떤 API가 내부용으로만 설계되어 있는지 추적하지 못하는 상황에서 벌어진다. 참석자 API를 예로 들어 프로덕션 환경에 여러 버전의 API가 배포될 수 있고 그중 이전 버전은 기본적으로 참석자의 모든 속성을 노출하고 있는 상황을 가정해 보자. 데이터 모델이 진화하면서 PII를 저장하기 위한 여러 비공개 필드가 추가되었고 새 버전의 API는 이런 정보를 노출하지 않도록 만들 수 있다. 그렇지만 설령 이전 버전의 서비스가 완전히 기능하지 않더라도 데이터 모델로부터 추가 정보를 빼내는 데 사용할 수 있을 가능성은 여전하다.

참석자 서비스의 경우 `/beta/attendees` 엔드포인트가 공개적으로 노출된 경우를 생각해 볼 수 있겠다. 처음에는 테스트를 위해 공개했지만 나중에 잊어버린 것이다. 이후로 노출된 자산에 대한 적절한 관리가 없어서 아무도 그 사실을 알지 못했지만 공격자가 이 엔드포인트를 호출하려고 할 수 있다. 게이트웨이로 모든 API 트래픽을 관리한다면 알고 있는 엔드포인트를 모두 등록해야 한다. 아니면 요청을 모두 살펴보면서 의도하지 않은 엔드포인트를 호출하는 이상 요청이 있는지 확인해도 된다.

이 문제에 대응하려면 API 관리 또는 개발자 포털 플랫폼을 이용해 프로덕션 환경에 배포된 모든 API를 분류하고 추적하면 된다. API 관리 솔루션은 API 수명주기를 관리하는 컴포넌트의 중요성 때문에 이런 기능을 표준으로 제공하는 경우가 많다.

서비스 거부

스트라이드 방법론에서 'D'는 서비스 거부 공격(DoS)을 의미한다. DoS 공격은 시스템이나 악의적인 공격에 대한 모든 방어 체제를 압박하는 시도다. 예를 들어 기본적으로 방화벽이 모든 트래픽을 허용하도록 설정해 두면 기존에는 막혔던 공격자의 악의적인 호출이 허용되어 시스템에 부하가 늘어날 수 있다. 아니면 공격자가 단순히 투표 웹사이트 같은 중요한 서비스의 가용성을 떨어뜨리고 싶을 수도 있다. 시스템에 트래픽 부하가 늘어나면 정당한 요청도 처리할 수 없어 사용자가 투표를 진행할 수 없게 된다. OWASP API 톱 10은 DoS 공격에 특화된 보안 이슈를 언급하고 있다(https://github.com/OWASP/API-Security/blob/master/editions/2019/en/0xa4-lack-of-resources-and-rate-limiting.md).

참석자 API는 여러분의 확장성 요구사항을 만족시켜야 하지만, 트래픽으로 인해 부하가 생기는 상황도 방지해야 한다. 그러려면 호출률 제한과 부하 분산 기법을 이용해야 한다.

악의적인 DoS 공격자나 분산 DoS 공격자는 특화된 서비스 제공자, 소프트웨어 또는 하드웨어로 처리하는 것이 최선이다. 예를 들어 대부분의 콘텐츠 전달 네트워크content delivery network(CDN) 제공자는 DoS 방지 기능을 기본으로 제공하며, 대부분의 공개 벤더는 공개 도메인과 API 주소에 추가할 수 있는 유사한 서비스를 제공한다.

> 서비스 거부는 여러분의 시스템이 너무 많은 트래픽을 유발하는 상황에서도 벌어질 수 있다. 실수로 순환 의존성을 갖게 되는 경우도 흔하며, 상황이 맞아떨어지면 내부 서비스가 서로의 API를 무한하게 호출하게 된다. 내부 API 호출에 대한 호출률 제한과 에러 모니터링이 필요한 것도 바로 이런 이유다.

호출률 제한과 부하 분산 이름에서 알 수 있듯이 호출률 제한은 일정 시간 내에 API를 호출할 수 있는 횟수를 제한하는 것이다.[13] 호출률 제한은 주로 개별 요청의 속성에 따라(특정 사용자, 클라이언트 애플리케이션 또는 위치 등에서 너무 많은 요청이 발생하면) 트래픽을 거부한다. 반면 부하 분산은 시스템의 전반적인 상태에 따라(데이터베이스가 한계치에 다다르거나 가용한 워커 스레드가 없는 경우) 트래픽을 거부한다. 기본적으로 애플리케이션, 웹 서버, API 게이트웨이는 호출률 제한이나 부하 분산을 구현하지 않으며 그에 따른 장애 모드가 갖춰져 있지 않은 경우가 많다. 부하 테스트를 통해 제한, 장애 발생 지점 그리고 어떤 동작을 수행하는지 등을 확인할 수 있다.

13 저자 중 한 명인 대니얼은 API 게이트웨이에서의 호출률 제한과 그 적용 방식에 대한 여러 글을 써왔다. 그중 첫 번째 글인 '파트 1: 접속률 제한: 분산 시스템을 위한 유용한 도구'는 온라인에서 확인할 수 있다(https://oreil.ly/2rzHx).

> API 게이트웨이 및 기타 에지 보안 도구가 '장애에 개방적인지' 아니면 '장애에 폐쇄적인지' 이해하는 것이 중요하다. 장애에 개방적이라면 장애 상황에서도 서비스에 접근이 가능하다. 예를 들어, 긴급 의료 서비스의 경우 요청을 인증하는 것보다는 환자의 의료 기록 정보를 제공하는 것이 더 중요하다. 장애에 폐쇄적이라면 장애 상황에 연결을 막는다는 것을 의미한다. 이 중 어느 것이 옳다고는 할 수 없으며 기본적으로 여러분의 요구사항에 맞아야 한다. 예컨대 대부분의 금융 API는 기본적으로 장애에 폐쇄적인 정책을 선호할 것인 반면, 공개 날씨 서비스는 장애에 개방적인 정책을 선호할 것이다.

우리 예제에서 호출률 제한을 구현할 가장 적절한 위치는 API 게이트웨이다. 보통 호출률 제한을 적용하기 위해서는 각 요청의(또는 여러 요청을 종합한) 근원지를 알아내야 한다. IP 주소, 지리적 위치 또는 클라이언트가 보낸 클라이언트 ID 등을 근원지로 사용할 수 있다. 유입되는 속성을 제한하지 않고 모든 요청을 같은 것으로 처리하고 싶진 않을 것이다.

일단 요청의 속성을 선택했다면(혹은 선택하지 않았다면) 제한에 반영할 전략을 선택해야 한다. 보통은 다음과 같은 전략을 채택한다.

- 고정 기간fixed window
  특정 기간 내에 고정된 제한을 반영한다. 예를 들면 하루에 2,400개의 요청만 허용하는 경우다.
- 변동 기간sliding window
  마지막 기간 내에 제한을 반영한다. 예를 들면 최근 1시간 내에 100개의 요청만 허용하는 경우다.
- 토큰 버킷token bucket
  설정한 개수의 총 요청(토큰 버킷)을 허용하며 각 요청은 요청이 만들어질 때 토큰을 할당받는다. 이 버킷은 주기적으로 비워진다.
- 누수 버킷leaky bucket
  토큰 버킷과 유사하지만 처리할 요청의 비율이 고정 비율이다. 나머지는 버킷의 누수다.

그림 6-4는 호출률 제한이 반영된 모습을 보여준다.

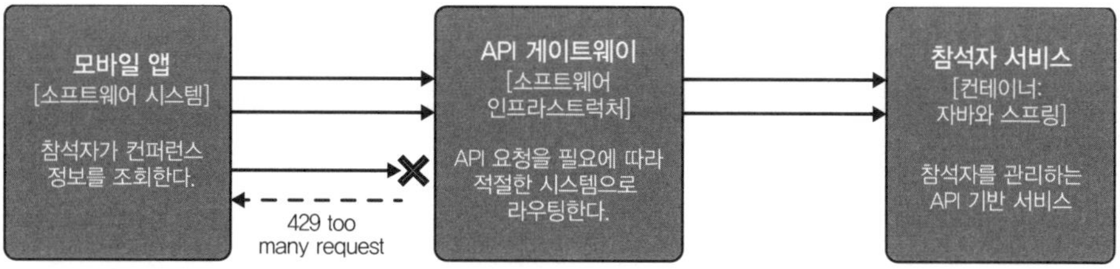

그림 6-4 API 게이트웨이로 구현하는 호출률 제한 예시

그림 6-5는 부하 분산의 예시를 보여준다.

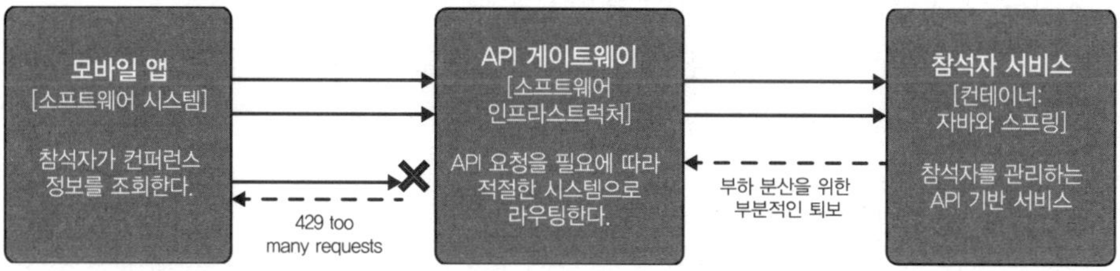

그림 6-5 API 게이트웨이로 구현하는 부하 분산의 예시

권한 상승

스트라이드의 마지막 글자 'E'는 '권한 상승elevation of privilege'이다. 이는 사용자나 애플리케이션이 현재 보안 컨텍스트 내에서 허용된 범위를 벗어나는 태스크를 실행하는 방법을 찾아내는 경우다. 예를 들어, 사용자가 관리자만 실행할 수 있는 태스크를 실행하게 되는 경우다. OWASP 보안 톱 10에는 이와 관련된 2개의 항목이 정의되어 있다.

- 객체 수준 인가authorization의 실패(https://github.com/OWASP/API-Security/blob/master/editions/2019/en/0xa1-broken-object-level-authorization.md)
- 기능 수준 인가의 실패(https://github.com/OWASP/API-Security/blob/master/editions/2019/en/0xa5-broken-function-level-authorization.md)

이 둘은 모두 인가를 수행하고 API에 대한 요청이 작업을 수행할 수 있는 권한을 갖게 하기 위함이다. 자세한 내용은 259페이지 '인가의 수행' 절에서 다룬다.

보안 설정 오류

보안 설정 오류misconfiguration는 스트라이드 카테고리 중 하나에만 국한되지 않는다. 설정 오류는 권한이 잘못 할당되는 정보 공개 또는 서비스 거부 중 호출률 제한 정책이 장애에 개방적이도록 잘못 설정되는 경우 등 여러 곳에서 발생할 수 있다. 보안 설정 오류는 여러분이 갖춘 보안 기능의 설정값이 잘못되는 모든 경우를 의미하며, 스트라이드의 각 요소를 평가할 때 반드시 고려해야 하는 또 다른 요소이기도 하다. 사용자는 자신의 동작과 데이터가 안전하지 않다고 생각하면 완전히 다르게 행동할 수 있으므로 보안 설정에 오류가 있는 것은 보안 장치가 아예 없는 것보다 더 나쁜 결과를 낳을 수도 있다. 전송 계층 보안Transport Laywer Security(TLS)처럼 항상 갖추고자 하는 보안 기능도 있고, IP 허용 목록[14]처럼 API나 설정에 맞춰서 구현하는 기능도 있다.

우리 예시에서는 API 게이트웨이가 보안 설정 오류가 발생해 재앙에 가까운 결과를 낳을 수 있는 지점이다. API 게이트웨이는 '진입 지점'처럼 동작하므로 그 설정에는 특별히 더 주의를 기울여야 한다.

TLS 종료 TLS는 여러분이 수신하는 트래픽이 누군가가 가로채서 수정한 것이 아님을 확인시켜 준다. 또한 TLS 인증서는 도메인의 소유자 정보를 제공하므로 누가 여러분에게 접근하는지 확인할 수 있다. API 게이트웨이는 유입되는 모든 트래픽을 처리하므로 여기서 TLS를 활성화하면 된다. 유입되는 요청의 외부 TLS 인증서를 한 곳에서 관리하면 편리하다. 하지만 게이트웨이를 사용하지 않고 각 웹 서버, 프록시, 요청 트래픽을 처리하는 애플리케이션에 TLS 인증서를 추가하는 방법과 비교해 보면 관리하기가 더 어렵고 에러에 취약하다. 따라서 현대적인 프로토콜과 강력한 암호화를 사용하는 것은 물론 이 책을 집필하는 현재 TLS 1.2 혹은 그 이후 버전을 사용하는 것을 권장한다. 그 이전 버전에는 몇 가지 이슈가 존재하기 때문이다.[15]

교차 출처 리소스 공유 교차 출처 리소스 공유Cross-Origin Request Sharing(CORS)는 동일한 곳이 아닌 다른 곳(도메인, 스키마 또는 포트)에서 제공하는 리소스를 브라우저가 로딩할 수 있게 해주는 HTTP 헤더 기반의 메커니즘이다. 모던 웹 브라우저에 CORS의 지원은 핵심 요구

---

14 IP 허용 목록은 말 그대로 시스템에 연결할 수 있는 IP 주소의 목록이다. 만일 목록에 존재하지 않는 IP로부터 연결을 시도하면 해당 요청은 거부된다.

15 대부분의 상용 API 게이트웨이는 기본적으로 현재 버전의 TLS를 사용하므로, 취약점이 알려져 있는 더 약한 버전이 필요하다면 여러분이 직접 활성화해야 한다.

사항이며, 보안상의 이유로 브라우저는 스크립트를 이용해 생성한 교차 출처 HTTP 요청을 제한하고 있다. CORS는 브라우저가 'preflight' 요청을 보내 원하는 리소스를 호출할 수 있는지 확인하는 과정을 거쳐 실행된다. 브라우저의 '개발자 도구'를 통해 이 동작을 확인할 수 있다. '네트워크 호출' 섹션을 보면 보통 HTTP Options 요청을 볼 수 있으며 이 요청이 CORS 요청이다.[16]

보안 지시 강화 API 엔드포인트로의 요청은 헤더와 데이터 페이로드를 포함한 임의의 페이로드를 갖는다. 모든 정상적인 요청은 계약과 일치하는 형태이겠지만 공격자가 모르는, 부정확한 또는 잘못된 헤더와 데이터를 추가해 접근 권한을 얻거나 시스템에 손상을 가할 수 있다. 이를 완화하기 위한 조치가 필요하다. 예를 들어, 우리 예시에서는 API 게이트웨이에 HTTP 헤더 허용 목록을 구현하고 유효하지 않은 HTTP 헤더를 모두 제거하는 방법을 적용할 것이다. 공격자는 `X-Assert-Role=Admin`이나 `X-Impersonate=Admin` 같은 HTTP 헤더를 참석자 API에 보낼 수 있다. 아마도 이런 헤더가 제거되지 않고 내부적으로 사용되어서 본인이 원하는 권한을 획득할 수 있기를 기대할 것이다.

5단계: 위협의 위험도를 평가한다

직접 위협 모델링을 수행해서 위협의 목록을 확보했다면 이 위협을 수정하기 위한 우선순위를 이해하는 것이 중요하다. 위협 모델링 프로세스의 5단계는 바로 이것을 위한 것이다. 위협을 평가하려면 드레드DREAD처럼 잘 알려진 위험 계산 기법을 도입할 필요가 있다. 드레드는 스트라이드와 마찬가지로 마이크로소프트가 개발했다. 마이크로소프트는 더 이상 드레드를 사용하지 않지만 여전히 여러 기업에서 사용하고 있으며, 위협에 대한 위험의 지표를 성립하는 유용한 도구로 평가받고 있다.

드레드는 단순한 점수 시스템으로 다음의 약자다.

- **피해**damage
  이 공격이 얼마나 큰 피해를 줄 수 있는가?
- **재현용이성**reproducibility
  공격을 쉽게 재현할 수 있는가?

16 CORS에 대한 자세한 내용은 모질라(Mozilla)의 기사를 참고하기 바란다(https://oreil.ly/k70rh).

- **이용용이성**exploitability
  공격을 성공시키는 것이 얼마나 쉬운가?
- **영향을 받는 사용자**affected user
  얼마나 많은 사용자가 공격에 영향을 받을까?
- **발견용이성**discoverability
  위협을 발견할 가능성은 얼마나 높은가?

각 위협은 드레드 카테고리별로 1~10점의 점수를 매긴다. 위협에 할당하는 위험값은 (피해 + 재현용이성 + 이용용이성 + 영향을 받는 사용자 + 발견용이성)/5로 계산한다.

우리 예제에서는 그림 6-6에 표시된 위협을 살펴본다. 이 위협은 호출률 제한이 적용되지 않은 API 게이트웨이에 대한 DDoS 공격 위협이다.

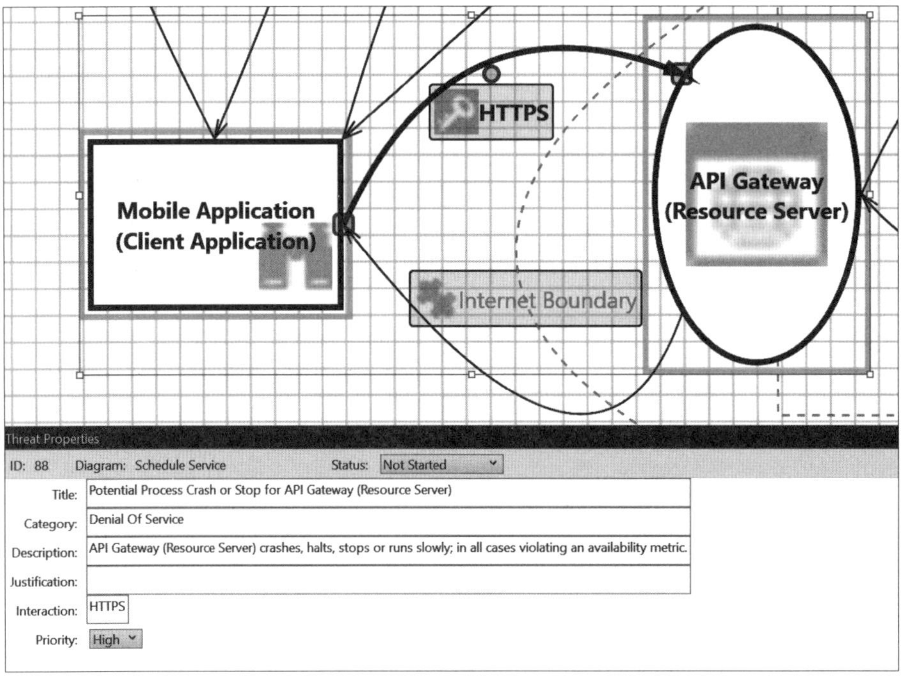

그림 6-6 TCP 위장 위협에 대한 데이터 흐름 다이어그램

이 위협의 순위는 다음과 같다.

- **피해**: 8
  호출률 제한이 적용되어 있지 않다. 그러면 누구든 원하는 만큼의 요청을 API 게이트웨이에 전달할 수 있어 잠재적인 과부하를 유발해 시스템을 사용 불가능 상태로 만들 수 있다.
- **재현용이성**: 8
  매초 수많은 요청을 API 게이트웨이에 반복해서 전달하면 결국에는 게이트웨이가 동작을 멈추게 된다.
- **이용용이성**: 5
  네트워크 외부의 공격자가 DoS 공격을 시도할 수 있다. 그러면 API 게이트웨이는 먼저 요청에 대한 인증authentication과 인가authorization를 수행한다. 즉 요청은 반드시 시스템과 통합되어 있는 클라이언트로부터 발생한 요청이어야 한다는 뜻이다.
- **영향을 받는 사용자**: 10
  API 게이트웨이가 사용 불가능 상태가 되면 모든 사용자에게 영향을 미칠 것이므로 막대한 피해가 발생할 것이다.
- **발견용이성**: 10
  우리 시스템에 피해를 주고 악용하려는 사람은 쉽게 발견할 수 있는 위협이다.

그래서 총 점수는 (8 + 8 + 5 + 10 + 10)/5 = 8.2다.

위험에 할당한 값은 주관적이라는 점을 이해하는 것이 중요하다. 좀 더 일관적인 평가를 위해서는 카테고리마다 값이 어떤 의미를 갖는지 정해야 한다. 예를 들어 모든 사용자가 영향을 받는 경우는 10점, 모든 내부 사용자나 모든 외부 사용자가 영향을 받는다면 7점, 그룹의 절반이 영향을 받는다면 3점, 아무도 영향을 받지 않을 때는 0점을 할당하는 식이다.

우리 예제에서는 모든 위협을 수집해 점수를 할당하고 우선순위를 적용해야 한다. 이 경우 가장 우선순위가 높은 아이템은 API 게이트웨이의 DDoS 보호 장치 누락이다. 이번 절에서 살펴봤듯이 이 문제를 완화하기 위해서는 API 게이트웨이에 호출률 제한과 부하 분산을 구현해야 한다.

> **기타 위험 평가 도구들**
>
> 위협을 평가하는 방법은 여러 가지가 있으며 그중에는 드레드-D('드레드 마이너스 D'라고 읽는다)가 있다. 드레드 위험 평가의 D 중 하나는 발견용이성을 의미한다. 이 발견용이성은 경우에 따라 은폐에 의존한 보안[17](security through obscurity, https://oreil.ly/rGpCD)을 의미할 수 있는데 이는 데이터를 보호하는 매우 부적절한 방법이다. 그래서 드레드 평가 중 발견용이성을 제외한 평가 방법을 드레드-D라고 부른다. 또 다른 도구는 공통 취약점 점수 체계(Common Vulnerability Scoring System, CVSS)다(https://oreil.ly/YJmOE). 이 방법은 취약점의 심각도(즉 피해 정도)를 측정한다. CVSS는 NIST가 CVE를 평가할 때 사용하는 방법이므로 CVE를 살펴본 적이 있다면 CVSS도 확인할 수 있을 것이다. 예를 들어 Log4J CVE(https://oreil.ly/d4EMu)와 NIST CVSS(https://oreil.ly/Xlcbd)를 살펴보기 바란다.

6단계: 검증한다

위협 모델링의 마지막 6번째 단계는 여러분의 보안 목표가 완전하게 달성되었는지 그리고 다시 리뷰해야 할 부분은 없는지 확인하는 단계다. 위협 모델링을 하다 보면 발견한 모든 위협을 평가하고 위험을 완화하기 위한 행동을 취해야 한다. 또한 위협 모델링을 시작할 때 설정한 모든 보안 목표를 완전히 달성하도록 해야 한다. 그 전에는 알지 못했던 이슈를 발견하면 위협 모델링을 다시 반복해야 한다. 게다가 새로운 기능을 시스템에 추가할 때뿐만 아니라 외부의 위협 환경이 계속 진화하고 있으므로 위협 모델링 절차를 정기적으로 계속 반복해야 한다.

위협 모델링은 하나의 스킬이며 절차를 배우는 데도 시간이 걸리므로 전체적으로 시간이 오래 걸리는 작업이다. 하지만 다른 스킬과 마찬가지로 여러분의 업무 흐름에 더 많이 사용하고 통합할수록 더 쉽게 수행할 수 있다.

17 공격자가 위협의 존재 여부를 아예 몰라서 위협이 되지 않는 경우를 의미한다. – 옮긴이

정리

이번 장에서는 우리 예제에 대해 위협 모델링을 수행하고 이를 시스템과 API에 반영하는 방법을 알아봤다.

- API를 안전하게 구현하지 못하면 상당한 경제적 타격은 물론 평판에도 악영향을 미치게 된다.
- API 기반 시스템의 위협 모델링은 보통 데이터 흐름 다이어그램(DFD)을 만드는 것부터 시작한다. 잠재적인 위협을 빠르게 분석하고 알아내기 위해 자동화된 도구를 사용하기도 한다.
- 위협 모델링은 보안 전문가가 아니어도 얼마든지 수행할 수 있으며 이때 가장 중요한 스킬은 '공격자 입장에서 생각하는 것'이다.
- 위협 모델링 절차는 목표의 설정, 올바른 정보의 수집, 시스템의 분할, 위협의 확인, 위험도의 평가, 결과와 조치에 대한 검증 등의 단계를 거친다.
- OWASP API 보안 톱 10은 잠재적인 위협을 이해할 수 있는 훌륭한 리소스다.
- 스트라이드 방법론은 위장, 변조, 부인, 정보 공개, 서비스 거부, 권한 상승 등의 위협에 대한 조치를 중점적으로 다룬다.
- 드레드 방법론은 어떤 위협을 먼저 완화할지 우선순위를 정하기 위한 점수를 계산하는 데 사용하는 방법이다.
- API 기반 시스템에서 API 게이트웨이는 발견한 위협을 완화할 수 있는 지점이다. 하지만 시스템이 더 분산될수록 개별 서비스의 구현과 서비스 간 통신을 고려해야 한다.

지금까지 여러 가지 위협과 이를 완화하기 위한 방법을 알아봤다. 하지만 API 소비자에게 데이터를 리턴할 때는 사용자의 신원을 확인하고 API 소비자가 권한을 가진 행위만 수행하는지 확인해야 한다. 다음 장에서는 호출자의 신원 및 권한을 확인하기 위한 인증과 인가에 대해 자세히 살펴본다.

7장

API의 인증과 인가

앞서 6장에서는 API를 위한 위협 모델링 방법과 OWASP API 보안 톱 10에 대해 알아봤다. 참석자 API는 이제 외부로부터의 트래픽을 받아들일 준비가 되었다. 하지만 API의 소비자를 어떻게 정확히 인식할 수 있을까? 이번 장에서는 API의 인증authentication과 인가authorization에 대해 알아본다. 인증은 호출자가 누구인지를 확인하는 것이고, 인가는 어떤 동작을 허용할 것인지를 확인하는 것이다.

먼저 API의 인증과 인가가 무엇인지부터 살펴본다. 이를 통해 API 보안의 중요성과 API 키 및 토큰을 사용할 때의 잠재적인 제약사항에 대해 알게 된다. OAuth2는 2012년에 발표된 토큰 기반 인가 프레임워크로, API를 안전하게 구현하고 애플리케이션이 API에 어떤 동작을 수행할 수 있는지 결정하기 위한 업계 표준으로 빠르게 자리 잡았다. 이번 장의 대부분은 OAuth2 및 최종 사용자와 시스템 기반 상호 동작을 위한 보안 접근법에 대해 다룬다. API의 소비자는 경우에 따라 자신이 대신하는 사용자에 대한 상세 정보를 알 필요가 있다. 이를 위해 OIDC에 대해서도 알아본다.

이번 장은 참석자 API를 외부 시스템인 CFP 시스템이 사용할 수 있도록 준비하는 과정을 통해 보안에 대한 다양한 방식을 설명한다.

인증

인증은 신원을 확인하는 동작이다. 사용자의 경우 가장 전통적인 방법은 사용자가 사용자 이름과 비밀번호 같은 자격 정보를 제공하도록 하는 것이다. 요즘은 표준 로그인 흐름에 다중 인증Multi-Factor Authentication(MFA, https://oreil.ly/4WQkd)을 도입하는 것이 보편화되고 있다. MFA는 사용자가 정말 적법한 사용자인지를 보장할 수 있어 유용하다. 머신 간 인증의 경우 자격증명은 키나 인증서 형태로 사용한다. 자격증명을 검증함으로써 누가 시스템과 통신하려고 시도하는지 알 수 있다.

이를 참석자 서비스의 관점에서 생각해 보자. 참석자 API는 이름이나 이메일 주소 같은 개인 식별 정보personally identifiable information(PII)를 보관하고 있으며 사용자는 이런 정보가 안전하게 보호되기를 원한다. 이 정보를 보호하기 위한 첫 번째 단계는 API 호출자가 누구인지 알아내는 것이다. 이렇게 사용자의 신원을 확인하는 것을 인증이라고 한다. 호출자가 인증되면 참석자 API는 호출자가 어떤 정보에 접근하고 조회할 수 있는지를 확인한다. 이렇게 자격을 확인하는 것이 인가다.

그림 7-1은 참석자 API와의 상호작용을 보여주고 있다. 모바일 애플리케이션은 API 게이트웨이를 통해 연결되어 참석자 API를 쿼리한다. 또 다른 상호작용은 CFP 시스템으로 모바일 애플리케이션과 유사한 경로를 따르지만, CFP 시스템은 서드파티가 소유한 시스템이다. 최종 사용자(모바일 애플리케이션 사용자와 CFP 시스템을 사용하는 발표자)와 (CFP 시스템과의) 시스템 간 상호작용을 인증할 수 있는 옵션에 대해 알아보자.

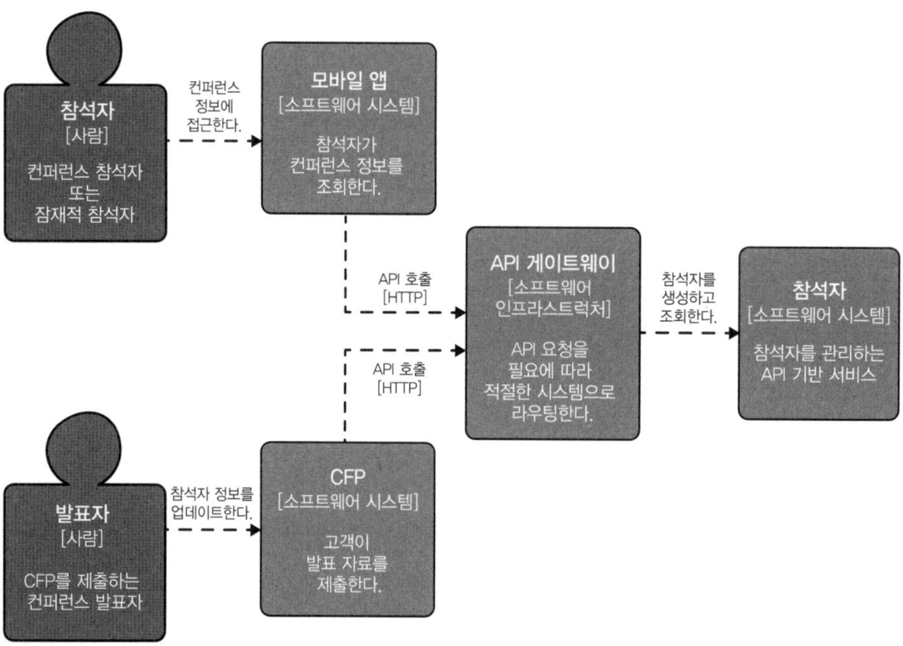

그림 7-1 사례 연구에 적용할 보안

토큰을 이용한 최종 사용자 인증

모바일 앱은 참석자를 대신해 참석자 정보를 조회하고 표시한다. 토큰 기반 인증의 경우 사용자가 입력한 사용자 이름과 비밀번호를 토큰으로 교환하게 된다. 토큰의 발급은 구현 방식마다 다르지만, 가장 간단한 방법은 알아보기 힘든 문자열을 사용하는 것이다. 이 토큰은 REST 요청의 베어러 인증Bearer Authentication 헤더(https://oreil.ly/cU6Al)를 통해 전달한다. 토큰은 민감한 정보이므로 이 정보를 포함한 REST 요청은 HTTPS를 이용해 안전하게 전송해야 한다. 요청에 포함되어 전달한 토큰에 대해서는 그 유효성을 검증해야 한다. 그림 7-2는 데이터베이스에 저장되어 있는 토큰을 조회하는 보편적인 흐름을 보여준다.

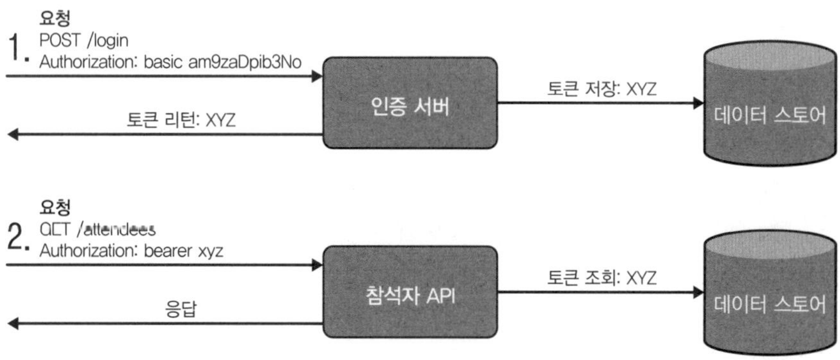

그림 7-2 서버 측 토큰 조회 및 검증 절차

토큰의 수명은 제한적(예: 1시간)이어야 하며 토큰이 만료되면 사용자는 새로운 토큰을 얻어야 한다. 토큰을 사용할 때의 장점은 비밀번호처럼 장기간 보존하는 자격 데이터를 매번 네트워크를 통과하는 요청에 포함시킬 필요가 없다는 점이다.

지금까지의 내용만 보면 토큰을 사용하는 것이 이상적인 방법처럼 보일 것이다. 하지만 토큰의 큰 단점은 사용자가 입력한 사용자 이름과 비밀번호가 데이터를 조회하는 API에 전달된다는 점이다. 그리고 토큰이 저장소에 생성되면 이 토큰의 유효성을 매번 처리해야 하므로 성능상의 문제가 발생할 수 있으며 이는 반드시 해결해야 할 문제다. 따라서 더 적합한 방법은 인 프로세스에서 무결성을 검증할 수 있는 토큰을 사용하는 것이다.

HTTP 기본 인증을 이용해 API에 접근하는 것도 가능하다. 하지만 서드파티 애플리케이션이 여러분을 대신해 API에 접근해야 한다면 여러분의 사용자 이름과 비밀번호를 서드파티와 공유해야 한다.[1] 따라서 HTTP 기본 인증으로 API를 보호하려는 시도는 하지 않기를 권한다.

시스템 간 인증

사용자는 관여하지 않고 시스템이 다른 시스템과 통신해야 하는 경우도 있다. 이때 선택할 수 있는 방법 중 하나는 표준화된 방법으로 볼 수는 없지만 API 키를 이용하는 것이다. API 키를 사용할 때는 반드시 안전해야 한다. 즉 암호학적으로 안전한 난수 생성기로 예측할 수 없는 길이의 값을 생성해야 한다. 보통 API 키는 32문자 길이의 문자열(256비트)을 사용한다. API 키가 예측 가능하다면(짧고 결정적이라면) 백엔드를 해킹할 수 있는 취약점이 된다. API 키로 API에 접근하려면 요청 헤더에 API 키를 추가해 엔드포인트에 전달하면 된다.[2] API 키는 애플리케이션이나 프로젝트와 관련이 있으므로 요청자를 식별하는 것이 가능하다.[3] API 키를 사용하는 것은 비밀번호를 사용하는 것과 매우 유사하다. 그림 7-3은 API 키를 이용해 요청을 보내는 방법을 설명한다.

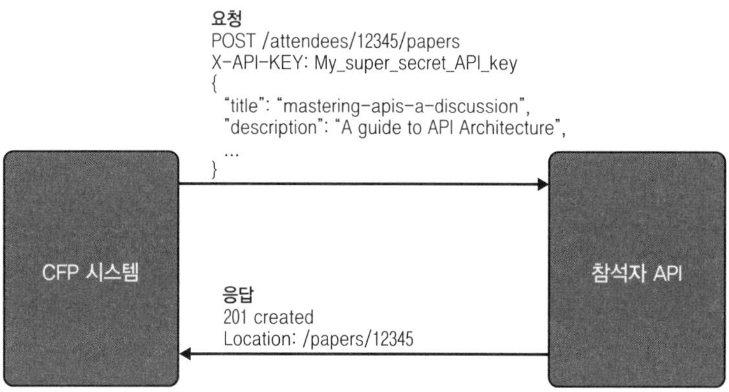

그림 7-3 외부 CFP 시스템이 API 키를 이용해 참석자 API를 호출하는 모습

1 HTTP 기본 인증에 관한 자세한 내용은 RFC7617(https://oreil.ly/NAKYY)을 참고하기 바란다.

2 요청 헤더는 커스텀 헤더(예: `X-API-KEY: <API 키>`)를 사용해도 되고 Authorization 헤더를 사용해도 된다.

3 구글이 이 방법을 잘 활용하고 있다(https://oreil.ly/fraOb).

키와 사용자를 혼합하면 안 되는 이유

발표자가 서드파티 CFP 시스템을 사용하고 있고 CFP가 발표자의 데이터와 관련된 이메일 주소의 업데이트를 요청하는 상황을 가정해 보자. CFP 시스템은 API 키를 사용하고 있고 이를 이용해 요청을 보낸 시스템을 식별할 수 있다고 해서 서드파티 시스템의 사용자가 누구인지 또는 누구를 대신해 요청을 보내고 있는지 확인할 수 있는 것은 아니다. 이 문제의 솔루션은 CFP 시스템이 사용자의 (HTTP 기본 인증을 사용해) 사용자 이름과 비밀번호를 API 키와 함께 보내야 참석자 서비스가 사용자를 인증할 수 있다. 하지만 이미 언급했듯이 이는 사용자가 CFP 시스템을 통해 참석자 서비스에게 사용자 이름과 비밀번호를 넘겨줘야 하는 방법이므로 권장하지 않는 방법이다. 더 나은 방법은 CFP 시스템이 참석자 서비스를 호출하되 CFP 시스템이 사용자를 대신해 보내는 모든 요청이 자격증명을 공유하지 않고도 사용자의 허가를 거쳐 처리되는 것이다. 이 문제의 솔루션은 OAuth2를 사용하는 것이다.

OAuth2

OAuth2는 토큰 기반의 인가 프레임워크로 2012년경 발표되었다. 이는 많지는 않지만 여전히 사용되고 있는 OAuth(https://oreil.ly/hQl1g)를 대체하기 위한 것이다. OAuth2는 사용자가 서드파티 애플리케이션이 본인을 대신해 데이터에 접근하는 것에 동의하도록 설계되었다. 사용자의 동의가 바로 인가, 즉 데이터에 대한 접근을 허용 또는 거부하는 것이다. OAuth2는 사용자가 데이터를 제어할 수 있는 본인의 자격증명을 서드파티와 공유할 필요가 없다. 덕분에 OAuth2는 앞서 살펴본 문제점들을 해소할 수 있어 더욱 매력적이다.

OAuth2를 좀 더 자세히 이해하려면 OAuth2 명세에 언급되어 있는 여러 역할을 먼저 이해하는 것이 중요하다. 지금부터 살펴볼 정의는 OAuth2 명세(https://oreil.ly/I9I6b)에서 직접 발췌한 것이다.

- **리소스 소유자**resource owner
  보호된 리소스에 접근을 승인할 능력을 가진 엔티티다. 리소스 소유자가 사람이라면 최종 사용자라고 볼 수 있다.

- **인가 서버**authorization server

  리소스 소유자를 성공적으로 인증하고 인가를 얻은 후 클라이언트에 액세스 토큰을 발급하는 서버다. 구글이나 Auth0 같은 대부분의 신원 제공자identity provider는 OAuth2 인가 서버다.

- **클라이언트**client

  인가 정보를 이용해 리소스 소유자를 대신해 보호된 리소스에 요청을 보내는 애플리케이션이다.

- **리소스 서버**resource server

  보호된 리소스를 호스팅하는 서버로, 액세스 토큰을 이용해 보호된 리소스에 대한 요청을 수신하고 응답을 리턴한다.

API 사용 시 인가 서버의 역할

인가 서버는 2개의 엔드포인트를 제공한다.

- **리소스 소유자**가 보호된 리소스에 대한 접근을 인가받아야 할 때 사용하는 인가 엔드포인트
- **클라이언트**가 액세스 토큰을 얻고자 할 때 사용하는 토큰 엔드포인트

클라이언트가 참석자 서비스를 직접 호출하면 참석자 서비스는 보호된 리소스를 호스팅하는 **리소스 서버**가 된다. 하지만 리소스 서버는 개별 애플리케이션일 필요는 없으며 전체 시스템을 의미할 수도 있다. 보편적인 패턴 중 하나는 그림 7-4처럼 API 게이트웨이를 리소스 서버로 사용하는 패턴이다. 모바일 앱과 CFP 시스템 등 클라이언트는 API 게이트웨이를 통해 참석자 서비스를 호출한다. API 게이트웨이 뒤로는 여러 서비스가 존재할 수 있지만 클라이언트 입장에서는 보호된 리소스를 호스팅하는 것은 API 게이트웨이다. 이 예시에서는 모바일 앱을 사용하는 참석자와 CFP 시스템을 사용하는 발표자가 리소스 소유자다.

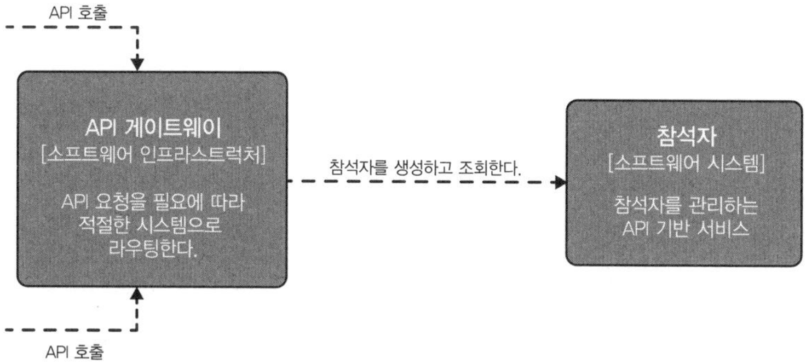

그림 7-4 API 게이트웨이를 리소스 서버로 사용하는 패턴

JSON 웹 토큰(JWT)

자바스크립트 객체 표현식JavaScript Object Notation(JSON) 웹 토큰Web Token은 RFC 표준(https://oreil.ly/9AAYt) 토큰 형식으로, OAuth2에서 사실상 표준으로 자리 잡은 토큰이다. JWT라고도 하는 JSON 웹 토큰은 클레임claim으로 구성하며 각 클레임은 관련된 값을 저장한다. JWT는 표준을 이용해 구성하고 인코딩하므로 수정이 불가능하며 암호화를 적용할 수도 있다. JWT는 'HTTP Authorization 헤더처럼 공간적 제약이 있는 환경'(https://oreil.ly/hArh0)에서 정보를 전달할 때 특히 유용하다.

다음은 JWT의 예시다.

```
{
    "iss": "http://mastering-api/",
    "sub": "18f913b1-7a9d-47e6-a062-5381d1e21ffa",
    "aud": "Attendee-Service",
    "exp": 1618146900,
    "nbf": 1618144200,
    "iat": 1618144200,
    "jti": "4d13ba71-54e4-4583-9458-562cbf0ba4e4"
}
```

이 예시에서 사용하는 클레임은 `iss`, `sub`, `aud`, `exp`, `nbf`, `iat`, `jti` 등이다. 이는 JWT RFC에 예약된 클레임이다. 예약된 클레임은 특별한 의미를 갖는다. 토큰에 반드시 포함되어야 하는 것은 아니지만 최소한의 정보를 제공하는 시작점 역할을 수행한다. 예제 토큰에서 사용하는 클레임의 약어와 그 의미를 살펴보자.

- `iss`(issuer)

  이 토큰을 발급한 기관을 의미한다. 보통은 신원 제공자의 이름을 기록한다(예: 구글, Auth0 등).

- `sub`(subject)

  JWT의 자격증명을 구분하는 고유 식별자다. 사용자를 대변하는 모바일 애플리케이션의 경우에는 참석자(예: 매튜 오번Matthew Auburn)를 표현하고 서버 간 연결에서는 애플리케이션(예: CFP 시스템)을 표현할 수도 있다.[4] 이 값에는 특별한 형식이 정해져 있지 않으므로 이 값을 스스로 정해야 한다면 시스템 내에서나 전역적으로 유일한 값(예: UUID(https://oreil.ly/NmTRn))을 사용해야 한다.

- `aud`(audience)

  토큰의 발급 대상

- `exp`(pxpiration time)

  이 토큰이 만료되는 시점(예제의 토큰은 45분 후에 만료된다.)

- `nbf`(not before)

  토큰은 이 시간 전에 사용해서는 안 된다(예제 토큰에서는 발급 시간과 동일하다).

- `iat`(issued at)

  토큰을 발급한 시간

- `jti`(JWT ID)

  JWT의 고유한 식별자

> 토큰에는 선호하는 이름, 사용자의 이메일, 발급자에 대한 클레임, 토큰을 요청한 애플리케이션 등 다양한 정보를 담을 수 있다. 고도의 보안을 갖춘 API에서는 인가 서버의 인증 방식을 담는 것이 보통이며, 이 값을 이용해 리소스 소유자가 인증을 받을 때 MFA를 사용했는지 여부 등을 확인하기도 한다.

4 이메일 주소나 사용자 이름처럼 사용자가 나중에 바꿀 수 있는 값을 사용하는 것은 좋은 선택이 아니다. 일관된 식별자를 갖추는 것이 향후 관리하기도 더 쉽다.

JSON 웹 토큰의 인코딩과 검증

JWT 인코딩 메커니즘은 각자의 형식을 가진 두 가지 방법이 보편적이다.

- JSON 웹 시그니처JSON Web Signatures(JWS, https://oreil.ly/SOfsT)는 JWT의 무결성을 제공한다. 토큰의 콘텐츠는 토큰을 수신한 누구든 볼 수 있다. 하지만 클레임이 디지털적으로 서명되어 있어 토큰의 콘텐츠가 바뀌면 토큰은 그 즉시 무효화된다.
- JSON 웹 암호화JSON Web Encryption(JWE, https://oreil.ly/ZHlfR)는 무결성을 제공하는 동시에 암호화되어 있다. 즉 토큰의 콘텐츠를 확인할 수 없다.

> 보통 JWT를 사용한다는 것은 JWS를 이용한 JWT를 의미하며, 암호화된 JWT는 JWE를 이용한 JWT를 사용한다는 뜻이다.

가장 보편적으로 사용하는 메커니즘은 JWS로 비공개 키를 이용해 디지털 서명을 수행하는 방법이다. 공개 키는 토큰 수신자가 특정 발급자가 서명한 토큰인지 확인하는 용도로 사용한다.

> JWS를 이용한 JWT를 사용한다면 클레임 값에 중요한 정보를 보관해서는 안 된다. JWS는 클레임에 대한 무결성은 제공하지만 JWT를 가진 누구든지 클레임을 읽을 수 있다. JWT를 읽을 수 없게 하려면 JWE를 사용해야 한다.

JWT는 토큰 형식으로는 훌륭한 옵션이다. API 서비스는 JWT를 소비하고 서명을 검증하므로 데이터베이스에서 토큰을 조회할 필요가 없다. 액세스 토큰은 (대부분) 여러분이 제어하는 인가 서버가 제공하므로 필요한 모든 정보를 JWT에 포함할 수 있다.

JWT를 수신하면 검증해야 할 부분이 여럿 있다. 먼저 서명 부분은 원하는 발급자가 발급했으며 수정되지 않았는지를 확인하는 부분이다. 그런 후에는 토큰이 만료되지는 않았는지(exp 클레임) 또는 토큰이 허용된 시간 이전에 사용되고 있지는 않은지(nbf 클레임) 등 토큰에 포함된 다른 클레임을 검증해야 한다. 발행된 모든 토큰은 반드시 짧은 기간에만 유효해야 한다. 토큰의 만료 시간이 길면 분실하거나 탈취당할 위험이 있다. 토큰의 장기 사용과 관련해서는 NIST National Institute of Standards and Technnology(https://www.nist.gov)의 디지털 가이드라인에 명시되어 있다.

> 토큰의 장기 사용은 탈취 또는 재사용의 위험이 크다. 토큰을 단기적으로 사용하면 이 위험을 완화할 수 있다.

사실 토큰의 만료 시간에 대한 공식적인 표준은 없다. 보통 단기 사용 토큰의 수명은 1~60분을, 장기 사용 토큰은 1~10년을 권장한다. 토큰의 수명은 가능한 한 짧게 유지할 것을 권장한다.

JWT를 액세스 토큰으로 사용하면 여러 장점이 있다. 이제 OAuth2가 토큰을 활용하는 방법에 대해 알아보자.

OAuth2 승인 관련 메커니즘과 용어

OAuth2는 확장성을 염두에 두고 설계되었다. 공식 OAuth2 명세가 릴리스된 2012년에는 4가지 승인grant이 정의되었으며 그 이후로 확장성을 위해 추가적인 승인과 명세의 변경이 승인되었다. 덕분에 OAuth2는 그림 7-5의 추상 프로토콜(https://oreil.ly/BSldZ)을 제공할 수 있게 되었다.

A. 클라이언트가 리소스 소유자로부터 인가를 요청한다.
B. 리소스 소유자는 그 리소스에 대한 클라이언트의 접근을 승인 또는 거부한다.
C. 클라이언트는 인가 정보를 가진 액세스 토큰을 인가 서버에 요청한다.
D. 인가 서버는 클라이언트가 리소스 소유자로부터 인가를 받았다면 액세스 토큰을 발행한다.
E. 클라이언트는 리소스 서버에 리소스를 요청한다. 우리 예제에서 리소스 서버는 API다. 이 요청에는 액세스 토큰이 포함되어 있다.
F. 리소스 서버는 액세스 토큰이 유효하면 리소스를 리턴한다.

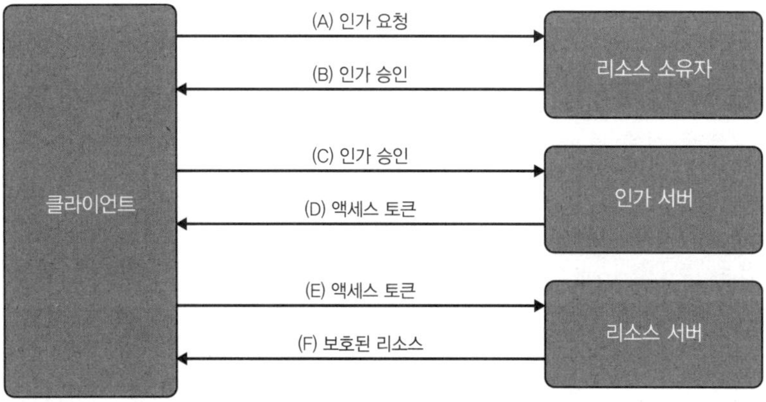

그림 7-5 추상 프로토콜의 흐름

OAuth2 승인이 작동하는 방식에 대한 이 추상 프로토콜은 리소스 소유자가 자신의 리소스를 제어할 수 있음을 보여주고 있다. 클라이언트는 리소스 소유자로부터 인가를 요청한다. 예를 들어 "제가(애플리케이션) 당신 대신 리소스에 접근해도 될까요?"라고 묻는 것이다. 이때 인가가 주어지는 방식은 중요하지 않다. 중요한 것은 리소스 소유자가 접근을 승인하거나 거부할 기회를 갖는다는 점이다. 클라이언트가 리소스 서버에 리소스를 요청할 때(예를 들면 API를 호출할 때) 액세스 토큰을 얻은 방법은 크게 상관이 없다. 요청에 유효한 액세스 토큰이 포함되어 있다면 리소스 서버는 리소스를 제공할 것이다. 각 단계는 독립적이며 이전 단계의 정보를 필요로 하지 않는다. 그렇기 때문에 해당 환경에서 각 단계를 안전하게 수행하도록 구현되어 있으므로 시나리오마다 각기 다른 승인이 필요한 것이다.

ADR 가이드라인: OAuth2를 고려해야 할까

중요한 것은 OAuth2를 적용하는 이유와 여러분에게 맞는 선택인지를 이해하는 것이다. 이에 대한 결정을 내릴 때는 다음의 ADR 가이드라인(표 7-1 참고)을 활용하면 올바른 결정을 내리고 필요에 따라 대화를 나누는 데 도움이 될 것이다.

표 7-1 ADR 가이드라인: OAuth2가 필요할까?

결정사항	OAuth2를 사용해야 하는가, 아니면 운영 환경에 더 적합한 다른 표준 인증 및 인가 방식이 존재하는가?
논의사항	일단 API를 구현하기 시작하면 보안 메커니즘을 결정하거나 그 결정에 영향을 미칠 기회를 갖게 될 것이다. • 현재 보안 요구사항과 잠재적인 변화의 가능성을 확인한다. 예를 들어 API를 제어 부분에서만 사용하는가, 아니면 제어 부분의 외부 또는 잠재적으로 서드파티가 사용할 수도 있는가? • 어떤 보안 모델을 지원하고자 하는가? 혹시 특정 보안 모델을 필요로 하는 외부 통합 작업자가 있는가? • 다중 인증 및 인가 모델을 지원해야 하는가? 이는 기존 인증 모델을 다른 모델로 마이그레이션해야 하는 경우에 특히 중요하다.
권장사항	OAuth2를 사용하면 다른 API 사용자와의 호환성을 극대화할 수 있다. 업계 표준으로 문서화와 클라이언트 라이브러리가 잘 마련되어 있어 쉽게 통합할 수 있다. OAuth2는 최종 사용자는 물론 시스템 간 사용 사례도 지원한다.

인가 코드 승인

인가 코드 승인Authorization Code Grant(https://oreil.ly/CqMhB)은 OAuth2 승인의 구현체 중 하나로, 그림 7-5에서 살펴봤던 추상 프로토콜을 구현하고 있다. 이는 가장 잘 알려진 승인 방식이며 여러분도 알지 못한 채 사용해 봤을 가능성이 크다.[5] 인가 코드 승인의 보편적인 사용 사례는 인터넷에 공개되지 않은 상태로 서버가 제공하는 웹사이트다(예: 기밀 정보를 보호하는 사이트). 기밀 정보를 보호할 수 있는 클라이언트 애플리케이션은 신뢰할 수 있는 클라이언트confidential client라고 한다. 그림 7-6은 이 승인의 동작 방식을 보여준다.

A. 클라이언트 애플리케이션은 웹 브라우저(다이어그램의 유저 에이전트 문자열이 웹 브라우저를 의미한다)를 인가 서버로 안내한다. 인가 서버로의 리다이렉션에는 클라이언트의 신원(클라이언트 ID)이 포함되어 있으며, 리다이렉션에 어떤 승인을 사용할 것인지도 포함되어 있다(이 경우 인가 코드 승인은 코드로 표현되어 있다).

B. 인가 서버는 리소스 소유자(최종 사용자)에게 자신의 신원을 확인해 줄 것을 요청한다. 인가 서버가 리소스 소유자가 누구인지 알아야 리소스 소유자가 인가 서버에 인증을 받을 수 있다. 그런 후 인가 서버는 리소스 소유자가 클라이언트 애플리케이션의 승인을

5 보편적인 시나리오는 여러분의 링크드인(LinkedIn) 계정이 지메일(Gmail) 연락처에 대한 접근을 요청하는 경우다. 여러분은 링크드인에서 구글로 리다이렉트되어 구글 계정으로 로그인한다. 그러면 "링크드인이 이메일 연락처에 접근하고자 합니다."라는 메시지를 보게 된다. 이 메시지를 승인하면 링크드인이 여러분의 이메일에 접근할 수 있게 된다.

인가할 것인지 동의를 얻게 된다(A와 B단계의 인가 코드 승인은 인가 요청의 전부다. 이는 그림 7-5의 추상 프로토콜 A단계에 표현되어 있다).

C. 인가가 승인됐다면 유저 에이전트를 통해 인가 코드가 클라이언트 애플리케이션에 전달된다(이 단계는 추상 프로토콜에서 인가 승인이 리턴되는 B단계에 해당한다).

D. 이제 클라이언트는 인가 서버에게 인가 코드를 표현하는 액세스 토큰을 요청한다. 인가 서버는 아무데서나 인가 코드를 수신할 수 없다. 클라이언트 애플리케이션은 인가 서버와 클라이언트 애플리케이션이 모두 알고 있는 암호를 이용해 스스로를 인증해야 한다(추상 프로토콜에서는 인가 승인이 교환을 위해 인가 서버로 전달되는 C단계에 해당한다).

E. 클라이언트 애플리케이션의 인증이 성공하고 유효한 인가 코드를 제공했다면 액세스 토큰을 얻게 된다(추상 프로토콜에서 액세스 토큰이 발급되는 D단계에 해당한다).

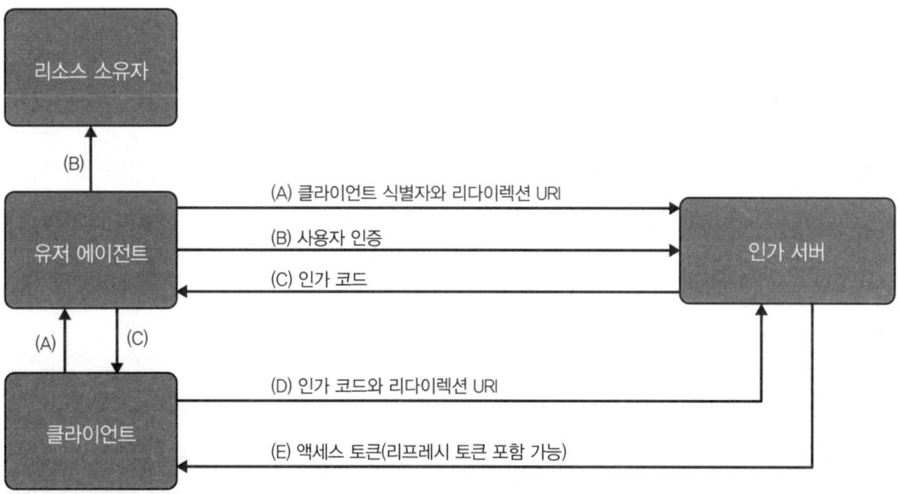

그림 7-6 인가 코드 승인

이 솔루션은 잘 동작하며 웹 애플리케이션에서 기본적으로 사용하는 모델이다. 하지만 웹사이트는 계속 진화하고 있으며 이제는 단일 페이지 애플리케이션Single Page Application(SPA)도 존재한다. SPA 웹사이트는 자바스크립트로 구현하며 사용자의 브라우저에서 실행된다. 이는 소스 코드가 완전히 노출된다는 뜻이다. 또한 OAuth2 클라이언트 SPA는 암호를 보호할 수 없는데다 공개 클라이언트로 알려져 있으므로 인가 코드 승인을 그대로 사용하는 것은 불가능하다.

인가 코드 승인(+ PKCE)

이런 경우 활용할 수 있는 방법이 인가 코드 승인 + PKCE(https://oreil.ly/Kb0r2)다. 이 방법을 이용하면 SPA 애플리케이션에서 OAuth2를 사용할 수 있다. PKCE는 'Proof Key for Code Exchange'의 약자로, 가로채기 공격을 완화하기 위한 목적으로 사용한다. 인가 코드 승인 + PKCE 승인 방식에서는 2개의 추가적인 파라미터가 필요하다. 하나는 인가 요청의 code_challenge 파라미터이고, 다른 하나는 액세스 토큰 요청의 code_verifier 파라미터다. code_verifier 파라미터는 클라이언트가 암호학적으로 임의로 생성한 문자열이며, code_challenge는 code_verifier 파라미터 값의 해시 값이다. 클라이언트 애플리케이션은 인가 서버로 요청을 전달할 때 code_challenge 파라미터를 함께 보내고, 액세스 토큰을 요청할 때는 code_verifier 파라미터에 인가 코드를 제공한다. 인가 서버는 code_verifier 파라미터 값을 해시해서 토큰 요청의 code_challenge 파라미터에 사용한 값과 일치하는지 확인한다. 원래의 클라이언트만 code_verifier 값을 갖고 있으므로 이 방식을 이용하면 승인을 더 안전하게 구현할 수 있다. 또한 액세스 토큰을 요청할 때 인가 코드를 가로채 바꾸는 공격을 방지할 수도 있다. 그림 7-7은 이 승인 방식이 동작하는 과정을 보여준다.

A. code_verifier 파라미터를 포함한 인가 요청이 인가 서버로 전달된다. 다이어그램에서 t(code_verifier)는 code_verifier를 code_challenge로 변환하는 과정이며, t_m은 변환 메서드다(앞서 설명했듯이 해시 함수다).

B. 인가 코드 승인과 마찬가지로 인가 코드가 리턴된다.

C. 클라이언트가 인가 요청을 보내 액세스 토큰을 요청한다. 이때 인가 요청에는 인가 코드와 code_verifier 파라미터가 전달된다. 공개 클라이언트이므로 클라이언트 암호는 보내지 않는다.

D. 액세스 토큰이 클라이언트 애플리케이션에 발급된다.

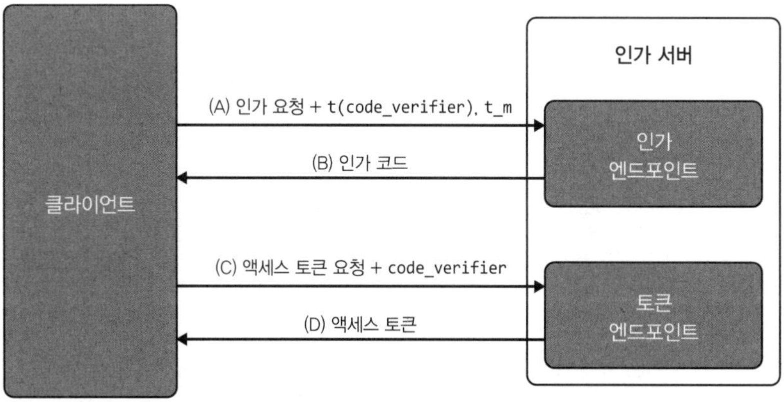

그림 7-7 인가 코드 승인 + PKCE

이 단계를 보다 보면 PKCE 없는 인가 코드 승인 단계와 어떻게 일치하는지 궁금할 것이다. 다이어그램은 그림 7-6과 달라 보이지만 실제로 다른 곳은 첫 번째 단계인 A단계뿐이다. 그림 7-7의 A단계는 인가 요청(추상 프로토콜의 A단계처럼)에 대한 것이며, 프로세스는 인가 코드 승인의 A단계 및 B단계와 동일하다.

> PKCE는 공개 클라이언트라면 반드시 사용해야 한다. 하지만 비공개 클라이언트라도 추가적인 보호를 위해 PKCE를 사용할 수 있다.

인가 코드 승인과 PKCE 확장은 최종 사용자가 사용할 공개 및 비공개 클라이언트의 대부분의 공통 시나리오에서 잘 동작할 것이다.

사례 연구: 인가 코드 승인을 이용해 참석자 API에 접근하기

참석자 API를 사용하는 클라이언트 애플리케이션은 두 가지다. 두 애플리케이션 모두 인가 코드 승인 방식을 이용해 사용자(리소스 소유자)를 대신해 참석자 API에 접근한다. 외부 CFP 시스템은 비공개 클라이언트다. 클라이언트는 암호를 관리할 수 있으므로 인가 코드 승인 방식을 사용할 수 있다. 모바일 애플리케이션은 공개 클라이언트이며 암호를 관리할 수 없으므로 반드시 인가 코드 승인 + PKCE 방식을 사용해야 한다. 외부 CFP 시스템과 모바일 애플리케이션이 수행할 단계는 그림 7-8에서 보듯이 액세스 토큰을 요청하고 이를 이용해 참석자 서비스에 접근하는 것이다. 이 그림은 PKCE 방식을 사용하더라도 수행해야 할 단계나 사용자의 흐름에 큰 변화가 없음을 보여주고 있기도 하다.

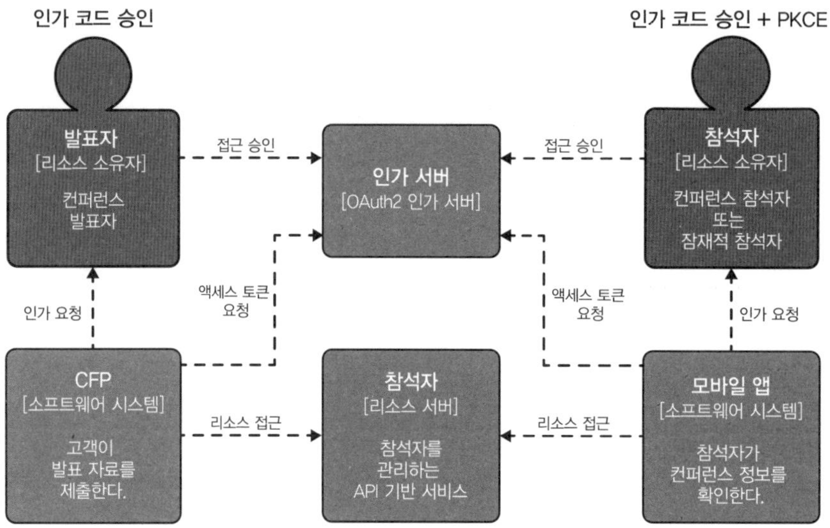

그림 7-8 사례 연구에 인가 코드 승인을 적용한 모습

리프레시 토큰

토큰을 발급할 때 유효 기간은 짧게 설정하는 것이 좋다. 하지만 사용자에게 이름과 비밀번호를 다시 입력하라고 요구하는 것은 그다지 좋지 않은 경험이 될 것이다. 리프레시 토큰refresh token은 유효 기간이 긴 토큰으로, 클라이언트가 기존 토큰이 만료되어 새로운 액세스 토큰을 요청할 때 사용한다. 리프레시 토큰은 인가 요청에 포함된다. 즉 추가 액세스 토큰의 요청에 최종 사용자가 개입하지 않아도 된다는 뜻이다. 최신 보안 권장 사례(https://oreil.ly/veXgR)를 보면 리프레시 토큰을 곧바로 다시 생성해서 처음 생성된 토큰을 강제로 폐기하는 사례가 탐지되기도 했다. 리프레시 토큰은 별개의 자격증명이며 유효 기간이 길므로 유출되지 않도록 안전하게 보관하는 것이 중요하다. 리소스 소유자가 클라이언트가 더 이상 리소스에 접근하는 것을 원치 않는 경우를 비롯해 클라이언트의 접근이 어느 순간에 거부되면 리프레시 토큰도 폐기된다. 그러면 다음번에 클라이언트 애플리케이션이 새로운 (유효 기간이 짧은) 액세스 토큰을 요청해도 받아들여지지 않는다. 이는 클라이언트가 접근할 수 없어야 하는데도 여전히 유효한 액세스 토큰을 갖고 있는 기간이 있다는 뜻이다. 그렇기 때문에 토큰의 유효 기간을 짧게 설정하는 것이 중요하다.

클라이언트 자격증명 승인

클라이언트 자격증명 승인Client Credentials Grant(https://oreil.ly/6GA8r)의 클라이언트는 암호를 관리해야 하므로 신뢰할 수 있는 클라이언트여야 한다. 이는 머신 간 커뮤니케이션이므로 연결이 미리 이뤄지며 (클라이언트가 인가를 수행하는) 접근 권한도 미리 설정되어 있다.

클라이언트가 액세스 토큰을 얻는 과정은 그림 7-9에서 보듯이 매우 직관적이다.[6]

A. 클라이언트 애플리케이션은 인가 서버를 이용해 인증을 수행하고 액세스 토큰을 요청한다. 또한 클라이언트는 `client_credentials` 매개변수에 지정한 승인 정보를 식별한다.

B. 인가 서버는 클라이언트 애플리케이션을 인증하고 액세스 토큰을 리턴한다.

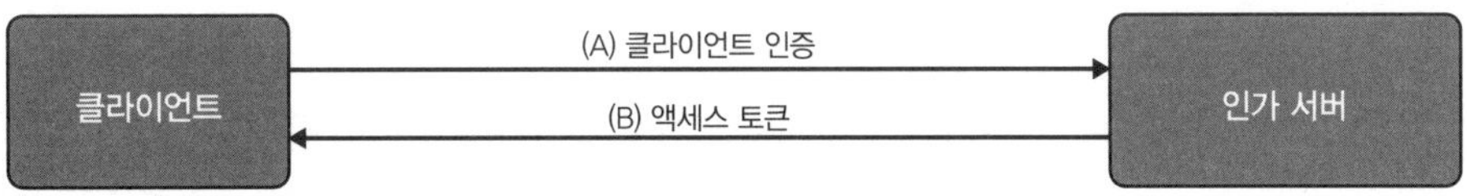

그림 7-9 클라이언트 자격증명 승인

이 과정에는 권한을 허용하는 리소스 소유자가 없으므로 다른 절차는 필요하지 않다. 클라이언트는 다른 사용자를 대신하지 않으므로 클라이언트 자체만 인증하면 된다.

사례 연구: 클라이언트 자격증명 승인을 이용해 CFP 시스템에서 참석자 API 접근하기

외부 CFP 시스템은 얼마나 많은 참석자가 발표 내용을 제출하고 발표자가 되는지를 보여주는 보고서를 3개월마다 생성한다. 이 보고서 생성은 참석자를 대신해서 수행하는 것이 아니라 외부 CFP 시스템이 스스로 수행하는 것이다. 클라이언트(외부 CFP 시스템)는 인가 서버에 등록되어 있다.[7] 이 클라이언트는 참석자 서비스에 대한 접근이 허용되는 클라이언트 목록에 추가되어 있으며, 참석자 정보를 읽고 발표 자료를 등록한 사용자를 질의할 수 있도록 설정되어 있다. 이것이 미리 정의한 접근 권한이다. 참석자 API에 접근하려는 클라이언트는 인가 서버에 액세스 토큰을 요청한 후 이 토큰을 이용해 참석자 API를 호출한다.

6 클라이언트 애플리케이션이 액세스 토큰을 얻는 과정에 더 많은 보안 장치를 추가하고자 한다면 RFC8705(https://oreil.ly/kQGTQ)를 참고하기 바란다. 이 명세는 암호 문자열 대신 뮤추얼(Mutual) TLS를 이용한다.

7 클라이언트를 등록할 때 승인 종류가 여러 가지여도 무방하다. 피호출자의 주체는 클라이언트가 어떤 승인을 사용하는가에 따라 달라진다. 클라이언트 자격증명에서 살펴봤듯이 이 경우의 주체는 리소스 소유자가 아니라 요청을 생성한 클라이언트다.

머신 간 통신에 OAuth2를 활용하는 방법은 살펴봤지만 지금까지 소개한 내용으로 여러분의 요구사항을 처리할 수 없다면 어떨까?

> 클라이언트 자격증명 승인에서는 리프레시 토큰을 사용하지 않는다. 대신 클라이언트는 새로운 액세스 토큰을 요청한다.

추가 OAuth2 승인

앞서 살펴본 두 가지 외에도 OAuth2에서 사용할 수 있는 승인의 종류는 여러 가지가 있다. 다른 표준 승인들의 목록은 나열하겠지만 이 책에서 더 깊이 살펴보지는 않는다.

- 장치 인가 승인Device Authorization Grant은 입력이 제한적이거나 브라우저가 없는 장치를 위한 방식이다. 이 방식은 스마트 냉장고나 라스베리 파이Raspberry Pi 프로젝트 같은 IoT 장치에 유용하다.
- SPA는 보통 암시적 승인Implicit Grant을 사용했지만 이제는 인가 코드 승인 + PKCE로 점차 대체되었다.
- 리소스 소유자 비밀번호 자격증명 승인Resource Owner Password Credentials Grant은 HTTP 기본 인증을 사용하던 클라이언트 애플리케이션을 OAuth2로 전환할 때 사용해 왔다. 하지만 이 승인을 사용하는 것은 권장하지 않는다.

ADR 가이드라인: 지원할 OAuth2 승인의 선택

지금까지 살펴봤듯이 OAuth2는 여러 가지 승인 방식을 제공한다. 따라서 여러분에게 맞는 승인 방식을 선택하는 것이 중요하다. 표 7-2의 ADR 가이드라인은 승인 방식의 선택에 필요한 논의사항과 고려사항을 제공하고 있다.

표 7-2 ADR 가이드라인: OAuth2 승인 방식의 선택

결정사항	어떤 OAuth2 승인 방식을 지원할 것인가?
논의사항	API를 사용할 클라이언트의 종류를 결정한다. • IoT 장치와 장치 인가 승인을 지원해야 하는가? • 암시적 승인만 지원하는 오래된 SPA 클라이언트가 있는가? • 리소스 소유자 비밀번호 자격증명 승인은 완전히 배제해야 하는가? 이미 인증 및 인가 보안 모델을 반영 중이라면 OAuth2로 전환해야 하는가? • 어떤 승인 모델이 가장 적합한가? • 클라이언트를 선택한 승인 모델로 마이그레이션할 수 있는가? 클라이언트를 모두 제어할 수 있거나 서드파티의 수가 적다면 서드파티의 마이그레이션을 시작하기가 훨씬 쉬울 것이다. • 새로운 클라이언트는 모두 OAuth2 승인 모델을 사용해야 하는가?
권장사항	우리는 우선적으로 필요한 모델을 사용해 OAuth2를 적용하고 필요에 따라 다른 승인 모델을 추가할 것을 권한다. 이미 보안 모델을 채택하고 있고 유료 고객이 많다면 OAuth2로의 이전은 쉽지 않을 수 있다. 하지만 서드파티가 여러분의 보안 모델을 위한 추가 구현을 피하기 위해 OAuth2 도입을 요구할 수도 있어 OAuth2를 사용하도록 보안 모델을 진화시켜야 할 수도 있다. 보통 API 시스템에 OAuth2를 도입하는 가장 쉬운 방법은 클라이언트 자격증명 승인 방식을 도입하는 것이다.

OAuth2 범위

범위scope는 OAuth2에서 중요한 메커니즘이며, 사용자를 대신해 어떤 동작을 수행하는 클라이언트의 접근을 제어하기 위한 효과적인 방법이다. 사용자가 처음 인증을 받을 때 최종 사용자는 클라이언트가 어떤 접근을 요청하는지 설명하는 동의 화면을 보게 된다. 예를 들어, "애플리케이션이 캘린더의 일정을 읽으려고 합니다."나 "애플리케이션이 캘린더에 일정을 등록하려고 합니다." 같은 메시지를 보게 된다. 최종 사용자는 클라이언트가 자신을 대신해 어떤 동작을 수행할 수 있는지를 완전히 제어할 수 있다.

사례 연구: 참석자 API에 OAuth2 범위 반영하기

몇 가지 엔드포인트를 이용해 참석자를 모델링하는 범위를 보여주는 실질적인 예시를 살펴보자. 이 예시를 돕기 위해 레거시 컨퍼런스 시스템도 2개의 엔드포인트를 제공하고 있다고 가정해 보자.

- 참석자 API
  - `GET - /attendees`: 참석자 목록을 조회
  - `GET - /attendees/{attendee_id}`: 참석자의 상세 정보를 조회

- POST - /attendees: 새 참석자를 생성
- PUT - /attendees/{attendee_id}: 참석자 정보를 업데이트

■ 레거시 컨퍼런스 API

- GET - /conferences: 컨퍼런스의 목록을 조회
- POST - /conferences: 새 컨퍼런스를 생성

외부 CFP 시스템은 참석자 API에만 접근할 수 있어야 하므로 여러분은 리소스 소유자로서 외부 CFP 시스템이 컨퍼런스 정보에 접근하는 것을 원치 않는다. 그래서 외부 CFP 시스템이 참석자 API만 사용할 수 있도록 분리해야 한다.

그래서 Attendee 범위와 Conference 범위라는 2개의 범위를 생성한다. 다음의 HTTP 동사 - 엔드포인트 - 범위의 조합을 살펴보자.

■ 참석자 API

- GET - /attendees - Attendee
- GET - /attendees/{attendee_id} - Attendee
- POST - /attendees - Attendee
- PUT - /attendees/{attendee_id} - Attendee

■ 레거시 컨퍼런스 API

- GET - /conferences - Conference
- POST - /conferences - Conference

이렇게 하면 컨퍼런스와 참석자를 분리할 수 있지만, 여기서 더 나아가 읽기와 쓰기 작업을 분리하는 것도 가능하다.

■ 참석자 API

- GET - /attendees - AttendeeRead
- GET - /attendees/{attendee_id} - AttendeeRead
- POST - /attendees - AttendeeAccount
- PUT - /attendees/{attendee_id} - AttendeeAccount

범위는 표준이 정해져 있지는 않지만 보통 API 내에서 수행하는 작업을 사용한다. 범위는 최종 사용자가 그 작업을 허용해 줘야 하므로 최종 사용자 입장에서 쉽게 이해할 수 있는 이름이어야 한다. 리소스 사용자가 리소스에 대한 인가를 승인하면 이 정보는 리소스 서버가 활용해야 한다. JWT 형식의 액세스 토큰을 사용할 경우 보통은 JWT에 `"scope": "AttendeeRead AttendeeAccount"`[8] 같은 클레임이 추가된다. 이 클레임에는 인가를 받은 모든 범위가 나열된다. 범위는 OAuth2에서 필수적인 것은 아니지만 매우 유용하며, 더 세밀한 권한 관리를 원한다면 고려해 볼 만한 사항이다.

인가의 수행

인가는 API 보안의 기본이므로 반드시 수행해야 한다. OWASP API 톱 10에 나열된 가장 보편적인 보안 인가 이슈는 손상된 객체 수준 인가Broken Object Level Authorization(BOLA, https://github.com/OWASP/API-Security/blob/master/editions/2023/en/0xa5-broken-function-level-authorization.md)와 손상된 함수 수준 인가Broken Function Level Authorization(BFLA, https://github.com/OWASP/API-Security/blob/master/editions/2023/en/0xa1-broken-object-level-authorization.md)다. BOLA는 사용자가 접근할 수 없는 객체의 정보를 요청할 수 있게 되는 경우이며 보통 리소스의 ID를 조작해서 발견하게 된다. BFLA는 표준 사용자가 관리자만 가능한 엔드포인트를 실행하는 등 사용자가 인가받지 않은 작업을 수행하는 것을 말한다.

인가는 보통 어떤 종류의 자격을 기반으로 한다. 보통은 역할 기반 접근 제어Role Based Access Control(RBAC, https://oreil.ly/U3ahp)를 이용해 수행한다. 정확한 자격 선택은 세부 사항이긴 하지만 접근 제어는 어떤 형태로든 존재해야 하며 모든 엔드포인트가 요청을 처리하기 전에 인가 정보를 확인하는 것이 중요하다.

OAuth2를 사용해 인가를 검토할 때 리소스 소유자는 범위를 이용해 클라이언트가 수행할 수 있는 작업을 나열한다는 점을 염두에 둘 필요가 있다. 이는 클라이언트가 최종 사용자의 모든 데이터에 접근해야 한다는 것을 의미하지 않는다. 참석자 서비스의 경우 참석자를 관리할 수 있는 관리자 권한과 참석자에 대한 읽기 전용 권한 같은 다양한 작업이 가능할 수 있다. 참석자는 프로필을 읽을 수 있는 권한만 갖고 있는데, 클라이언트는 참석자 정보를 읽고 관리할 수 있는 권한을 요청할 수 있다. 사용자는 클라이언트가 자신을 대신해 이런

8 이 값은 배열, 콤마로 구분한 문자열 또는 예시처럼 공백으로 구분한 문자열일 수 있다.

작업을 수행하도록 허용할 수 있지만 정작 사용자 자신은 그런 작업을 수행할 권한이 없을 수 있다. 그림 7-10은 이런 인가 중복을 보여준다.

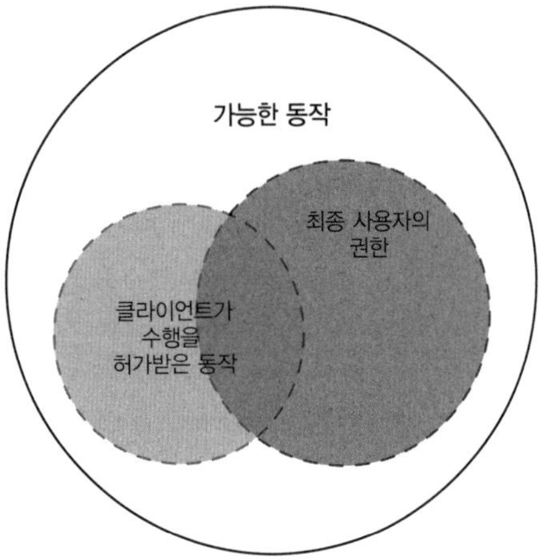

그림 7-10 인가 벤 다이어그램

API 게이트웨이는 범위를 이용해 범위 인가를 수행하고, API에 접근할 수 있는 올바른 범위를 갖지 않은 클라이언트가 보낸 요청을 효과적으로 거부할 수 있다.

OIDC 소개

OAuth2는 클라이언트가 인증과 인가를 이용해 API에 접근하게 하는 메커니즘을 제공한다. 이를 위한 보편적인 요구사항은 클라이언트가 리소스 소유자의 신원을 알아야 한다는 것이다. 외부 CFP 시스템의 입장에서는 발표자 데이터를 저장할 필요가 있지만, OAuth2 승인은 최종 사용자의 신원을 확인할 수 있는 방법을 제공하지 않는다.

바로 이것이 OpenID 연결OpenID Connect(OIDC, https://oreil.ly/umHmK)의 목적이다. 즉 신원 계층을 제공하는 것이다. 이 계층은 OAuth2상에 구현되며 OAuth2 인가 서버가 추가 기능을 구현하게끔 한다. 이 기능을 구현한 OAuth2 인가 서버는 OpenID 제공자 역할을 하게 된다. 이제 클라이언트는 `openid`라는 특별한 범위를 이용해 사용자 정보를 요청할 수 있게 된다. 이 범위는 액세스 토큰에 명시된 다른 범위와 함께 요청에 포함된다. `openid` 범위를 사용하면 클라이언트는 사용자와 관련된 클레임을 담은 ID 토큰을 얻을 수 있다.

openid 범위만 사용할 때 리턴되는 ID 토큰은 사용자에 대한 매우 제한된 정보만을 포함한다. 사용자를 식별하는 유일한 클레임은 subject 클레임이며 이는 사용자의 고유 ID로, 절대 변경하면 안 된다(보통은 UUID를 사용한다). 사용자에 대한 고유 ID만을 확인하는 것은 클라이언트 입장에서는 충분하지 않다. 그렇기 때문에 OIDC는 ID 토큰의 정보를 얻기 위해 요청에 추가할 수 있는 추가 범위를 지정하고 있다.

- profile

  name, family_name, given_name, middle_name, nickname, preferred_username, profile, picture, website, gender, birthdate, zoneinfo, locale, updated_at 필드
- email

  email과 email_verified 필드
- address

  address 필드
- phone

  phone_number와 phone_number_verified 필드

결국 사용자에 대한 많은 정보를 제공하는 풍부한 ID 토큰을 얻을 수 있다. 이 범위는 ID 토큰에서만 사용할 수 있다. 257페이지 'OAuth2 범위' 절에서 살펴봤듯이 이 범위는 액세스 토큰에서는 찾을 수 없다.

OIDC는 인가 코드 흐름Authorization Code Flow, 암시적 흐름Implicit Flow, 하이브리드 흐름Hybrid Flow이라는 3가지 흐름을 정의하고 있다. OIDC 명세는 ID 토큰의 '흐름'을 얻는 단계를 호출한다. 인가 코드 승인(+ PKCE)과 마찬가지 이유로 인가 코드 흐름을 사용하는 것이 가장 안전하다.

많은 사람이 OAuth2와 OIDC를 같은 것으로 생각하고 API에 접근하는 데 사용하는 방식을 OIDC라고 말하곤 한다. 하지만 실질적으로 이 둘은 같은 것이 아니라 서로 다른 것이다. OIDC는 클라이언트에 사용자 신원을 제공하는 역할이지만 API에 대한 접근은 제공하지 않는다. OIDC가 필요하다면 여러분의 신원 제공자가 OIDC를 지원하는지 확인해야 한다. 신원 계층을 직접 구현하려는 시도는 하지 말자.

> 절대 ID 토큰으로 액세스 토큰을 대체해서는 안 된다. ID 토큰의 목적에 어긋나는 것이므로 매우 위험한 행동이다. ID 토큰은 유효 기간이 긴 토큰이며, 클라이언트에게 사용자 정보를 제공하기 위한 것이 목적이지 리소스에 대한 접근을 제어하기 위한 것이 아니다.

SAML 2.0

엔터프라이즈 환경에서는 SAML 2.0을 사용하는 것이 보편적이며 보통은 SAML이라고 부르기도 한다. SAML Security Assertion Markup Language은 어설션 assertion을 이전하는 개방 표준이다. 보통은 싱글 사인온 single sign on에 사용하며 이때 이전하는 어설션은 사용자의 신원이다. SAML은 임직원이 외부 애플리케이션에 로그인하는 것을 허용하기 때문에 엔터프라이즈 환경에서는 매우 보편적으로 사용하고 있다. SAML은 원래 API가 사용하기 위한 것은 아니었다. 하지만 OAuth 2.0 클라이언트 인증 및 인가 승인을 위한 SAML 2.0 프로파일 확장 기능에 정의되어 있다(https://oreil.ly/AVVHY). 이 확장 기능은 인가 서버에 해당 기능이 구현되어 있다는 가정하에 클라이언트가 SAML을 이용해 액세스 토큰을 요청하는 것을 허용한다. OAuth2 마이그레이션에 SAML이 필요하다면 이 점을 반드시 알고 있어야 한다.

정리

이번 장에서는 API 보안의 중요성과 이를 위한 견고한 업계 표준에 대해 알아봤다.

- 인증은 리소스 소유자의 신원을 확인하는 것으로, API에서는 최종 사용자일 수도 있고 시스템 간 통신을 수행하는 애플리케이션일 수도 있다.
- OAuth2는 베어러 헤더에 JWT를 사용해 API를 보호하는 사실상의 표준 방식이다. JWT 토큰은 악의적인 조작이 불가능하도록 인코딩 및 사인이 되어 있다.
- OAuth2 승인은 여러 시나리오를 지원한다. 가장 보편적인 것은 인가 코드 승인 + PKCE와 클라이언트 자격증명 승인이다.

- 리프레시 토큰은 사용자에게 로그인 이름과 비밀번호를 계속 요구할 필요 없이 최종 사용자에게 더 나은 경험을 제공한다.
- OAuth2 범위는 잘 분리된 권한을 제공하며 최종 사용자가 클라이언트의 접근을 설정할 수 있는 기능을 제공한다.
- OIDC는 클라이언트가 최종 사용자 정보를 필요로 할 때 사용한다. OIDC는 인증된 사용자에 대한 기본적인 정보를 제공하며 선택적으로 추가 정보도 제공할 수 있다.

이제 여러분은 API 호출자를 식별하고 API를 보호할 수 있는 방법에 대해 이해하게 되었다. 하지만 대부분의 소프트웨어 아키텍트는 여기서 머물지 않기 때문에 이것만으로는 충분치 않다. API를 사용한 진화적 아키텍처에 대해서는 다음 장에서 살펴보자.

4부

API의 진화적 아키텍처

4부에서는 API를 사용하는 시스템의 아키텍처를 진화시키는 방법에 대해 알아본다. 기존의 레거시 애플리케이션을 API 기반, 서비스 지향 아키텍처로 진화시키는 것은 물론 API 인프라스트럭처를 사용하거나 클라우드 환경으로의 효율적인 배포를 위해 시스템의 플랫폼을 재구축하는 내용도 포함되어 있다.

8장에서는 모놀리식 애플리케이션을 API 주도 아키텍처로 재설계하는 방법을 알아본다.

9장에서는 API 인프라스트럭처를 이용해 현재 시스템을 클라우드 플랫폼으로 진화시키는 방법을 살펴본다.

10장에서는 이 책 전반에 걸쳐 학습한 내용 중 중요한 부분을 요약한다. 또한 API 아키텍처에 대해 학습한 내용을 활용해 사례 연구를 계속해서 개선한다.

8장

API 주도 아키텍처로의 재설계

이제 API 운영과 보안에 대해 확실히 이해했을 테니, 기존 애플리케이션을 API 주도 서비스로 진화시키는 방법을 살펴볼 것이다. 『진화적 아키텍처』(한빛미디어, 2023)에서 저자는 진화적 아키텍처가 어떻게 여러 관점에서 점진적인 변화를 가이드하는지 설명하고 있다. 이 책에서 소개한 진화적 아키텍처를 채용하든 하지 않든 거의 모든 성공적인 시스템은 시간이 지나면서 등장하는 새로운 사용자 요구사항이나 환경의 변화에 대응해 진화한다. 고객의 피드백이나 시장 상황의 변화에 따라 제품을 변경하지 않는 조직은 거의 없다. 마찬가지로 오래 지속 중인 시스템이 인프라스트럭처의 변화(예를 들면 하드웨어에 장애가 발생하거나 퇴출되는 경우), 기반 애플리케이션 프레임워크 또는 서드파티 서비스에 영향을 받지 않는 경우도 드물다.

API는 자연스러운 인터페이스이자 추상화이며 시스템으로의 (캡슐화된) 진입점이다. 그렇기 때문에 진화적 아키텍처를 지원하는 데 중요한 역할을 할 수 있다. 이번 장에서는 변화가 필요한 이유와 변화를 위한 설계 방법 그리고 유용한 패턴을 구현하는 지점에 대해 알아본다.

아직 깨닫지는 못했겠지만 여러분은 이번 장에서 설명하는 여러 스킬을 컨퍼런스 시스템 사례 연구에 이미 반영해 왔다. 이번 장을 읽으면서 사례 연구의 진화에 대해 곰곰이 생각해 보길 권한다. 305페이지 '사례 연구: 지금까지의 변화' 절에서는 컨퍼런스 시스템 아키텍처의 최종적인 상태를 살펴보게 될 것이다.

시스템의 진화에 API가 필요한 이유

소프트웨어를 안전하게 변경하는 것은 어려운 일이다. 게다가 소프트웨어의 사용자 수가 많거나 설계상 내재된 복잡도가 높거나 다른 시스템과 단단히 통합되어 있는 경우라면 그 어려움은 더욱 커진다. 그리고 더 중요한 점이 있다. 이런 특성은 잘 사용하고 있으며 사용자의 수요를 만족시키고 조직의 흐름에서 중요한 역할을 수행하는 소프트웨어 시스템이라면 거의 필연적으로 드러나는 특성이라는 점이다. 대부분의 '레거시' 시스템은 일시적인 우회책, 버그 수정 또는 단지 쉬워서 채택한 시스템의 설계 변화 등 그때그때의 상황에 따라 진화해 왔다.

아키텍트 입장에서 API는 시스템의 진화에 도움이 된다. API는 모듈이나 컴포넌트의 경계가 되므로 응집도가 높고 결합도가 낮은 시스템을 구현하기 위한 자연스러운 활용점이 된다.

유용한 추상화: 응집도의 향상

응집도cohesion는 시스템 내의 요소들이 서로 함께하는 정도를 의미한다. 응집도가 높은 API와 시스템을 구현하면 API 제공자와 소비자 모두의 진화가 쉬워진다. API 제공자 입장에서는 알고리즘의 변경, 성능 개선을 위한 코드 리팩토링, 데이터 스토어의 변경 같은 서비스 내부 구조를 변경할 수도 있으며 외부 인터페이스의 하위호환성에 문제가 생기지 않도록 주의만 하면 된다. 소비자 입장에서는 기존 API와의 통합 지점을 명확하게 이해한다면 서비스의 수정과 확장이 더욱 용이하다.

응집력이 있는 API의 설계와 밀접하게 관련이 있는 요소는 여러분이 생성하는 추상화에 대해 주의 깊게 생각해 보는 것이다. 우리는 서로 다른 운송 수단의 조작에 필요한 추상화의 차이점을 모두 잘 이해하고 있다. 자동차의 경우 보통은 대시보드, 페달, 운전대 등을 조작한다. 한편 우주왕복선은 제어 패널에 수많은 대시보드, 제어 스틱, 버튼 등이 존재한다. 이 정도의 제어 능력과 복잡도는 우주왕복선을 제어할 때 필요한 작업에 대한 응집력을 갖지만, 자동차를 설계한다면 그다지 적절하지 않을 것이다. 여기서 API 설계와의 유사점을 발견할 수 있기를 바란다. 향후에도 문제가 없는 API를 구현한다는 명목하에 실제로 비즈니스 서비스는 자동차를 운전하는 수준인데도 우주왕복선 제어 패널 정도 수준의 설계를 하고 싶은 충동을 느낄 수 있다.

응집도가 높은 API의 목표

응집도가 높은 API는 아키텍트가 이해하고 멘탈 모델을 구축하고 그 동작을 유추하기가 쉽다. 또한 예측 가능해야 한다는 원리를 해치지도 않는다. 응집도가 높은 API는 시스템 내의 변경에 집중해야 하는 지점이 된다. 예를 들어 응집도가 낮은 시스템을 수정할 때 여러 API를 수정해야 하는 것과 달리, 응집도가 높은 시스템은 여러 변경사항을 반영하기 위해 하나의 API만 수정해도 되는 경우가 있다.

사례 연구의 높은 응집도에 대한 반대 예시로 모든 컨퍼런스 엔티티에서 공유할 수 있는 편리한 함수의 집합체인 'utils' API를 구현한다고 가정해 보자. 그러면 참석자 API와 같이 한 API 뒤에 숨겨진 코드를 변경하면 다른 유틸리티 API도 업데이트해야 하는 상황으로 이어지는 경우가 많다. 여러분이 API의 원래 작성자가 아니거나 문서화와 테스트가 잘 갖춰져 있지 않다면 이런 점을 놓쳐서 시스템의 일관성이 떨어지거나 호환성에 문제가 발생할 수 있다.

응집도의 종류는 다양하다!

보통 응집도는 한 가지로 측정할 수 있는 것처럼 말하지만, 아키텍트가 알아야 할 응집도의 종류는 여러 가지다. 예를 들어 시스템은 여러 가지 방법으로 결합되어 있을 수 있다.

- 기능적 응집도
- 순차적 응집도
- 소통적 응집도
- 절차적 응집도
- 일시적 응집도
- 논리적 응집도
- 우연한 응집도

조셉 인제노(Joseph Ingeno)가 집필한 『Software Architect's Handbook』(https://oreil.ly/hkS1F, 팩트출판사)은 이 주제와 관련된 포괄적인 개요를 제공한다.

물론 응집도는 시스템을 설계하고 진화시킬 때 힘을 써야 할 속성의 하나일 뿐이다. 이제 소프트웨어에서 응집도와 밀접한 관련이 있는 요소인 결합도coupling에 대해 알아보자.

도메인 경계의 정립: 낮은 결합도의 촉진

느슨하게 결합된 시스템은 두 가지 속성을 갖는다. 첫째, 컴포넌트들은 서로 관련도가 약하다(쉽게 깨질 수 있는 관계를 갖는다). 즉 한 컴포넌트의 변경이 다른 컴포넌트의 기능이나 성능에 영향을 미치지 않는다는 뜻이다. 둘째, 시스템의 각 컴포넌트는 다른 별개의 컴포넌트의 정의에 대해 거의 또는 아예 알지 못한다. 느슨하게 결합된 시스템의 컴포넌트는 같은 서비스를 제공하는 다른 컴포넌트로 쉽게 교체가 가능하며 같은 플랫폼, 언어, 운영체제 또는 빌드 환경에 제약을 거의 받지 않는다.

느슨하게 결합된 API를 설계하거나 리팩토링하면 제공자와 소비자가 더 효과적으로 시스템을 진화시킬 수 있다. 제공자 입장에서는 느슨하게 결합된 API를 이용하면 손쉽게 통합하고 변경이 가능하므로 조직 전체에 서비스의 도입을 극대화할 수 있다. 소비자 입장에서는 API가 느슨하게 결합되어 있으면 (심지어 런타임에도) 컴포넌트의 교체가 쉬워져서 더 쉽게 테스트가 가능하며 의존성 관리 비용이 줄어든다.

결합이 느슨하면 테스트 때 모킹과 가상화도 쉬워진다!

API를 낮은 결합도를 갖도록 설계하면 통합 및 종단 간 테스트를 수행할 때 목(mock)이나 가상화(virtualization)가 훨씬 쉬워진다. API의 결합도가 낮으면 제공자의 구현체를 쉽게 교체할 수 있다. 소비자를 테스트할 때는 제공자 API 구현체를 필요한 응답을 리턴하는 간단한 스텁(stub)이나 가상 서비스로 교체하면 된다.

반면 결합도가 높은 API는 목이나 스텁으로 교체하는 것이 불가능할 때도 있다. 이 경우에는 API 제공자를 직접 실행하거나 더 가벼운(기능이 적은) 또는 내장형 서비스를 이용해 테스트를 수행하게 된다.

사례 연구: 참석자 도메인 경계의 확립

컨퍼런스 시스템의 예시로 참석자 서비스가 기반 데이터 스토어와 강하게 결합되어 있어 기반 데이터 스키마 형태로 데이터를 제공한다고 가정해 보자. 서비스 제공자인 여러분이 데이터 스토어를 뭔가 다른 것으로 교체하고 싶다면 선택할 수 있는 옵션은 두 가지다. 첫 번째 옵션은 복잡하고 에러가 발생하기 쉽지만 기존 형식과 새 형식으로 데이터를 생성하거나 조회하는 새로운 시스템을 구현해 적용하는 방법이다. 두 번째 옵션은 외부 API를 수정하고 모든 소비자가 새 API를 사용하도록 수정하는 것이다. 이 방법은 사용자가 많을수록 훨씬 어려워진다는 점을 잊지 말자.

> **정보 은닉의 강점**
>
> 높은 응집도와 낮은 결합도를 갖는 API를 설계할 때는 정보 은닉 원리의 장점을 활용할 수 있다. 이는 변경 가능성이 높은 구현 결정을 분리하는 원리다. 제대로 수행한다면 설계 결정사항이 변경되었을 때 시스템의 다른 부분을 대대적으로 수정해야 하는 상황을 모면할 수 있다.
>
> 그러려면 (향후 변경될 수도 있는) 기반 구현체로부터 시스템의 나머지 부분을 보호하는 안정적인 인터페이스를 제공해야 한다. API와 관련해 정보 은닉은 제공자가 소비자에게 접근하지 못하도록 하는 것이다. 이를 위해서는 비즈니스 또는 도메인 중심의 API 엔드포인트만 제공하고 내부 추상화 또는 구현 관련 데이터 모델이나 스키마는 제공하지 않아야 한다.

최종적인 아키텍처의 선택

모놀리식 애플리케이션과 API를 재설계하고 진화시킴에 따라 변경 후의 시스템이 어떻게 기능해야 하는지에 대한 명확한 비전을 제시할 수 있어야 한다. 그렇지 않으면 〈이상한 나라의 엘리스〉처럼 이상한 상황에 빠지게 될 것이다.

> "여기서 어디로 가야 하는지 알려주실래요?" 그러자 고양이가 말했다. "그건 어디로 가고 싶은지에 따라 다르겠죠." 앨리스가 말했다. "목적지는 크게 중요하지 않아요." 그러자 고양이가 "그러면 어느 길로 가는지도 중요하지 않죠."라고 말했다. 앨리스가 "어딘가로 갈 수만 있다면 말이죠."라고 덧붙였다.

시스템을 진화시키는 전반적인 목표를 설정하는 방법에 대해서는 다음 절에서 알아보겠지만, 지금은 여러분이 선택할 수 있는 아키텍처 옵션들을 살펴보고 각 옵션이 API 설계에 어떤 영향을 주는지 알아보자.

모놀리식

지난 몇 년간 모놀리식 아키텍처 스타일은 그다지 좋지 않은 평판을 얻었다. 하지만 이는 '모놀리식'이라는 단어가 '큰 진흙 덩어리big ball of mud'[1]와 동의어로 사용되었기 때문이다. 실제로 모놀리식은 모든 것이 한 조각으로 구성되어 단일 프로세스이자 독립적으로 동작하는 애플리케이션을 구현한 소프트웨어 시스템이다. 기본적으로 모놀리식 아키텍처에는 아무런 문제가 없다. 수년간, 특히 개념 증명 애플리케이션이나 비즈니스 제품의 시장 적합성을 검토하기 위해 개발하는 시스템의 경우 프로젝트 초기에 가장 신속하게 구현해 볼 수 있는 아키텍처다. 주시하고 유추하고 작업해야 하는 시스템이 하나뿐이므로 쉽게 이해하고 수정할 수 있기 때문이다.

모놀리식 애플리케이션에 API를 구현할 때의 어려움은 의도치 않게 결합도가 높은 설계를 채택하기가 쉬워서 나중에 변경하기가 어려워진다는 점이다. 도메인 주도 설계domain-driven design(DDD) 같은 권장 기법과 육각형 아키텍처를 채택한다면 나중에 도움이 될 것이다.

서비스 지향 아키텍처

서비스 지향 아키텍처service-oriented architecture(SOA)는 네트워크를 이용해 통신하는 애플리케이션이나 서비스가 다른 컴포넌트에게 서비스를 제공하는 스타일의 소프트웨어 설계 기법이다. 처음 등장했던 SOA는 '클래식 SOA'라고도 하며 그다지 좋지 않은 평가를 받았다. 그 이유는 SOAP, WSDL, XML 같이 상대적으로 무거운 기술과, ESB와 메시지 큐 같은 벤더 위주의 미들웨어를 사용했기 때문이다. 통신에 '스마트 파이프'를 사용하는 네트워크에 집중하는 경향이 있었으며 비즈니스 로직은 미들웨어에 구현되어 있었다.

애플리케이션을 SOA로 진화시키는 것은 장점이 있지만 결합도를 높이거나 응집도를 낮추는 프레임워크나 벤더 미들웨어의 사용은 피하도록 주의해야 한다. 예를 들어 API 게이트웨이나 엔터프라이즈 서비스 버스enterprise service bus(ESB)에 비즈니스 로직은 절대 추가하지 않아야 한다. SOA 기반 시스템을 설계할 때 가장 큰 어려움 중 하나는 서비스의 크기와 소유권을 '알맞게' 정하는 것이다. 즉 API의 응집도, 조직 전반의 코드에 대한 명확한 소유권, 많은 서비스를 운영하는 데 따른 설계와 운영 비용 간의 균형을 잘 유지해야 한다.

1 큰 진흙 덩어리에 대한 자세한 내용은 위키피디아의 문서(https://oreil.ly/Toz8J)와 InfoQ의 기사(https://oreil.ly/IPDpX)를 참고하기 바란다.

마이크로서비스

마이크로서비스는 가장 최신의 SOA 구현 방식으로, 잘 정의한 API를 이용해 서로 통신하는 작고 독립적인 서비스들로 소프트웨어를 구성하는 방법이다. 클래식 SOA와는 여러 가지로 다른 면이 있다. 예컨대 '스마트 엔드포인트와 덤dumb 파이프'(https://oreil.ly/cTt3j)를 사용하며, 서비스의 결합도를 높이는 무거운 미들웨어를 사용하지 않는다. 마이크로서비스에 대한 도서 역시 많이 출간되었으므로 관심이 있다면 이 도서들을 참고하면 된다.[2] 하지만 마이크로서비스 진화의 핵심 원리는 낮은 결합도와 높은 응집도를 갖는 API 주도 서비스들을 구현하는 데 있다.

클래식 SOA와 마찬가지로 마이크로서비스 아키텍처를 이용해 API를 설계할 때의 가장 큰 어려움은 API와 기반 서비스의 경계(와 응집도)를 올바르게 설정하는 것이다. 마이크로서비스를 구현하거나 또는 마이크로서비스로 진화하기 전에 컨텍스트 매핑과 이벤트 스토밍event storming처럼 DDD에서 차용한 기술을 사용하면 나중에 큰 도움이 된다. 마이크로서비스 API는 느슨한 결합을 위한 경량의 기술을 사용하는 것이 이상적이다. 예를 들면 REST나 gRPC 같이 이 책에서 이미 살펴봤던 기술이나 AMQP, STOMP 또는 웹소켓WebSockets 같이 경량 이벤트 주도 또는 메시지 기반 기술을 사용하는 편이 좋다.

함수

함수가 마이크로서비스의 차세대 진화가 될 것이라는 애초의 약속은 결실을 맺지 못했지만 여러 조직이 이 아키텍처를 잘 채택하고 있다. 이 아키텍처 스타일은 고도로 이벤트화된 시스템을 목표로 할 때 유용하다. 예를 들어 뉴스와 시장 상황에 극히 민감하게 반응하는 시장 기반의 거래 시스템이나 표준화된 변환 파이프라인을 적용하고 이미지가 완성되면 알림을 보내는 이미지 처리 시스템 등에 적합하다.

함수 기반 시스템과 그에 대응하는 API를 설계할 때의 가장 큰 어려움은 올바른 결합도와 관련이 있다. 간단한 함수나 서비스를 설계하는 것이 너무 쉬워서 비즈니스 가치를 제공하려면 이들을 잘 조율해서 사용해야 한다. 이런 서비스와 API는 결합도가 높아지는 경향이 있다. 이때 재사용성과 관리용이성 사이의 균형을 찾는 것이 어렵다. 따라서 팀이 균형을 조정할 시간이 없다면 이 아키텍처 스타일은 선택하지 않는 편이 좋다.

---

2 샘 뉴먼(Sam Newman)이 집필한 『마이크로서비스 아키텍처 구축』(한빛미디어, 2023)을 권장한다.

진화적 절차의 관리

시스템의 진화는 주의해서 관리해야 하는 활동이다. API를 변경할 때 여러분이 주의 깊게 눈여겨봐야 할 것들에 대해 알아보자.

목표의 결정

시스템을 진화시키기에 앞서 이 변화의 동기를 명확히 해야 한다. 변화의 목표는 목록화해서 팀 및 조직에 명확하게 전달해야 한다. 코딩을 시작한 시점보다는 변화 절차의 초기에 올바르지 못한 가정과 목표를 식별하는 편이 훨씬 적은 비용이 든다. 목표는 크게 기능적인functional 것과 교차 기능적인cross-functional 것으로 나눌 수 있다.

기능적 진화의 목표는 어떤 기능을 변경하는 것이다. 보통 이런 진화는 최종 사용자나 비즈니스 이해당사자가 주도한다. 리팩토링이 필요할 수도 있지만 이런 유형은 보통 더 많은 코드를 작성하거나 더 많은 시스템을 통합하는 것이 목표다.

교차 기능적 목표는 비기능적nonfunctional 목표라고도 하며 관리용이성maintainability, 확장성scalability, 신뢰성reliability 같은 '속성'을 위한 것이다. 예를 들어, 관리용이성 변경은 보통 엔지니어가 시스템을 이해하고 수정하며 변경하는 데 필요한 시간을 줄이기 위해 기술 리더십 팀이 주도하는 경우가 많다. 신뢰성 작업은 시스템 내 장애의 횟수와 영향도를 낮추려는 시도다. 이런 유형은 보통 기존 시스템을 리팩토링하거나 새 플랫폼이나 인프라스트럭처 컴포넌트를 도입하는 것이 목표다.

교차 기능적 요구사항을 갖는 것은 좋지만 시스템에 적용할 변화에 대한 분명한 목표를 어떻게 설정할 수 있으며 성공 여부는 어떻게 판단할 수 있을까? 이때 적합성 함수fitness function가 도움이 된다.

적합성 함수의 활용

아키텍처가 빠르게 레거시가 되지 않도록 하기 위해서는 시간이 지남에 따라 성능이 저하되는 것을 방지하기 위한 적극적인 의사결정이 필요하다. 적합성 함수를 정의하는 것은 시스템을 구성하는 아키텍처와 코드 산출물을 지속적으로 조회할 수 있는 메커니즘이다. 함수를 아키텍처를 위한 일종의 단위/통합 테스트이며 아키텍처의 '속성'을 정량적 지표를 측정하는 도구라고 생각하자. 적합성 함수는 빌드 파이프라인에 포함되어 시스템의 목표를 보장하는 데 도움을 준다. 적합성 함수에 대한 쏘트웍스Thoughtworks 블로그(https://oreil.ly/hl9eB)는 표 8-1과 같이 적합성 함수를 분류하고 있다.

표 8-1 적합성 함수의 분류

코드 품질	이 부류의 적합성 함수는 이미 여러 팀이 채택하고 있을 가능성이 높다. 테스트를 실행하면 프로덕션 환경에 릴리스하기 전에 코드의 품질을 측정할 수 있다. 추가적인 지표도 고려할 만하다. 예를 들어 순환 복잡도를 최소화하는지 여부를 측정할 수 있다.
회복성	회복성을 위한 기본적인 테스트는 시스템을 프리프로덕션(preproduction) 환경에 배포하고 샘플(또는 가상의) 트래픽을 보낸 후 에러율이 한계점보다 낮은지 관측하는 것이다. API 게이트웨이나 서비스 메시를 이용해 시스템상에 결함을 주입하고 특정 시나리에서의 회복력과 가용성 테스트를 수행하기도 한다.
관측용이성	관측용이성 플랫폼에서 중요한 것은 서비스가 적합한지(그리고 회귀하지 않는지) 확인하고 여러 지표를 발행하는 것이다. 어떤 API 지표를 발행해야 하는지에 대해서는 207페이지 'API에서 중요한 지표' 절에서 이미 살펴봤다. 이 지표는 적합성 함수를 이용해 측정하고 적용할 수 있다.
성능	성능 테스트는 보통 나중에 고려한다. 하지만 레이턴시와 처리량 목표를 설정할 수 있다면 빌드 파이프라인에서 측정할 수 있다. 가장 어려운 부분은 여러분이 실행할 성능 테스트로 유의미한 결과를 볼 수 있도록 프로덕션 환경과 유사한 데이터를 확보하는 것이다. 더 자세한 내용은 284페이지 '성능 이슈' 절에서 살펴보기로 한다.
규제 준수	어떤 항목을 모니터링하는 것이 중요한지는 비즈니스/조직에 따라 다르다. 비즈니스가 예측대로 운영되고 있다는 증거를 지속적으로 제공하는 핵심적인 감사 또는 데이터 요구사항이 여기에 포함된다.
보안	보안에는 다양한 측면이 있으며 6장과 7장에서 그중 일부를 살펴본 바 있다. 보안과 관련해 작성할 수 있는 적합성 함수 중 하나는 프로젝트의 라이브러리 의존성을 분석하고 알려진 취약점을 확인하는 함수다. 기반 코드에 자동화된 검색을 실행해 OWASP 스타일의 취약점이 존재하지 않는지 확인하는 함수를 작성할 수도 있다.
운영용이성	구현한 애플리케이션은 프로덕션 환경에 배포되고 진화하기 시작한다. 사용자가 애플리케이션을 사용하기 시작하고 그러면서 문제가 발생하기 시작한다. 플랫폼을 운영하기 위한 최소한의 요구사항을 결정하는 것은 플랫폼을 운영 가능한 상태로 유지하기 위한 핵심이다. 모니터링 및 경고 기능이 제대로 작동하는지 여부를 평가하는 것부터 시작하는 것이 좋다.

도입하고자 하는 적합성 함수를 중심으로 ADR을 작성하는 것이 좋다. 표 8-1에서 설명한 모든 것을 곧바로 구현하는 것은 어려운 일이다.

일부 의사결정은 되돌리기 어려울 수 있으므로 가능하다면 이런 의사결정은 미리 구분해 두는 것이 중요하다.

> 되돌릴 수 없는 의사결정이 꼭 나쁜 것은 아니다. 하지만 충분히 주의 깊게 생각하고 고려하지 않은 상태로 결정을 내리면 그 결정은 나쁜 결정이다. ADR을 작성함으로써 "사람들은 어떻게 생각하는가?" 같은 질문을 통해 충분히 생각할 수 있는 여지를 주고, 지난 컨텍스트를 공유할 수 있다. ADR과 열린 논의를 활용해 함께 내린 의사결정은 오래 지속될 수 있는 아키텍처의 설계에 도움이 된다.

시스템을 모듈로 나누기

(여러분 또는 다른 사람이) 모놀리식이라고 치부해 버린 기반 코드에서 작업해 본 적이 있는가? 우리 저자 중 한 명은 (소나큐브SonarQube에 따르면) 24년 동안 기술 부채가 쌓여온 4백만 줄짜리 기반 코드에서 작업을 해본 적이 있다. 코드의 구조는 여러 다른 클래스와 연결되어 애플리케이션 전반에 걸쳐 제어할 수 없을 만큼의 결합도를 빚어냈다. 애플리케이션의 어느 한 곳을 리팩토링하는 것조차 어려웠으며 버그 하나를 수정하면 예상치 못한 다른 버그가 발생하기 일쑤였다. 이런 문제는 시스템이 모놀리식이라는 본질 때문에 발생한 것이 아니라 코드의 구조와 설계의 부재 때문에 발생하는 것이었다.

스파게티 코드/큰 진흙 덩어리를 방지하는 방법 중 하나는 모듈을 이용해 소프트웨어 애플리케이션을 분리하는 것이다. 기반 코드에서 모듈형 컴포넌트를 설계하는 것은 기능의 응집도에 따라 경계와 논리적 그룹을 분명히 정하는 것이다. 모듈의 목표는 구현 상세를 감추는 잘 정의한 경계를 구성하는 것이다. 하지만 모듈의 정의를 설정하는 것은 복잡한 문제일 수 있다. 자바 같은 언어는 메서드, 클래스, 패키지, 모듈 같은 옵션이 존재한다. 이런 구조는 다른 정도의 정보 은닉을 구현하며 객체 지향 캡슐화 구조와 일부 겹치는 부분이 있다. 이 책에서는 메서드와 개별 클래스보다는 대규모 환경에서 아키텍처적인 분리를 위해 모듈을 사용하기로 한다.

샘 뉴먼은 모듈을 설계할 때 노출할 부분에 제한을 두는 것에 대한 훌륭한 조언을 제시한다. 샘 뉴먼이 집필한 『마이크로서비스 아키텍처 구축』(한빛미디어, 2023)은 모듈화 및 모놀리식으로부터 마이크로서비스로의 마이그레이션이라는 주제를 심도 있게 다루는 훌륭한 참고 자료다.

> 나는 개인적으로 모듈(또는 마이크로서비스) 경계에서 최대한 적은 내용을 노출하는 방식을 선호한다. 일단 뭔가가 모듈 인터페이스의 일부가 되었다면 이를 되돌리기란 어렵다. 하지만 지금 숨기고 있다면 언제든지 공유하기로 결정할 수 있다.

컨퍼런스 시스템 사례 연구에 어떤 모듈을 도입할 수 있을지 생각해 보자. 그림 8-1은 컨트롤러, 서비스, 데이터 접근 객체data access object(DAO) 패턴 등을 표현하는 모듈을 고려해 본 것이다. 각 컨트롤러는 RESTful 엔드포인트를 정의하며 이는 애플리케이션을 호스팅하는 웹 서버를 통해 노출된다. DAO 모듈은 서비스 이면에 있는 데이터 접근 객체를 구현할 곳이며 서비스에 명확한 인터페이스를 노출한다. 모듈 계층은 매우 보편적이며 모듈 간 의존성이 명확하게 한쪽으로만 흐르는 시점에 도달하면 애플리케이션이 잘 모듈화되었다고 볼 수 있다.

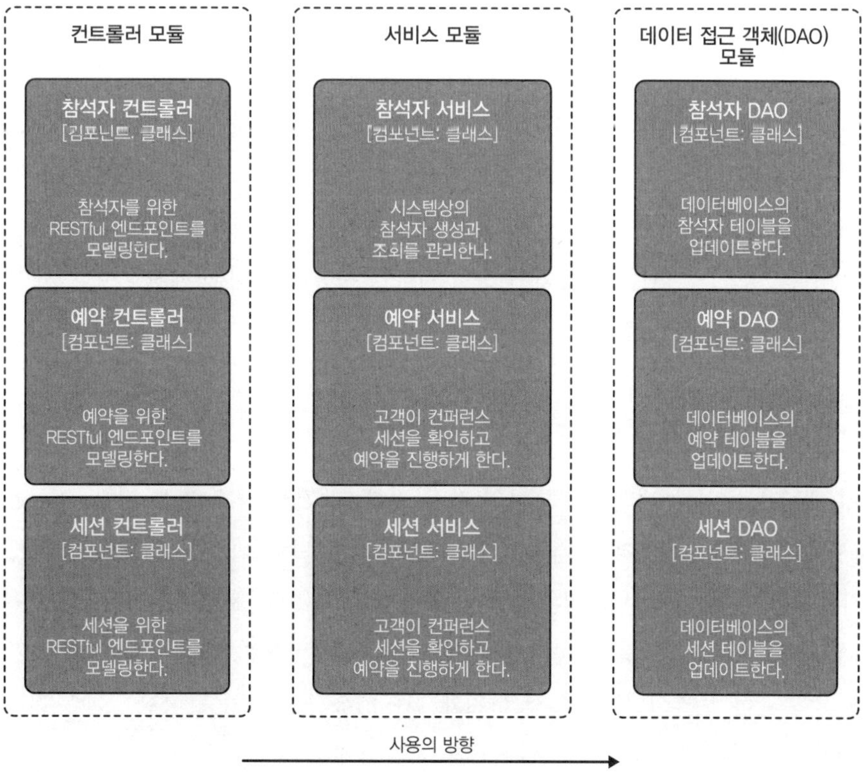

그림 8-1 컨퍼런스 사례 연구의 모듈 분리

이제 모듈을 명확하게 분리했으므로 각 모듈을 격리해서 테스트를 진행할 전략을 반영할 수 있다. 모듈화 접근법의 또 다른 장점은 개발자가 모듈의 동작을 유추하고 테스트할 수 있게 된다는 점이다.

저자 중 한 명은 최근의 프로젝트에서 애플리케이션의 모듈을 데이터베이스를 관리하는 DAO 패턴을 이용해 구현한 적이 있다. 인터페이스는 애플리케이션의 다른 모듈에 기능을 제공하며 모듈과의 상호작용을 명확하게 정의한다. 나중에 비즈니스 로직을 DAO를 활용하는 독립적인 서비스를 포함하는 3개의 모듈로 분리하는 의사결정을 내렸다. 모놀리식 우선 진화라고 할 수 있다. 이 세 모듈은 각자의 서비스로 잘 분리되었으며 DAO 모듈을 라이브러리로 사용하고 있다. 잘 정의한 모듈을 설계하면 시스템의 독립적인 진화를 가능케 하며 진화적 의사결정을 내릴 수 있다.

C4 다이어그램을 이용해 소프트웨어를 표현하는 것은 시스템의 컴포넌트 간 관계를 컴포넌트 수준에서 정의하는 경량 접근법이다. 0장 'API 아키텍처 설계 여정을 시작하며'에서 설명했던 컴포넌트 다이어그램은 관계를 리뷰하는 메커니즘을 제공하며 모듈화 구조를 정의하는 데 도움이 된다.

애플리케이션의 모듈을 정의하는 것은 좋은 설계 단계이지만, 모듈화를 달성하는 방법은 여러 가지가 있다. 모듈화를 지원하는 언어 수준의 기능을 사용하고 팀 전체가 기술 스택에 가장 적합한 접근법을 찾는 것이 좋다.

확장의 '이음새'가 될 API 구현하기

'이음새seam'의 개념은 마이클 페더Michael Feather가 집필한 『레거시 코드 활용 전략』(에이콘출판, 2018)에서 소개되었다. 이음새는 기능이 서로 연결되는 부분이다. 즉 한 주체[3]가 다른 개체와 상호작용하는 지점이다. 보통 의존성 주입 같은 기법을 이용해 필요한 의존성을 주입하고 인터페이스를 이용해 상호작용함으로써 대체용이성substitutability을 달성한다. 여기서 대체용이성이 중요한 부분이다. 이 특성은 전체 시스템을 실행하지 않고도 (목mock이나 테스트 더블test double을 이용해) 효과적으로 테스트를 가능하게 한다.

3 여기서 '한 주체'란 클래스 또는 일련의 클래스다.

애플리케이션의 설계가 좋지 못하다면 이음새의 정의가 복잡해질 수 있으며 그 동작을 완전히 이해하기 어려워진다. 레거시 코드를 작업할 때는 모듈화를 위해 코드를 분리해서 리팩토링하기가 어려울 수 있다. 니콜라스 카를로Nicolas Carlo(https://oreil.ly/Xqzpm)는 테스트가 존재하지 않는다는 가정하에 레거시 코드의 이음새를 분리하는 유용한 방법을 제시한다.

- 변경점(이음새)을 식별한다
- 의존성을 분리한다
- 테스트를 작성한다
- 원하는 변경을 구현한다
- 리팩토링한다

변경을 설계할 때는 2개(혹은 그 이상)의 공동 작업물이 서로 연결되도록 API를 설계하자. 이음새의 정의가 현재 주체 외부에서 사용될 가능성이 있다면 서비스 간 API가 좋은 선택이 될 수 있다. 예를 들어 이음새가 기반 코드의 다른 곳에서 유사하게 실행될 수 있고 서비스를 더 작은 서비스 기반 아키텍처로 분리하는 것이 목적이라면, 교차 서비스가 재사용할 수 있도록 만들 수 있는 기회다.

시스템 내에서 변경 유발 지점 식별하기

간혹 아키텍트나 개발자는 시스템의 성능, 확장성, 보안 등 어떤 부분이든 '개선'할 수 있는 '변경 유발 지점' 또는 리팩토링할 명확한 대상이 되는 코드와 서비스를 쉽게 알아낼 수 있다. 이 업계에서 2~3년 이상 몸 담고 있었다면 기반 코드에서 특별히 어려운 부분이나 계속 바뀌면서 이탈하는(두 이슈가 서로 연관된) 모듈에 관련된 작업을 해본 적이 있을 것이며, 그럴 때는 이슈를 적절하게 처리하기 위해 시간을 쓰고 싶다고 생각했을 것이다. 하지만 특히 기반 코드나 시스템을 물려받은 경우라면 이런 유발 지점이 항상 명확하지는 않다. 이런 경우라면 아담 톤힐Adam Tornhill의 『Your Code as a Crime Scene』(Pragmatic Bookshelf)이라는 도서를 참고하면 여러분의 코드와 애플리케이션을 이해하는 데 도움이 될 것이다. 기반 코드에서 지속적으로 변화하는 부분을 찾는 버전 제어 시스템 이탈 감지 유틸리티나 빌드 파이프라인 실행을 통해 기반 코드나 서비스를 분석하는 소프트웨어 복잡성 측정 도구 등도 도움이 될 수 있다.

지속적 전달과 검증

5장에서는 느슨하게 결합된 시스템의 자동화된 배포와 릴리스의 중요성에 대해 알아봤다. 배포를 계속하면서 시스템을 지속적으로 검증하는 것은 진화적 아키텍처를 위해 매우 중요하다.

API로 시스템을 진화시키기 위한 아키텍처적 패턴

API는 시스템을 모던 아키텍처로 진화시키고 새로운 기능과 변화를 반영하기 위한 강력한 추상화를 제공한다. 3장과 4장에서 살펴봤듯이 게이트웨이와 서비스 메시 기반 구조를 채택하면 게이트웨이를 이용해 운영 마이그레이션이 가능하다. 진화적 변화를 구현할 때 진화 기간에 가장 우선적으로 고려해야 할 것은 진화의 위험을 완화하고 최대한 빨리 그 이점을 극대화하는 것이다. API로의 마이그레이션을 도와줄 아키텍처적 패턴 몇 가지를 살펴보자.

교살자 무화과나무

교살자 무화과나무strangler fig는 기존 나무 주변에 자라는 수많은 열대 무화과종 중 하나다. 교살자 무화과나무는 숙주를 짓누르며 더 잘 자라나지만 교살자 무화과나무에 둘러싸인 나무들이 열대 폭풍우에서 살아남을 가능성이 더 높다는 몇 가지 증거는 둘 사이의 관계가 어느 정도 상호적일 수 있음을 보여주고 있다. 궁극적으로 진화적 아키텍처의 목적이 바로 이것이다. 즉 변화하는 시스템을 지원해 기존에 있던 것을 완전히 없애버리는 것이다. 이는 기존의 메커니즘을 유지하면서 애플리케이션에 새로운 컴포넌트를 추가하는 형태로 이뤄진다. 목표는 새로운 API 기반 방식으로 점진적으로 마이그레이션하는 것이다.

191페이지 '사례 연구: 기능 플래그' 절에서 설명했듯이, 기능 플래그를 이용해 레거시 시스템을 쿼리할 것인지 아니면 새 API 기반 서비스를 호출할 것인지 결정할 수 있다. 그림 8-2는 기능 플래그를 사용하는 C4 다이어그램을 보여준다. 이 방식은 서비스에 새로 추가한 API를 인 프로세스 형식으로 사용하는 이음새가 이미 존재하는 경우에 잘 동작한다. 하지만 아웃 오프 프로세스 방식으로 서비스와 상호작용하는 소비자가 많다면 모든 소비자가 새 API를 사용하도록 구현을 변경하고 기능 플래그로 제어하기를 기대하는 것은 현실적이지 않을 수 있다.

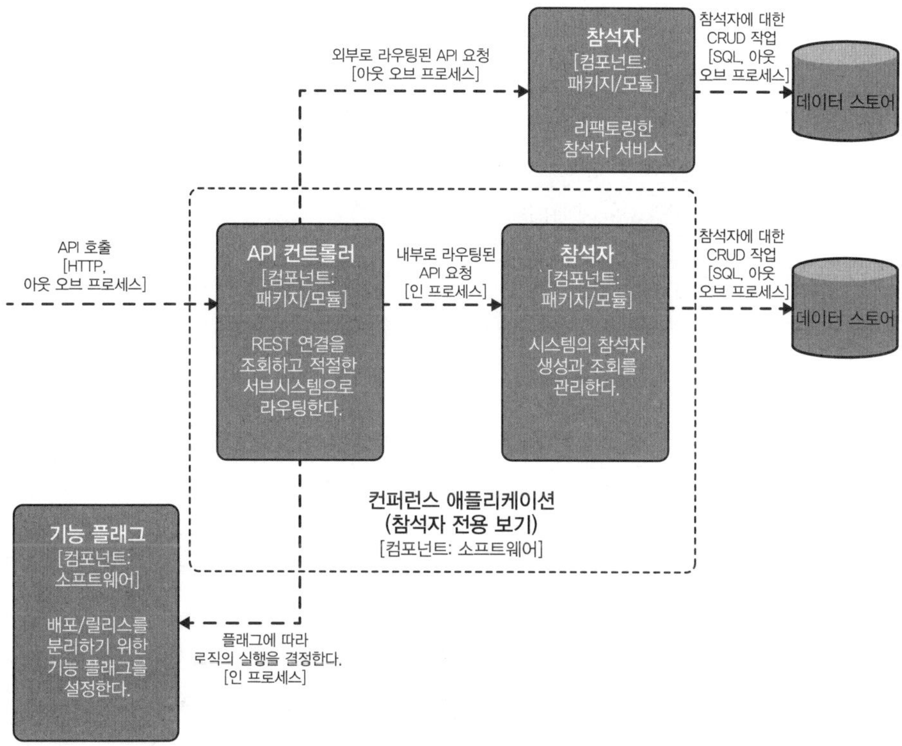

그림 8-2 참석자를 위한 컨퍼런스 애플리케이션 컨테이너와 기능 플래그 다이어그램

또 다른 모델은 API 앞에 프록시나 게이트웨이를 사용해 레거시 구현체나 새 구현체로 라우팅하는 방법이다. 이는 프록시를 이용한 퍼사드의 일종으로 API 소비자는 같은 API를 사용할 뿐 그 이면에서 일어나는 서비스 간의 마이그레이션에 대해서는 알지 못하게 된다는 것을 의미한다.

이렇게 이면에서 교살자 무화과나무 패턴을 관리하는 것은 까다로운 일이며, 위험을 완화하지 못한다면 새 컴포넌트를 추가하는 것은 단일 실패 지점이 될 수 있다. 프록시는 비즈니스 로직을 실행하면 안 된다. 그러면 마이그레이션을 마무리하는 시점에 프록시를 제거하기 어려워진다. 레거시와 최신 프로세스를 병렬로 관리하면 두 서비스 간의 데이터 일관성을 확보하기가 어려워진다. 이런 어려움을 극복하기 위한 가이드는 샘 뉴먼이 집필한 『마이크로서비스 도입, 이렇게 한다』(책만, 2021)를 참고하기 바란다.

퍼사드와 어댑터

퍼사드와 어댑터 패턴은 모던 서비스로의 마이그레이션에 도움이 되는 잘 알려진 패턴이다. 교살자 무화과나무 패턴도 일종의 퍼사드로, API 호출을 가로채 그 이면의 복잡도를 숨기는 패턴이다.

우리가 자주 마주했던 상황은 기존의 대규모 분산 애플리케이션이 이미 어떤 형태의 API를 사용하고 있는 상황이었다. 아마도 서비스 간 통신은 SOAP-RCP나 다른 오래된 프로토콜을 사용하고 있을 것이다. 이 경우 어댑터를 이용하면 SOAP 요청을 새로운 RESTful API 호출로 변환하는 컴포넌트를 도입해 아키텍처의 진화에 도움을 받을 수 있다. 하지만 프로토콜을 재작성하는 것은 올바르게 구현하기 어려운 일이다. 응집도가 낮아지거나 없던 결합도가 생기지 않도록 주의가 필요하다.

어댑터 패턴을 사용해서 이점을 얻을 수 있는 상황은 레거시 상황만이 아니다. 1장에서는 수평 통신에 효과적이며 대중적인 gRPC 기술을 사용하는 방법을 알아봤다. grpc-gateway 프로젝트를 사용하면 RESTful JSON 엔드포인트를 백그라운드에서 gRPC 표현으로 변환하는 것이 가능하다.

퍼사드와 어댑터 패턴은 '중간에 위치한다'는 점에서 매우 유사하다. 퍼사드는 보통 어댑터보다 복잡도가 낮다. 전통적인 API 게이트웨이는 단순히 API 요청을 라우팅하는 반면, 어댑터는 대상 애플리케이션이 이해하는 표현으로 변환하는 책임을 갖는다.

> API 게이트웨이가 퍼사드 패턴처럼 동작하다가 어댑터 패턴처럼 선을 넘게 되면 결합도가 그 즉시 증가한다. 작업에 적합한 컴포넌트를 사용하고 있는지 스스로 생각해 보자!

API 계층 케이크

엔터프라이즈에서 자주 언급되는 API 마이그레이션 패턴은 '계층화된 API' 또는 'API 계층 케이크'라는 패턴으로, 전통적인 엔터프라이즈 모놀리식 애플리케이션 내에 '관심사의 분리' 계층화 패턴을 구축한 형태다. 2000년대에 자바나 닷넷 엔터프라이즈 애플리케이션에는 여러 계층으로 애플리케이션 기능을 구현하는 방식이 권장되던 때가 있었다. 예를 들면 프레젠테이션, 애플리케이션, 도메인, 데이터 스토어 계층으로 분리하는 것이다. 핵심 아이디어는 애플리케이션으로 유입되는 각 사용자 요청이 순차적으로 각 계층으로 내렸다가 다시 올라오는 것이다. 이 패턴을 통해 각 계층의 고유한 기능을 추상화하고 재사용할 수 있지만, 기능 전체는 여러 계층의 수정을 필요로 한다는 단점이 있었다. 즉 각 계층의 응집도가 비즈니스 기능 단위를 제공하는 계층의 높은 결합도로 이어진다.

이 패턴에 대한 최신 API 기반 방식은 가트너Gartner의 **페이스 계층화 애플리케이션 전략**Pace-Layered Application Strategy[4]이다. 각 API나 마이크로서비스 계층마다 새로운 이름을 사용하며 프레젠테이션은 교류하는 시스템systems of engagement(SoE), 애플리케이션은 다른 시스템systems of differentiation(SoD), 데이터 스토어는 레코드 시스템systems of record(SoR)으로 번역된다.

이 패턴은 이를 구현한 레거시 시스템의 진화가 더욱 어려워지면서 좋지 않은 평가를 받게 됐다. 이 패턴은 아키텍트와 개발자가 다른 계층을 호출하지 않도록 같은 기능을 여러 계층에 중복해서 구현하거나, 요청을 처리할 때 프레젠테이션 계층이 데이터 스토어 계층과 직접 통신하는 등 올바른 방법을 채택하기보다는 더 쉬운 방법을 채택하게 하는 경향이 있다.

어려운 부분과 기회를 식별하기

코드 품질이 형편없든, 복잡도가 높든, 아니면 그냥 자주 장애가 일어나든 문제가 있는 시스템이나 기반 코드 관련 작업은 피하고 싶을 것이다. 어떤 어려움은 심각한 장애가 발생하기 전까지는 명확하게 보이지 않기도 한다. 하지만 좋은 위기를 방치해서도 안 된다. 시스템에서 문제가 있는 컴포넌트를 식별하고 목록화해 두면 알려진 문제를 추적하고 개선하는 데 도움이 된다. 분산 API 기반 시스템에서 발생할 수 있는 몇 가지 공통적인 이슈를 살펴보고 이 이슈를 변화의 기회로 삼는 방법을 알아보자.

4 페이스(pace)에 관한 더 자세한 정보는 가트너가 발표한 '속도 기반 계층형 애플리케이션 전략의 도입에 따른 혁신의 가속화'(https://oreil.ly/EB1du)와 댄 투미(Dan Toomey)의 '속도 기반 통합형 아키텍처'(https://www.youtube.com/watch?v=ehmDXLg_i_I)를 참고하기 바란다.

업그레이드와 유지보수 이슈

전체 시스템에서 업그레이드 후에 버그가 보고된 부분을 찾으면 '조치 대상 목록hit list'을 만드는 데 도움이 된다. 시스템에서 발생한 다음 이슈를 살펴보자.

- 특정 서브시스템에서 높은 비율로 변경 실패가 발생한다
- 시스템에 대한 지원 이슈가 크게 높아진다
- 시스템이나 기반 코드의 특정 부분에서 대규모의 이상 현상이 발생한다
- 복잡도가 증가한다(정적 분석과 순환 복잡도에 의해 식별 가능)
- 필요한 변경이 용이한지에 대한 개발 팀의 자신감이 낮아진다

코드 품질에 대한 지표는 잠재적인 문제에 대한 대략적인 가이드를 제공할 수 있으므로 이 지표를 추가하는 것을 고려하자. 유지보수 이슈나 서브시스템 이슈는 특정 기능을 빼내서 교살자 무화과나무 방식으로 개선할 수 있도록 API 추상화를 제공할 수 있는 좋은 기회가 될 수도 있다. 또한 좋은 코딩 원리를 따르지 않는 것은 코드 스멜code smell이 될 수 있다. 9장에서는 새 인프라스트럭처상에서 API 기반 아키텍처로 마이그레이션 시에 애플리케이션을 대하는 방법에 대해 알아볼 것이다.

성능 이슈

서비스 수준 동의service-level agreement(SLA)는 성능에 대해 추적하고 모니터링해야 하는 훌륭한 상한선이다. 5장에서는 API 서비스의 이슈를 알려주는 데 도움이 되는 모니터링과 지표에 대해 살펴봤다. 현실적으로 많은 애플리케이션이 문제가 발생하기 전에는 보호 장치를 도입하지 않는다. 팀이 성능 문제에 대해 처음 들었는데 그 출처가 고객의 직접적인 피드백이나 제품 모니터링이라면(예를 들어 에지 시스템의 사용자 요청-응답 레이턴시가 증가했다면) 팀은 문제에 대응하기 시작하자마자 불리한 위치에 놓이게 된다.

성능 이슈는 아키텍처의 문제일 수도 있다. 예를 들어, 다른 위치나 인터넷 건너편에 있는 서비스를 호출하는 서비스가 있는가? 성능 문제에 대해서는 목표를 설정하고 측정하는 것이 매우 중요하다. 기존 시스템을 측정하고 성능을 개선할 수 있는 부분에 대한 가설을 세워 테스트하고 검증하자. 특정 컴포넌트를 개별적으로 최적화하는 것보다는 시스템을 하나로 보는 것이 중요하다. 측정 절차를 자동화하면 성능 측정을 빌드 과정에 포함할 수도 있다.

의존성의 제거: 결합도가 높은 API들

분산 아키텍처로의 이전은 아키텍처의 일부가 독립적으로 진화할 수 있을 때만 그 효과가 있다. 이때 주의해야 할 주요 안티패턴으로는 시스템의 여러 부분에 걸쳐 릴리스를 동시에 수행하도록 하는 것이다. 이는 API의 결합도가 높다는 신호이며, 결합을 분리하는 것은 재사용성의 증가와 릴리스 부담을 줄이는 기회가 된다.

훈련 과정과 팀이 자주 간과하는 스킬 중 하나는 레거시 코드와 관련된 작업을 효과적으로 수행하는 것이다. 개발자들은 종종 어떻게 하면 의존성을 분리할 수 있는지 자신 없어 하는 경우가 많다. 의존성을 분리할 때 고려할 수 있는 유용한 두 가지 기법이 있다.

스프라우트sprout 기법은 마이클 페더가 집필한 『레거시 코드 활용 전략』(에이콘출판, 2018)에서 다룬 기법이다. 스프라우트는 새 기능을 다른 곳에 구현하고 테스트한 후 이를 주입점으로 알려진 레거시 메서드에 추가하는 방법이다. 또 다른 기법은 기존 메서드와 같은 이름과 시그니처를 갖는 새 메서드를 만들어 기존의 기능을 감싸는 방법이다. 기존 메서드의 이름을 바꾸고 새 메서드가 기존 메서드를 호출하되 레거시 메서드를 호출하기 전에 추가적인 로직을 수행하는 것이다.

서비스의 대부분이 레거시라면 레거시 코드 작업은 개발해야 할 중요한 스킬이다. 기반 코드에서 복잡한 부분은 코딩 카타coding kata[5]나 짝 프로그래밍pair programming을 통해 작업하면 팀 전체의 이해도를 높이는 데 도움이 된다. 산드로 맨쿠소Sandro Mancuso가 유튜브에 올린 영상(https://oreil.ly/p2jWO)은 우리 저자 중 몇 명이 레거시 코드를 작업하기 위한 실용적인 방법을 이해하기 위해 참고했던 훌륭한 자료다.

정리

이번 장에서는 API 주도 방식을 이용해 기존의 모놀리식 애플리케이션을 서비스 기반 아키텍처로 전환하는 방법에 대해 알아봤다.

5 카타는 하나의 패턴을 여러 번 반복하면서 조금씩 개선하는 일본 무술 가라데의 운동이며, 이를 코딩에 접목해 계속 반복하면서 코딩 기술을 익히는 방법을 의미한다. - 옮긴이

- 대부분의 API는 자연스럽게 시스템의 추상화나 '이음새'를 제공하며 서비스의 분리를 지원하고 점진적 변화를 지원하기 위한 퍼사드 역할을 수행한다. 그렇기 때문에 시스템의 진화를 위한 아키텍처의 강력한 무기가 된다.
- 결합도와 응집도는 언제 API를 이용해 시스템을 개선할 것인지를 이해하기 위한 핵심 개념이다. 이 보편적인 개념을 염두에 두고 시스템을 설계하고 구현한다면 시스템의 진화, 테스트, 배포가 쉽고 안전해진다.
- 시스템을 개선할 때는 항상 현재의 목표와 제약을 명확하게 이해해야 한다. 이들을 명확하게 정의하고 공유하지 않으면 마이그레이션이 완료되지 않아 얻는 것 없이 리소스만 허비하면서 사기를 떨어뜨릴 수 있다.
- 교살자 무화과나무처럼 잘 정의된 패턴을 사용하면 시스템의 개선 속도와 안정성을 높일 수 있으며 같은 작업을 반복하는 상황을 모면할 수 있다.

다음 장에서는 이번 장에서 다룬 내용에서 나아가, 진화적 아키텍처의 범위를 클라우드 인프라스트럭처로의 마이그레이션이라는 주제까지 확대한다.

9장

클라우드 플랫폼으로의 진화

이전 장에서는 API와 서비스를 개선할 때 사용할 수 있는 아키텍처적 접근법을 간단히 살펴봤다. 시스템의 진화와 관련해 아키텍처와 마찬가지로 중요한 주제는 기반 인프라스트럭처, 플랫폼, 하드웨어다. 이 변화와 개선은 독자적인 리듬이 있는 경우가 많다. 하드웨어가 고장 날 수도 있고 기업과 기술이 통합 또는 인수되거나 조직 전체의 IT 정책으로 인해 인프라스트럭처의 업그레이드가 필요해지는 경우도 있다. 하지만 특히 현대화와 클라우드(소프트웨어로 정의한) 인프라스트럭처로의 이전과 관련해서 API 프로그램이 인프라스트럭처의 변화를 주도하는 때도 있다. 지금부터 시스템의 개선과 그에 따른 API 인프라스트럭처를 구현하고 관리하는 방법에 대해 알아보자.

9장에서는 이전 장에서 소개했던 아키텍처 기반을 구현하고 API 게이트웨이, 서비스 메시, 개발자 포털 같은 API 인프라스트럭처를 이용해 클라우드 기반 환경으로 시스템을 이전하는 방법에 대해 알아본다. 애플리케이션을 '그대로 이전하는' 방법, '플랫폼을 교체하는' 방법, '리팩토링 또는 리아키텍처링re-architecturing(아키텍처 재설계)하는' 방법의 차이점을 알아보고 특정 상황에서 어떤 방법이 가장 적합한지 판단할 수 있는 스킬을 개발한다. 이번 장의 사례 연구는 기존의 API 게이트웨이와 참석자 서비스를 클라우드로 마이그레이션하는 방법을 보여준다. API 게이트웨이를 사용하면 서비스와 API의 위치 투명성을 제공할 수 있으며, 이를 통해 서비스를 클라우드로 배포하고 사용자의 영향도를 최소화하면서 기존 서비스의 트래픽을 새 서비스로 점진적으로 옮길 수 있다. 또한 서비스 메시의 다중 위치/클러스터 기능을 이용해 서비스를 클라우드로 이전하는 방법도 살펴본다.

사례 연구: 참석자 서비스를 클라우드로 이전하기

컨퍼런스 사례 연구 시스템의 다음 진화는 참석자 서비스를 클라우드 벤더의 인프라스트럭처로 이전하는 것이다. 가장 큰 이유는 컨퍼런스 시스템 소유자가 데이터센터를 직접 운영하는 부담을 없애고 싶어 하기 때문이다. 게다가 결국에는 새로운 서비스, 모놀리식 애플리케이션, (API 게이트웨이 같은) 미들웨어, 데이터 스토어까지 모두 클라우드로 옮기게 될 것이다. 참석자 서비스를 먼저 마이그레이션하는 이유는 가장 새로운 컴포넌트이자 대부분의 트래픽을 감당할 서비스이기 때문이다. 그림 9-1은 주 컨퍼런스 시스템 애플리케이션과 별개로 동작하는 참석자 서비스를 보여준다.

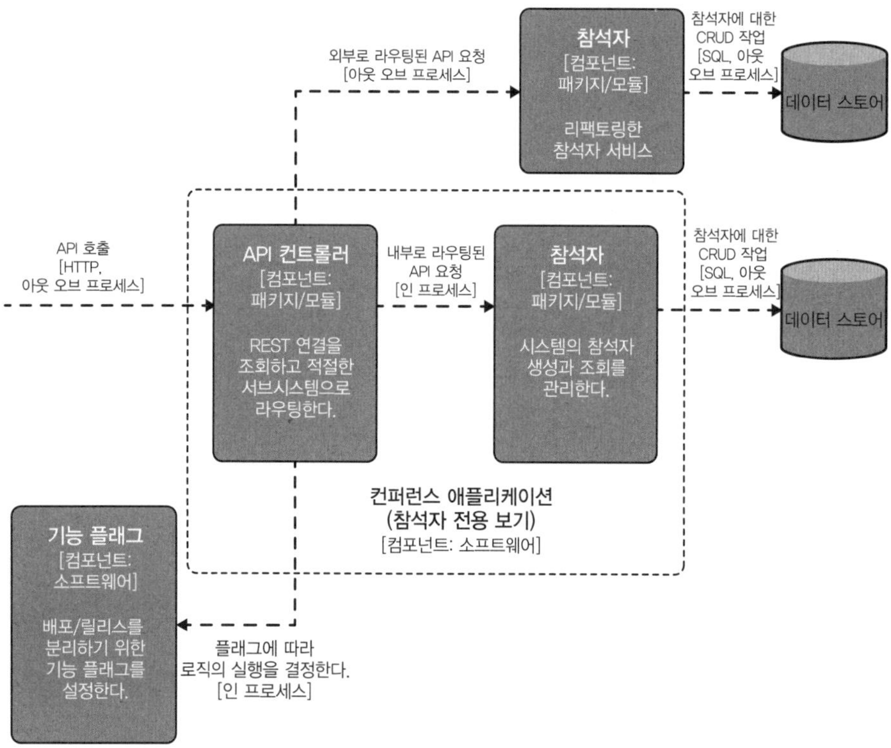

그림 9-1 분리된 참석자 서비스를 보여주는 C4 모델

이번 장에서 살펴보겠지만 서비스와 인프라스트럭처를 클라우드로 이전하는 방법은 여러 가지가 있다. 이전에 살펴본 방법을 수행하기에 앞서, 마이그레이션 전략을 결정하기 전에 고려해야 할 옵션에는 어떤 것들이 있는지 살펴보자.

클라우드 마이그레이션 전략의 선택

가트너가 2010년 발행한 기사 '클라우드로의 이전: 호스트 교체, 리팩토링, 재검토, 재구축 또는 교체'(https://oreil.ly/vHnc9)를 토대로 아마존 웹 서비스Amazon Web Services는 2016년 클라우드 마이그레이션의 '6가지 R'을 설명하는 블로그 포스트를 발행했다.[1] 이 기사들은 기존 아키텍처와 시스템을 클라우드로 이전하는 방향을 검토 중이거나 실행 중이라면 좋은 참고 자료가 될 것이다. API는 사용자에게 가장 가까운 비즈니스 주도 컴포넌트인 경우가 많으므로(그리고 대부분의 요청이 유입되는 핵심 지점이므로) 마이그레이션 방식을 결정할 때 특히 주의를 기울여야 한다. 6가지 R은 '아무것도 하지 않는 것부터' 시스템을 완전히 새로 구현하거나 퇴출시키는 것까지 모든 옵션을 표현하고 있다. 이 6가지 R은 다음과 같다.

- 유지retain하거나 재검토revisit
- 호스트 교체rehost
- 플랫폼 교체replatform
- 재구매repurchase
- 리팩토링refactor/아키텍처 재설계re-architecture
- 퇴출retire

먼저 AWS의 6가지 R을 자세히 살펴보고 이 프레임워크를 이용해 API 인프라스트럭처 개선하는 방법을 알아보자.

유지하거나 재검토

이 전략은 (지금은) 아무것도 하지 않는 전략이다. 이게 무슨 접근법이냐고 따지고 싶겠지만 (우리 저자들을 포함한) 많은 아키텍트는 '원하는 작업을 직접 선택하기'를 권할 것이며 API를 마이그레이션하는 작업은 노력에 비해 얻는 것이 없을 수도 있다. 물론 이 결정은 건전한 비즈니스 및 기술 평가에 기반해야 하며, 아무것도 하지 않겠다는 결정은 조직 내부는 물론 외부에도 적절히 전해져야 한다. ADR은 나중을 위해 이 결정에 대한 추적 및 근거를 제공한다는 점에서 중요한 역할을 한다.

1 '클라우드로의 6가지 마이그레이션 전략'(https://oreil.ly/ilyJe) 참고

변경과 퇴출(deprecation)에 대한 소통

현재 API나 시스템에 대해 비즈니스 및 기술적 평가를 수행하다 보면 지금은 시스템을 개선하지 않기로 결정할 수 있다. 이런 경우라면 어떤 작업을 반드시 완료해야 할 날짜를 전달하는 것이 여전히 중요하다. 예를 들어, 어떤 비즈니스 부서를 폐쇄하는 날짜나 시스템이 EOL(end-of-life)에 도달하는 날짜 또는 핵심 소프트웨어나 데이터 스토어 라이선스가 만료되는 날짜 등은 소비자에게 알려줘야 한다. 계약과 SLA에 이런 통지가 필수라고 명시되어 있을 수 있으므로 반드시 참고하기 바란다.

애플리케이션을 클라우드로 이전할 때 고려해야 할 중요한 요소 중 하나는 진화 단계에서 두 서비스 사이에 발생하는 레이턴시다. 트래픽이 높은 서비스라면 각 요청이 네트워크 경계를 건널 때 느려지는 현상이 발생할 것이다. 이럴 때 어떤 기능 저하가 일어나는지 그리고 SLA를 위반하지는 않는지 이해하는 것이 중요하며, 경우에 따라서는 서비스 이전이 좋은 선택이 아닐 수 있다. 71페이지 '교환 방식과 API 형식의 선택' 절에서는 주어진 제약 조건 내에서 API를 설계하고 프로토콜을 선택하는 방법을 알아봤는데, 이는 경계를 건너는 경우에 중요하게 고려해야 할 사항이다.

현재 시스템을 유지하는 전략은 클라우드로의 마이그레이션이라는 목표의 달성을 뒤로 미루는 것이므로 컨퍼런스 사례 연구에는 맞지 않다.

호스트 교체

'호스트 교체'는 '그대로 들어서 옮기기lift-and-shift'라고도 알려져 있다. 이 방법은 아키텍처의 변경 없이 시스템과 부하를 그대로 클라우드로 옮기는 방법이다. 부하를 통합하려 하거나 단순히 현재 인프라스트럭처에서 떼내어 마이그레이션하려 한다면 효과적인 전략이 될 수 있다. 하지만 클라우드 인프라스트럭처가 항상 온프레미스 하드웨어와 똑같이 동작하는 것은 아니므로 여러분이 단순히 가정하고 있는 부분은 없는지 반드시 확인하기 바란다.

전문가 시스템과 맞춤형 하드웨어를 주의하자

'그대로 들어서 옮기는' 프로젝트는 거의 대부분 의도대로 동작하지만 그렇지 않은 경우도 있다. 특히 전문가 맞춤형 시스템 및 커스텀 하드웨어와 관련이 있는 경우에는 더욱 그렇다. 예를 들어, 오래된 전문가 시스템은 시스템 내의 모든 통신이 로컬 버스나 (클라우드 환경과 달리) 전용 네트워크 연결을 통해 발생하는 상황만 전제하고 있고 어떤 데이터 스토어 기술은 기반 블록 스토리지 시스템의 특정한 하드웨어의 성격(또는 그 하드웨어가 보장하는 사항)에 의존하고 있을 수도 있다. 의심스럽다면 반드시 확인하기 바란다.

이 방법은 우리 사례 연구에 적합한 방법일 수 있지만 우리는 클라우드의 일부 기능을 활용하기 위해 플랫폼 조정 방식을 선택할 것이다.

플랫폼 교체

이 방법은 '들어서 고치고 옮기기lift-tinker-and-shift'라고도 한다. 호스트 교체와 매우 유사하지만 최소한의 재작업으로 일부 클라우드 서비스의 장점을 활용하는 방법이다. 예를 들어, 시스템 컴포넌트로 동작하는 기존의 데이터 스토어를 프로토콜이 호환되는 클라우드 서비스로 교체할 수 있다. MySQL 데이터 스토어를 MySQL과 호환되는 AWS RDS, 애저 데이터베이스Azure Database 또는 GCP 클라우드 SQL 등으로 교체할 수도 있다. 또 다른 예로는 특정 언어용 애플리케이션 서버나 컨테이너로 업데이트하거나 교체하는 것도 보편적인 사례 중 하나다.

컨퍼런스 사례 연구는 이 방법을 채택해서 기존의 온프레미스 인프라스트럭처로부터 서비스를 마이그레이션하면서 대규모 작업 없이 새 클라우드 서비스의 장점을 반영할 것이다.

재구매

재구매는 기본적으로 다른 제품으로 이전하는 것이다. 예를 들어, 이메일 서버를 직접 운영하지 않고 SaaS 기반 이메일 전송 서비스를 구독하는 것이다.

우리의 컨퍼런스 시스템 예제는 주로 맞춤형 애플리케이션과 표준 데이터 스토어로 구성되어 있으므로 재구매를 할 옵션이 없다(미리 구현된 컨퍼런스 관리 시스템을 구매할 수도 있겠지만 그러면 마이그레이션의 범위를 벗어난다).

리팩토링/아키텍처 재설계

리팩토링은 보통 클라우드 네이티브 기능을 이용해 애플리케이션의 아키텍처와 개발을 재해석하는 것이다. 리팩토링을 어떻게 하더라도 애플리케이션이나 시스템의 핵심(외부적인) 기능은 변하지 않아야 하지만 그 기능을 내부적으로 구현하는 방식은 확실히 바뀐다. 보통 리팩토링은 애플리케이션의 기존 환경에서는 달성하기 어려운 새 기능의 추가, 확장성 또는 성능에 대한 비즈니스의 강력한 요구로 인해 진행하게 된다. 예를 들어, 조직이 기존의 모놀리식 애플리케이션을 마이크로서비스로 분리하기로 결정하거나 클라우드 네이티브 패턴을 적용하기로 결정하는 경우에 주로 리팩토링을 고려하게 된다. 이 패턴은 구현에 필요한 노력이 많이 들지만, 제품과 시장에 적합하고 기존에 선택했던 기술에 제약을 받는 경우라면 가장 좋은 선택이 될 수 있다.

이 방식으로 컨퍼런스 시스템을 마이그레이션하지 않는 이유는 이 책을 통해 컨퍼런스 시스템의 아키텍처 재설계를 이미 설명했기 때문이다. 한 가지 고려해야 할 중요한 사항은 API 인프라스트럭처와 설계를 클라우드 네이티브 방식으로 진행하는 것이다. 1장에서 설명한 방식으로 API를 정의하고 모델링하면 리팩토링/아키텍처 재설계 과정에서 서비스를 표현할 수 있는 더 깔끔한 메커니즘을 갖출 수 있다. 또한 여러 클라우드 기반 서비스나 연동이 API 기반이라는 점도 중요하다. 아키텍처의 재설계 시점에 API와 관련된 전략은 클라우드에서 사용하고자 하는 서비스와 시스템만큼이나 중요하다.

이제 아키텍처의 재설계가 끝났으므로 아키텍처를 더 바꾸기 전에 클라우드로 플랫폼을 교체하는 것이 타당하다.

퇴출

마이그레이션 과정에서 시스템을 '퇴출한다'는 것은 그 시스템을 제거한다는 뜻이다. 대규모 마이그레이션을 수행하다 보면 적어도 하나 이상의 기존 시스템이 더 이상 사용하지 않게 되어 잊히는 경우가 종종 있다. 어떤 기능이 더 이상 필요하지 않게 되면 그 시스템은 해체하고 하드웨어 리소스는 여분으로 남겨두거나 재활용하게 된다.

물론 우리의 컨퍼런스 시스템은 상대적으로 작고 응집력이 있으므로 아직 퇴출시킬 부분이 없다! 전체적인 목표 중 하나는 레거시 컨퍼런스 시스템을 퇴출시키는 것이며 그 시기는 플랫폼 교체와 리팩토링이 완전히 완료되는 시점일 것이다.

사례 연구: 참석자 서비스의 플랫폼을 클라우드로 교체하기

앞 절에서 설명한 내용을 토대로 우리는 API 게이트웨이를 클라우드로 이전하는 것은 물론 참석자 서비스의 '플랫폼 교체'를 진행하기로 결정했다. 요구사항은 클라우드로의 마이그레이션이므로 서비스를 유지하거나 퇴출시키는 것은 적절한 옵션이 아니다. 지금 상황에서는 재구매도 적절치 않다. 이 책의 초반부에서 참석자 기능을 분리하는 아키텍처의 재설계는 이미 진행했으므로 리팩토링/아키텍처 재설계 역시 적합한 방법이 아니다. 하지만 나중에 컨퍼런스 시스템에 새 기능을 추가할 때는 (아마도 서비스를 분리하는) 시스템 아키텍처를 재설계하고 이를 클라우드로 옮기는 방법을 고려하게 될 것이다. 호스트 교체도 좋은 전략이 될 수 있지만 우리는 기존 MySQL 데이터베이스 인스턴스를 '그대로 들어서 옮기는' 것보다는 클라우드 기반 서비스로서의 데이터베이스 장점을 반영하고자 한다.

그림 9-2에서 보듯이 '플랫폼 교체' 방식은 클라우드로 더 많은 서비스를 마이그레이션하기 위한 좋은 기반 구조를 제공한다. 지금 API 게이트웨이를 클라우드로 옮기면 기존의 온프레미스로부터 클라우드로 트래픽을 점진적으로 옮겨올 수 있다.

그림 9-2는 플랫폼을 교체한 이후의 아키텍처를 보여준다.

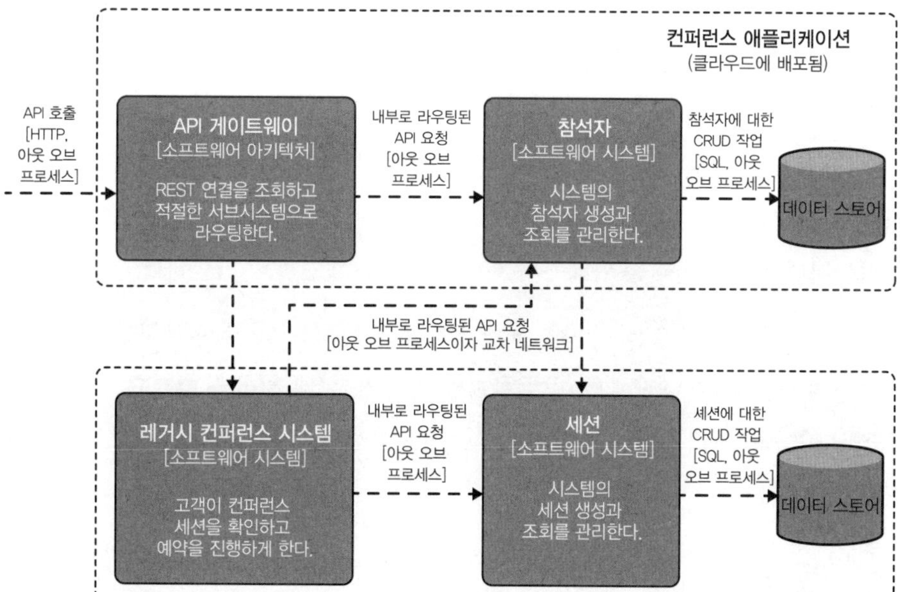

그림 9-2 분리한 API 게이트웨이와 참석자 서비스를 보여주는 인프라스트럭처 다이어그램

이제 컨퍼런스 시스템을 개선하면서 API 관리 같은 요구사항을 구현할 방법에 대해 생각해 보자.

API 관리의 역할

시스템의 개선을 위해 어떤 전략을 선택하든 API 관리는 마이그레이션에서 중요한 부분이며 조직 전체는 물론 조직 외부에도 API의 가치를 전달하는 역할을 한다. API 관리자는 기본적으로 강력한 게이트웨이이며 API를 발행하고 제어하기 위한 추가적인 다양한 기능을 제공한다. API 관리자는 OAuth2, 콘텐츠 검증, 호출률 제한, 스로틀링throttling 및 보통 게이트웨이가 제공하는 그 밖의 기능 같은 에지 문제를 가능하게 하는 정책을 제공한다. 게다가 개발자가 API를 사용해 시스템을 구현할 때 활용할 수 있는 모든 API를 제공하는 마켓플레이스를 포함한 개발자 포털도 제공한다. 조직 입장에서는 API 관리를 이용해 외부 고객은 물론 내부 고객을 대상으로 API를 수익화할 수 있다. 엔터프라이즈 및 부서 간 배포에서는 보통 이렇게 수익화를 꾀한다. 131페이지 '현재의 API 게이트웨이 분류' 절에서는 API 게이트웨이의 종류를 살펴봤으며 API 관리는 엔터프라이즈 게이트웨이에 속하고 있음을 볼 수 있다.

API 관리에서 가장 중요한 부분은 API의 변경을 방해하지 않으면서 API를 발견할 수 있는 중심점을 제공하는 것이다. 예를 들어, 새로 분리한 참석자 API를 제공하는 동안 레거시 컨퍼런스 시스템에 API를 구성하는 것이 가능하다. 이 경우 컨퍼런스 운영자는 다른 컨퍼런스가 사용할 수 있거나 또는 외부 CFP 시스템을 제어하기 위한 인터페이스로 API를 사용하면서 '서비스로서의 컨퍼런스 관리'를 가능하게 하는 API를 활용할 수 있다. API의 계약이 바뀌지 않는다면 API 관리 계층 아래에서 서비스를 개선하는 것이 가능하다.

조직에서 자주 언급되는 'API 우선' 개념은 시스템의 모든 통신을 API로 설계하고 모델링하는 것을 의미한다. 이 개념은 1장에서 이미 살펴봤다. 좋은 설계 원리를 따르고 'API 우선' 설계에 집중한다면 API 관리 같은 도구를 이용해 외부 고객은 물론 내부의 더 많은 조직에게 가치를 제공할 수 있다.

외부 API 관리 같은 도구의 장점을 활용할 수 있도록 애플리케이션을 현대화하고 마이그레이션하려면 트래픽 패턴을 다시 고려해야 한다. 아키텍처가 하이브리드 형태로 진화하고 여러 네트워크와 배포로 확장된다면 트래픽에 대한 생각 역시 변화할 수밖에 없다.

수직 및 수평 트래픽: 트래픽 관리의 경계를 흐리게 하기

API 인프라스트럭처 마이그레이션을 마무리할 수 있는 다양한 옵션을 살펴봤으므로 이제는 플랫폼 교체라는 결정이 컨퍼런스 시스템을 개선하는 동안 API 트래픽을 관리하는 데 어떤 영향을 주게 될지 알아본다. 서비스 마이그레이션은 한 번에 하지 않고 점진적으로 진행하기로 했으므로 마이그레이션 과정에서 여러 클라우드 환경과 온프레미스 데이터센터에서 서비스를 실행하게 되어 여러 가지 어려움이 발생할 수 있다. 클라우드로의 점진적인 마이그레이션을 하는 대부분의 경우가 그렇듯 네트워크 트래픽은 사용자의 API 요청을 만족시키기 위해 여러 네트워크를 갈아타야 한다.

에지부터 시작해 점차 내부로 마이그레이션을 수행하자

이 사례 연구는 단일 서비스와 함께 에지에서 동작하는 API 게이트웨이를 먼저 클라우드로 이전하기로 결정했다. 그렇게 하면 마이그레이션 팀이 기존 시스템을 중단하지 않으면서 완전히 새로운 클라우드 환경을 셋업할 수 있다. 예를 들어, 현재 API 게이트웨이를 그대로 실행한 상태에서 복제본을 클라우드에 배포할 수 있다. 이렇게 하면 기존 운영 시스템을 중단하지 않고 클라우드 기반 API 게이트웨이를 점진적으로 구성해서 위험을 최소화할 수 있다.

격리된 개념 증명을 완전한 클라우드 환경에서 구현하는 것은 합리적이며, 개념 증명이 검증된 경우에만 클라우드 환경으로의 라우팅에 대한 실험을 시작해야 한다. 클라우드 기반 아키텍처의 설계는 설계 관점에서는 패러다임의 전환인 경우가 많다. 새 인프라스트럭처를 학습하고 배우는 데 필요한 시간을 과소평가하지 말자.

경계 건너기: 네트워크 간 라우팅

클라우드로의 마이그레이션을 시작하기에 앞서 새 시스템과 기존 시스템이 서로 다른 네트워크를 건너 통신할 수 있는지 확인할 필요가 있다. 3장과 4장에서 살펴봤듯이 이런 라우팅을 구현할 수 있는 옵션은 여러 가지다. 모놀리식 애플리케이션 하나와 간단한 라우팅 몇 가지만 필요하다면 가장 쉬운 방법은 일시적으로 간단한 HTTP 리다이렉션을 이용해 새 API 게이트웨이에서 기존 게이트웨이로 라우팅하는 방법이다. 하지만 네트워크를 건너는 라우팅의 수가 너무 많거나 트래픽이 일단 유입된 네트워크를 벗어날 수 없다면 가상 비공개 네트워크 피어링virtual private network peering이나 엔드포인트, 또는 멀티클러스터 서비스 메시 등 다른 옵션을 고려해야 한다.

API 트래픽이 여러 네트워크를 갈아타는 경우 기존의 주변 방어 및 구역화 아키텍처zonal architecture에 방해가 될 수 있으므로 정보 보안 팀과 상의해야 할 것이다. 이 주제에 대해 더 살펴보고 제로 트러스트zero trust 네트워크로의 이전이 이 주제에 어떻게 도움이 되는지 알아보자.

구역화 아키텍처에서 제로 트러스트로의 이전

모던 API 게이트웨이와 서비스 메시로 제로 트러스트 네트워크를 구축하는 방법을 알아보기에 앞서, 구역화 네트워크 아키텍처를 구현하는 전통적인 방법을 먼저 알아보자.

구역으로의 진입

상용 인터넷이 보편화되면서 점점 더 많은 규제 산업이 애플리케이션에 대한 접근을 제공하기 시작했다. 이는 새로운 시스템은 물론 기존의 내부 시스템도 사용자가 접근할 수 있게 됐다는 의미다. 구역화 아키텍처의 등장은 보안 네트워크 설계에 대한 권장 기법을 제공하게 됐다. 구역화는 인프라스트럭처 서비스를 같은 네트워크 보안 정책과 보안 요구사항을 가진 논리적 그룹으로 구분함으로써 네트워크가 완전히 개방되는 위험을 완화하는 기법이다. Log4J 라이브러리를 사용하는 자바 애플리케이션에 심각한 위험을 초래했던 제로데이zero-day 취약점인 Log4Shell(CVE-2021-44228) 같은 취약점을 생각해 보자. 공격자는 이 취약점을 이용해 네트워크상의 호스트에 접근해 악의적인 행위를 할 수 있다. 이 취약점의 영향도와 그 공격에 영향을 받을 수 있는 서비스는 상당했다. 신뢰할 수 없는 요청이 중요한 정보에 대한 접근이 제한적인 구역으로 모두 유입된다면 영향 반경을 최소화할 수 있고 보안 작업은 심각한 피해를 방지하기 위한 조치를 수행할 수 있는 시간을 벌 수 있다. 구역은 연속적인 경향이 있어서 인바운드 트래픽이 다음 구역으로 이동할수록 더 많은 보호 장치에 의해 위험이 완화된다.

구역은 보안과 네트워크 장치를 통해 구현하는 경계(구역 인터페이스 지점Zone Interface Points)로 구분한다. 구역화는 보안 정책에 따라 필요한 컴포넌트와 사용자에게만 접근과 데이터 통신 흐름을 제어하고 제한하기 위한 논리적 설계 방식이다.

구역을 정의하는 방법 및 그와 관련된 보안 요구사항은 (보통 국가 수준에서) 표준화된 방법과 맞춤형 방법 등 여러 가지다. 하지만 그림 9-3에서 보듯이 보편적인 대부분의 구역화 아키텍처는 4가지 구역을 구현한다.[2]

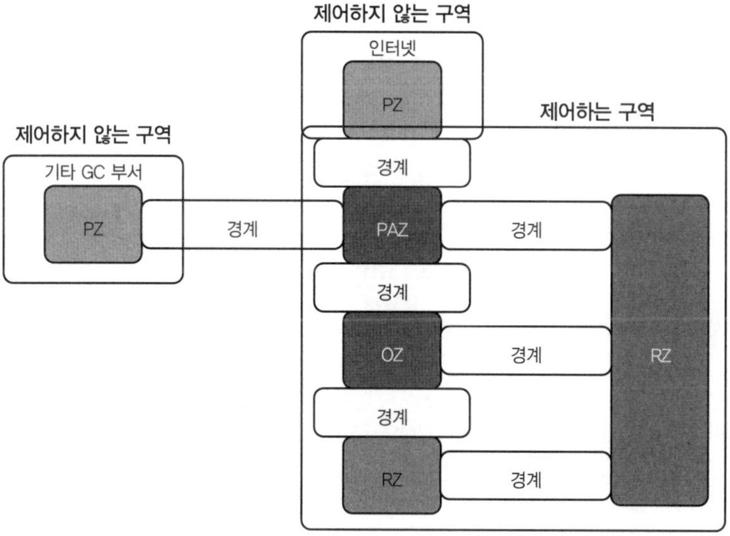

그림 9-3 캐나다 정부의 ITSG-22에서 발췌한 보편적인 구역화 아키텍처

- 공개 구역Public Zone(PZ)

  이 구역은 완전히 개방되어 있으며 공개 인터넷, 공개 스위치 전화 네트워크 및 기타 공개 이동통신사 백본 네트워크와 서비스 같은 공개 네트워크를 포함하고 있다.

- 공개 접근 구역Public Access Zone(PAZ)

  이 구역은 운영 시스템과 공개 구역 사이의 접근을 관장하며 비무장지대(DMZ)를 포함하고 있다.

2 구역화 아키텍처에 관심이 있다면 캐나다 정부 네트워크 보안 구역화(https://oreil.ly/vYrDQ)를 참고하기 바란다.

- **운영 구역**Operations Zone(OZ)

  OZ는 일반적인 운영을 위한 표준 환경이며 종단 시스템에 적절한 보안 제어를 갖추고 있다. 이 구역은 민감한 정보를 처리하기에 적합할 수도 있지만, 민감한 데이터를 대규모로 보관하거나 이 가이드라인에서는 다루지 않는 강력하고 믿을 만한 추가적인 보안 제어를 갖추지 않은 중요한 애플리케이션에는 적합하지 않다.

- **제한 구역**Restricted Zone(RZ)

  이 구역은 제어되는 네트워크 환경으로 보통 비즈니스에 중요한 IT 서비스나 민감한 정보의 대규모 저장소로 적합하며, PAZ와 OZ를 통해 공개 구역에 있는 시스템에 대한 접근을 지원한다.

이 방법은 경계 기반 네트워크 설계로, 옛날 '성 주변의 해자'와 유사한 방어 장치다. 공격자는 유입 지점에서 가장 어려움을 겪겠지만 일단 성벽 안으로 들어오면 비교적 쉽게 돌아다닐 수 있다. 이는 보통 모든 통신은 시스템 경계, 네트워크 또는 위치 안에서 발생한다고 가정하기 때문이다. 하지만 클라우드 인프라스트럭처는 이런 가정을 하지 않는다. 대부분의 클라우드 플랫폼은 지리적 위치와 기반 인프라스트럭처의 네트워크 위치는 추상화되어 있거나 알 수 없게 되어 있다. 클라우드 제공자가 보호 장치를 제공하기는 하지만 빌드 시점에 소프트웨어를 악의적인 콘텐츠로 조작하는 공급망 공격의 위험은 여전하다. 또 다른 가능성은 인프라스트럭처 제공자 사이트의 악의적인 공격자가 플랫폼 수준의 정보에 접근하는 경우다.

다양한 배포 종류에 여러 가지 보안 방식을 적용하는 것도 가능하다. 하지만 더 균일한 방식을 반영하면 가정이 만들어질 위험과 다양한 보안 기술을 학습해야 할 요구사항이 줄어든다. 구역 기반 아키텍처의 설계에는 신뢰가 내재되어 있으며 그렇기 때문에 새로운 방식으로의 진화가 필요하다. 바로 제로 트러스트 방식이다.

아무도 믿지 말고 검증하자

제로 트러스트 아키텍처 또는 경계 없는 보안이라고도 알려진 제로 트러스트 보안 모델은 모던 네트워크 시스템의 설계와 구현을 위한 방식이다. 제로 트러스트 보안 모델의 주요 개념은 '절대 믿지 말고 항상 검증하라'는 것으로 기업용 LAN 같이 권한이 있는 네트워크에서 접속하거나 예전에 검증된 적이 있는 장치라도 기본적으로 신뢰하지 않아야 한다는 뜻

제로 트러스트를 구현하는 이유는 ('기업의 경계'나 VPN을 통해 접속한 장치를 무조건 신뢰하는 등의) 전통적인 개념은 기업 네트워크라는 복잡한 환경에는 적합하지 않기 때문이다. 제로 트러스트 방식은 위치와 관계없이 장치의 신원과 무결성을 확인하는 상호 인증을 활용하며 사용자 인증과 결합해 장치의 신원과 상태에 대한 확신을 기반으로 애플리케이션과 서비스에 대한 접근을 허용하는 방식이다.

우리가 제시하는 8가지 원리는 엔터프라이즈 환경에서 직접 제로 트러스트 네트워크 아키텍처를 구현하는 데 도움이 될 것이다.

- 사용자, 장치, 서비스, 데이터 등 아키텍처를 이해한다
- 사용자, 서비스, 장치의 신원을 확인한다
- 사용자의 동작, 장치, 서비스의 상태를 평가한다
- 정책을 이용해 요청을 인가한다
- 모든 곳에서 인증과 인가를 수행한다
- 사용자, 장치, 서비스 등 접근과 관련된 모든 것을 모니터링한다
- 보유한 네트워크를 포함한 모든 네트워크를 신뢰하지 않는다
- 제로 트러스트를 위한 서비스를 선택해 설계한다

이 8가지 원리는 당연히 타당한 것들이지만 구역화 아키텍처에서 고려하기에는 매우 까다롭다. 구역의 신뢰에 대한 가정 때문에 여러 지점에서 어려움이 있다. 예를 들어, 구역화 아키텍처는 시스템의 에지에서 사용자를 한 번만 인증하고 경계 내의 모든 네트워크를 기본적으로 신뢰한다. 이제 제로 트러스트 기반 아키텍처로 진화시키는 방법을 알아보자.

제로 트러스트 아키텍처에서 서비스 메시의 역할

NIST가 2020년 발행한 제로 트러스트 아키텍처Zero Trust Architecture(https://oreil.ly/8r8aC)는 제로 트러스트와 아키텍처적인 핵심 고려사항을 정의한 훌륭한 문서다. 서비스 메시와 API 게이트웨이를 결합하면 제로 트러스트 기반 아키텍처를 구현하기 위한 훌륭한 플랫폼을 제공할 수 있다. 서비스 메시를 활용하면 아키텍처 컴포넌트를 구성하고 그들 간에 트래픽이 흘러가는 균일한 방식을 모델링하는 데 도움이 된다. 이 기반 기술을 이용하면 프로세스 신원 및 인증서 관리와 관련된 구체적인 모델을 확립할 수 있고, 따라서 신원의 명

가와 증명에 도움이 된다. 적극적인 추적과 모니터링을 통합하면 사용자뿐만 아니라 기반 서비스와 쿠버네티스 파드의 상태까지 플랫폼의 모든 지점을 분석할 수 있다. 모든 인그레스 트래픽은 7장에서 설명했던 OAuth2 요청을 평가하는 강력한 챌린지challenge를 반드시 갖고 있어야 하며, 클러스터 내의 트래픽은 mTLS를 이용해 인증과 인가를 더 강력하게 수행할 수 있다.

보유한 네트워크를 포함한 모든 네트워크를 신뢰하지 않는다는 원리는 서비스 메시 입장에서는 흥미로운 주제다. 대부분의 서비스 메시 모델에서 사이드카는 서비스와 앱에 강하게 결합되어 있어 사이드카의 라우팅으로 트래픽 관리와 보안을 구현한다. 하지만 이 배포의 간결함은 여러분이 실행하는 플랫폼에 대한 구체적인 평가가 불가능함을 의미한다. 애플리케이션과 사이드카의 기반 구조는 신뢰 기반 가정을 만들지 않기 위한 보안 장치가 필요하다.

네트워크 정책을 사용한 서비스 메시의 확장

플랫폼 보안은 애플리케이션 수준에서 수행하는 모든 가정을 뒷받침한다. 따라서 여러분은 완전한 제로 트러스트를 위해서는 가정을 수행하는 수준을 내려야 한다. 쿠버네티스는 네트워크 정책(https://oreil.ly/zxYkZ)이라는 개념을 통해 칼리코Calico(https://oreil.ly/5ds3n) 같은 네트워크 플러그인을 제공한다. 이를 통해 파드를 운영 중인 플랫폼으로부터 격리할 수 있다.

예를 들어, 다음의 정책은 모든 인바운드 및 아웃바운드 트래픽이 지정한 파드에 유입되지 못하게 한다. 제로 트러스트 아키텍처를 구현하려면 이 정책을 모든 파드에 기본적으로 반영해야 한다. 그러면 파드는 완전히 격리된다.

```
---
apiVersion: networking.k8s.io/v1
kind: NetworkPolicy
metadata:
  name: default-deny-all
spec:
  podSelector: {}
  policyTypes:
  - Egress
  - Ingress
```

서비스 메시 구현체는 보통 중앙 DNS 시스템을 이용해 서비스 이름을 조회하며, 접근이 잠긴 서비스도 마찬가지다. 플랫폼에서 몇 가지 통제된 시나리오로 잠금 상태를 유지하면서도 서비스 메시가 작동할 수 있게끔 만들어야 한다. 다음 정책은 레거시 컨퍼런스 시스템이 참석자 서비스를 조회할 수 있도록 DNS 조회를 허용한다.

```
---
apiVersion: networking.k8s.io/v1
kind: NetworkPolicy
metadata:
  name: allow-dns
spec:
  podSelector:
    matchLabels:
      app: legacy-conference
  policyTypes:
  - Egress
  egress:
    - ports:
      # DNS 해석을 허용
      - port: 53
        protocol: UDP
---
```


이 시점에서 서비스 메시 레거시 컨퍼런스 서비스는 사이드카를 이용해 참석자 서비스의 위치를 조회할 수 있지만 요청 자체는 여전히 막혀 있다. 서비스 메시의 모든 라우팅 규칙에 네트워크 정책 어댑터에 정의된 허용 규칙을 반영해야 한다. 마지막 예제에서는 레거시 컨퍼런스 시스템이 참석자 서비스와 통신할 수 있는 규칙을 반영한다.

```
---
apiVersion: networking.k8s.io/v1
kind: NetworkPolicy
metadata:
  name: allow-conference-egress
spec:
  podSelector:
    matchLabels:
      app: legacy-conference
  policyTypes:
  - Egress
```

```
egress:
- to:
  - namespaceSelector:
      matchLabels:
        kubernetes.io/metadata.name: attendees
```

인그레스가 동작하려면 서비스 메시 게이트웨이로부터 대상 서비스로 인그레스 규칙을 추가해야 한다. 209페이지 '효율적인 소프트웨어 릴리스를 위한 애플리케이션의 대응' 절에서는 규약형 플랫폼상의 애플리케이션에 대해 결정해야 할 사항을 설명한 바 있다. 모든 규칙과 설정이 일관성을 가지고 릴리스 시점에 반영되는 것도 규약형 플랫폼을 고려하는 또 다른 이유다.

지금까지 서비스 메시와 네트워크 정책을 이용함으로써 잘게 나눠진 아키텍처를 구현하는 방법을 살펴봤다. 이 방법의 장점은 클라우드와 구역화 기반 환경을 모두 갖춘 하이브리드 아키텍처에 일관성 있게 보안을 적용할 수 있다는 점이다. 요즘 자주 사용하는 보편적인 패턴은 서비스 메시를 서로 다른 ('멀티클러스터') 네트워크 간의 브리지로 사용하는 것이다. 이는 클러스터 간에 서비스 메시를 피어링peering으로 연결함으로써 이루어지며, 온프레미스와 클라우드의 데이터 부분을 하나의 통합된 제어 부분으로 관리하는 방법이다.[3] 그림 9-4를 보면 서비스 메시가 모든 라우팅을 책임지며 네트워크 간에 제로 트러스트 아키텍처를 제공하고 있다. 이 방식을 채택할 때의 장점은 아키텍처의 안전한 진화와 균일한 보안 환경을 제공한다는 점이다. 온프레미스가 클라우드처럼 동작하게 만들면 기존의 서비스를 클라우드로 전환하기도 쉽다.

3 기술적인 상세는 각 서비스 메시 구현체마다 다르다.

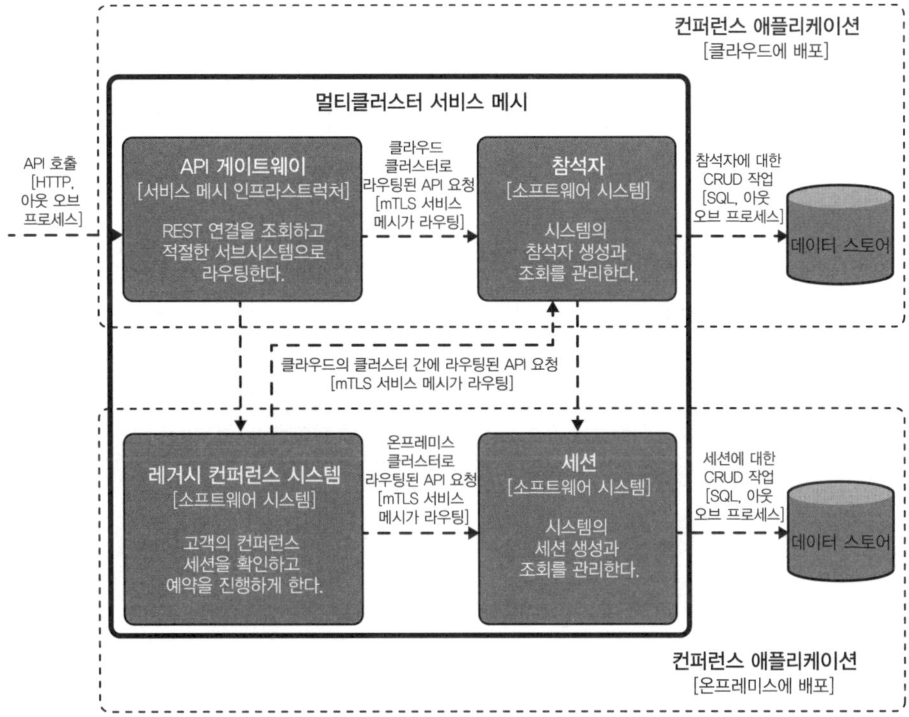

그림 9-4 멀티클러스터 서비스 메시 피어링

정리

이번 장에서는 API 게이트웨이, 서비스 메시, 개발자 포털 같은 API 인프라스트럭처를 이용해 클라우드 환경으로 시스템을 이전하는 방법에 대해 알아봤다.

- API 기반 시스템을 클라우드로 이전하는 방법은 유지하기('아무것도 하지 않기')부터 호스트 교체, 플랫폼 교체, 재구매, 리팩토링/아키텍처 재설계(클라우드 인프라스트럭처의 장점을 채택하기 위한 재구현), 퇴출까지 여러 가지가 있다.
- API 애플리케이션을 클라우드로 마이그레이션할 때는 수직(인그레스)과 수평(서비스 간) 트래픽 관리가 불투명해지는 경우가 있다.
- API 게이트웨이는 기능을 캡슐화하고 다양한 환경과 네트워크에서 운영 중인 여러 백엔드 시스템의 퍼사드처럼 동작하므로 마이그레이션을 위한 도구로 활용할 수 있다.

- 이제 업계는 구역화 네트워크 아키텍처에서 '제로 트러스트' 시스템으로 이동하고 있으며 이때 서비스 메시 기술을 활용할 수 있다.
- 제로 트러스트를 도입함으로써 제로 트러스트와 구역화 아키텍처를 결합할 수 있어 마이그레이션 기간 동안 클라우드와 온프레미스 시스템을 병렬로 운영할 수 있다.

API 아키텍처에 대한 여러분의 여정이 거의 마무리되어 가고 있다. 다음 장에서는 핵심 개념과 미래에 대한 전망을 살펴보자.

10장

지속적인 아키텍처 진화를 위해

지금까지 API의 설계부터 구현, 보안, 운영까지 필요한 모든 것을 살펴봤다. 아키텍처를 중점적으로 살펴봤지만 그에 못지않게 중요한 것은 여러분의 조직에 아키텍처를 반영하는 방법이다.

이 마지막 장에서는 미래에 중요한 역할을 하게 될 최신 API 기법들을 살펴보고 권장 기법, 도구, 플랫폼의 변화를 계속해서 따라갈 수 있는 방법을 알아본다.

사례 연구: 지금까지의 변화

우리는 이 책을 통해 최초의 컨퍼런스 시스템 아키텍처를 수정하고 성숙화하는 진화적 단계를 밟아왔다. 가장 처음의 아키텍처는 그림 10-1과 같다.

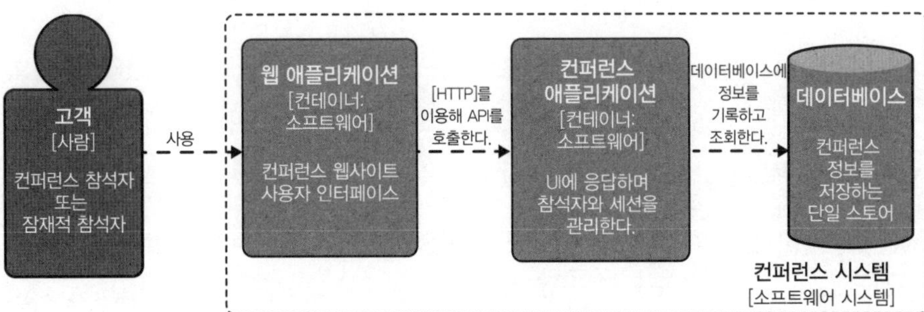

그림 10-1 최초의 컨퍼런스 시스템 아키텍처

참석자 서비스를 분리하기 위한 의사결정사항을 살펴보자. 0장 'API 아키텍처 설계 여정을 시작하며'와 그림 10-2에서 설명했듯이 (컨퍼런스 시스템 관계자의 요구사항에 따라) 참석자 서비스를 레거시 컨퍼런스 시스템 외부에서 독립적인 프로세스로 동작하는 API 기반 서비스로 분리해냈다.

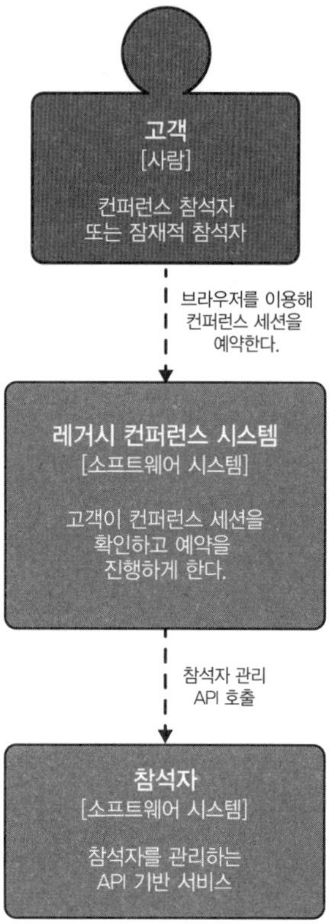

그림 10-2 컨퍼런스 시스템에서 참석자 서비스를 분리한 아키텍처

1장과 2장에서 참석자 API와 서비스를 설계하고 테스트하는 동안에 아키텍처 자체는 변화가 없었다. 3장에서는 최종 사용자와 기존의 컨퍼런스 시스템 및 새 서비스 사이에 API 게이트웨이를 추가하는 첫 번째 진화 단계를 거쳤다.

그림 10-3에서 보듯이 고객은 이제 API 게이트웨이를 통해 컨퍼런스 시스템에 요청을 보낸다. API 게이트웨이는 추상화를 제공하며 레거시 컨퍼런스 시스템 또는 새 참석자 서비스로의 트래픽에 대한 단일 진입 지점 역할을 한다. 이 단계에서는 언제 레거시 서비스를 호출하고 언제 새 서비스를 호출할지를 제어할 수 있는 퍼사드 패턴을 소개했다.

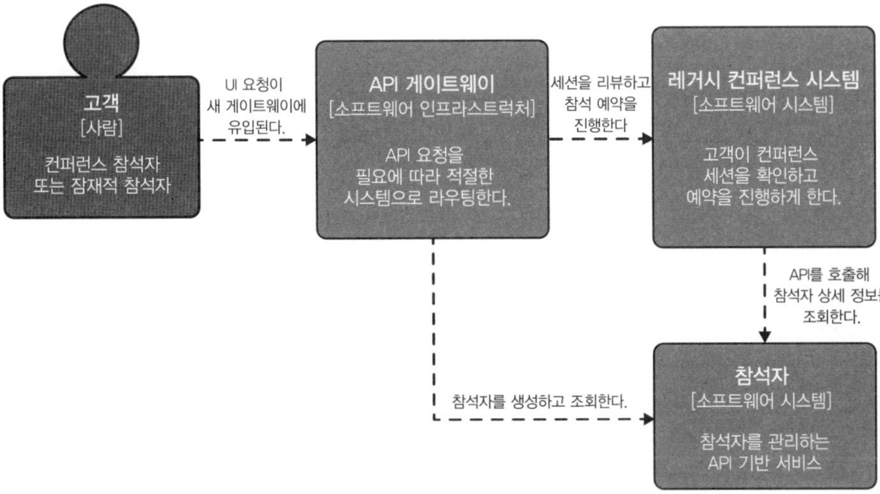

그림 10-3 컨퍼런스 시스템에 API 게이트웨이를 추가한 후의 모습

4장에서는 한 단계 더 나아가 컨퍼런스 세션 기능을 레거시 컨퍼런스 시스템으로부터 새로운 세션 서비스로 분리하고 서비스 간 API 트래픽을 조율하기 위해 서비스 메시를 추가했다. 이 시점에서의 아키텍처는 그림 10-4와 같다.

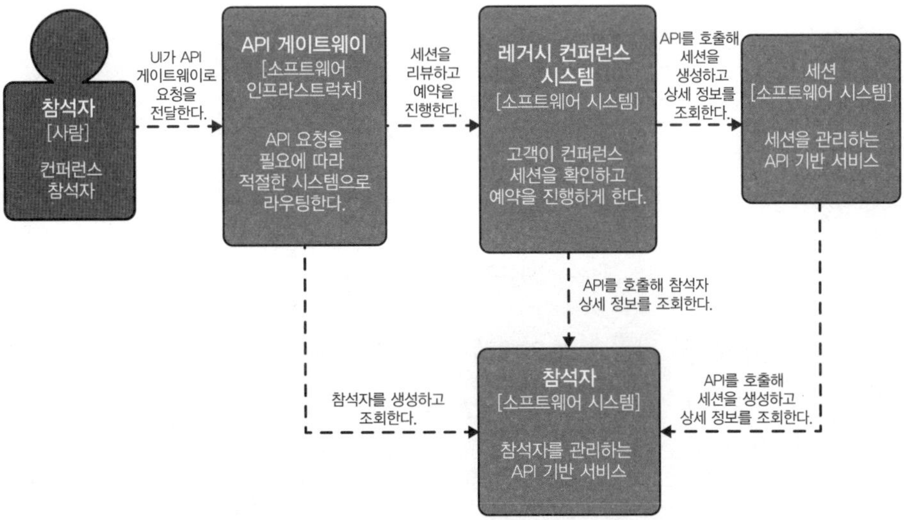

그림 10-4 컨퍼런스 시스템에서 세션 서비스를 분리한 후의 C4 모델

5장에서는 API 기반 서비스의 점진적 릴리스에 중점을 맞춰 참석자 서비스의 내부 버전과 외부 버전을 생성하고 기능 플래그를 이용해 어떤 서비스로 사용자 요청을 라우팅할지를 결정하는 방식을 도입했다. 그림 10-5는 정적 아키텍처 다이어그램 내에서 병렬로 운영 중인 2개의 참석자 서비스를 보여준다.

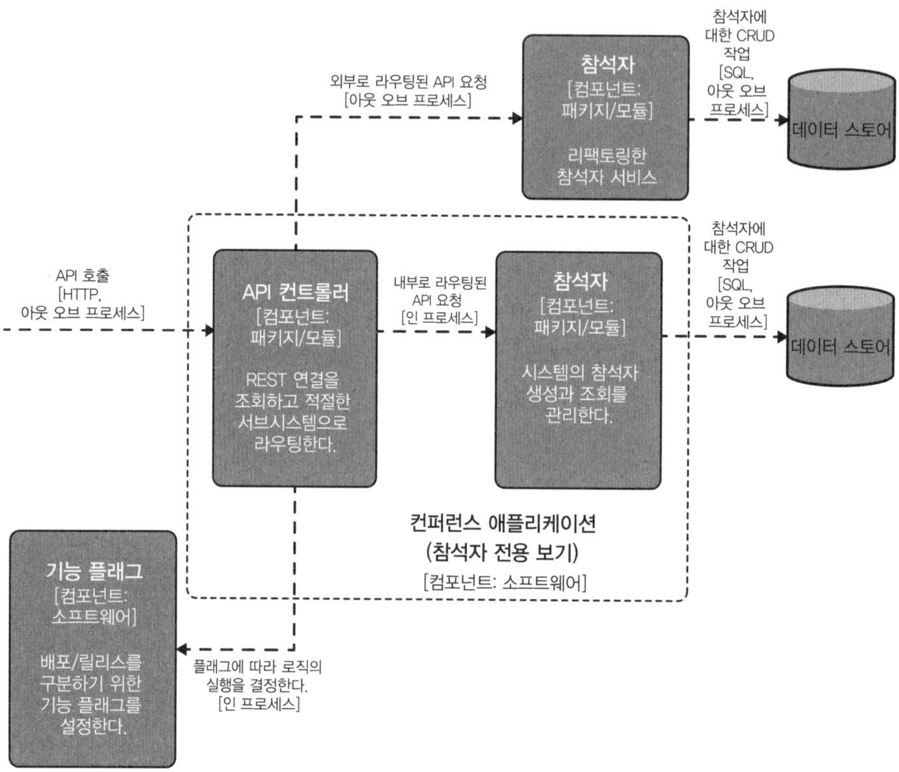

그림 10-5 기능 플래그를 이용해 두 참석자 서비스 간의 라우팅을 수행하는 C4 모델

6장에서는 보안을 중점적으로 다뤘으며, 아키텍처에 변화는 없었지만 위협 모델링에 대한 현실적인 시나리오를 제공하기 위해 그림 10-6과 같이 컨퍼런스 시스템을 호출하는 모바일 애플리케이션의 개념을 소개했다.

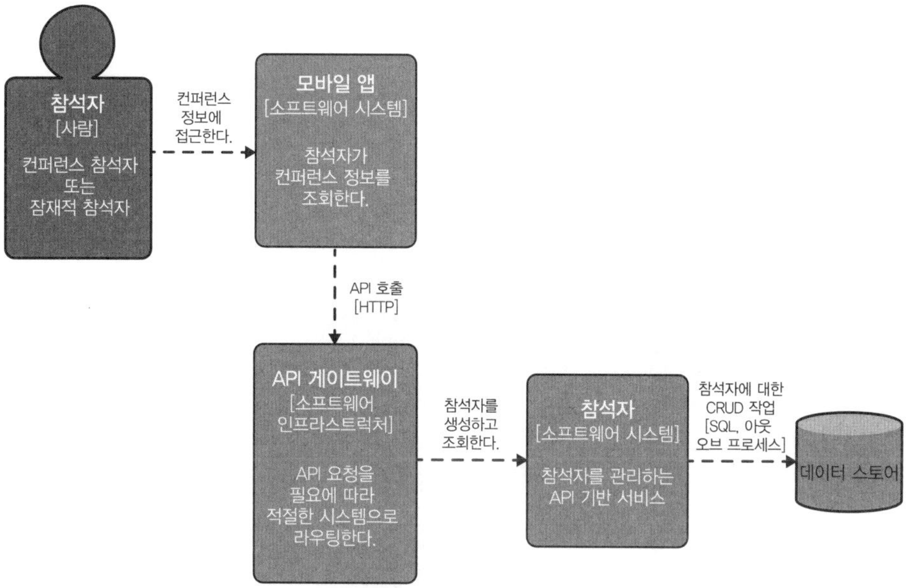

그림 10-6 컨퍼런스 시스템을 사용하는 모바일 앱을 보여주는 C4 아키텍처

7장에서는 그림 10-7과 같이 외부 인증과 인가를 구현해야 하는 외부 CFP 시스템을 아키텍처에 추가했다.

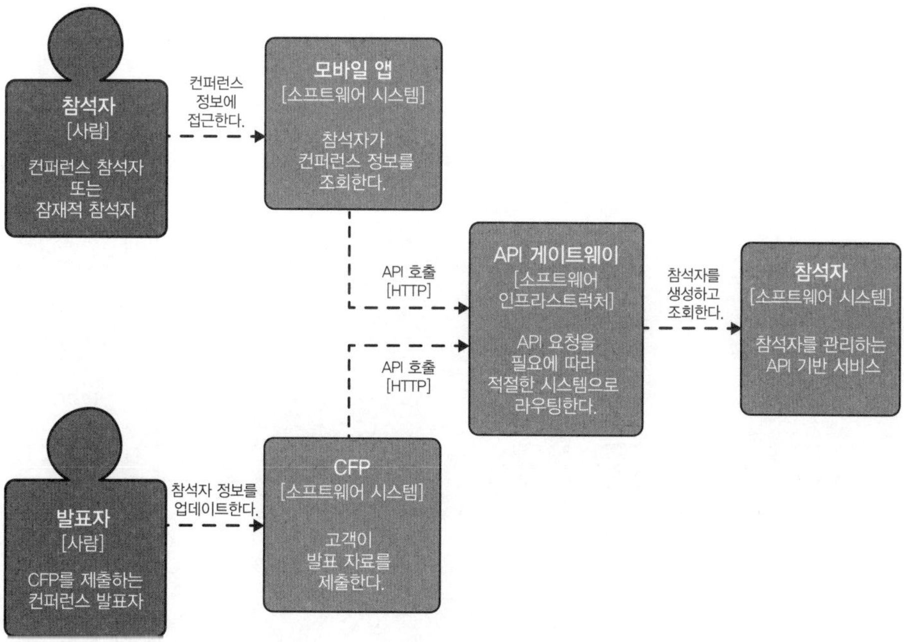

그림 10-7 컨퍼런스 시스템과 외부 시스템의 통신

9장에서는 참석자 서비스와 API 게이트웨이를 클라우드 플랫폼으로 이전했으며, 그랬을 때의 아키텍처는 그림 10-8과 같다.

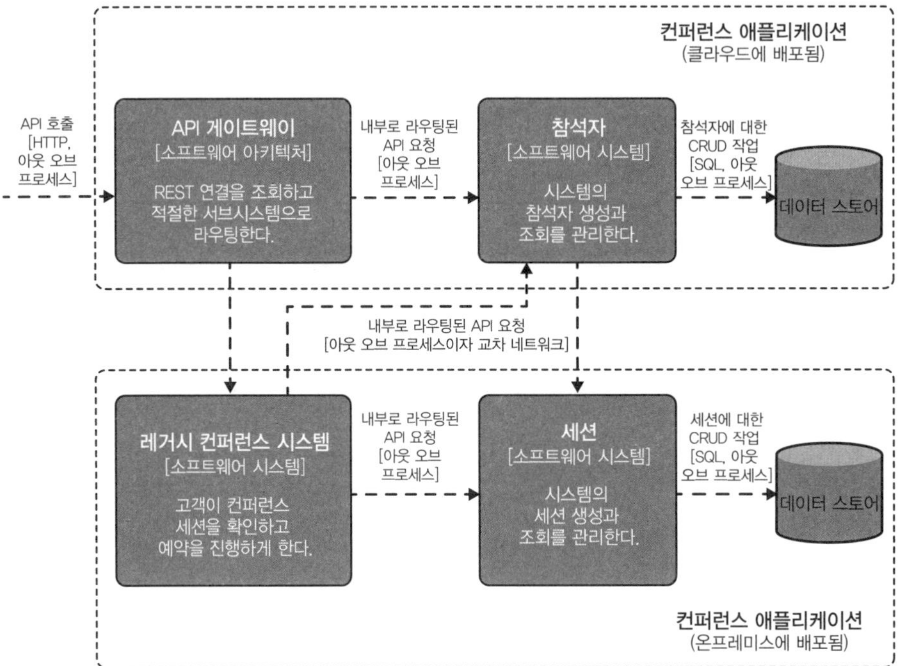

그림 10-8 컨퍼런스 시스템의 클라우드 마이그레이션

마지막으로 9장에서는 배포, 라우팅, 보안에 대한 균일한 방식을 채택한 제로 트러스트 아키텍처로의 마이그레이션을 설명했다. 그림 10-9와 같이 클라우드로의 진화를 이어갈 수 있는 하이브리드 아키텍처 옵션을 채택할 수 있다.

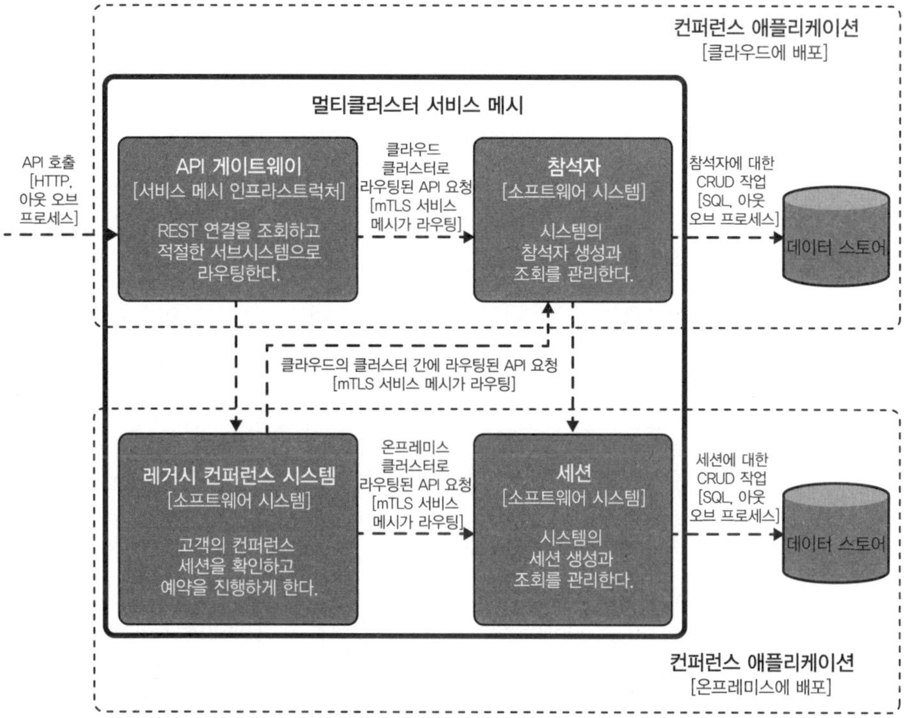

그림 10-9 멀티클러스터 서비스 메시를 이용한 컨퍼런스 시스템의 클라우드 이전

사례 연구를 통해 우리는 보편적인 시스템을 API 또는 서비스 기반 서비스로 개선하는 데 필요한 핵심적인 결정사항을 조명했다. 온프레미스에서 동작하는 단일 서비스와 데이터베이스로 조촐하게 시작했던 서비스를 클라우드와 온프레미스에서 실행되는 멀티서비스 시스템으로 개선하면서 최종적인 아키텍처가 제공하는 증가된 유연성에 대해 학습했으며, 아키텍처와 인프라스트럭처의 복잡도에 대한 트레이드오프가 존재한다는 점도 알게 됐다.

이 책의 사례 연구 진화는 여기서 마무리되었지만 새로운 요구사항, 새 API의 설계 그리고 다른 서비스의 분리 같은 실험을 계속해 보길 권한다.

API, 콘웨이의 법칙 그리고 여러분의 조직

이 책은 조직 설계를 다루는 책은 아니지만 API의 설계와 구현, 운영과 관련해 조직 설계가 중요하다는 점을 언급하고 싶다. '콘웨이의 법칙Conway's Law'은 마이크로서비스 커뮤니티에서 유명해졌으며 이 개념은 API 아키텍처에도 그대로 반영된다.

> 조직의 (넓은 범위의) 시스템 설계는 조직의 의사소통 구조를 반영하는 시스템을 설계하게 된다.
>
> — 멜빈 콘웨이(Melvin Conway)의 '위원회의 발명 방식(How Do Committees Invent?)'에서 발췌

간단히 말하자면 '4개의 그룹이 컴파일러를 구현한다면 4단계의 컴파일러가 만들어진다'는 뜻이다. API 세계에서도 당연히 이런 경우를 본 적이 있어서 '4개의 그룹이 마이크로서비스 시스템을 구현하면 4개의 계층을 가진 API가 만들어진다'는 농담을 하기도 했다. 이 책에서 조직 설계라는 주제를 다룰 수는 없지만 다음 도서를 읽어보기를 권한다.

- 『팀 토폴로지』(에이콘출판, 2020)
- 『팀 애자일 조직 혁명』(처음북스, 2017)
- 『The Art of Scalability』(에디슨 웨슬리, https://oreil.ly/7CX01)

대규모 조직 전환이나 '디지털 트랜스포메이션'을 맡게 된다면 사전작업에 대해 철저히 상담을 받기 바란다. API 기반 시스템은 본질적으로 사회기술적socio-technical 시스템이므로 '기술적인' 관점만큼이나 '사회적인' 관점도 중요하게 생각해야 한다.

의사결정 종류의 이해

아마존의 설립자인 제프 베조스jeff Bezos는 여러 가지 이유로 유명해졌지만 그중 하나는 의사결정을 타입 1과 2로 나눈 결정(https://oreil.ly/7b3Mt) 때문이다. 타입 1 의사결정은 쉽게 되돌릴 수 없는 것이며 주의해서 결정해야 한다. 타입 2 의사결정은 문으로 걸어가는 것처럼 쉽게 바꿀 수 있는 것이어서 결정이 마음에 들지 않으면 언제든지 되돌릴 수 있다. 보통 이 개념은 두 가지를 혼동해서 타입 1 의사결정 과정을 타입 2 의사결정에 사용하는 경우에 제시한다. "결과적으로 이는 느리고 신중하지 못한 위험 회피이며 충분히 실험하지 못하고 결국 혁신이 감소하게 된다. 이런 경향에 대처하는 방법을 모색해야 한다." 하지만 대부분의 경우, 특히 대규모 엔터프라이즈에서 API 게이트웨이나 서비스 메시 같은 API 지원 기술을 도입하는 것은 타입 1 의사결정에 해당한다. 조직이 의사결정에 따라 동작할 수 있도록 해야 한다!

미래를 위한 준비

책을 집필할 때는 자연스럽게 특정한 시점의 경험과 지식을 기록하게 된다. 새로운 개발은 언제든지 일어난다. 다음에 살펴볼 3가지 주제는 우리가 아직 완전히 보장할 수는 없지만 그럼에도 불구하고 API 아키텍처에 대한 미래의 영향력을 생각해 주시해야 할 가치가 있는 주제다.

비동기 통신

비동기 API는 매우 보편적이며 보통 클라이언트-서버client-server와 클라이언트-브로커client-broker의 두 가지로 구분할 수 있다. 클라이언트-서버 관계의 예시는 gRPC 같은 기술로 구현할 수 있으며, 클라이언트-브로커 관계는 카프카 같은 중간 기술을 이용해 구현할 수 있다. 1장에서 살펴봤듯이 OpenAPI 명세는 REST API를 일관된 방식으로 서술하고 정의하기 위한 중요한 도구다.

AsyncAPI(https://www.asyncapi.com)는 비동기 API 명세를 제공하는 흥미로운, 하지만 아직 개발 중인 표준이다. 비동기 기반 API의 어려움 중 하나는 다양한 프로토콜 형식과 여러 기술을 지원한다는 점이다. 이벤트 주도 아키텍처가 대중화되고 데이터 교환 방식의 정의가 빠르게 변하고 있으므로 반드시 주시해야 하는 분야 중 하나다.

HTTP/3

HTTP/3(https://oreil.ly/g7jaE)는 하이퍼텍스트 전송 프로토콜의 세 번째 버전이며 HTTP/1.1 및 HTTP/2와 더불어 월드와이드웹의 정보 교환에 사용되고 있다. HTTP의 의미는 버전과 관계없이 동일하다. 같은 요청 동사, 상태 코드, 메시지 필드는 보통 모든 버전에서 찾아볼 수 있다. 차이점은 이 의미를 기반 전송 프로토콜과 매핑하는 방식이다. HTTP/1.1과 HTTP/2는 (TCP/IP에 따라) TCP를 전송 프로토콜로 사용한다. HTTP/3는 UDP를 사용하는 전송 계층 네트워크 프로토콜인 QUIC을 사용한다. QUIC으로의 전환은 'HOL 차단head-of-line blocking'이라는 HTTP/2의 큰 문제점을 해결한다. 이 문제는 특히 로드해야 할 리소스가 많은 웹사이트에서 발생한다.

HTTP/3는 이론적으로 훨씬 빨리 동작하지만 기반 전송 프로토콜이 변경되었으므로 인그레스 프록시와 다른 네트워킹 컴포넌트의 업그레이드가 필요하다. 좋은 소식은 이 책을 집필하는 현재 웹 브라우저의 70% 이상이 HTTP/3를 지원하고 있다는 점이다.

플랫폼 기반 메시

4장에서 언급했지만 서비스 메시는 앞으로 모든 플랫폼 서비스에 통합될 것이다. 이 트렌드가 계속된다면 여러분이 선택한 벤더의 기술 스택에 통합된 메시를 도입하는 것이 현명할 것이다. 대부분의 조직이 컨테이너(OCI)나 네트워킹(CNI) 구현체를 바꾸지 않는 클라우드 벤더의 쿠버네티스 스택을 도입하듯이, 서비스 간 통신도 마찬가지가 될 것이다. 이 진화의 일부로 서비스 메시 인터페이스Service Mesh Interface(SMI, https://smi-spec.io) 같은 이 분야와 관련된 표준을 주시할 것을 권한다. 견고한 인터페이스의 등장과 도입은 이 통신 계층이 확실히 균일화된다는 것을 의미한다.

API 아키텍처를 계속 학습하기 위한 방법

이 책의 초반부에서는 세 저자가 2020년 2월 오라일리 소프트웨어 아키텍처 컨퍼런스Software Architecture Conference(SACON)에서 이 책의 집필을 결정했다는 점을 언급한 바 있다. 우리는 모두 배움을 좋아하며 행사에 참석하는 것은 새로운 스킬과 지식을 얻기 위한 지속적인 노력의 일환이다. 우리가 받는 가장 일반적인 질문 중 하나는 새로운 기술을 어떻게 배우고 실험하느냐는 것이다. 이번 절에서는 우리의 방식과 통찰, 습관을 여러분과 공유하고자 한다.

기반 기술을 계속해서 연마한다

우리는 여러분이 마스터하고자 하는 기술이 무엇이든 그 기반 기술을 계속해서 재검토하는 것이 매우 중요하다고 믿는다. 이는 소프트웨어 개발과 운영처럼 유행에 민감한 업계에서는 특히 중요하다. 이런 지식을 검색할 수 있는 곳 몇 군데를 소개하겠지만, 웹사이트를 검색하고 서적을 읽으며 컨퍼런스에 참석하는 등 기반 기술에 대한 기존 자료는 물론 최신 자료를 열심히 찾는다는 점을 강조하고 싶다. 예를 들어, 여러 아키텍처 컨퍼런스에서 응집도와 결합도 같은 주제를 다루는 세션을 찾을 수 있으며 거기서 배운 개념들은 다음 날 바로 적용해 보곤 했다. 클라우드 플랫폼에 대한 최신 서적을 읽는 것은 물론 그레고르 호페Gregor Hohpe의 '아키텍트 엘리베이터: 혁신을 이끄는 전환적 아키텍트' 같은 전통적인 주제에 대한 새로운 해석도 읽는다.

'옛것이 새것'이라는 말은 우리 업계에서는 진부한 말이며, 기반을 끊임없이 재검토하는 아키텍처 설계자라면 조금씩 다른 형태로 끊임없이 반복되는 기술의 순환을 더욱 효과적으로 따를 수 있다.

업계의 최신 정보를 얻는다

아키텍처와 API 분야의 최신 뉴스를 다루는 웹사이트와 소셜 미디어 사이트의 목록을 모으고 지속적으로 갱신하길 권한다. 이런 자료를 일주일에 한 번 정도 읽어보면 더 알고 싶은 최근 트렌드와 기술에 대한 감을 잡을 수 있다. 다음 사이트를 참고하기 바란다.

- 인포큐InfoQ
- 디존DZone
- 더 뉴 스택The New Stack
- 소프트웨어 아키텍처 레딧Software Architecture Reddit(https://oreil.ly/Ic3K7)

보편적인 뉴스와 정보 사이트 외에도 최신 주제에 대한 유용한 블로그를 발행하는 조직이나 개인도 찾을 수 있다. 피들리Feedly 같은 RSS 리더를 이용해 이런 자료를 모아 매주 혹은 매월 리뷰하면 된다. X(구 트위터) 역시 최신 기술에 대한 통찰과 여러 댓글을 확인할 수 있는 강력한 도구다. 관심사가 유사하고 오픈 소스 프로젝트에 기여하는 사람들을 팔로우하는 것도 새 기능을 일찍 알 수 있는 좋은 방법이다.

레이더, 쿼드란트, 트렌드 리포트

개념 증명과 실험은 항상 여러분 스스로 해야 하지만, 분석 사이트를 통해 특정 기술 트렌드를 계속해서 추적하길 권한다. 이런 콘텐츠는 어려운 문제에 봉착했거나 해결책은 찾았지만 여러 벤더가 제공하는 기술을 특정할 필요가 있을 때 특히 유용하다. API 분야에서 최신 기술의 상태에 대한 정보를 얻으려면 다음 사이트를 살펴보길 권한다.

- 쏘트웍스 테크놀로지 레이더ThoughtWorks Technology Radar(https://oreil.ly/YHlRs)
- API 전체 수명 주기 관리를 위한 가트너 매직 쿼드런트Gartner Magic Quadrant for Full Life Cycle API Management(https://oreil.ly/HwvO5)
- 클라우드 네이티브 컴퓨팅 파운데이션Cloud Native Computing Foundation(CNCF) 테크 레이더(https://oreil.ly/G0B7a)
- InfoQ 트렌드 리포트Trends Reports(https://oreil.ly/aGY4Y)

정기적으로 기술 비교 스프레드시트를 발행하는 기업과 개인도 있으며, 여러분이 실험할 제품을 선택하기 위한 간단한 '서류상의 평가'에 유용하다. 물론 (벤더가 이런 작업을 후원하는 경우가 많으므로) 이런 비교의 편향성을 확인하고 발행 일자가 비교적 최근인지 확인해야 한다.

권장 기법과 사용 사례를 학습한다

현재 진행 중인 업무와 관련된 권장 기법과 사용 사례를 지속적으로 찾아볼 것을 권한다. 어떤 업무를 왜, 어떻게 수행하는지 공유하기를 원하는 기업은 많다. 그 동기를 이해하는 것이 중요하지만 이타심, 자랑, 매출 증대, 채용이 혼합된 경우가 많다. 사용 사례를 살펴볼 때는 대부분이 긍정적인 인상을 주기 위해 초기의 실패, 잘못된 부분 또는 지금도 잘못된 부분은 언급하지 않을 수 있으므로 항상 주의해야 한다. 하지만 주어진 상황을 통해 여러분의 조직과 팀이 당면한 문제와 그에 대한 해결책을 찾아볼 수 있다. 경우에 따라서는 선택한 기술 스택이나 방법이 올바른지 확인할 수도 있고, 때로는 다시 생각해 볼 기회가 되기도 한다!

사용 사례와 권장 기법은 보통 문서와 발표 형태로 찾아볼 수 있다. 보통 둘 다 살펴볼 것을 권하지만 컨퍼런스 발표는 발표가 끝난 후 발표자와 이야기를 나눠볼 시간이 있다는 장점이 있다. 우리는 다음 컨퍼런스에 정기적으로 참석한다.

- 큐콘QCon 컨퍼런스 시리즈(https://oreil.ly/YW6pB)
- 크래프트콘프CraftConf(https://oreil.ly/trY4Y)
- API데이즈APIDays(API 위주, https://oreil.ly/eRSFK)
- 큐브콘KubeCon(플랫폼 전용, https://oreil.ly/io6gU)

- 데복스Devoxx(https://oreil.ly/ILSss)/JavaOne(언어 전용)
- 오라일리 온라인 이벤트(https://oreil.ly/rQKIk)

실전을 통해 학습한다

우리는 아키텍트라면 실용적인 소프트웨어 엔지니어로 머물러 있어야 한다고 믿는다. 매일 프로덕션 환경에 코드를 적용하지는 않겠지만 정기적으로 팀의 엔지니어와 짝을 이루거나 최신 기술에 대한 연구와 실험을 수행할 시간을 마련하길 권한다. 이런 작업을 정기적으로 하지 않으면 아키텍트로서 개발자에 대한 공감을 잃기가 쉽다. 또한 이를 통해 새 기술의 도입에 의한 저항이나 고충이 발생하는 지점을 이해할 수도 있다. 예를 들어, 많은 아키텍트가 컨테이너 기술이 개발자의 도구에 미치는 영향도를 초기에 잘못 이해하고 있던 경우를 발견했다. 컨테이너 이미지의 구축과 원격 레지스트리로의 발행을 경험해 보지 않았다면 이런 작업이 API를 구현하고 유지하는 일상적인 업무에 미치는 영향을 무시하기 쉽다.

가르치면서 학습한다

이 책에서 잘 드러났듯이 가르치는 행위를 통해 많은 것을 배우기도 한다. 서적 집필이나 수업 진행, 컨퍼런스 발표 등의 경험으로는 어떤 개념을 가르치기 위해 정보를 모으는 경험을 능가할 수는 없다. 이 과정에서 개념을 잘 이해하지 못하고 있음을 깨닫거나 학생이 어떤 질문을 했을 때 우리가 이해했던 것과 차이가 있다는 사실을 갑자기 깨닫게 되기도 한다.

우리는 아키텍트의 또 다른 역할은 가르치는 것이라고 생각한다. 개발자에게 기본을 가르치든 새 권장 기법을 공유하든 가르치는 행위는 더 큰 팀 내에서 여러분의 기술을 강화하고 신뢰를 확립하는 데 도움이 될 것이다.

API 아키텍처를 마스터하기 위한 여러분의 여정에 행운을 빈다.

찾아보기

ㄱ

ㄴ

ㄷ

ㄹ

ㅁ

ㅂ

ㅅ

ㅇ

ㅈ

ㅎ

A

B

C

D

E

F

G

H

표지의 동물은 아르마딜로 갑옷 도마뱀(Ouroborus cataphractus)으로, 남아프리카 서부 해안의 사막에 서식한다. 겉모습은 작은 용과 유사하다. 비늘의 색은 밝거나 어두운 갈색이며 노란색 아랫배에는 검은 무늬가 있다. 크기는 보통 (꼬리는 빼고) 주둥이부터 몸통까지의 길이가 7.5~9cm이다.

주로 무리를 지어 살고 낮에 활동하지만 대부분의 시간은 일광욕을 하며 보낸다. 작은 곤충들(대부분 흰개미)을 잡아먹으며 겨울잠을 잔다. 대부분의 도마뱀들이 알을 낳는 것과 달리, 아르마딜로 갑옷 도마뱀들은 1년에 한 번, 한두 마리씩 새끼를 낳는다. 암컷이 수유를 하기도 하는데 이 역시 다른 도마뱀들에게서는 찾아보기 어려운 행동이다. 포식자로부터 자신을 보호하기 위해서는 몸통을 공 모양으로 말아서 꼬리를 입에 물고 웅크린다. 포식자들에게는 전체성 또는 무한성의 상징인 신화 속의 우로보로처럼 보인다. 아르마딜로라는 이름은 포유류인데다가 공 모양으로 몸을 웅크리는 독특한 행동에 기인한 것이다.

아르마딜로 도마뱀 역시 멸종 위기종이다. 오라일리의 표지에 등장하는 동물들은 이 세상에서 중요한 존재임에도 멸종 위기에 처해 있는 경우가 많다. 표지 그림은 카렌 몽고메리(Karen Montgomery)가 자연사 박물관의 흑백 판화에 기초해서 그린 것이다.

모던 API 아키텍처 설계 전략

실전 사례로 배우는 API 아키텍처의 설계와 전환, 구현과 운영까지

펴낸날 | 2026년 1월 16일 초판 1쇄

지은이 | 제임스 고프, 대니얼 브라이언트, 매튜 어번
옮긴이 | 장현희

펴낸이 | 김희정
엮은이 | 김경희
관리총괄 | 양아영
디자인 | 그린애플(표지), 박진희(본문)
제작 | 재영피앤비(인쇄), 다올페이퍼(용지)

펴낸곳 | (주)책만
주소 | 경기도 안양시 동안구 학의로 282 금강펜테리움IT타워 A동 810호
연락처 | 전화 02) 535-4331, 팩스 02) 6280-4350
홈페이지 | www.onlybook.co.kr
페이스북 | www.facebook.com/onlybookpub
전자우편 | support@onlybook.co.kr
도서정보 | www.onlybook.co.kr/entry/mastering-api

ISBN 979-11-89909-994 93000

* 책값은 뒤표지에 있습니다.

* 잘못 만들어진 책은 구입한 곳에서 바꿔드립니다.